本专著为中国政法大学青年教师
资助项目（项目编号：2018CXT

财政法理论与制度研究

Research on the Theory
and System of Fiscal Law

翟继光 著

中国政法大学出版社
2023·北京

声　明　1. 版权所有，侵权必究。

　　　　 2. 如有缺页、倒装问题，由出版社负责退换。

图书在版编目（CIP）数据

财政法理论与制度研究/翟继光著.—北京：中国政法大学出版社，2023.10
ISBN 978-7-5764-1166-9

Ⅰ.①财…　Ⅱ.①翟…　Ⅲ.①财政法—法的理论—研究—中国②财务制度—研究—中国
Ⅳ.①D922.204②F234.4

中国国家版本馆CIP数据核字(2023)第213451号

出 版 者	中国政法大学出版社
地　　址	北京市海淀区西土城路 25 号
邮寄地址	北京 100088 信箱 8034 分箱　邮编 100088
网　　址	http://www.cuplpress.com（网络实名：中国政法大学出版社）
电　　话	010-58908441（编辑室）58908334（邮购部）
承　　印	北京九州迅驰传媒文化有限公司
开　　本	720mm×960mm　1/16
印　　张	20.5
字　　数	340 千字
版　　次	2023 年 10 月第 1 版
印　　次	2023 年 10 月第 1 次印刷
定　　价	99.00 元

PREFACE | 前 言
——以人为本，推进财税法研究

中国财税法研究经过 20 多年的发展已经积累了比较丰富的研究成果，研究人员的队伍逐渐壮大，立法机关对财税法的重视程度也与日俱增，财税法迎来快速发展的大好时机。

财税法是一个涉及国家生死存亡、百姓安居乐业的重要法律部门，如何推进财税法研究，特别是推进财税法研究朝着有利于国计民生的方向发展是值得学界进一步深入研究的课题。财税法研究的初期应当将重点放在基础理论体系的构建上，而发展阶段的财税法则应当更加关注国计民生，应当按照以人为本的原则来研究一些现实的课题和具体的问题，以充分发挥财税法在国家建设和提高人民福祉中的作用。

随着中国改革开放的逐渐深入，中国综合国力不断提升，以人为本中的"人"应该更多转向个体的人、社会底层的人以及具有特殊困难的人。不论是在那个社会整体贫困的时代，还是在当今全面建成小康社会的时代，都应从国家的整体利益出发，从民族发展的大局出发，对全体国民实行最低生活水平关怀。

财税法提供了国家履行职责的经济基础，也是国家履行职责的指针，这是因为国家所履行的大部分职责都会反映在财政支出上。目前，我国的财税法还是定位于国家的整体利益，对具体纳税人的生存关怀还远远不够。因此，我国财税法的研究应当更多偏向于对具体纳税人，特别是社会底层的人和处于特殊困难状态的纳税人的生存关怀。当然，关心具体纳税人并不是要否定国家的整体利益，因为二者在本质上是一致的。国家整体利益最终要体现在每个纳税人的具体生存状态上，每个纳税人的个人利益最终必须通过国家整体利益来实现。如果把国家类比为一个家庭，整体利益就是这个家庭要挣更多的钱，而个体利益就是家庭中的每个成员都要得到大体公平的生活保障，让每个人都能吃上饭、看上病。

我国财税法研究中已经有了一些关注民生、关注具体纳税人生存状态的成果，但还远远不够，特别是主流财税法研究尚未转向具体民生，将关注的重点全部放在了大民生，也即整体利益上。从另一个角度来看，研究成果比较原则化、抽象化，无法直接指导现实制度的改革，与现实生活脱节，导致大量研究成果仅作为研究成果而存在，甚至仅停留在"自娱自乐"的层面，为创作而创作，创作者本身根本并未思考其成果的价值问题。

以人为本推进财税法研究需要我们自己深入基层，了解纳税人的生存状态，比如多研究身边的小事，挤一次公交车，与社会基层人民共同生活一天，到政府机构去办一件事……

如果研究者自身已经满足于社会为其提供的生存状态，对他人的痛苦没有感同身受，失去了探索真理的信心和勇气，财税法研究是不可能真正以人为本的，更不可能出现长期繁荣的景象。

本书与已经出版的《税法学原理——税法理论的反思与重构》是姊妹篇，是作者多年来研究财税法的学术成果和心得体会，其中很多论述都贯彻了以人为本的思想，都是作者追求为全体国民实行最低生活水平关怀的体现。

学者的研究成果必须深入社会，为社会所接受和理解。因此，本书除定位于学术专著以外，也立足于本科生和研究生的教材，为此，本书也论述了现行最新的财政法制度，并结合作者的理论观点提出了完善具体财政法制度的基本构想。

本书分为上下两编，上编为财政法基础理论，下编为财政法基本制度。上编论述了政府与纳税人的基本关系、财政公平原则与财政效率原则、财政立宪的源流、财政立宪的经济基础、财政立宪的文化传统、财政立宪的基本要素以及财政立宪的基本路径。下编论述了财政法的体系、财政收入的法律规制、财政收支划分制度、财政预算制度、地方政府债务风险的法律规制、政府采购制度、财政转移支付制度、政府信息公开制度、彩票管理制度、企业国有资产管理制度以及国库管理制度。

翟继光

2023 年 9 月 1 日

目 录

|上 编| 财政法基础理论

第一章 政府与纳税人的基本关系 ·················· 003

一、政府与纳税人的基本权利义务 ················ 003

二、判断政府与纳税人是否履行基本义务的标准 ········ 005

三、政府与纳税人不履行基本义务应承担的法律责任 ····· 008

第二章 财政公平原则与财政效率原则 ················ 010

一、财政公平原则在财政法中的地位 ··············· 010

二、财政公平原则的基本标准 ··················· 012

三、财政效率原则的基本标准 ··················· 016

四、财政公平原则与财政效率原则的关系 ············ 017

第三章 财政立宪的源流 ························· 020

一、《大宪章》中的财政立宪制度 ················ 020

二、《大宪章》中财政立宪基本主体 ··············· 022

三、《大宪章》在财政立宪史中的地位 ············· 030

四、税收法定原则的起源 ····················· 036

五、预算法定原则的起源 ····················· 040

第四章　财政立宪的经济基础 047
一、私有财产权的确立 047
二、税收国家的形成 054
三、生产力水平的提高 061

第五章　财政立宪的文化传统 066
一、上帝与神法对财政立宪确立的影响 066
二、教会组织与民众的宗教思想对财政立宪确立的影响 071
三、封君、贵族与王权文化对财政立宪的影响 075
四、庄园与城市文化对财政立宪的影响 080

第六章　财政立宪的基本要素 084
一、财政立宪制度性要素 084
二、财政立宪主体性要素 097
三、财政立宪环境性要素 101

第七章　财政立宪的基本路径 106
一、财政立宪基本要素的功能 106
二、财政立宪基本要素的构造 113
三、财政立宪实现的基本模式 117

|下　编| 财政法基本制度

第八章　财政法的体系 129
一、财政法的体系 129
二、政府取得财政收入的主要形式 130
三、政府取得财政收入遵循的基本原则 134
四、财政支出的含义与基本形式 134
五、我国财政支出的现状与完善 136

第九章 财政收入的法律规制 …… 137
一、财政收入总量的法律规制 …… 137
二、财政收入类型及其相对比例的法律规制 …… 138
三、税收收入的法律规制 …… 142
四、非税收入的法律规制 …… 143

第十章 财政收支划分制度 …… 146
一、财政收支划分的概念与模式 …… 146
二、财政收支划分法的概念、地位与体系 …… 148
三、财政收支划分法的基本原则 …… 150
四、我国财政收支划分法的基本制度 …… 151
五、中央与地方财政事权和支出责任划分改革 …… 157
六、国外财政收支划分法的比较与借鉴 …… 163
七、我国财政收支划分法的缺陷与完善 …… 170

第十一章 财政预算制度 …… 173
一、预算基础理论 …… 173
二、预算管理职权 …… 180
三、预算收支范围 …… 182
四、预算编制程序 …… 183
五、预算审查和批准 …… 187
六、预算执行制度 …… 189
七、预算调整制度 …… 193
八、决算制度 …… 195
九、预算监督制度 …… 197
十、预算法律责任 …… 198

第十二章 地方政府债务风险的法律规制 …… 200
一、地方政府债务风险的现状 …… 200

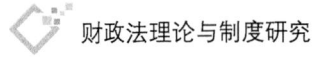

二、地方政府债务风险的法律成因 …………………………… 202

三、地方政府债务风险的法律规制 …………………………… 204

第十三章 政府采购制度 …………………………… 207

一、政府采购法的概念与体系 …………………………… 207

二、政府采购的主体 …………………………… 211

三、政府采购方式 …………………………… 213

四、政府采购程序 …………………………… 216

五、政府采购合同 …………………………… 224

六、政府采购质疑与投诉 …………………………… 226

七、政府采购监督检查与法律责任 …………………………… 227

第十四章 财政转移支付制度 …………………………… 231

一、财政转移支付的概念与基本模式 …………………………… 231

二、财政转移支付立法的基本原则 …………………………… 232

三、改革和完善中央对地方转移支付制度 …………………………… 236

四、中央对地方专项转移支付管理制度 …………………………… 243

五、支持农业转移人口市民化财政政策 …………………………… 251

六、农村综合改革转移支付管理制度 …………………………… 254

七、中央对地方重点生态功能区转移支付制度 …………………………… 256

第十五章 政府信息公开制度 …………………………… 259

一、政府信息公开的原则与组织机构 …………………………… 259

二、政府信息公开的主体与范围 …………………………… 260

三、政府信息的主动公开 …………………………… 262

四、政府信息的依申请公开 …………………………… 263

五、监督和保障制度 …………………………… 266

六、政府信息公开司法解释 …………………………… 268

七、政府信息公开十大典型案例 …………………………… 271

八、政府信息公开制度的完善 …………………………………… 283

第十六章 彩票管理制度 ……………………………………………… 285

一、立法目的与管理体制 ………………………………………… 285

二、彩票发行和销售管理制度 …………………………………… 286

三、彩票开奖和兑奖管理制度 …………………………………… 289

四、彩票资金管理制度 …………………………………………… 291

五、彩票管理制度相关法律责任 ………………………………… 292

六、彩票管理制度的完善 ………………………………………… 293

第十七章 企业国有资产管理制度 …………………………………… 294

一、企业国有资产管理基础制度 ………………………………… 294

二、履行出资人职责的机构 ……………………………………… 295

三、国家出资企业的管理 ………………………………………… 296

四、国家出资企业管理者的选择与考核 ………………………… 296

五、关系国有资产出资人权益的重大事项 ……………………… 298

六、国有资本经营预算 …………………………………………… 302

七、国有资产的监督制度 ………………………………………… 302

八、企业国有资产管理的法律责任 ……………………………… 303

九、企业国有资产监督管理制度 ………………………………… 304

第十八章 国库管理制度 ……………………………………………… 309

一、国库的概念与基本制度 ……………………………………… 309

二、国库的组织机构 ……………………………………………… 309

三、国库的职责权限 ……………………………………………… 310

四、库款的收纳与退付制度 ……………………………………… 311

五、库款的支拨制度 ……………………………………………… 311

六、国库管理制度改革 …………………………………………… 311

七、地方国库现金管理制度改革 ………………………………… 315

上 编

财政法基础理论

第一章
政府与纳税人的基本关系

一、政府与纳税人的基本权利义务

纳税人的基本需要可以分为两个方面：私人需要和公共需要。其中，私人需要可以通过私人物品[1]来满足，公共需要可以通过公共物品[2]来满足。对于私人物品，纳税人可以自给自足或者通过市场交换的方式获得。例如，纳税人的基本私人需要体现在衣食住行各个方面，纳税人可以自己种地满足吃饭的需要，自己织布满足穿衣的需要，自己盖房子解决住房的需要，自己制造车辆满足出行的需要。对于上述私人需要，纳税人之间也可以进行适当的分工，从而通过市场交换的方式来满足。例如，一部分人专门种植粮食并将多余的粮食用来交换衣服、住房和车辆，从而解决了仅从事一种劳动

---

[1] 私人物品是指所有效益和成本都归私人所有并具有彻底的排他性的物品。简单地说就是，X支付了对Y商品的价格时就具有了对Y消费的排他性，并且当X消费了Y后，其他人就不能再消费Y了，这种商品就表现为私人物品。参见刘须宽："罗尔斯'分配的正义观'与诺齐克'持有的正义观'对照研究"，载《伦理学研究》2004年第2期。曼昆在其经济学教材中认为："私人物品（private goods）在消费中既有排他性又有竞争性。"[美]曼昆：《经济学原理：微观经济学分册》（第5版），梁小民、梁砾译，北京大学出版社2009年版，第233页。

[2] 萨缪尔森在发表于1954年的著名论文《公共支出的纯粹理论》中指出，公共物品是指每个人对该商品的消费不会造成其他人消费的减少，即具有非排他性、非竞争性和外部经济性。因而可能产生单个成本和社会成本的偏离、单个收益与社会收益的偏离，当市场机制不能解决时，就需要由政府财政来解决。参见李洁："公共品供给困境的博弈分析与对策"，载《西安财经学院学报》2005年第2期。曼昆在其经济学教材中认为："公共物品（public goods）在消费中既无排他性又无竞争性。这就是说，不能阻止人们使用一种公共物品，而且，一个人享用一种公共物品并不减少另一个人对它的使用。"[美]曼昆：《经济学原理：微观经济学分册》（第5版），梁小民、梁砾译，北京大学出版社2009年版，第233页。斯蒂格利茨在其经济学教材中认为："一个人对一种公共物品的消费（或享受）并不会减少其他人对这种物品的消费，因而其消费是非竞争性的（nonrivalrous）。公共物品还有一个性质是非排他性（nonexcludability）——也就是说，要排除任何人享受一种公共物品的利益要花费非常大的成本。公共物品的标准例子是国防。"[美]斯蒂格利茨：《经济学》（第二版，上册），梁小民、黄险峰译，中国人民大学出版社2000年版，第140页。

的纳税人要满足多方面需要的问题。

对于公共物品,纳税人往往没有能力依靠自身的力量来满足,也无法通过市场交换的方式获得,如公共安全、国防等。纳税人不可能自己来做警察维护社会治安,因为做警察的人也需要满足私人需要,而警察这个职业并不能满足这些需要。那么,做警察的人能否依靠自己的职业劳动来向他人换取粮食、衣服、住房和车辆呢?答案是否定的,因为警察的劳动是一个公共物品,一个人享受了良好的社会治安,丝毫不会影响他人也享受良好的社会治安。如果某个人用自己的粮食、衣服、住房和车辆换取了警察的劳动,那么,不仅这个人获得了良好的社会治安,这个人周围的人也同时获得了良好的社会治安。因此,周围的人就没有必要再购买警察的劳动了,这种行为叫作"搭便车"。[1]这非常类似于我们打车的行为,一个人打车是这么多钱,两个人打车还是这么多钱,四个人也还是这么多钱。因此,在已经有一个人出钱的前提下,其他三个人可以免费乘坐出租车。但问题是,谁愿意做那个出钱的人呢?最终的结果是大家都不愿意出钱,都在等其他人出钱。但类似于社会治安、国防等公共需要是不能等待的,等到强盗和侵略者来到我们面前,一切就都晚了。因此,对于公共需要,纳税人必须建立一个公共机构来提供,这个用来给全体纳税人提供公共物品以满足全体纳税人公共需要的公共机构就是政府。

政府是为全体纳税人提供公共物品的公共机构[2],因而政府提供公共物品的所有经费都应当由全体纳税人来负担。全体纳税人在负担了必要经费的

---

[1] 曼昆认为:"搭便车者(free rider)是得到一种物品的利益但避开为此付费的人。"[美]曼昆:《经济学原理:微观经济学分册》(第5版),梁小民、梁砾译,北京大学出版社2009年版,第235页。

[2] 政府的本质是与国家的本质联系在一起的。恩格斯在《家庭、私有制和国家的起源》中指出,国家是社会在一定发展阶段上的产物;国家是表示这个社会陷入了不可解决的自我矛盾,分裂为不可调和的对立面而又无力摆脱这些对立面。参见[德]恩格斯:《家庭、私有制和国家的起源》,中共中央马克思恩格斯列宁斯大林著作编译局译,人民出版社1972年版,第167页。恩格斯在另一处还一针见血地指出:"实际上,国家无非是一个阶级镇压另一个阶级的机器……"参见中共中央马克思恩格斯列宁斯大林著作编译局编:《马克思恩格斯选集》(第二卷),人民出版社1972年版,第336页。但如果我们将恩格斯所讲的"一个阶级"和"另一个阶级"作为一个整体来看待,政府无疑还是为全体纳税人服务的工具,只不过为纳税人中的不同阶级服务的程度不同而已。另外,从我国现行法律的规定也基本可以得出本书的结论。《中华人民共和国宪法》第27条第2款规定:"一切国家机关和国家工作人员必须依靠人民的支持,经常保持同人民的密切联系,倾听人民的意见和建议,接受人民的监督,努力为人民服务。"这里的人民大体可以等同于本书所讲的纳税人。

前提下，有权要求政府提供足够的公共物品，政府在取得了纳税人所支付的必要经费的前提下，也有义务为全体纳税人提供适当的公共物品。因此，政府与纳税人的基本权利义务可以表述为：政府的基本义务是为纳税人提供公共物品，基本权利是从纳税人处取得提供公共物品的经费；纳税人的基本义务是向政府支付其提供公共物品的经费，基本权利是要求政府提供公共物品并享受政府提供的公共物品。

二、判断政府与纳税人是否履行基本义务的标准

对于政府和纳税人而言，其享受基本权利的前提是履行基本义务，而其履行基本义务的结果是使其具备了享有基本权利的资格。对政府而言，其承担的基本义务即纳税人享有的基本权利，其享有的基本权利即纳税人承担的基本义务；对纳税人而言，其承担的基本义务即政府享有的基本权利，其享有的基本权利即政府承担的基本义务。因此，政府最关心的是纳税人是否履行了基本义务，因为这就是其享受基本权利的保障，而纳税人最关心的则是政府是否履行了基本义务，因为这也是其享受基本权利的保障。主体可以放弃权利，但是不可以放弃义务。因此，我们只需提出判断政府与纳税人是否履行基本义务的标准即可，没有必要提出判断政府与纳税人享受基本权利的标准。

政府从纳税人那里取得经费以后，就应当合理地使用这笔经费。一般而言，这笔经费有三个用途：其一，满足政府工作人员的基本私人需要；其二，满足政府运转的必要设施和日常办公经费；其三，为全体纳税人提供公共物品。

对第一个用途而言，我们不可能要求政府工作人员为全体纳税人义务劳动，或者完全出于奉献精神而仅索取微薄的报酬。政府工作人员也是一般的人，也有自己的私人需要，也是为了满足私人需要而投身于政府工作的。因此，对政府工作人员应当给予与其所完成的工作相对应的薪资。至于政府工作人员的具体薪资标准，则应当综合考虑其自身素质、工作性质和强度、工作的重要性等，应当大体相当于同类人才类似工作岗位上所取得的平均报酬。由于政府工作人员在整体上类似于白领阶层，其报酬标准应当参照白领阶层的一般工资标准。过高或过低的报酬都不利于公务员阶层的正常发展，也不符合全体纳税人建立政府的初衷。工资过高会引起纳税人的反对，工资过低

则不仅会导致公务员岗位缺乏吸引力，使得公务员的素质逐渐下降，也会增加现任公务员采取其他手段谋取不正当利益的可能性，这两种情况都不利于政府为全体纳税人提供公共物品的职能的正常发挥，也违背了纳税人建立政府的初衷。

对第二个用途而言，政府为了能够提供公共物品必须具备一定的基本设施，如办公大楼、办公用品、交通工具等，这些基本设施应当以满足基本需要为标准。所谓满足基本需要，也就是满足政府为全体纳税人提供公共物品的需要，而不是满足政府工作人员的私人需要。[1]例如，警察抓小偷，如果小偷开汽车，而警察只靠两条腿，显然无法很好地完成抓小偷的任务，如果给警察配备自行车，显然也不能达到抓小偷的目的。因此，警察应当配备汽车。这就是为了满足政府提供公共物品的基本需要。当然，给警察配备汽车也应当以够用为标准。如果为了日常巡逻，所配备的汽车能够遮风挡雨，能够达到追捕一般的犯罪嫌疑人的目的也就足够了。但对一些执行特殊任务的警察，就有必要配备具有攻击、防爆等特殊功能的汽车了，当然，对汽车速度的要求也会较高。是否满足提供公共物品的需要还应当根据社会一般的生产力水平来判断，在没有汽车的古代社会，配备一匹马就足够了，而在以汽车为主要交通工具的当今时代，则以汽车为主要，将来有了更先进的交通工具，警车也应当随之更新换代。再比如政府的办公大楼，只要结实、耐用和有足够的空间即可，不需要刻意追求美观、豪华。当然，如果全体纳税人的生活水平已经达到一个较高的层次，政府的办公大楼可以适当扩大人均办公空间、提高空调设施档次，可以适当追求美观，但无论什么时候都不能过于奢侈。因为在纳税人与政府之间，奢侈是纳税人的权利。虽然奢侈本身并不值得赞美，但如果物质财富的极大化导致必须有人奢侈时，这个权利也应该留给纳税人。

关于第三个用途，政府应当将纳税人所支付的经费扣除政府工作人员的报酬以及满足政府运转的必要设施和日常办公经费以后的余额全部用于为全体纳税人提供公共物品。政府所提供的公共物品应当是纳税人所急需的，应当首先提供最基本的公共物品，即先保证全体纳税人能够生存下来，如最基本的食物、衣服、住宿、医疗、安全等。在满足了最基本的公共物品以后，

---

[1]《中华人民共和国宪法》第27条第1款规定："一切国家机关实行精简的原则，实行工作责任制，实行工作人员的培训和考核制度，不断提高工作质量和工作效率，反对官僚主义。"

再提供如交通、教育、美丽的衣服、较高水平的住宿条件、医疗服务等基本公共物品。在满足了基本公共物品以后，再满足较高层次的公共物品，如飞机、高铁、国家大剧院、科技馆、奥运鸟巢等。以此类推，政府应当从低到高，从维持纳税人生存到确保纳税人幸福程度不断提高的顺序依次提供公共物品。[1]在最基本的公共物品尚未满足之前，不能急于为纳税人提供过高层次的公共物品，如开发航空旅游、建设高尔夫球场等。政府在按顺序提供公共物品的同时，还应当高效提供公共物品，即花费最小的成本为纳税人提供质量更高、数量更多的公共物品。

纳税人在享受了政府提供的公共物品之后或者为了能够享受政府提供的公共物品，必须严格履行自己缴纳公共物品经费的义务。这一义务应当通过法律所规定的方式，按照法律所确定的数额，公平合理地履行。对该经费，纳税人没有义务提前缴纳，也没有义务超额缴纳。纳税人只需根据法律所确定的期限和数额缴纳即可。纳税人所支付的公共物品经费应当足以保证维持政府的基本公共开支，即在支付公务员报酬和政府运作的基本费用后还有所剩余，使得政府能够用这些剩余的经费为纳税人提供最基本的公共物品。不同时代、不同生产力水平下，纳税人所支付的公共物品经费的具体数额肯定是不同的，但可以找到一个公平合理的比例。纳税人支付的公共经费占其全部劳动所得的比例应当公平合理，不能过高，也不能过低。过高会导致纳税人无法满足其私人需要，而公共物品的提供有可能超越纳税人的现实需要；过低会导致政府提供的公共物品层次较低或者数量较少，无法满足纳税人对公共物品的现实需要。这一比例的确定是科学的问题，也是民意的问题，应当在科学研究的基础上，由全体纳税人来决定。

在具体操作层面，判断政府和纳税人是否履行了基本的义务应当交给法律和全体纳税人。全体纳税人在听取专家意见并充分讨论的基础上，通过法律确定一个基本的标准，由全体纳税人和政府根据这一标准来判断各自是否

---

[1] 公共物品具有一定的层次性。有学者认为，公共物品可以分为基础性的公共物品，主要是指基础设施一类的公共工程；管制性的公共物品，指宪法、法律等制度安排以及国家安全或者地方治安；保障性公共物品，如社会保障、疾病防治；服务性公共物品，如公共交通、医疗卫生等。参见张庆东："公共利益：现代公共管理的本质问题"，载《云南行政学院学报》2001年第4期。本书所论述的公共物品的层次，是指其满足和实现纳税人权利的程度和层次，能够满足纳税人最基本人权的是最基本的公共物品。

履行了基本的义务。在进行相关立法和制定相关标准时，如果无法实现由全体纳税人来决定，就应当退而求其次，采取一种能够代表最大多数纳税人最大意愿同时也不损害任何纳税人最基本人权的方法来决定。

三、政府与纳税人不履行基本义务应承担的法律责任

政府与纳税人既然各自都承担基本义务，而且该基本义务还是通过法律来规定的，在政府和纳税人不履行或者不适当履行自己的基本义务时就需要承担一定的法律责任。

对于政府而言，不履行或者不适当履行基本义务主要包括两种情形。第一种情形是政府工作人员作为个体的成员不履行或者不适当履行其应尽的义务，从而导致政府不履行或者不适当履行其应尽的基本义务。例如，警察见死不救[1]虽然是个人的行为，但由于其身份代表政府，也属于政府不履行基本义务的行为。对此，政府应当承担赔偿损失的法律责任，作为个体的警察也应当承担赔偿损失的法律责任[2]，同时应当接受行政处分，如果情节比较严重，应当开除公职并追究其刑事责任。[3]第二种情形是政府决策机关和主要领导人失职，从而导致政府不履行或者不适当履行其应尽的义务。例如，政府发布命令强制拆除一些纳税人的住房建设一个高尔夫球场，而根据法律的规定，该级政府的这一行为是违法的，由此导致了部分纳税人的财产损失以及财政资金的浪费。对此，该级政府应当赔偿相关当事人的损失，作出该决策的政府领导人和相关决策机构中支持该行为的全体成员都应当承担赔偿责任，同时应当根据过错大小给予行政处分，甚至开除公职，情节严重的，则应当追究其刑事责任。

---

[1]《中华人民共和国人民警察法》第21条第1款规定："人民警察遇到公民人身、财产安全受到侵犯或者处于其他危难情形，应当立即救助；对公民提出解决纠纷的要求，应当给予帮助；对公民的报警案件，应当及时查处。"第22条规定："人民警察不得有下列行为：……（十一）玩忽职守，不履行法定义务……"

[2]《中华人民共和国人民警察法》第50条规定："人民警察在执行职务中，侵犯公民或者组织的合法权益造成损害的，应当依照《中华人民共和国国家赔偿法》和其他有关法律、法规的规定给予赔偿。"

[3]《中华人民共和国人民警察法》第48条规定："人民警察有本法第二十二条所列行为之一的，应当给予行政处分；构成犯罪的，依法追究刑事责任。行政处分分为：警告、记过、记大过、降级、撤职、开除。对受行政处分的人民警察，按照国家有关规定，可以降低警衔、取消警衔……"

对纳税人而言,一般不会出现全体纳税人不履行或者不适当履行基本义务的行为,通常都是个别纳税人不履行或者不适当履行其基本义务。对此,政府可以根据相关法律的规定,采取加收滞纳金的间接强制执行措施[1],或者采取拍卖、划拨银行存款等直接强制执行措施[2],同时可以对纳税人不履行或者不适当履行基本义务的行为给予行政处罚,情节严重的,可以追究其刑事责任。[3]

在正常的法律制度下,纳税人不能因为政府没有履行或者没有适当履行基本义务而拒绝履行自己的基本义务。同样,政府也不能因为个别纳税人没有履行或者没有适当履行基本义务而拒绝履行自己的基本义务或者拒绝向该个别纳税人履行/适当履行自己的基本义务。例如,纳税人不能因为看到某政府违法建设办公大楼而拒绝纳税,政府也不能拒绝保护偷税的纳税人的基本人权。[4]因为纳税人和政府所负的基本义务都是法定义务,而非互相对应义务,纳税人不履行义务不仅是对政府权力的侵犯,也是对法律的漠视。同样,政府不履行义务也不仅是对纳税人权利的侵犯,还是对法律的藐视,上述行为都应当受到法律的惩处。

---

[1] 例如,《中华人民共和国税收征收管理法》第32条规定:"纳税人未按照规定期限缴纳税款的,扣缴义务人未按照规定期限解缴税款的,税务机关除责令限期缴纳外,从滞纳税款之日起,按日加收滞纳税款万分之五的滞纳金。"

[2] 例如,《中华人民共和国税收征收管理法》第40条第1款规定:"从事生产、经营的纳税人、扣缴义务人未按照规定的期限缴纳或者解缴税款,纳税担保人未按照规定的期限缴纳所担保的税款,由税务机关责令限期缴纳,逾期仍未缴纳的,经县以上税务局(分局)局长批准,税务机关可以采取下列强制执行措施:(一)书面通知其开户银行或者其他金融机构从其存款中扣缴税款;(二)扣押、查封、依法拍卖或者变卖其价值相当于应纳税款的商品、货物或者其他财产,以拍卖或者变卖所得抵缴税款。"

[3] 例如,《中华人民共和国税收征收管理法》第63条第1款规定,纳税人伪造、变造、隐匿、擅自销毁账簿、记账凭证,或者在账簿上多列支出或者不列、少列收入,或者经税务机关通知申报而拒不申报或者进行虚假的纳税申报,不缴或者少缴应纳税款的,是偷税。对纳税人偷税的,由税务机关追缴其不缴或者少缴的税款、滞纳金,并处不缴或者少缴的税款百分之五十以上五倍以下的罚款;构成犯罪的,依法追究刑事责任。

[4] 所谓基本人权,就是指人的生存和发展必须具有的最起码的权利。参见贺生群:"人权的内涵、外延及特征——对人权的马克思主义理解和认识",载《西安教育学院学报》2004年第1期。

第二章
财政公平原则与财政效率原则

政府从纳税人处征收公共经费再向纳税人提供公共物品,在这个过程中,纳税人到底希望达到一个什么样的目的?推动个体纳税人参与全体纳税人与政府所缔结的这样一个契约的原始动力是什么?是公平。财政公平究竟是一个空洞和抽象的理想,还是具有可以操作的基本标准?财政效率原则所追求的目标与财政公平原则真的是两个不同的方向吗?当二者出现冲突时,我们应该优先考虑哪一个原则呢?

一、财政公平原则在财政法中的地位

政府向纳税人征收公共经费并用这些公共经费向纳税人提供公共物品,这个过程也被称为纳税人与政府缔结社会契约的过程。这个社会契约应当解决两个基本问题,第一个基本问题是作为一个整体的政府与作为一个整体的纳税人之间的关系,第二个基本问题是纳税人中的不同个体之间的关系,即个体的纳税人之间按照什么标准向政府支付公共经费,政府又按照什么标准来向个体的纳税人提供公共物品。我们在第一章已经讨论并回答了第一个基本问题,这里我们来讨论和回答第二个基本问题。

纳税人在缔结社会契约时无非处于两种状态,第一种状态是每个纳税人的条件是相同的,包括财富的拥有量、知识素质、身体素质、劳动能力、年龄状况等,第二种状态是每个纳税人的条件各不相同,即有富人和穷人之分,有脑力劳动者和体力劳动者之分,有健康和疾病之分,有男女老少之分,有聪明与愚钝之分。我们分别来讨论在两种状态下,纳税人会做出的基本选择。

在第一种状态下,纳税人显然会遵循公平的原则来确定纳税人之间的关系,即按照公平的原则来负担公共经费,按照公平的原则享受公共物品,也可以说政府按照公平的原则向每个纳税人提供公共物品。由于在第一种状态下,纳税人之间不存在个体的差异,这里所谓的公平也可以等同于同等或者相同,即每个纳税人负担的公共经费数额是相同的,所享受的公共物品的数量和质量也是相同的。因为这种状态只能存在于理论和观念之中，现实生活中不可能存在，所以我们着重来讨论第二种状态。

在第二种状态下，纳税人是否会选择以公平原则来确定他们之间的关系呢？当然，纳税人在确定原则时不会简单地选择一个抽象的词语，而必须首先确定这个词语的内涵和外延，因为词语不过是一个指示，词语背后的东西才是实质和关键。在第一种状态下的公平原则能否直接适用于第二种情况呢？即大家按照一个相同的数额来负担公共经费，也享受相同水平的公共物品。这显然做不到。因为纳税人之间有贫穷和富裕之分，贫穷的纳税人可能根本负担不起分配给他的公共经费，而且当纳税人负担的公共经费达到其财富的一定比例时，纳税人也会拒绝支付公共经费。

那么，是否可以退一步，由纳税人根据自愿原则负担公共经费并按照其负担公共经费的数额来享受数量和质量不同的公共物品呢？这一方法类似于花更多的钱可以买到更多、质量更好的东西。这一原则对于私人物品是可行的，但是对于公共物品则不然。首先，公共物品的消费具有非排他性，即一个人消费并不影响另外一个人也消费。例如，一个国家的某个富人花钱购买了军队，保家卫国。该军队在保护该富人安全的同时也保护了这个国家中穷人的安全，而且保护穷人的安全也并不会妨碍保护该富人的安全。这样，穷人就会搭便车，其他富人也会搭便车。因为只要有一个人出钱购买军队就可以了。但是最后我们会发现实际上并不会有人购买军队，因为大家都在等待别人出钱购买。其次，公共物品消费的非排他性也导致了很难排除未付费的人享受公共物品，也很难向未付费的人收费。警察的巡逻减少了小偷的出现，不仅付费的人享受了良好的社会治安，未付费的人也享受了良好的社会治安，而且很难不让那些未付费的人享受良好的社会治安。正因如此，也很难向那些未付费的人收费，因为无法衡量良好的社会治安对每个人的价值有多少，有人对此看得很重，而有的人对此可能感觉无所谓。最终有人愿意多付费，有人愿意少付费，还有一些人根本就不愿意付费。所以这一方法行不通。

由此可见，支付公共经费必须设定为每个人的法定义务，当然具体支付的标准和方法可以另当别论。在支付公共经费为法定义务的前提下，选择一种能够被全体纳税人接受的原则和方法就显得尤为重要。这一原则具体是什么并不重要，只要该原则能够被全体纳税人接受和认可即可。能够被全体纳税人接受的原则一定是对每个纳税人都公平的原则，或者让每个纳税人都感到公平的原则。

因此,公平是个体的纳税人承认纳税人整体与政府所缔结的社会契约的前提,也是推动个体纳税人负担公共经费的动力。当然,公平也是每个纳税人享受公共物品的原则,是政府为每个纳税人提供公共物品的原则。财政公平原则是财政法的灵魂和动力,没有财政公平原则,财政法就缺乏了指导方针,在具体制度设计中就会迷失方向。同样,缺乏财政公平原则的财政法也难以真正得到广大纳税人的遵从和信仰,最终也将走向消亡。

纳税人当然希望政府能够公平地对待每一个纳税人,公平地从每一个纳税人身上取得公共经费并公平地向每一个纳税人提供公共物品。虽然纳税人自身由于各种各样的先天和后天的因素无法实现个体之间的平等,但政府通过财政的收入和支出可以在最大程度上实现纳税人之间的公平,这种公平抵消了纳税人个体的差异所导致的不平等,并最终实现纳税人个体之间存在差异的平等。

二、财政公平原则的基本标准

(一)罗尔斯的正义原则

罗尔斯从人人都处在"无知之幕"中的"原初状态"(类似于"自然状态")出发,推出正义的两个根本原则。第一个原则:每个人对与其他人所拥有的最广泛的基本自由体系相容的类似自由体系都应有一种平等的权利。第二个原则:社会和经济的不平等应这样安排,使它们被合理地期望适合于每一个人的利益,并且依系于地位和职务向所有人开放。[1]

罗尔斯提出的第一个正义原则简称为自由原则,这一原则保证了人们享有平等的自由权利。第二个正义原则简称为差别原则,它规定了经济和社会福利领域的不平等权利的适用范围和条件,要求社会利益和经济利益的不平等分配应该对处于社会最不利地位的人最有利。这个原则实质是要求国家应对社会成员的社会经济差别予以调节,使之最大限度地改善最差者的地位。分配的问题涉及的是罗尔斯的第二个正义原则。罗尔斯的两个正义原则为我们探讨财政公平原则提供了思路。

---

[1] 参见 [美] 约翰·罗尔斯:《正义论》,何怀宏、何包钢、廖申白译,中国社会科学出版社 1988 年版,第 60—61 页。

（二）财政收入公平

财政公平原则实际上包括两个方面，一个是财政收入的公平，即每个纳税人公平地负担公共经费，另一个是财政支出的公平，即政府公平地向每个纳税人提供公共物品。

在公平负担公共经费方面，我们前面讨论了每个纳税人按照同等的数额负担公共经费的原则，这个原则看似公平，实质上是不公平的。首先，每个纳税人自身的状况是不同的，有贫穷和富裕之分，也有男女老少和高矮胖瘦之别，由此导致了每个人享受公共物品的数量和质量也不相同。既然大家享受公共物品的数量和质量不同，承担相同的公共经费显然是不公平的。其次，按照相同的数额负担公共经费有可能导致部分纳税人剩余的财产不足以维持其生存，当然还有部分纳税人即使上缴了全部财产也无法负担平均分配给他的公共经费，这显然也是不公平的。因此，按照相同的数额负担公共经费是不公平的，也是不可行的。

由于纳税人负担公共经费与政府所提供的公共物品是对应的，我们也可以考虑根据每个纳税人从政府提供的公共物品中受益的多少来负担公共经费，即受益多者多负担公共经费，受益少者少负担公共经费。这一原则比同等负担原则相对更公平一些，但仍无法尽善尽美。因为虽然在整体上纳税人与政府之间类似于等价交换关系，纳税人所得到的，正是纳税人所付出的，纳税人所付出的，在进行必要的扣除后，也正是纳税人所得到的，但这一原则并不适用于个体的纳税人，因为无法衡量个体的纳税人从政府那里获得了多少公共物品，由此也无法确定个体的纳税人应当负担多少公共经费。因此，这一原则仅能停留在理论的层面，无法实际运行。

公平的标准应当具体问题具体分析，针对纳税人的个体差异，设计符合个体差异的公共经费负担标准才是公平的。纳税人的个体差异很大，贫富、美丑、男女、老少、高矮、胖瘦等，到底应当根据哪一个差异来设计公平的标准呢？根据任何一个差异来设计似乎都有一定道理，但能够为全体纳税人所接受的，恐怕只有贫富。因为这里讨论的是负担公共经费的问题，也就是出钱的问题，所以与每个纳税人的财富状况相关。

根据贫富状况来承担纳税义务也就是根据每个纳税人的税收负担能力来分配纳税义务，税收负担能力强的纳税人缴纳较多的税款，税收负担能力弱的纳税人缴纳较少的税款，没有税收负担能力的纳税人不缴纳税款。纳税人的税收负担能力主要从三个方面来考量：所得、财产和消费。所得衡量的是纳税人的动态财富，在其他条件相同的前提下，所得多的纳税人税收负担能力更强，可以多纳税；财产衡量的是纳税人的静态财富，在其他条件相同的前提下，财产多的纳税人税收负担能力更强，可以多纳税；消费衡量的是纳税人通过支出体现的综合财富，即当前拥有和未来可能拥有的财富，在其他条件相同的前提下，消费多的纳税人税收负担能力更强，可以多纳税。当然，在以上三个衡量标准中，所得是最准确的标准，财产其次，最后是消费。因为所得是净增加的财富，无论纳税人之前的贫富状态如何，只要其所得足够多，其税收负担能力就足够强。而财产无法衡量纳税人未来的财富状态，无法确定财产是处于增值还是贬值的状态。而且，对所得征税不会触及纳税人现存的财富，而对财产征税经常会导致纳税人现存财富越来越少。消费之所以是衡量税收负担能力最差的指标，是因为消费与税收负担能力的关联性只在一定限度内成立，对于维持基本生存的消费而言，其与税收负担能力没有直接的对应关系。一个贫穷的人也会达到一定的消费水平，否则其无法生存下去。因此，当一个人去购买一个面包时，我们无法判断这个人是贫穷还是富有，也无法准确判断其税收负担能力的大小。正因为这三个标准与税收负担能力的关联性不同，我们在判断纳税人的税收负担能力时就应当更多地考量所得标准和财产标准，消费只能作为一个参考性的标准。

　　拥有财产的纳税人并不都具有税收负担能力，只有那些拥有的财产超过维持基本生存需要的纳税人才具备税收负担能力。换句话说，如果纳税人的财产只够维持基本生存需要，则该纳税人就不需要缴纳税款。维持基本生存需要的财产的数量在不同生产力水平下有不同的标准，一般而言，这一标准应当是全体纳税人所公认的，在当前的生产力水平下整个社会可以达到或者维持的基本生存需要。低于这一标准，将被认为无法满足作为当前社会中生存的纳税人的基本需要。例如，在21世纪的中等发达国家，如果一个人仍然吃不饱或穿不暖，则应当被认为该纳税人没有满足基本生存需要，这样的纳税人是不需要缴税的。

　　概括来说，财政公平原则的基本标准是根据每个纳税人的税收负担能力来分配公共经费，税收负担能力强的纳税人承担较多的公共经费，税收负担能力弱的纳税人承担较少的公共经费，不具有税收负担能力的纳税人不承担公共经费。衡量税收负担能力的基本标准是每个纳税人所拥有的财产，纳税人拥有维持基本生存需要以外的财产才具有税收负担能力。

（三）财政支出公平

公共经费应当按照纳税人的税收负担能力来分担，那么，在享受政府提供的公共物品时，如何才能符合公平原则的要求呢？可能已经有人迫不及待地提出根据负担公共经费的数额的大小来享受公共物品，负担较多公共经费的纳税人享受较多的公共物品，负担较少公共经费的纳税人享受较少的公共物品。那么，接下来的问题就是不负担公共经费的纳税人是否有权享受公共物品？有权享受多少公共物品？由于公共物品自身的特征，要将某些人排除在所有公共物品的享受对象之外实际上是非常困难或者说是不可能的。因此，财政支出公平原则要求政府提供的公共物品确保每一个纳税人都能够满足基本生存需要。在基本生存需要方面，财政支出公平原则的标准是人人平等，不论你是否负担了公共经费或者负担了多少公共经费。当然，在不同生产力水平下，基本生存需要的标准是不同的，这一标准应当是全体纳税人所承认的在当前的生产力水平下可以维持的。这里的基本生存需要与前文所提到的基本生存需要在标准上是相同的，即纳税人拥有超过维持基本生存需要的财产才具有税收负担能力，才能作为分配公共经费所考虑的因素，政府的公共物品应当确保每个人都拥有维持基本生存需要的财产，如果某些人的财产尚未达到维持基本生存需要的水平，政府应当提供帮助。

当然，还有人会提出一切公共物品都应当被每个人同等享受的观点。这一观点，初看起来是比较公平的，但仔细分析就会发现存在很多问题。首先，公共物品的范围非常广泛，很难或者基本上无法用货币来衡量，要想确保每个人享受相同水平的公共物品是非常困难的。其次，退一步，即使可以确保每个人享受相同水平的公共物品，哪怕每个人在负担公共经费时是不相等的，这时富人们负担公共经费的积极性就会大打折扣，筹集公共经费的成本会大大增加，这又不符合财政效率原则的要求，最终也难以为社会提供足够的公共物品。

综上，财政支出公平原则要求在基本生存需要方面人人平等，政府提供的公共物品应当满足每个人的基本生存需要。在超过基本生存需要的公共物品享受方面，应当按照纳税人负担公共经费的多少来决定。

三、财政效率原则的基本标准

（一）财政行政效率原则

财政效率有两个具体的原则：财政行政效率原则和财政经济效率原则。财政行政效率原则是指政府应当用最少的公共经费为纳税人提供最多的公共物品。为实现这一原则，政府必须做到两个方面：一是政府自身的节俭，即维持政府运作的办公经费应当减少到最低[1]；二是政府应当用公共经费换取物美价廉的公共物品，为此，政府在提供公共物品时应当杜绝"豆腐渣工程""形象工程"，应当杜绝质次价高的公共物品，应当杜绝在提供公共物品过程中的贪污腐败行为，这一目标可以通过政府采购制度以及公共支出绩效审计制度来实现。

（二）财政经济效率原则

财政经济效率原则是指政府的财政收支行为不能扭曲或者阻碍经济的发展，而应当促进经济的发展。为实现财政经济效率原则，政府应当做到以下两个方面：

第一，政府取得公共经费对纳税人所造成的损失仅限于公共经费本身，不能影响纳税人的经济决策，不能影响市场配置资源的基础性作用，即保持财政中性。例如，纳税人开百货店还是理发店应当由市场的需求来决定，如果市场需要百货店，纳税人就应当开百货店，如果市场需要理发店，纳税人就应当开理发店。政府可以从纳税人从事百货店或者理发店的经营所得中筹集公共经费，但这种筹集公共经费的行为不能影响纳税人的决策，即纳税人在决策时不需要考虑纳税问题，因为无论是开百货店还是理发店，税收负担是相同的。但如果政府按照不同的标准从百货店和理发店的经营所得中筹集公共经费，就会影响纳税人的决策，而这种决策可能与市场的需求不一致，即当市场需要理发店时，由于百货店可以负担较少的公共经费，并且该少负

---

[1] 据国家统计局数据，1995—2006年，国家财政支出中行政管理费由996.54亿元增加到7571.05亿元，12年间增长了6.6倍；行政管理费用占财政总支出的比重在1978年仅为4.71%，1995年为14.6%，到2006年上升到18.73%。这一数据远远高出日本的2.38%、英国的4.19%、韩国的5.06%、法国的6.5%、加拿大的7.1%以及美国的9.9%。参见唐敏："我国行政成本高出世界平均水平25% 五大原因造成"，载http://news.xinhuanet.com/politics/2008-04/29/content_8071274.htm，最后访问日期：2022年4月29日。

担的公共经费完全可以弥补纳税人因为开百货店、不开理发店而少取得的利润，纳税人更愿意开百货店，这样就会使整个经济运行效率低下，反映在纳税人身上就是百货店过多，但生意并不红火；理发店非常少，老百姓想理发都比较困难。

第二，政府应当通过财政收入和财政支出政策减少经济运行的波动，促进经济平稳快速发展。市场并非万能，市场配置资源也有不符合效率原则的时候，此时就需要政府运用财政手段来弥补市场的缺陷。如某些高污染产业对环境破坏很大，但由于其利润率比较高，市场就给其配置了过多的资源，此时，政府就应当从这些产业中征收比公平原则所要求的更高的公共经费，这样就可以在一定程度上限制高污染产业的排放。而高科技产业对一个国家未来的福利很重要，但由于其利润率较低，市场无法配置足够的资源，此时，政府就应当给予高科技产业一些优惠政策，使其负担比公平原则所要求的更少的公共经费，这样就可以在一定程度上促进高科技产业的发展。

四、财政公平原则与财政效率原则的关系

财政公平原则与财政效率原则作为矛盾的两个方面是对立统一的关系。二者有对立的一面，公平强调得多一些就影响了效率，而效率强调得多一些也会影响公平。但二者也有统一的一面，公平有利于效率的实现，效率也有利于公平的实现，不可能存在无任何公平可言的效率，也不可能存在无任何效率可言的公平。

财政不公平最终会导致财政无效率。假设全社会有100元钱，富人手中有50元，穷人手中有50元，富人将其中的40元用于投资生产，生产出产品的市场价值为50元，可以全部销售出去，既满足穷人的需要，也不会导致产品积压。经过一轮财富分配，富人手中有80元，穷人手中有60元，富人将其中的65元用于投资生产，生产出产品的市场价值为70元，此时穷人手中的钱不够购买全部的社会产品，有一定的生产过剩。经过若干轮财富分配，富人手中有1000元，穷人手中有100元，富人将其中的800元用于生产，就会产生严重的产品过剩，但这种过剩是相对于社会的消费能力而言的，而不是消费需求。因此，是相对生产过剩。

自2008年开始的金融危机实质是收入分配不公发展到极致的结果，实际上也是经济危机的表现。马克思认为资本主义社会的基本矛盾，即生产社化和生产资料私人占有之间的矛盾会导致生产相对过剩的经济危机,经济危机的爆发具有周期性,而且周期会越来越短。[1]自1825年英国爆发第一次经济危机以来,世界性的经济危机周期性爆发,而且间隔时间也有越来越短的趋势。但自20世纪80年代开始,资本主义似乎并未爆发大的经济危机,特别是美国经济似乎一直欣欣向荣,致使一些人认为马克思的论述已经过时,甚至本身就是错误的。其实,马克思的论述并没有过时,更不是错误的。资本主义收入分配的差距越来越大,富人把更多的钱用于投资,而穷人则没有足够的钱用于消费,导致生产相对过剩的问题越来越严重,本来会引起一次经济危机的爆发,但资本主义的金融创新发展得非常迅速,既然穷人没有钱消费,为什么不把富人的钱借给穷人用于消费呢?这样,富人一方面可以取得一定的利息,另一方面,穷人也可以消费掉已经过剩的产品,使得富人得到更多的利润。以美国为代表的高消费、提前消费就是富人将钱借给穷人消费的代表。但这种消费模式不能永远持续下去,因为富人不能持续不断地将钱借给穷人,穷人也不可能无限制地提前消费下去,富人总是要回报的,当穷人连利息都支付不起时,金融危机就爆发了。因此,以美国为代表的资本主义国家几十年没有发生较大的经济危机并不是马克思理论的错误或者过时,而是金融创新工具延缓了经济危机的爆发,但无论是什么金融创新工具,也只能延缓经济危机,而不能解决经济危机,因为经济危机的根源在于分配不公。财政法作为收入分配法可以对社会初次分配不公的现象进行一定程度的纠正,从而能够在一定程度上暂缓经济危机的爆发。

从公共物品的层次来看,基本公共物品应当更多强调公平,而非基本公共物品则应当更多强调效率。在基本公共物品与非基本公共物品的关系上,应当将更多的资源用于基本公共物品,特别是基本公共物品中的最低层次的公共物品,即维持生命所必需的公共物品。[2]

财政公平原则与财政效率原则的关系归根结底是一个主观判断和价值选择的问题,当然,如果能够同时满足社会对于公平和效率的需求那就是最理

---

〔1〕 参见李顺荣等:《马克思主义政治经济学原理》,科学出版社1999年版,第119—120页。

〔2〕 为此要建立一套完善的及时发现和及时救助因饥饿而濒临死亡的纳税人的体系,这需要投入大量的人力和物力。

想的状态[1]。一旦两个方面无法同时满足，就需要社会进行选择和取舍。此时，如何选择和取舍应当由全体纳税人通过民主决策的方式进行，能够反映最大多数纳税人意愿的选择方式和取舍结果就是在当时的社会历史条件下最优的方式。

---

[1] 自然科学与社会科学可以在一定程度上帮助纳税人接近这一理想状态。

第三章

财政立宪的源流

1215年6月15日,泰晤士河畔的兰尼米德草地,英国国王约翰和大贵族相聚于此,在刀光剑影之中,贵族代表向国王约翰呈递了一份羊皮纸文件,国王被迫在上面签了字。该文件就是英国以及世界财政立宪发展史上最著名的文件之一——《大宪章》(Magna Carta)。[1]

这是英国历史发展中一件很自然的事件,但就是这样一个很自然的历史事件,成了财政立宪制度的重要起源,并对以后的英国乃至世界历史发展产生了很大的影响。

一、《大宪章》中的财政立宪制度

《大宪章》由引言和63个条文组成,全文约5000字,内容比较庞杂,但其核心思想是从教会、贵族、骑士以及市民的利益出发,对国王的权力加以限制。从财政立宪的角度来看,其主要内容包括两个方面:一是宣布了国王不可擅自征税的原则;二是强调了纳税人(国民)的基本权利。[2]

(一)无代表,不纳税

《大宪章》明确规定了国王不可擅自征税的原则,后来发展为世人熟知的"无代表,不纳税"思想。

《大宪章》第12条明确规定了除三种税金以外,任何税金或者类似征收都应当取得全国纳税人的同意:"除下列三项税金外,设无全国公意许可,将不征收任何免役税与贡金。即赎回余等身体时之赎金(指被俘时)。策封余等之长子为武士时之费用。余等之长女出嫁时之费用——但以一次为限。且为此三项目的征收之贡金亦务求适当。关于伦敦城之贡金,按同样规定办理。"[3]

---

[1] F. Barlow, *The Feudal Kingdom of England, 1042-1216*, Longman, 1988, p.423.

[2] 阎照祥:《英国史》,人民出版社2003年版,第58页。

[3] 除特别注明外,本书所有的外国宪法文本均选自或者参考姜士林等主编:《世界宪法全书》,青岛出版社1997年版。

这里所规定的三个排除项目可能会让人疑惑，特别是第一项，赎回国王身体的赎金。中国以及大部分国家的读者都会感到陌生，而在英国以及欧洲大陆却有着悠久的历史传统。国王与贵族之间以及上下级贵族之间是一种封主和封臣的关系，封主将土地分封给自己的封臣，封臣则要对封主效忠，效忠的一个重要方式就是如果自己的封主与其他人打仗，自己要替封主进行战斗，如果自己的封主在战斗中被俘，封臣则要向敌方缴纳赎金将自己的封主赎回来。[1]在英国的传统中国王的地位并不显赫，只不过是贵族中最大的一位贵族、封主中最高的一位封主而已。正因为国王的地位不是那么重要，[2]所以在战斗中其被敌方俘虏也就不是什么值得大惊小怪之事，敌方往往不会伤害被俘的国王，他们想要的是用国王换取一大笔赎金或者土地。

对于上述例外，《大宪章》第15条也作出了明确的规定："……为上述目的所征收之贡金数额亦务求合乎情理。"因为如果不这样，国王仍有可能借口上述三种用途而任意征收贡金。在《大宪章》上签字的约翰王曾经就是一个挥霍无度的国君。

至于全国同意的程序，《大宪章》第14条作了明确规定："凡在上述征收范围之外，余等如欲征收贡金与免役税，应用加盖印信之诏书致送各大主教、住持、伯爵与男爵指明时间与地点召集会议，以期获得全国公意。此项诏书之送达，至少应在开会以前四十日。此外，余等仍应通过执行吏与管家吏普遍召集凡直接领有余等之土地者。召集之缘由应于诏书内载明。召集之后，前项事件应在指定日期依出席者之公意进行，不以缺席人数阻延之。"

(二) 纳税人的基本权利

《大宪章》规定了纳税人的四项基本权利：①被协商权；②人身自由和财产自由权；③监督国王权；④反抗政府暴政权。

关于被协商权，除上述规定纳税人同意纳税权的条款以外，《大宪章》第55条还规定："凡余等所科之一切不正当与不合法之罚金与处罚，须一概免

---

[1] 张晓群："广义的封建主义和狭义的封建主义"，载 http://aisixiang.com/data/922-3.html，最后访问日期：2021年2月5日。
[2] 这里是与中国等早期封建主义比较强大的国家的国王、皇帝相比而言的，只是强调其国王不像中国的皇帝那么重要，并非强调其国王不重要，否则就不会有那么多贵族不惜以生命为代价去抢夺王位了。

除或纠正之,或依照后列保障和平之男爵二十五人之意见,或大多数男爵连同前述之坎特伯里大主教斯提芬,及其所愿与共同商讨此事件者之意见处理之。遇大教主不能出席时,事件应照常进行。但如上述二十五个男爵中有一人或数人与同一事件有关,则须于处理此一事件时回避,而代之以其余男爵中所进选之人。"

关于人身自由和财产自由权,《大宪章》第 39 条规定:"任何自由人,如未经其同级贵族之依法裁判,或经国法判,皆不得被逮捕、监禁、没收财产、剥夺法律保护权、流放,或加以任何其他损害。"

关于监督国王权,《大宪章》第 1 条就庄严宣布:"……余等及余等之子孙后代,同时亦以下面附列之各项自由给予余等王国内一切自由人民,并允许严行遵守,永矢勿渝。"第 61 条规定:"……诸男爵得任意从国中推选男爵二十五人,此二十五人应尽力遵守、维护,同时亦使其余人等共同遵守余等所颁赐彼等,并以本宪章所赐予之和平与特权。其方法如下:如余等或余等之法官,管家吏或任何其他臣仆,在任何方面干犯任何人之权利,或破坏任何和平条款而为上述二十五男爵中之四人发觉时,此四人可即至余等之前——如余等不在国内时,则至余等之法官前——指出余等之错误,要求余等立即设法改正……"

关于反抗政府暴政权,《大宪章》第 61 条规定:"……自错误指出之四十日内,如余等,或余等不在国内时,余等之法官不顾改正此项错误,则该四人应将此事取决于其余男爵,而此二十五男爵即可联合全国人民,共同使用其权力,以一切方法向余等施以抑制与压力,诸如夺取余等之城堡、土地与财产等等,务使此项错误终能依照彼等之意见改正而后已……"

二、《大宪章》中财政立宪基本主体

从《大宪章》的内容来看,其中所涉及的财政立宪基本主体可以分为两大类:国王及其官僚机构与纳税人及其代表机构,具体包括国王、大主教、主教、住持、伯爵、男爵、法官、森林官、执行吏、典狱官、差人、管家吏和人民。

(一) 国王

国王以及代表国王的官僚机构作为征税主体显然是权力受到约束的一方,而与之相对的其他人作为纳税主体则是权利得到保障的一方。签署《大宪章》

的国王约翰也被称为"无地王约翰"。自威廉一世开始，欧洲大陆的诺曼底就属于英国国王的领地，威廉一世死后虽然引起英国暂时的内乱，导致英国与诺曼底分立，但是亨利一世继位后又重新收回了诺曼底，自此英国国王始终控制诺曼底的土地。直到约翰担任国王期间，英国国王在欧洲大陆的诺曼底、安茹、曼恩以及波瓦图等领地相继失去。因此，约翰被称为"无地王"。[1]

约翰是一个专横暴虐、挥霍无度、反复无常的人，无止境地勒索各种苛捐杂税。这样就侵犯了大封建主、骑士、市民以及富裕农民的利益。[2]约翰丢失了欧洲大陆的领地，也给英国贵族造成巨大的利益损失，因为英国贵族很多是追随威廉一世从诺曼底迁徙到英格兰，他们在欧洲的领地中拥有大量的土地。约翰征收各种苛捐杂税，除自己挥霍以外，还要支付在欧洲大陆的战争费用以及向教皇所缴纳的贡赋。而所有这些费用又都是约翰自己造成的。因此，其征税行为引起广大人民的反对。同时，英国长期以来形成了一个重要的传统，即国王的一切重大决策应当由一个代表统治阶层利益的机构来讨论决定，这个机构就是贤人会议。约翰不经过贤人会议就任意征税更加激怒了整个统治阶层。由此才会导致各阶层人民联合起来反对国王并强迫其签署了《大宪章》。

（二）贤人会议

贤人会议是一个在英国财政立宪史中具有重要地位的机构。英国大约在9世纪出现了一种由国王不定期召开的贤人会议（Witenagemot，也称为贤士会、名士会），参加会议的主要包括主教、修道院院长、亲王、郡长和贵族。[3]贤人会议的起源可以追溯到欧洲大陆日耳曼（条顿）部落的"马克大会"或民众大会。贤人会议的权力十分广泛，国王的一切重大决策原则上都要由贤人会议讨论通过。例如，贤人会议拥有最高司法权，地方法庭无法判决或者涉及政府官员的重大案件都由贤人会议审理，另外，贤人会议还掌握着税收、外交、房屋、分封，特别是王位继承等重要事项的决定权。英国颁布的很多

---

[1] F. Barlow, *The Feudal Kingdom of England, 1042-1216*, Longman, 1988, p. 372.
[2] 孙义学主编：《世界中世纪史》，辽宁教育出版社1985年版，第67页。
[3] 据记载，在934年的温彻斯特贤人会议中，有大主教和主教19人，修道院院长4人，威尔士贵族4人以及若干地方官员和59个塞恩。可见，就成分而言，贤人会议的参加者都是世俗两界的贵族，贤人会议实际是贵族代表大会。阎照祥：《英国史》，人民出版社2003年版，第26页。

重要法令,都是经过贤人会议同意的,有的法令则是在国王签署以后直接由贤人会议发布的。[1]

贤人会议的传统逐渐形成了颁布新法以及涉及人民利害关系的大事必须经人民同意的原则。[2]而征税就是涉及人民利害关系的大事之一,因而讨论和决定是否征税是贤人会议的重要职责。这一原则在威廉一世征服英格兰以后有所减弱,但是贤人会议的传统并没有中断。威廉一世去世后,贤人会议中断了一段时间,但是亨利二世继位以后,他认识到贤人会议对于巩固王位的重要性,逐渐重视和加强了贤人会议的地位。在征税事项上,基本上形成了"不得人民同意则不课之原则",但是,国王仍然保留了自行颁布新税法的权力。在理查一世统治时期,历史学家已经发现了贤人会议讨论财政事项的纪录。如果有人不同意新税法,国王可以王权压制他,如果是大贵族不同意,有时候国王会免除该大贵族的纳税义务。因此,从整体上来讲,当时仍属于君主专制状态,但是君主的征税权受到了一定的约束。[3]

《大宪章》虽然没有直接提到贤人会议,但是其中的很多规定都暗示了贤人会议这样一个机构的存在,如第 14 条规定:"……余等仍应通过执行吏与管家吏普遍召集凡直接领有余等之土地者。召集之缘由应于诏书内载明。召集之后,前项事件应在指定日期依出席者之公意进行,不以缺席人数阻延之。"这显然就是一次召集贤人会议的过程。第 39 条规定:"任何自由人,如未经其同级贵族之依法裁判,或经国法判,皆不得被逮捕、监禁、没收财产、剥夺法律保护权、流放,或加以任何其他损害。"这里所说的"经其同级贵族之依法裁判"也暗示了一个贤人会议的组织。第 52 条规定:"任何人凡未经其同级贵族之合法裁决而被余等夺去其土地、城堡、自由或合法权利者,余等应立即归还之……"这里所谓的"经其同级贵族之合法裁决"也暗示了一个贤人会议的组织。《大宪章》第 52 条以及第 55 条规定的"保障和平之男爵

---

[1] 马啸原:《西方政治制度史》,高等教育出版社 2000 年版,第 78 页。

[2] 史密斯在《英国议会史》中指出,在所有的盎格鲁-撒克逊王国中,国民咨政会(即贤人会议)的同意,对于执行法律、课征税收和批准公共管理的主要活动,都是必需的。G. Barnett Smith, *History of the English Parliament: Together with an Account of the Parliaments of Scotland and Ireland*, Ward, Lock. Bowden & Co., 1892, pp. 14–15.

[3] [英]比几斯渴脱:《英国国会史》,[日]镰田节堂译,(清)翰墨林编译印书局编译,中国政法大学出版社 2003 年版,第 2—3 页。

二十五人"也是一个贤人会议的组织。至于《大宪章》为什么不直接规定"贤人会议",可能是当时的贤人会议仍没有形成一个固定的组织,是否召开、何时召开、在哪里召开、哪些人参加都是由国王来决定的。因此,如果简单规定一个"贤人会议"的组织来监督国王,无异于将监督国王的权力交到了国王手中,不如规定一个详细的与会人员数量和选择方法以及召集会议的基本程序更能控制国王的权力。

(三)世俗贵族

英国的贵族大体可以分为两类:宗教贵族与世俗贵族。宗教贵族包括大主教、主教、修道院院长以及其他高级教士。世俗贵族在中世纪的英国主要是指军事贵族,广义的贵族则包括大贵族和骑士。

骑士是一个含义不甚明确的称谓,伯爵、男爵等高级贵族有时也被包括在骑士的范围之内。欧洲骑士制度源于中世纪加洛林朝的法兰克王国,后逐渐推行到欧洲各国。[1]英国的骑士制度主要是威廉一世征服英格兰以后从欧洲大陆引进的一种贵族制度。它代表着一种荣誉、精神和品格,上至国王,下至普通民众都以成为骑士为荣。12世纪至14世纪的英国社会是一个典型的封建等级社会,处于社会最顶层的是国王,每年有数万英镑的收入。国王下面是十几名伯爵,年收入在1000英镑—2000英镑。伯爵下面是人数稍多的男爵,年收入在500英镑—1000英镑。男爵下面是数量较多的骑士,年收入在20英镑—100英镑。[2]13世纪,英国的骑士数量在500—1000名,数量低于前朝。亨利二世在1159年征收代役税,取消了原来封臣所承担的骑士职责,使得骑士的地位有所下降。约翰继位以后将兵役免除税提高了16倍,并且提高了封建继承税。由此导致世俗贵族对约翰王的不满,并最终引发了由世俗贵族发动的叛乱并强迫约翰王签署了《大宪章》。

《大宪章》对于约翰王的上述行为进行的最主要约束是规定了没有贵族的同意不得向贵族征税的原则。同时,针对约翰王提高继承税的行为,《大宪章》第2条、第3条规定了继承税的限额:"任何伯爵或男爵,或因军役

---

[1] 张宝梅:"试论骑士制度对中世纪社会发展的影响",载《忻州师范学院学报》2007年第6期。
[2] 美国学者西德尼·佩因特估计,1180—1210年间,每名骑士的年均收入为10英镑—20英镑,各级贵族的年均收入为115英镑。当时英国物价波动较大,学者们所掌握的数据有较大差异。[英]约翰·克拉潘:《简明不列颠经济史:从最早时期到一七五〇年》,范定九、王祖廉译,上海译文出版社1980年版,第153页。

而自余等直接领有采地之人身故时,如有已达成年之继承者,于按照旧时数额缴纳承继税后,即可享有其遗产。即伯爵继承人于缴纳一百镑后,即可享受伯爵全部遗产;男爵继承人于缴纳一百镑后,即可事受男爵全部遗产;武士继承人于最多缴纳一百先令后,即可享受全部武士封地。其他均应按照采地旧有习惯,应少交者须少交。""上述诸人之继承人如未达成年,须受监护者,应于成年后以其遗产交付之,不得收取任何继承税或产业转移税。"

为了保障贵族的人身权利,防止国王任意处罚贵族,《大宪章》第 21 条规定:"伯爵与男爵,非经其同级贵族陪审,并按照罪行程度外不得科以罚金。"为了防止国王对骑士横征暴敛,《大宪章》第 16 条规定:"不得强迫执有武士采地,或其他自由保有地之人,服额外之役。"同时,《大宪章》第 29 条还规定国王不能任意要求骑士履行职责:"武士如愿亲自执行守卫勤务,或因正当理由不能亲自执行,而委托合适之人代为执行时,巡察吏即不得向之强索财物。武士被率领或被派遣出征时,应在军役期内免除其守卫勤务。"

(四) 宗教贵族与教会

大约在 2 世纪,罗马统治英格兰的时候,基督教就传到了英格兰。至 9 世纪,英格兰形成了包括两个大主教区(坎特伯雷和约克)、10 余个主教区以及许多基层教区的宗教管理体系。5 世纪—11 世纪是基督教征服欧洲的时代,英国也不例外,11 世纪中叶的爱德华国王被称为"忏悔者",其原因就是他对宗教非常虔诚,对教会非常关切。

在国王与教会的关系中,坎特伯雷大主教具有特殊的地位。1073 年以来,教皇格列高利七世及其后任对教会进行了一次全面改革,史称"教皇革命"。教皇革命的开端,就是罗马教皇企图把神圣的、至高无上的基督教皇帝——几个世纪以来,他一直在教会中扮演重要的角色——降低到低微的俗人的地位,甚至不如层次最低的教士。皇帝和国王都是俗人,他们挥舞的只是世俗之剑,只负责世俗的事务,只负责这个世界的事务,这一事实使得他们从属于挥舞精神之剑、负责精神事务的宗教人士。教皇革命的主要目标之一就是剔除最高政治权威的宗教职能和宗教特性,类似近代意义上的"政教分离"。教皇革命撤销了皇帝和国王从前行使的精神权能,实际上为随后出现的近代世俗国家奠定了基础。[1]

威廉一世加快了英格兰教会诺曼化的过程,运用各种手段防止政教分离。教会一方面与国王密切合作,另一方面保持其相对独立性。威廉二世对教会充满不信任,侵夺了教会的大量权益。高级教职空缺时,他有意拖延任命期,在这期间的收入全部进入了国库。[2]亨利一世在位时同样存在王权与教权的矛盾,双方达成的妥协是:国王放弃圣职的授予权,而大主教接受教皇任命后向国王行臣服礼。亨利一世后期主要由其摄政官索尔兹伯里的主教罗杰主政,这为教会和国王的和平共处铺平了道路。[3]斯蒂芬在位时由于政治困境而不得不向教会让步。王权与教权的斗争在亨利二世时达到顶峰,最终王权作了让步。约翰在位期间,于1209—1211年,从教会掠夺了2.8万英镑。1209年因坎特伯雷大主教的任命而得罪罗马教廷,教皇英纳森将其革除教门。这使得约翰多方树敌,便开始向教会屈服,答应将英格兰作为教皇采邑,向教皇称臣纳贡。因此所增加的负担只能来自纳税人,此举又遭到广大纳税人的反对。

教会的利益在《大宪章》中得到充分的保护,《大宪章》第一句便是"受命于天"的约翰,同时,签署《大宪章》的目的是"为了圣教会的昌盛"。《大宪章》第1条更明确规定了教会的权利:"……英国教会当享有自由,其权利将不受干扰,其自由将不受侵犯……"《大宪章》所规定的"无代表,不纳税"的原则,宗教人士是最重要的需要征求意见的对象。

为了保护教士的人身权利,防止国王以犯罪的名义任意处置教士,《大宪章》第22条规定:"教士犯罪时,仅能按照处罚上述诸人之方法,就其在俗之财产科以罚金;不得按照其教士采地之收益为标准科处罚金。"

(五)商人及市民

经商获利在中世纪人们的心目中往往是不可思议的事情,也是一件罪孽深重的事情。但是对于那些没有宗教信仰的无业游民或者海盗而言,巨大的利润可以抵消任何宗教或者道德上的罪恶感。因此,早期的商人往往都来自

---

[1] [美]哈罗德·J.伯尔曼:《法律与革命——西方法律传统的形成》,贺卫方等译,中国大百科全书出版社1993年版,第133、137、138页。

[2] A. L. Poole, *From Domesday Book to Magna Carta*, 1087-1216 (Oxford History of England), Clarendon Press, 1955, pp. 171-172.

[3] Theodore F. T. Plucknett, *A Concise History of the Common Law*, Butterworth & Co., 1940, pp. 12-13.

海盗,海盗停止掠夺就变成了商人。商业契合人类追求冒险与喜爱谋利的本性,决定了商业和商人群体能够不断发展壮大。商人往往通过组织同业行会的方式获得垄断权,而他们获得垄断权的方式是向王室交纳一笔年金或者税款。有学者认为,中世纪的同业行会在本质上可以解释为一种工业工会,其根据公共权力所承认的规则而享有某项职业独占权。[1]

一开始,市民阶级就是一个商人和工匠的阶级,在一切大城市中,他们一直保持着这样的特征。商人集团往往是城市中的统治阶级。例如,13世纪伦敦市参议员和市长大都出身于某类商人,第一位有文献可考的温彻斯特市长是一位酒商。商人通过组织基尔特组织来维护自己的垄断权以及统治城市。除商人以外,12世纪和13世纪城市统治阶级的成员还包括王室代理人、都市地主,或许也包括农村地主。[2]

中世纪英国的城市在政治上的最大特征是努力争取自治权,它们一般通过纳税的方式从国王那里获得自治权。1129年,贝弗利成为英国第一个获得自治特许状的城市。亨利一世在位时,伦敦市通过每年向国王缴纳300英镑税金而获得自治权,市民可以自己选举市长和市政官。亨利二世在位时收回了伦敦市的自治权,导致伦敦市民为争取自治权而斗争。斯蒂芬在位时,伦敦市市民曾自发创建公社,但只存在了短短的一年。1191年,他们再次建立公社,又被官方解散。理查一世和约翰在位时,由于急需用钱,被迫允许伦敦等城市自行收税和自行选举官员以换取他们在财政上对国王的支持。1193年,伦敦选出了市长,并于1216年确立了每年改选一次的制度。[3]为了协助市长工作,伦敦还选出了24人组成市政议会。伦敦的经验影响了很多城市,截至1216年,已经有10多个城市自行选举市长,实现了自治。[4]

市民的自由权以及城市的自治权也在《大宪章》中得到充分的体现。《大宪章》第25条规定:"一切州郡、百人村、小镇市、小区——余等自己之汤沐邑在外——均应按照旧章征收赋税,不得有任何增加。"这一条就是防止国

---

[1] [比]亨利·皮朗:《中世纪欧洲经济社会史》,乐文译,上海人民出版社2001年版,第21—25、174页。

[2] [英]约翰·克拉潘:《简明不列颠经济史:从最早时期到一七五〇年》,范定九、王祖廉译,上海译文出版社1980年版,第176—178页。

[3] 爱德华一世在位时,伦敦每年改选市长的制度被迫中断。

[4] 阎照祥:《英国史》,人民出版社2003年版,第74—75页。

王任意增加市民和城市的税收负担,从而确保城市财产权与经营自主权。《大宪章》第13条专门确认了伦敦以及其他自治市的自治权:"伦敦城,无论水上或陆上,俱应享有其旧有之自由与自由习惯。其他城市、州、市镇、港口,余等亦承认或赐予彼等以保有自由与自由习惯之权。"商人的权利也得到重视与保护,《大宪章》第41条规定:"除战时与余等敌对之国家之人民外,一切商人,倘能遵照旧时之公正习惯,皆可免除苛捐杂税,安全经由水道与旱道,出入英格兰,或在英格兰全境逗留或耽搁以经营商业。战时,敌国商人在我国者,在余等或余等之大法官获知我国商人在敌国所受之待遇前,应先行扣留,但不得损害彼等之身体与货物。如我国商人之在敌国者安全无恙,敌国商人在我国者亦将安全无恙。"这里对商人的保护充分体现了对等原则。

(六)小农阶层

在《英国土地志》(Domesday Book)[1]中,可以被称为统治阶级之下的社会等级主要包括六类人:自由农、自由佃农、维兰、边农、小屋农和农奴。从经济地位上说,自由农和自由佃农是自由的,其余阶层是不自由的。自由农和自由佃农相比,显得更加自由,他们甚至可以自由选择自己的领主。而自由佃农不能自由选择自己的领主,并且需要向领主缴纳供品或者从各方面去帮助领主。维兰不能像前两者那么自由,但是其土地可以维持温饱。边农和小屋农不太容易区分,边农这个词在英语中已经不存在,但是仍存在于法文中,称为"bordier",其原意为"住在小屋里的人",在英格兰所指的可能就是那些住在主人所提供的小屋中的农民或者他们的后裔。但是,当时英格兰的边农仍然属于拥有土地和一对耕牛或者一只耕牛的较贫贱的农民。小屋农并不是到处都有,从其名称上可以看出,他们显然是住在小屋的农民,没有值得一提的土地,也许有一点菜园,但是没有耕牛。农奴是最低级的,估计占人口总数的9%—10%,他们大都没有土地,可是有时候也可以"住在小屋"中。诺曼征服以后,自由佃农没落了,农奴逐渐绝迹了,他们都开始向上层渗透,所有那些不太自由的农民都开始被法学家统称为维兰。到1100

---

[1] 也可以翻译为《陆地测量簿》,直译为"末日审判书",是征服者威廉(William the Conqueror)(即威廉一世)为了查明全国土地的数量、价值以及税收情况而进行的通过宣誓调查的结果,该书完成于1086年,这本书非常详细地记载了1086年前后英国的土地状况。[美]罗宾·弗莱明:《诺曼征服时期的国王与领主》,翟继光、赵锐译,北京大学出版社2008年版,第12—13页。

年，一般的维兰或者边农可能保有[1]的土地与1000年或者900年普通自由人所保有的土地大致相等，而且肯定是采用大致相同的方法来耕种的。1100年—1200年所发生的变化，经济史学界不太清楚，但是并没有理由认为各类农民所保有的土地发生了很大的变动。[2]

随着时间的推移，维兰和自由农之间的界限越来越模糊，维兰逐渐向自由农的方向发展，在1215年《大宪章》颁布之时，绝大部分农民都属于自由人。因此，《大宪章》第39条对于自由人的保护条款可以适用于大部分的农民。除此以外，《大宪章》还在多处规定，其中的各种自由权利为一切英国臣民所享受，如第60条规定："余等在上述敕令中所公布之一切习惯与自由，就属于余等之范围而言，应为全国臣民，无论僧俗，一律遵守；就属于诸男爵（一切贵族）之范围而言，应为彼等之附庸共同遵守。"第63条规定："余等即以此敕令欣然而坚决昭告全国：英国教会应享自由，英国臣民及其子孙后代，将如前述，自余等及余等之后嗣在任何事件与任何时期中，永远适当而和平、自由而安静，充分而全然享受上述各项自由、权利与让步，余等与诸男爵俱已宣誓，将以忠信与善意遵守上述各条款……"

三、《大宪章》在财政立宪史中的地位

关于《大宪章》的历史地位，即如何看待《大宪章》的本质及其在当时以及以后的财政立宪发展中所起到的作用，自《大宪章》产生以来就存在不同的看法，而且褒贬不一，赞扬者将其抬高到无以复加的历史地位，认为无论怎样评价都不算高估，而贬低者则在肯定其具有进步意义的同时揭示其阶级本质。

我们先从少数人的声音入手，因为少数人的声音往往更能把握事物的本

---

[1] 土地保有制度是英国封建制度的基础之一，英国著名法律史学家梅特兰认为，英国封建主义是这样一种社会状态，其主要的社会联系是领主和封臣之间的保护和效忠、服务关系，领主要为臣下提供保护，臣下要为领主提供各种服务。这种人身关系又和土地保有制度交织在一起，臣下所需提供的义务是他所保有土地上的负担，领主对领地内的事项享有一定的司法管辖权，从国王到各级领主，然后再到最低级的封臣，整个封建社会构成了一个金字塔体系。F. W. Maitland, *The Constitutional History of England*, Cambridge University Press, 1946, pp. 143-144. 关于英国中世纪土地保有制度的基本状况，可以参见李红海：《普通法的历史解读——从梅特兰开始》，清华大学出版社2003年版，第152—169页。

[2] [英] 约翰·克拉潘：《简明不列颠经济史：从最早时期到一七五〇年》，范定九、王祖廉译，上海译文出版社1980年版，第102—106、131页。

质，更能揭示事物的本来面貌，虽然少数人的声音不一定全面、正确。

就其独创性而言，有学者认为，《大宪章》也许是英国历史上最为人所误读的文献之一，尽管其常被后人誉为英国宪法与自由的开端，而且冠之以"自由的守护神""自由的基石"等称谓，但是，这多是后人为了给17世纪的革命提供理论借口所进行的曲意附会，究其实，它是对英格兰封建法律与习俗的重塑或者再确认。[1]

就其立法技术而言，有学者认为，《大宪章》似乎并不能算作成功的文本。其63个条款并不是系统地排列，条款之间也缺乏内在的逻辑联系。因此，它很可能是在匆忙之中出台的一个缺乏系统组织与严密论证的法律文件。[2]

就其保护的利益而言，有学者认为，《大宪章》是一个封建文件，旨在保护男爵以及他们的附庸。某些自由人的利益虽然也得到了维护，但这是因为他们多多少少与男爵有着联系，否则，就像维兰阶层一样，《大宪章》会毫不理睬。[3]广大农民从《大宪章》里一无所得。[4]

就其历史作用而言，有学者认为，制定《大宪章》的男爵本身是自私狭隘、能力低下的，他们的目的就是阻碍安茹王朝高效的政府统治。[5]《大宪章》是封建主阶级内部利害冲突的产物，其核心是限制王权，助长大封建主的势力，因而不是历史的进步。[6]不能夸大《大宪章》在当时所起的作用，因为《大宪章》并不是封建时代用来限制国王权力的唯一文件，而且实际上它在这方面的有效性要比确定联合的自治城市——通常包含国王作出的不干涉地方事务的特殊承诺的王室特许状来得差。《大宪章》在限制王权、保护自由方面不过具有象征性的意义，而且在讨论《大宪章》在宪法上的意义时，注意到约翰国王并不是自愿签署《大宪章》也是重要的，他是在指挥军队的官员的胁迫下这样做的。这就暗示了包含在《大宪章》中的普遍原则的陈述

---

[1] Colin Rhys Lovell, *English Constitutional and Legal History——A Survey*, Oxford University Press, 1962, pp. 111-113.

[2] Norman F. Cantor, *The English：A History of Politics and Society to 1760*, Simon and Schuster, 1967, pp. 195-196.

[3] Bryce Lyon, *A Constitutional and Legal History of Medieval England*, Norton, 1980, p. 321.

[4] 孙义学主编：《世界中世纪史》，辽宁教育出版社1985年版，第68页。

[5] Bryce Lyon, *A Constitutional and Legal History of Medieval England*, Norton, 1980, p. 322.

[6] 孙义学主编：《世界中世纪史》，辽宁教育出版社1985年版，第68页。

本身没有迫使人服从的力量，与普通法律一样，它必须被武力强制执行。

赞扬者的观点与上述观点针锋相对。例如，大法官爱德华·柯克爵士认为，是《大宪章》将英格兰从专制暴政中解救出来，基本的民事和政治权获得了神圣的地位。著名法学家布莱克斯通认为，《大宪章》是捍卫英国自由的主要堡垒。[1]有学者认为，《大宪章》逻辑严密、语言精确，甚至增删一字都属不当。[2]

（一）《大宪章》在财政立宪制度发展中是否具有独创性

具有重要历史意义的事物往往是开创性的、史无前例的，《大宪章》是否具有这样的性质呢？很多学者认为《大宪章》并没有什么新东西，不过是把封建时代的贵族权利重新加以规定和强调而已。这种观点是正确的，前文在阐述《大宪章》所涉及的基本主体时已经暗示了这一观点。《大宪章》中规定的很多权利，如贵族议会（贤人会议）的权利、宗教自由的权利、贵族的人身自由权和财产权、纳税人的人身自由权和财产权、自治市的自治权等都是在漫长的历史发展过程中逐渐形成的基本惯例，虽然没有成文的法律予以规定，但都是已经存在的。正是因为约翰王漠视或者无视这些权利，才导致贵族联合市民反对国王并最终逼迫国王签署了《大宪章》。我们在评价《大宪章》的历史地位时必须正视历史，不能为了提高其历史地位而将很多本不属于《大宪章》的东西用于《大宪章》。

但是，《大宪章》是否就因此而没有创新性呢？如果没有，那么，它何以能够被后人给予这么高的评价？其实，是否具有创新性应当从两个方面加以考察：一是内容，二是形式。批评者往往从内容的角度来探讨其创新性，而且暗示内容高于形式，其实不然。就英国当时所处的历史环境而言，《大宪章》的创新性正体现在其形式上，而且这种形式上创新的历史价值远大于内容上的创新。《大宪章》以成文法的形式将以前通过惯例形成的贵族、教会和自由民的权利以及对国王权力的限制固定下来，并以上帝、国王等名义郑重向天下人昭告，这本身就是一个惊天动地的历史壮举。

具体来讲，这种创新体现在以下两个方面：其一，将传统、习俗和惯例等不稳定的东西固定下来，使其"有章可循"，这已经不仅仅是形式方面的创

---

[1] Bryce Lyon, *A Constitutional and Legal History of Medieval England*, Norton, 1980, pp. 310-311.

[2] M. T. Clanchy, *England and Its Rulers, 1066-1272*, Wiley-Blackwell, 1998, p. 139.

新，在内容方面实际上也是有所创新的。通过历史的考察可以知道，虽然《大宪章》所规定的权利在之前已经存在，但是并不稳定，而且往往是国王可以凭借自己的权力予以改变甚至否定的。例如，贤人会议的职权在《大宪章》之前并不固定，而且关于何时召开、如何召开、由哪些人参加等问题都是由国王自己来决定的。因此，即使国王长期不召开贤人会议也难以说国王的行为违法，特别是在国王的王位比较稳固时，更难以有人敢挑战国王违反惯例的行为。约翰王在签署《大宪章》之前所进行的一系列倒行逆施的行为都说明了通过传统、习俗、惯例所确定下来的权利和自由是非常脆弱的。《大宪章》将不确定的权利变成确定的权利，实际上既增加了权利的数量，也增加了权利的质量，同时实现了以形式创新来达到内容创新的目的。其二，运用一个最高的规范来约束国王的权力，保护国民的权利，从而为法治传统的形成奠定了坚实的基础。在《大宪章》之前虽然国王的权力在事实上是受到约束的，国民的权利也是有一定保障的，但是没有一个高于王权的文件来规范这一切，而《大宪章》实现了这一突破，它以上帝之下、王权之上的地位来对人世间的基本权利义务进行一次重新规范，实际上就是近代宪法的雏形，也符合法治最本质的特征。因此，可以认为《大宪章》开创了近代法治的传统，成为英国近代法治的形式源头。上述两个方面的创新已经足可以使《大宪章》青史留名、永垂不朽了。

（二）《大宪章》是否保护普通纳税人的利益

很多学者批评《大宪章》保护的是封建主，特别是大封建主的利益，并不保护或者基本上没有保护普通纳税人[1]（主要是农民）的利益，因此，并不是历史的进步。

《大宪章》保护的首先是大封建主的利益，这里面既包括世俗贵族，也包括宗教贵族，这一点从《大宪章》的基本条款以及大封建主领导反叛并且逼迫国王签署《大宪章》的历史事实可以明显看出。但是，不可否认的是，大封建主也是人民群众中的一员，一个保护大封建主利益的制度与一个仅保护国王个人利益的制度相比，也应该算历史的进步。人类历史的进步毕竟是一步一步走过来的，社会制度为广大人民群众谋福利的目标也是一步一步实现

---

[1] 由于世俗贵族和宗教贵族在形式上也是纳税人，而且是很重要的纳税人，这里用"普通纳税人"来指那些实际上承担纳税义务的底层劳动人民。

的，一般都是从社会的上层逐渐渗透到社会的底层，如果只把维护社会最底层的纳税人利益的制度改革算作进步，人类历史发展到今天恐怕都不能算进步。

《大宪章》并非对普通纳税人的利益漠不关心，其中对"自由人"权利的规定，对"英国臣民及其子孙后代"权利的规定都不能不说是对普通纳税人权利和自由的关注与保障。自由民也参加了反对国王的斗争。因此，《大宪章》不会对他们的要求熟视无睹。同样，领导反对国王斗争的大封建主也深知他们能够取得斗争的胜利在很大程度上是依靠广大人民群众的支持，他们在《大宪章》中连带规定普通纳税人的权利也能够赢得广大人民群众对《大宪章》的支持，这对于他们将来与国王的较量更加有利。因此，《大宪章》不会对社会底层纳税人的利益熟视无睹。虽然有学者认为，《大宪章》是贵族们起草的，贵族们本来只是为了保护自己的利益，只是由于其中所使用的语言非常笼统，以至于后人可以把它解释成纳税人自由的总宪章，但是从当时的阶级状况来看，《大宪章》的起草者们并非无意间将普通纳税人的权利规定进去，而是"有意"这样规定的，他们与国王相比，更需要普通纳税人的支持。

(三) 限制王权是不是历史的进步，《大宪章》能否限制王权

《大宪章》限制了王权，这是不争的历史事实，但是，限制王权是不是历史的进步，在学术界并没有取得一致的意见。签署《大宪章》的时期正处于中世纪中期[1]，也是教皇革命[2]结束以后不久以及民族国家开始形成的时期。在民族国家形成的过程中，中央集权所起的作用非常显著，如果没有中央集权，而是地方封建主各自为政，独霸一方，则不可能形成民族国家。《大宪章》限制了王权，也就削弱了中央集权，阻碍了民族国家的形成。因此，是历史的倒退。

对于上述论证，必须明确两点：一是民族国家的形成的确需要中央集权，

---

[1] 早在文艺复兴时期，西方就已经有了把历史分为"古代""中世纪"以及"近代"的说法。西方史学界一般把476年西罗马帝国灭亡至1640年英国资产阶级革命爆发这一时期称为中世纪，中世纪也被称为"黑暗的时代"。

[2] 教皇革命主要是指如下两件事情：一是在1059年举行的教会会议上第一次禁止世俗当局任命教主，宣布由罗马红衣主教选举教皇。二是1075年教皇格列高利七世拟定的《教皇敕令》，由27条主张组成，主要内容是要求皇帝应当服从罗马教会。罗马皇帝亨利四世拒绝接受该敕令，导致了全面的政教之间的战争。

但是，中央集权并不等于国王一人集权，中央集权也可以通过由某个全国性的机构掌权来实现，也就是说，中央集权有独裁专制以及民主集中制两种方式来实现。限制王权并不等于阻碍中央集权。二是即使中央集权在中世纪主要表现为加强国王的权力，削弱地方封建主的权力，也有一个加强什么样的国王的权力问题。如果是明君，加强其权力的确可以加速中央集权的过程，从而加速民族国家的形成；如果是暴君，加强其权力不仅不会加速中央集权的过程，而且会导致该王朝的加速灭亡，民族国家的形成更是无从谈起。《大宪章》只是将国王的部分权力转移给中央的另一个机构——贵族会议，而且，《大宪章》反对的是一个暴君。因此，《大宪章》虽然限制了王权，但是并没有阻碍中央集权与民族国家形成的历程，更不是历史的倒退。

与此相关的一个问题是：《大宪章》能否限制王权？在任何封建社会，要想仅凭一份文件就能限制国王的权力那肯定是痴人说梦。正如很多学者指出的，《大宪章》仅仅是限制王权的表现与结果，而并非限制王权的真正实力所在。真正能够限制王权的是与之相抗衡的广大贵族以及市民的实力，是更广大的普通民众的实力。没有后者，《大宪章》不过是一纸空文，也根本不可能出台。其实，历史早就把其中的道理告诉我们了。约翰王虽然在贵族刀剑的逼迫下签署了《大宪章》，但是一等贵族的军队撤走，约翰就企图废除《大宪章》，为此，贵族们只好再次带领民众造反。第二年10月，约翰病死，内战结束，由约翰年幼的儿子亨利三世继位，实际由大贵族掌权，贵族们逼迫亨利三世再三确认《大宪章》的效力。以后每位新国王登基，都想废除《大宪章》，而贵族和普通民众则拼命保护，并不惜以反叛国王为代价。由此，从《大宪章》颁布至亨利五世时（1413—1422年在位），前后由国王重新确认竟达44次之多。可以说，每次确认《大宪章》的背后都隐含着一次国王对《大宪章》的背离以及贵族、普通纳税人对《大宪章》的拥护。因此，谁是真正限制王权的主体也就不需要我们来回答了。

（四）《大宪章》推动了财政立宪的历史，还是财政立宪的历史赋予了《大宪章》生命

《大宪章》在财政立宪的历史上到底起到了多大的作用呢？是因为《大宪章》的确起到了推动历史前进的巨大作用，历史才赋予其如此之多的桂冠，还是因为历史在不知不觉中赋予了《大宪章》如此之多的桂冠，才导致人们越来越认为是《大宪章》在推动历史前进？持上述两种观点的都大有人在。

其实，如果能够将这个问题转换一下，可能更容易回答。《大宪章》不过是一个表面的结果，其背后所代表的实际上是贵族阶层、市民阶层以及广大底层民众的利益。因此，这个问题也可以转化为到底是人民（纳税人）在推动历史，还是历史把过多的桂冠赋予了人民？对于这样一个问题，似乎已经不需要我们给予回答了，马克思和恩格斯早在19世纪中叶就已经给出了明确的答案。真正推动历史发展的是广大人民（纳税人），历史无论给予人民（纳税人）多少桂冠都不为过。

或许有人会认为我们这里所讨论的不是一个问题，实际上它们既是一个问题，又不是一个问题。说它们是一个问题，是因为无论我们认为《大宪章》在历史上的地位和作用有多大，那都不过是纳税人的地位和作用的表现而已，没有纳税人的推动，《大宪章》在历史上连一天也维持不了，甚至根本就不会产生《大宪章》。说它们不是一个问题，是因为纳税人的地位和作用的表现形式有很多，《大宪章》是不是最重要和最根本的仍然是值得讨论的。就此问题而言，《大宪章》是纳税人在法治道路上开创的第一个具有标志性的成果，以后，纳税人在开创法治道路上每取得一次胜利，就把这一胜利归功于这第一个具有标志性的成果，即《大宪章》，由此，随着法治逐渐在英国以及世界其他国家得以实现，《大宪章》头上的桂冠也就越来越多了。分析至此，上面问题的答案已经呼之欲出了。的确是历史赋予了《大宪章》更多的桂冠，但是除了《大宪章》，历史又能把这些桂冠赋予谁呢？

四、税收法定原则的起源

学界一般认为，税收法定原则起源于中世纪的英国，而且一般就将其定位于1215年的《大宪章》。从理论的推导和历史的考察来看，在古代雅典和罗马共和国时期也存在税收法定原则的影子。

（一）雅典时期税收法定原则的影子

在古代雅典，最强大的机构是议事会。它的基本功能是为公民大会准备日程和协调政府的行政活动。议事会行使一项非常重要的政府职能——财政控制。议事会由500名成员组成。其对政府财政行为的控制必然包括对政府征税行为的控制，而这种控制就已经带有税收法定原则的影子。但是，雅典财政收入的主要形式并不是税收，而是天然资源。由国家所有和由奴隶开采的阿提卡东南部的丰富银矿为雅典提供的资金足以建立一支征服一个帝国的海军舰队，帝国依次从贡物、奴隶贩卖、赎身等中获取收益。雅典时期的纳税人数量非常少，只有最富有的雅典公民才缴纳固定的税。普通的甚至是有技艺的职业都得不到雅典人的高度尊重。大部分公民是国家雇员或者通过其他方式获得公共救济金以维持生活[1]，而奴隶则承担大部分的体力劳动。正因为雅典的民主制是建立在奴隶制基础之上的，也就是雅典人的财政收入大部分来自自然资源和奴隶的劳动，而税收所占的比重则微不足道。因此，雅典人不会对税收的收入和支出情况给予特别重视。

税收法定原则从根本上要求由最广大劳动人民制定或者同意的法律来规定税收的开征。雅典时期最广大的劳动人民是奴隶，而奴隶在那时是没有法律主体资格的。因此，奴隶时代的雅典是不可能产生税收法定原则的。但雅典政治实践中，由最高立法机关或者立法机关的常设机关来控制政府财政收支的做法为后世的税收法定以及财政法定奠定了基础。

（二）罗马共和国时期税收法定原则的影子

罗马共和国政治体制并非依据明确的宪法，更多的是根据惯例。在立法上，罗马只遵循新法否定旧法这一原则，而没有宪法与普通法的区分，类似于英国习惯法的传统。罗马共和国时期虽然没有立法、司法、行政权明确的概念，但是已经有了权力制衡和分权、平权的观念，这些都为税收法定原则的起源奠定了基础。

罗马的官僚体制中存在元老院以及人民大会，而且理论上的最高权力机关是人民大会，这实际上已经具备了税收法定原则强调的由人民拥有最终征税权的典型特征。因此，罗马共和国时期的政治实践为后世税收法定原则的诞生奠定了一定的基础。

（三）税收法定原则在英国的诞生

英国是税收法定原则的真正起源地，早在盎格鲁-撒克逊统治时期，国王进行统治的机构就包括贤人会议，他们协助国王作出决策、治理国家。在实践中逐渐形成了重要事项必须通过贤人会议讨论的惯例。例如，史书记载，诺森布里亚国王爱德温（616—632年在位）曾经召集贤人会议讨论是否接受

---

[1]《雅典政制》记载："法律规定，财产少于3迈纳的人和不能做任何工作的重伤者由议事会对之进行仔细核查后发给每天两奥波尔的公共补助金。"

基督教的问题，取得大家一致同意后方才受洗。[1]重大的特殊性税收也属于重要事项，如征收丹麦金以求和于丹麦人，也要经过贤人会议同意。[2]英国之所以形成这种征税必须经过贤人会议同意的传统，是因为直接对国王承担纳税义务的是大封建主，而不是社会最底层的纳税人。封建主会强烈要求国王在向他们征税之前必须经过他们的同意，国王为了减少封建主对纳税的抵抗情绪，从而顺利征税也愿意事先经过贤人会议的讨论和同意。

诺曼征服以后，贤人会议的制度仍然保留了下来，当时的史料称其为大会议。但是此时的会议又有所不同，因为在诺曼征服以后，英国采取了封臣制度，按理这种会议国王的全体封臣都应当出席，但实际情况并非如此。诺曼征服以后，直接封臣约500人，其中170人为大封建主，但出席大会议的从未超过75人，一般在50人左右。[3]与大会议相对的还有一个规模较小的小会议，但是二者的区分不是很清楚，小会议一般由国王的亲信组成。《大宪章》第12条强调的便是向贵族征收盾牌钱和协助金需要征得大会议的同意。[4]约翰王死后，亨利三世年幼，个别大贵族掌握国家大权，大会议停开。1227年亨利亲政以后，也不愿意召开大会议，但是在需要征税时，还是勉强召开了大会议。大贵族对此不满，于1234年举旗反叛。王军虽然获胜，但被迫召开了大会议。在这次会议上，众多贵族依靠群体的力量，迫使亨利三世罢免了当政的亲信，允许贵族反对派进入小会议。[5]从此会议的地位和作用开始逐渐上升，1236年大会议制定了《默顿法规》，规定了立法、司法和维护土地所有权等事项，是继《大宪章》之后的又一成文法。1242年，大会议否决了亨利为进行对法战争而开征新税的要求，为税收法定原则的创立奠定了更加坚实的基础。1244年，亨利为了征税而再次召开大会议，贵族们拒绝出席，并推举一组法官起草政府改革文件，要求由他们选出的4名"自由维护人"参加小会议；不论国王是否同意，只要他们坚持，即可召开大会议；保证贵族的参政权。随着大会议政治职能的扩充以及贵族势力的增长，人们越来越

---

[1] Bede II, 13, See D. Whitelock ed., *English Historical Documents*, Eyre & Spottiswoode, 1953.

[2] 马克垚：《英国封建社会研究》，北京大学出版社1992年版，第9页。

[3] Bryce Lyon, *A Constitutional and Legal History of Medieval England*, Norton, 1980, p. 143.

[4] 马克垚：《英国封建社会研究》，北京大学出版社1992年版，第90页。

[5] R. Butt, *A History of Parliament: The Middle Ages*, Constable, 1989, p. 77.

多地称大会议为"议会"。[1]

13世纪中叶以后，议会的成员逐渐由贵族扩充到平民的代表——乡村骑士和城市平民。其主要原因是随着经济的发展，乡村骑士和城市平民的财产逐渐增加，国王征税越来越需要他们的支持。例如，1221—1257年，中央政府征收的9次骑士免役税只有2.8万英镑，而1225年一次征收的城市平民财产税就有5.8万英镑。城市平民经济实力的增长不仅得到了国王的重视，也获得了贵族的重视，他们能够逐渐进入议会也就不足为怪了。

乡村骑士和城市平民能够进入议会也和议会形成的传统有关。英国国王传统上只对自己的封臣征税，因而，要求参加贤人会议以及国王邀请参加贤人会议的往往局限于国王的封臣。这种做法也就暗含了这样一个基本的原则：向谁征税就征求谁的同意。这一原则的另外一种说法就是：无代表，不纳税。贤人会议中没有乡村骑士和城市平民的代表，因此，他们也就没有义务向国王纳税。国王为了能够直接向他们征税，也就不得不同意他们的代表进入议会。这不仅是理论上的推导，历史事实也是这样的。[2]

1258年亨利三世为了让其儿子争取西西里王位，答应向罗马教廷交纳14万马克的贡礼。国王拿不出这么多钱，只好向贵族和骑士们征税。国王原本不想召开议会而直接依靠行政命令征税，但是，贵族们已经习惯了"无代表，不纳税"的做法，因此他们纠集军队迫使国王召开议会。这次议会通过的《牛津条例》重申了《大宪章》的基本原则，要求成立15人组成的大贵族委员会治理国家，议会每年召开3次，重大事项由议会解决，每郡选出4名骑士，监督地方官。《牛津条例》实际上已经在立法上确立了议会的地位以及"无代表，不纳税"的原则，也奠定了税收法定原则的雏形。但亨利三世于1262年下令取消《牛津条例》，引起贵族的反抗。1264年5月，贵族军队擒获亨利及其王子爱德华，成立9人委员会管理国家，由于地位不稳固，开始寻求平民支持。1265年1月，贵族代表孟福尔在伦敦召

---

[1] 阎照祥：《英国史》，人民出版社2003年版，第86—87页。
[2] 1254年，亨利在欧洲大陆平定叛乱，急需军费。摄政的王后和康沃尔伯爵召开了议会，要求贵族以及普通教士、平民都纳税支援军费，出席议会的贵族同意纳税，但是，他们说，他们的承诺只能对自己负责，并不代表普通教士和平民。因此，向普通教士和平民征税仍然是"非法"的。为了避免抗税事件的发生，两位摄政通知各郡选派两名骑士代表参加议会。但这种做法并没有成为惯例被一直遵守。

开议会，本次议会除贵族、骑士代表以外，每市还选出两名市民代表参加。基于此，有些学者把本次议会视为英国议会产生的标志。由于本次议会并非国王召集，合法性不足，很多贵族不服。1265 年 6 月，王子爱德华潜逃，纠集军队打败孟福尔，重新恢复王权。[1]1272 年，亨利病逝，爱德华继位。

经历过国王与贵族斗争的风风雨雨以后，爱德华终于认识到议会的重要性，他在位 35 年，一共召开了 46 次议会，开会地点一般在威斯敏斯特。在这些议会中，以 1295 年秋季的议会最为完善，出席者达 400 名，包括 91 名宗教界人士、50 名伯爵和男爵、63 名骑士和 172 名城市代表，分别代表社会上最重要的三个阶层：教士、贵族和平民。本届议会被称为"模范议会"，也被视为英国议会的诞生。[2]英国议会的正式确立标志着税收法定原则的形成，之后在经过近 400 年的斗争后，英国最终在宪法性文件中明确表述和重申了税收法定原则。[3]

五、预算法定原则的起源

（一）预算的起源

预算的核心在于分配稀缺的资源，意味着在各种潜在的支出目标之间作出选择，它暗示着一种平衡以及某种作出决定的程序。[4]根据《英国百科全书》的解释，"预算"一词来源于古老的诺曼语，它的原意是皮包、袋子。据说，英国国库大臣经常提着一个装满钱或者收支账目的皮包，在向国会做年度财政收支报告时，他也带着这个皮包，并且"打开"它详细说明，所以后来人们把这个皮包叫作预算。[5]根据《布莱克法律词典》的解释，预算就是一个组织对于特定时期（通常为一年）的估计收入和支出的报告。[6]法国

---

[1] B. Wilkinson, *The Latter Middle Ages in England 1216-1485*, Longman, 1982, p. 79.

[2] [英]比几斯渴脱：《英国国会史》，[日]镰田节堂译，（清）翰墨林编译印书局编译，中国政法大学出版社 2003 年版，第 9 页。

[3] 阎照祥：《英国史》，人民出版社 2003 年版，第 87—89 页。

[4] Irene S. Rubin, *The Politics of Public Budgeting*, Chatham House Publishers, Inc., 1993, p. 2.

[5] 刘剑文主编：《财税法教程》，法律出版社 2002 年版，第 54 页。

[6] Bryan A. Garner, *Black's Law Dictionary*, West Publishing Company, College & School Division, 1999, p. 189.

1826年3月31日的政令第5条是这样定义预算的：它是一个法案，通过这个法案对国家年度收入和国家年度开支或其他公用事业开支进行预先的安排。[1]

按照上述对预算含义的阐释，我国周代就形成了预算的萌芽。据《周礼》记载，九赋、九式分别是国家的经常收入和经常支出。[2]九赋之外，还有两贡，即邦国之贡和万民之贡，它们都是强制性的缴纳，是国家收入的组成部分，九赋和九式都有专门的来源和用途，体现了国家的集中分配关系，因而是我国预算制度的雏形。到了唐代，又有了进一步发展，《唐六典》记载：一年一造计账，三年一造户籍。县成于州，州成于省，户部总领焉。到了宋代，我国还建立了审计制度，宋朝财政在许多方面都有粗略的年度计划，即"岁计"。[3]至此我国虽有预算的雏形，但并无预算法定原则的雏形。探讨预算法定原则的起源还应当回到具有悠久税收法定原则传统的英国。

（二）预算制度与预算法定原则的形成

英国预算制度的起源与税收法定原则的起源几乎是同步的，因为后者旨在控制国王和政府的财政收入，而前者旨在控制国王和政府的财政支出。13

---

〔1〕［法］莱昂·狄骥：《宪法学教程》，王文利等译，辽海出版社、春风文艺出版社1999年版，第414页。

〔2〕《周礼·天官冢宰》记载："以九赋敛财贿""以九式均节财用"。有学者还列出了九赋和九式分别所对应的收入和支出：

收入支出用途说明

邦中之赋	宾客之式	宴请宾客
四郊之赋	刍秣之式	饲养牛马与家畜的谷草
邦甸之赋	工事之式	制作物品
家削之赋	匪颁之式	分赐诸侯百官的物品
邦县之赋	币帛之式	赐劳宾客的礼物
邦都之赋	祭祀之式	祭祀天地、祖先、山川
关市之赋	羞服之式	国王及家庭吃穿
山泽之赋	丧荒之式	丧礼与救荒
币余之赋	好用之式	国王需要的玩好珍品

参见张明编著：《政府预算与管理》，西南财经大学出版社2002年版，第3页。

〔3〕刘剑文主编：《财税法教程》，法律出版社2002年版，第54页。

世纪的"大咨政会"就确立了一个控制君主支出的原则，即议会有权限制或者取消下列支出授权：王室成员的奢侈、投君主所好的过分慷慨以及由过分野心而导致的对外战争。由于控制国王和政府财政收入的急迫性大于控制其财政支出的急迫性，税收法定原则的发展速度要快于预算法定原则。但是议会也在不断寻求控制财政支出的方式，这些措施主要包括：①议会对于基金拨款的授权；②对君主议会外收入的拨款；③议会授权基金的使用必须依据拨款目的；④政府向议会汇报费用的支出方式；⑤议会对于浪费和未授权支出的讨论与批评；⑥对于蔑视拨款者和挥霍财力者予以制裁。[1]

政府向议会提交预算的做法可以追溯到14世纪后期。1380年，约翰·基尔德斯伯格爵士（Sir John Gildesburgh）作为议会的发言人，要求君主对其所需金额的用途作清楚的陈述。1688年"光荣革命"以后，英国议会基本上控制了国家的财政收入权，同时也加大了对财政支出的控制力度。同年，英国议会规定皇室年俸由议会决定，国王的私人支出与政府的财政支出要区别开来。随后，国王的私人借款被议会控制，[2]国王的"非议会收入"如变卖王室地产的收入、没收财产的收入、卖官鬻爵的收入、专卖权和垄断权的出售收入、王室食物与重要产品的征发权的收入、战俘赎金、外国政府的贡纳、海外领地的售卖收入以及强制捐款等，都逐渐被议会控制。[3]以后的历届议会还对国王的支出作了其他的修正，最终使得议会完全控制了国王的财政权。[4]

就政府开支而言，从1690年起，议会对政府的费用都指定了专门用途，不能随便挪用，而且还设立了第一个现代意义上的公共账户委员会（Public Accounts Committee）来审查政府的开支。到了安妮女王末期，财政部每年都

---

[1] 张馨、袁星侯、王玮：《部门预算改革研究：中国政府预算制度改革剖析》，经济科学出版社2001年版，第21页。

[2] 1680年，议会通过决议，规定从今以后，无论君主以关税、货物税的收入，还是以取自家庭财产的收入为担保而进行借款，都被认为是在妨碍议会的活动，而必须对这些行为负责。Paul Einzig, *The Control of the Purse: Progress and Decline of Parliament's Financial Control*, Secker & Warburg, 1959, p. 98.

[3] 张馨、袁星侯、王玮：《部门预算改革研究：中国政府预算制度改革剖析》，经济科学出版社2001年版，第30—33页。

[4] Jesse Burkhead, *Government Budgeting*, John Wiley & Sons, Inc., 1956, p. 3.

要编制预算提交议会审查，并且成为惯例。[1]

1763 年，英国把国家财政收支计划说明专称"提出预算案"。[2]1780 年，英国议会通过了《丹宁议案》（Dunning's Motion），规定除君主私人金库和秘密服务钱款外，所有的公共账户包括王室年俸的支出账户，都要提交给公共账户委员会，这成为英国宪法史上的重要转折点。[3]1782 年，英国议会通过了《民用基本法》（The Civil Establishment Act），标志着英国拨款制度发生了巨大的转折。在此之前，民用拨款主要归政府掌管，现在民用拨款也掌握在了议会的手中。1787 年，英国议会通过了《统一基金法》（The Consolidated Fund Act），建立了"统一基金"，政府的全部收入都纳入统一基金账户，所有的支出也通过统一基金账户支付。这一制度为英国确立预算法定原则奠定了坚实的基础。1822 年，英国财政大臣向国会提出了一个完整的预算报表，标志着现代预算制度在英国基本确立。[4]在预算制度形成的同时，英国通过《权利法案》《丹宁议案》《民用基本法》《统一基金法》等法律逐渐确立了预算法定原则。1854 年，议会通过《公共收入统一基金支用法》，国内收入各部、关税部和邮局的所有年度收支预算都被强制性地提交给议会。1866 年，又通过了《国库与审计部法》，最终形成了一种财政格局：议会对于预算具有最高的权威，政府只负责足额高效地征集和使用税款，议会对财政收入和支出的整个过程拥有控制权，并且以对政府的独立审计来确保这一权利的实现，这样就以法令的形式完成了议会控制财政权制度的构建过程。[5]

除英国以外，其他国家预算制度的产生比较晚，相应地，预算法定原则确立得也比较晚。美国联邦预算是在联邦政府成立以后的 132 年后建立的。1789 年，美国联邦政府成立财政部，亚历山大·汉密尔顿（Alexander Hamil-

---

[1] 蒋孟引主编：《英国史》，中国社会科学出版社 1988 年版，第 401 页。

[2] 刘剑文主编：《财税法教程》，法律出版社 2002 年版，第 54 页。

[3] 张馨、袁星侯、王玮：《部门预算改革研究：中国政府预算制度改革剖析》，经济科学出版社 2001 年版，第 47 页。

[4] [美] 杰克·瑞宾、托马斯·D. 林奇主编：《国家预算与财政管理》，丁学东等译，中国财政经济出版社 1990 年版，第 490 页。

[5] 张馨、袁星侯、王玮：《部门预算改革研究：中国政府预算制度改革剖析》，经济科学出版社 2001 年版，第 60 页。

ton）任第一任部长，他曾向国会建议估算公共开支，但因党派意见分歧，联邦政府开支不大，加之关税充足，因而无须权衡收支。不过1800年，美国联邦政府还是规定财政部要向国会报告其财政收支汇总情况。1865年南北战争后，国会成立了拨款委员会，专门主管财政收支。但是现代意义上的预算制度却直到20世纪才在美国产生。1908年，纽约市推出了美国历史上第一份现代预算文件。在此期间，美国联邦政府开支上升，财政收支连续出现赤字，迫使联邦政府建立联邦预算制度。1910年，塔夫脱（William Howard Taft）总统责成研究建立联邦预算制度。1912年，《经济和效率委员会的报告：国家预算的必要性》提出了构建联邦预算制度的整体设想。1921年，美国国会通过了《预算和会计法》，成立国家预算局，授权总统向国会提交联邦预算，确立了国家预算制度，实现了预算法定原则。[1]

中国大约与美国同时开始建立现代预算制度，1898年光绪皇帝下诏变法，经济方面的主要内容就是"改革财政，编制国家预算"。1908年清政府颁布中国第一部预算条例——《清理财政章程》。1910年起由清理财政局主持编制政府预算工作，开创了中国历史上第一次系统性的政府预算编制工作。[2]但是这种预算编制主要是形式上的，预算法定原则在中国的真正确立仍然经历了一个漫长的历程。

（三）预算法定原则在宪法中的确立

英国实行不成文宪法，因此，在专门法律中确立预算法定原则也可以认为是在宪法中确立了预算法定原则。此外，其他国家也是在确立税收法定原则的同时或者随后就开始了确立预算法定原则的历程。1787年的《美利坚合众国宪法》规定了税收法定原则和财政支出法定原则，[3]为预算法定原则的确立奠定了基础。随着美国在20世纪初开始建立预算制度并通过国会1921年的《预算和会计法》，预算法定原则得以在美国确立。由于修改宪法非常困难，美国并没有在宪法中明确规定预算法定原则。

---

〔1〕 张明编著：《政府预算与管理》，西南财经大学出版社2002年版，第11—12页；[美]杰克·瑞宾、托马斯·D.林奇主编：《国家预算与财政管理》，丁学东等译，中国财政经济出版社1990年版，第11—21、491—495页。

〔2〕 张明编著：《政府预算与管理》，西南财经大学出版社2002年版，第12页。

〔3〕《美利坚合众国宪法》第1条第9款规定："除依照法律的规定拨款以外，不得自国库中提出任何款项；一切公款收支的报告和账目，应经常公布。"

法国早在1789年的《人权宣言》中就蕴含了预算法定原则的萌芽，但是没有提到预算，也没有规定预算法定。[1]随后，法国逐渐在宪法中形成了预算法定原则：《1791年宪法》第五编第1条、《共合三年宪法》第302条、《1848年宪法》第17条规定了任何公用开支在未经国民代表同意的情况下不能确立。《1791年宪法》第三编第三章第一选集的第1条和第二章第三选集第7条确立了以下原则，每年经政府同意后，国民代表应该为刚开始的这一年确立一张可使用开支和可征收收入表，实际上就是指年度财政预算表。《1791年宪法》第三编第二章第四选集第7条、第三章第一选集第1条第4点以及第五编中的第3条规定，国民代表有权对部长们所作的账目进行核查，并且有权要求部长们对账目进行汇报。[2]1817年，规定立法机关有权分配政府经费，从而确立了预算制度，同时也实现了预算法定原则。[3]1911年7月13日，《法国财政法》第140条规定，议会不仅有权独享开支决定权，还有权对已用的开支经费的使用情况进行核查，核查的方法就是审计。至此，确立了比较完善的预算制度和预算法定原则。[4]

随后，很多国家在宪法中明确规定了预算法定原则。1814年的《荷兰王国宪法》第105条规定："国家财政收支预算由议会法令规定。"[5]1850年的《普鲁士宪法》第62条规定："财政法案和国家预算应首先提交下院……"德国1919年的《魏玛宪法》第85条规定："联邦之收支，应于每会计年度预先估计，并编入预算案。预算于会计年度之前，以法律定之。"1949年的《德意志联邦共和国基本法》则用了一个专章的篇幅来规定财政事项，其中，预算制度占了一半的条款和篇幅。1919年《芬兰共和国宪法》也明确规定了预

---

[1]《人权宣言》第14条规定："所有公民都有权亲身或由其代表来确定赋税的必要性，自由地加以认可，注意其用途，决定税额、税率、客体、征收方式和时期。"这里所讲的"注意其用途"实际上就蕴含了预算的意思，即税收的征收和使用都应当体现纳税人的意志。可以认为是预算法定原则的萌芽。

[2] [法] 莱昂·狄骥：《宪法学教程》，王文利等译，辽海出版社、春风文艺出版社1999年版，第410—411页。

[3] 刘剑文主编：《财政税收法》（第三版），法律出版社2004年版，第80页。

[4] [法] 莱昂·狄骥：《宪法学教程》，王文利等译，辽海出版社、春风文艺出版社1999年版，第417—418页。

[5] 本部分的宪法条文参考萧榕主编：《世界著名法典选编：宪法卷》，中国民主法制出版社1997年版。

算法定原则,其第六章专章规定了"公共财政",其中有一半的条款和篇幅是与预算直接相关的。其第 66 条规定:"每一财政年度的全部收支项目应列入年度预算,年度预算由议会通过后,按照颁布法律的方式予以颁布。"

第四章
财政立宪的经济基础

　　财政立宪制度自 7 世纪在盎格鲁-撒克逊时代出现雏形以来，经过 1000 多年的发展才最终在英国确立下来，随后又经过近 300 年的发展才最终得以完善。英国确立财政立宪制度以后，美国、法国、日本等国家也陆续确立了财政立宪制度。在财政立宪制度确立的过程中，经济因素起到了决定性的作用，它导致了财政立宪制度的出现，推动了财政立宪制度的确立并最终促使财政立宪制度不断完善。在影响财政立宪制度的经济因素中，私有财产权的确立及其引发的纳税人为自身利益进行斗争的现象以及税收国家的产生处于核心地位，而生产力水平的提高则为财政立宪制度的运行及其完善提供了物质支持。

一、私有财产权的确立

　　纳税人的私有财产权是财政立宪保护的对象，它一方面为税收的出现奠定了基础，另一方面则提出了由财政立宪制度予以保护的要求。同时，私有财产权本身也是推动财政立宪制度建立的强大动力。私有财产权与财政立宪具有一种内在的逻辑联系和亲和性。私有财产权是财政立宪的逻辑前提和历史前提，财政立宪是私有财产权发展和完善的标志与必然结果。

（一）私有财产权是财政立宪保护的对象

　　财政立宪，特别是其中的税收法定原则的核心在于保护纳税人的私有财产权。因此，私有财产权的确立是财政立宪的前提性条件。财政立宪的历史也表明，凡是重视并且较早确立私有财产权的国家，其财政立宪实现得就比较早，相应的制度也比较完善。

　　在存在私有财产权的社会，私有财产权的实现需要相应制度的保障，需要享受国家所提供的公共物品。私有财产权在享受这些利益的同时，也应当承担相应的义务。私有财产权承担义务的方式有很多，如征税、征收、征用等，但最基本的方式是征税。因此，税收从一开始便是以私有财产权承担义务的形式出现的,也可以认为是以侵犯私有财产权的面貌出现的。为了使私有财产权仅承担适当的义务而免遭税收的任意和无限制的侵犯,私有财产权的主体便尝试运用各种制度来约束征税权,这些制度最终形成了税收法定原则。为了确保私有财产权所承担的税收真正用来为私有财产权服务,私有财产权的主体也试图运用一些制度来约束用税权,这些制度最终形成了预算法定原则。可见,财政立宪的核心在于保护私有财产权,没有私有财产权的存在,就不需要财政立宪制度对征税权和用税权进行控制。[1]可以通过考察典型国家确立财政立宪制度的历史验证上述观点。

　　税收法定原则之所以最先在英国出现,其中最根本的原因是私有财产权的确立及其保护。盎格鲁-撒克逊时期确立了等级严密的私有财产权制度,原则上国王仅向与自己具有直接领主关系的封建主征税,封建主下面的更小的封建主属于其直接领主的管辖范围。因此,封建主为了实现自己的私有财产权便有强大的动力来争取对国王征税的控制权,而国王在统治的过程中必须依赖这些封建主,国王也不敢得罪所有的封建主。当然,更根本的原因是国王也不敢触动社会所赖以存在的私有财产权制度,因而也愿意在征税之前征求他们的同意。由此,在英国逐渐形成了贤人会议审议征税法案的权力。就国王的征税权被控制这一点来讲,已经具备了税收法定原则的影子,可以认为是税收法定原则的雏形。

　　法国较早出现财政立宪的雏形也得益于私有财产权的确立。5世纪罗马帝国在高卢统治的崩溃以及日耳曼人诸王国的建立,标志着高卢地区进入了封建社会。法国封建经济的初级阶段是领主制经济,这一制度有两个基本特征:一是封建等级土地所有制,上级封建主把土地分封给下级封建主,下级封建主再把土地分封给自己的下级封建主,封建主之间的身份等级以及权利义务都凝结在这些分封的土地之上;二是土地占有权与政治统治权相结合,公权与私权合一,封建主在占有土地的同时享有对土地上农民的行政管理权和司法审判权。[2]这种分封制有一个原则,即"我的附庸的附庸不是我的附庸",

---

〔1〕 当然,从权力制约的角度来讲,即使不存在私有财产权,国家权力也需要一定的制约与平衡,也有可能建立财政立宪制度来实现权力的制衡,但这种财政立宪制度纯粹是一种国家治理措施,与本书所论述的财政立宪不是一个概念。

〔2〕 沈炼之主编:《法国通史简编》,人民出版社1990年版,第52、57页。

即每一级封建主只能对自己的直接下级封臣享有权利,而无权对自己的封臣的封臣直接享有权利。由于很多封建主并不只有一个领主,在封建主之间造成了"一团乱麻般的权利和义务"。[1]

这种私有财产权制度以及混乱的权利义务关系,一方面容易导致各封建主之间为争权夺利而混战,另一方面则削弱了国王的权力,原始社会时期的很多民主制度得以保存和发展下来。例如,加佩王朝时期(987—1328年),国王不过是"同等者中的第一个"(拉丁文为"Primus inter pares")。早期的国王在采取重大措施之前,需要召开封建主代表大会进行讨论,这种代表大会被称为库里亚大会。库里亚大会不仅有权决定国家的一切重大政治措施,包括征税,而且还有权罢免国王和选举新的国王。11世纪,城市兴起,城市组织由居民自己建立,他们通过向领主缴纳贡金的方式从领主那里获得特许状,可以行使自治权。当然,实际掌握城市权力的人都是有地位或者有丰厚财产的人。[2]由此可见,法国财政立宪制度萌芽的出现在很大程度上是得益于法国所确立的私有财产权制度——分封制。

美国财政立宪制度的形成在很大程度上也可以归结于人们对于私有财产权的追逐及其保护。据考古证据、地图和传说,至少在一千年以前北欧海盗就曾到过北美大陆,虽然美洲具有丰富的资源,但是这些资源如同埋在4000多米深的大西洋底,没有什么用处。[3]因此,并没有人妄想在北美创建殖民地。400多年后,欧洲人重新发现了这块土地并在此定居。其根本原因在于巨大的经济利润促使欧洲人在北美进行探险和拓荒。这里的经济利润一方面来自西欧崛起的国家企图打破意大利与东方进行的具有巨大利润的香料贸易上所处的垄断地位,另一方面,他们发现印第安人手中有大量金银以及北美大陆有丰富的矿藏。[4]

首批移民定居的地方,经济发展前景暗淡,说明他们移居这里有与经济无关的原因。但是后来的移民在决定是否移居这里时,经济因素是他们考虑的主要因素。后来的很多移民都是有计划迁来的,这是他们出于经济原因才

---

[1]《马克思恩格斯全集》(第二十一卷),人民出版社1965年版,第453页。
[2] 马啸原:《西方政治制度史》,高等教育出版社2000年版,第61—64页。
[3] [美]杰拉尔德·冈德森:《美国经济史新编》,杨宇光等译,商务印书馆1994年版,第42页。
[4] [美]杰里米·阿塔克、彼得·帕塞尔:《新美国经济史:从殖民地时期到1940年》(第2版,上),罗涛等译,中国社会科学出版社2000年版,第35—36页。

移居美洲的初步证据。大多数移民是在他们预计从美洲得到的经济报酬能够补偿他们的迁移费用时才移居美洲的。[1]

在北美创建殖民地的人都是经过英国税收法定原则长期熏陶的,他们在北美定居以后,就很自然地采纳由全体纳税人决定公共机构的组建及其财政收支的制度。同时,北美殖民地一开始所进行的就是一种商品经济,而商品经济要求自由、平等和等价交换,人与人之间并没有一种隶属关系,只存在契约关系。因此,人们自然会建立一个纳税人有话语权的自治公共组织。当时,各殖民地所创建的市、镇、县基本上都是自治的。当地居民定期集会讨论公共事务,市民大会或镇民大会是当地的最高权力机关,有权制定法律、分配土地、征收税收等。[2]

(二)私有财产权为财政立宪提供了动力

私有财产权作为财政立宪保护的对象,具有强大的动力寻求财政立宪的保护。因此,私有财产权是财政立宪最主要的动力。财政立宪的实现需要相关主体进行艰苦而漫长的斗争,而私有财产权则是推动相关主体进行斗争的动力。对此,马克思早就指出:"人们奋斗所争取的一切,都与他们的利益有关。"[3]相关主体为财政立宪的实现而进行的"奋斗",其背后的"利益"就是私有财产权。

税收法定原则强调纳税人的代表应当在税法的制定过程中享有发言权,而承担纳税义务的主体为具有较多资产的资产阶级和平民。[4]英国议员的选举权和被选举权被局限在有产者的范围内,也就是贵族、地主、资本家以及城市有产市民。议会在1406年颁布了第一个选举法,其中并没有明确规定选民的财产资格,但实际上是有财产限制的。1429年的选举法则明确规定了郡中选民的财产资格:凡年收入达40先令的土地持有人拥有选举权。1432年选举法规定选举人必须在参选郡中居住或者拥有地产。1445年的选举法规定,各郡竞选议员的社会地位必须在骑士以上,当选骑士应当有20英镑以上的年

---

[1] [美]杰拉尔德·冈德森:《美国经济史新编》,杨宇光等译,商务印书馆1994年版,第50页。

[2] 马啸原:《西方政治制度史》,高等教育出版社2000年版,第159页。

[3] 《马克思恩格斯全集》(第一卷),人民出版社1956年版,第82页。

[4] 这里并不否认创造社会财富的主体是社会底层劳动者,但是在商品经济时代,他们的劳动成果在第一次社会产品分配的过程中就被封建主和资本家剥削。因此,在纳税过程中(属于社会产品的第二次分配),他们反而并不承担主要的纳税义务。

收入。[1]英国选举法对选民财产资格的限制直到1918年的《人民代表选举法》才取消。这种对选民财产资格的限制，当然可以解释为资产阶级垄断统治权，排斥社会底层民众的政治权利，体现了资本主义选举制度和民主制度的虚伪性，但是从积极方面来看，把选民限制在有产者，也就是纳税人的范围内，使得选民以及议员对于征税问题异常敏感，使得议员更有积极性去争夺对征税权的控制，选民也更有动力去支持议员和议会争夺征税权的斗争。而这一切都在无形中推动财政立宪制度的不断发展并最终在英国确立。

北美殖民地时期各州的立法机构基本上为两院制，上议院通常被称为参事会或者管理委员会，由12人至18人组成，其中自治殖民地由选民选举产生，业主殖民地和英王直属殖民地则由业主或者英王直接任命。下议院议员由全民选举产生，人数为50人至100人。人民行使选举权受到财产资格的限制。在南部，以拥有农场或者市镇地产作为享有选举权的条件，如弗吉尼亚的选民得有50英亩未开发或者25英亩已开发的土地，佐治亚的选民应当在所居住的地区拥有50英亩地产；在北部，以拥有一定的动产或者不动产作为享有选举权的条件，如马萨诸塞和康涅狄克的选民应当拥有每年收益为40先令的土地或者拥有其他价值40英镑的财产，宾夕法尼亚的选民必须拥有50英亩土地或价值50英镑的任何财产。[2]而担任公职的条件则比行使选举权的条件更高，如南卡罗来纳议员须拥有500英亩土地和10名奴隶，或拥有价值1000英镑的动产和不动产，新泽西的议员须拥有100英亩土地。

上述财产资格限制反映了税收对于选举制度的影响。之所以要求选民具有一定的财产是因为政府是纳税人的政府，政府的主要财政收入来自纳税人。因此，只有纳税人才有权决定政府的组成以及政府的大政方针，该权利就是选举权。对选民的财产限制虽然是对下层劳动人民选举权的剥夺和限制，但是它从另外一个方面充分反映了纳税人主权以及政府是纳税人的政府的理念。上述财产资格的具体条件也反映了经济发展状况和经济制度对于选举制度的影响。南方盛行以奴隶制为主的种植园经济，有产者和无产者以及奴隶区分的标志就是是否拥有土地以及拥有土地的数量。纳税人是拥有一定数量土地的奴隶主。北部奴隶较少，工商业和渔业比较发达，有产者即纳税人不仅体

---

[1] 阎照祥：《英国史》，人民出版社2003年版，第104—105页。
[2] [美]迦纳：《政治科学与政府》（第四册），孙寒冰译，商务印书馆1946年版，第876页。

现为土地所有者,而且体现为拥有大量动产的商人。因此,南部的选民资格为土地(不动产)一个条件,而北部的选民资格则为不动产或者动产两个可选择的条件。

作为全部由纳税人代表所组成的下议院,既有动力,也有能力在政治制度中确立财政立宪制度。财政立宪制度的实质在于保护纳税人权利、控制政府征税权。因此,纳税人有动力争取这一制度的实现。纳税人都是有产者,纳税人代表都是大有产者。因此,纳税人代表也有能力争取这一制度的实现。北美经济的发展在很大程度上推动了议会权力的增长。在英王直属的殖民地中,掌握行政大权的是英王直接任命的总督,他代表的是英王的利益,而殖民地的议会,特别是下议院代表的是殖民地纳税人的利益。因此,二者的冲突与夺权具有和英国税收法定原则确立过程中议会与国王斗争的性质。以纽约为例,总督在行政管理方面所需要的款项都由议会拨给,但是款项拨出以后,则由司库官保管,按总督意图进行开支,议会无权检查其用途。如果议会对于税款的使用没有监督权,实际上就在一定程度上架空了税收法定原则,使得税收法定原则成为一个尴尬的为政府筹钱的工具。纽约议会为了防止总督滥用税款,于1692年成立了一个委员会来调查总督的账目而总督不愿意接受议会的监督,经过反复斗争,直到1694年,总督才退步,议会争取到监督行政部门使用税款的权力。[1]

私有财产权同样为预算法定原则的实现提供了基本的动力。在本质上,预算法定原则的实现是相关主体经济利益斗争的结果。预算法定最本质的要求在于财政收入和财政支出应当由纳税人代表来决定,体现纳税人意志,而不能由其他主体来决定。因此,预算法定原则内在地包含了不同主体的经济利益,其中最基本的主体就是纳税人与国王。封建社会早期,国王的收入和支出是不受纳税人控制的,即使是国王从纳税人手中获得的税收,在征收之前或许会征求纳税人的同意,但税收一旦进入国王的口袋,就没有人能够干涉国王的开支。而国王之所以有这么大的权力,在很大程度上正是依靠国王所支配的巨大财力。国王能够支配巨大财力的时候,也正是国王权力最强大的时候。[2]纳税人与国

---

〔1〕 李昌道编著:《美国宪法史稿》,法律出版社1986年版,第13页。

〔2〕 英国历史上的亨利七世、亨利八世、伊丽莎白等君主,法国历史上的路易十四等君主都是因掌握了巨大的财源才导致王权空前强大。

王争夺对财政收入和支出的控制权,无异于争夺对国王经济命脉的控制权。因此,预算权力往往被称为"控制钱袋子的权力"(power of purse)。[1]在这一权力争夺的背后显然是各方的经济利益。

在英国,这种权力争夺表现在以议会为代表的社会各阶层经济利益与国王经济利益的斗争。议会在争取税收法定原则实现的同时也在努力争取预算法定原则的实现,即一方面实现对国家财政收入的控制,另一方面实现对国家财政支出的控制。国家的财政收入,一部分来自国王财产以及国王特权的收入,一部分来自纳税人所缴纳的税款。随着国家财政需求的不断增加,随着商品经济的发展,税收占财政收入的比重越来越大。而税收的多少实际上就是纳税人与国家之间对于纳税人所获得的经济利益如何进行分配的问题。是否征税、如何征税、征多少税等问题直接涉及纳税人与国家的切身经济利益。因此,国家的财政收入权控制在谁的手里就是决定纳税人和国家经济命运的关键问题。在这一问题上,无论是纳税人还是作为国家代表的国王都不会"手下留情",只要有可能,他们都会努力争取对财政收入权的控制。由于税收直接来源于纳税人,纳税人对征税权的争夺也最为激烈,纳税人最先争取到的权力也正是对征税权的控制。财政支出权虽然不如财政收入权显得那么重要,但实际上,如果不能控制财政支出权,就无法真正控制财政收入权。因为国王可以通过借款的方式来预先支配财政收入,而这些借款最终还是要由纳税人的税款来偿还的,实际上就相当于国王未经纳税人同意就预先支配了纳税人的税款,这显然是违反税收法定原则的。[2]因此,纳税人越来越觉得有必要控制国家的财政支出权。

随着民主意识的觉醒,纳税人意识到,既然税收来源于纳税人,纳税人有权决定税收的多少,那么纳税人理所当然有权决定如何支配这些税收。对于国家财政收入中的非税收入,纳税人也越来越感到自己同样有权对这些收入进行控制,因为这些收入从根本上来讲仍然是来源于纳税人的劳动。纳税人

---

[1] Dennis S. Ippolito, *The Budget and National Politics*, W. H. Freeman and Company, 1978, p. 2.
[2] 英国历史上的很多国王都欠下了大量债务。例如,亨利三世曾因欠下巨额债务而不敢在公众面前露面,而爱德华三世曾被迫留在布鲁塞尔,作为他欠债的抵押品,而这些债务最终都需要由纳税人的税款来偿还。有时国王公然要求议会为国王的举债行为进行担保,亨利六世就是如此,在这种情况下,纳税人更逃脱不了为国王偿还债务的责任。

通过交换的方式，逐渐控制了国王的非税收入。[1]这样，国家的整个财政收支大权就都被纳税人的代表控制，真正意义上的税收法定和预算法定也就实现了。

在法国，纳税人和国王的斗争最终引发了一场大革命。大革命把国王推翻，纳税人控制了国家的征税权，实现了税收法定原则。同时，纳税人民主原则的确立也为预算法定原则的实现奠定了坚实的基础，一旦经济的发展使预算制度的建立成为必要，预算法定原则就得以在民主制度以及税收法定原则的基础上顺利实现。

在美国，北美脱离英国成立独立国家以后，就把已经在各州的宪法中确立的税收法定原则和纳税人民主原则上升到整个国家的宪法原则的高度。同样，当经济的发展使预算制度的建立成为必要时，预算法定原则就得以在纳税人主权原则以及税收法定原则的基础上顺利实现。在确立预算制度之时，也体现了不同党派之间的经济利益争夺和政治利益斗争，当然，就他们都是纳税人利益的代表而言，他们之间的斗争不同于纳税人与国王之间的利益争夺与斗争。

在德国，纳税人同样与国王以及其他统治者就财政收支权进行了不懈的斗争，最终也在宪法的层面上确立了预算法定原则。

二、税收国家的形成

随着私有财产权的发展，税收在整个国家的财政收入中所占的比重也越来越大，最终成为国家财政收入的主要来源，税收国家由此形成。税收国家形成以后，税收成了私有财产权固定、大量和经常性负担，纳税人建立财政立宪制度的愿望越来越强烈。税收国家同时也表明了社会的主要财富都掌握在私人手中，国王及其所代表的国家越来越成为无产者。在私有财产代表力量的社会中，表明纳税人的力量在增强，而国王的力量在减弱。税收国家的形成及其不断的发展使纳税人与国王的力量发生了变化，最终促进了财政立宪制度在英国的确立。

（一）税收国家形成了财政立宪规制的对象

财政立宪所规制的基本对象是政府的财政权，而财政权的内容则是财政

---

[1] 这种交换的方式就是议会通过给王室一个固定数额的拨款来换取国王传统上所拥有的来源于王室财产和国王特权的财政收入。议会给王室的拨款最终也受到了议会的严格控制。

资金的收支。税收国家形成以后，税收构成了财政收入的绝大部分，所谓财政资金的收支，主要就是税款的征收和使用。因此，财政立宪所规制的基本对象也可以认为是政府的征税权和用税权。

税收国家形成之前，税收在国家财政收入中并不占据主体地位。因此，纳税人通过控制征税权来约束国王及其政府的财政权效果并不是很好，如果想以税收作为筹码与国王交换相应的权利就更加困难了。但是在税收国家，这一切都改变了。纳税人控制了征税权和用税权，也就基本控制了国王及其政府的财政权，纳税人更容易把税收作为筹码与国王交换更多的权利。[1]英国财政立宪确立的历史充分论证了这一论点。

中世纪以及更早的英国王室一般遵循的原则是，国王应该靠自己的收入生活，换句话说，国王应该用其封建权力获得的收入供应其一切开支（包括王室宫廷开支和军费开支），这些收入主要包括王田的收入，法庭罚金的收入，城市缴纳的费用，对下级封臣所征收的协助金、继承金以及空位时期主教座的收入等。[2]但是，随着私有财产权的发展，国王的收入越来越不能满足其开支，其中除了国王挥霍的原因，更重要的应该是国家机构的不断膨胀以及军费开支的不断增加。例如，991年，丹麦人入侵英格兰，国王战败向丹麦人缴纳贡金换取和平，为了支付这笔贡金，英国开征了丹麦金。诺曼征服以后，英国本土贵族与欧洲大陆贵族为争夺王位和领地也是战争不断，这些都需要巨大的军费作保证。国王没有收入来支付军费时，只能向贵族以及其他社会阶层征税。而在商品经济已经有所发展的时代，要求他们纳税是需要给予回报的，而国王所能够给予的回报只有自由和权利。因此，每当国王急需用钱而向贵族和其他社会阶层征税时，他们都会以国王给予更多的自由和权利作为交换条件。[3]例如，伦敦争取自治权，于1191年建立了公社，被国王解散。后来，理查一世和约翰王急需用钱，要求伦敦纳税，伦敦利用这一

---

〔1〕 凯尔森认为："国家作为财产的主体就是国库。"［奥］凯尔森：《法与国家的一般理论》，沈宗灵译，中国大百科全书出版社1996年版，第217页。

〔2〕 马克垚：《英国封建社会研究》，北京大学出版社1992年版，第75页。

〔3〕 正如有学者所指出的："英国国王最初建立国会，主要是想从贵族和自由人那里取得税收，以满足战争和个人挥霍的需要；参与国会的贵族和自由民们，也正是想利用金钱换取国王的让权，保护自己的财产。"参见［英］比几斯渴脱：《英国国会史》，［日］镰田节堂译，（清）翰墨林编译印书局编译，中国政法大学出版社2003年版，第6页。

时机，要求国王给予自治权。国王为了获得伦敦的税收支持，只好同意伦敦自治的要求。1254 年，骑士进入议会也是利用国王急需用钱的处境而和国王做的一笔用纳税换取权利的交易。1297 年，爱德华一世因对外战争急需用钱而征税，议会利用这一机会又和国王进行了一次用纳税换取权利的交易，即要求国王承诺今后"未经王国普遍同意"不得征税。自 1337 年起，爱德华三世陷于长期的英法战争中，迫切需要巨额军费，议会又借机约束王权，在 1340 年的法案中规定："非经议会中高级教士、伯爵、男爵和平民的普通同意，国王不得征收任何赋税。"正是通过这样一次次的"交易"，国王获得了财政收入，而纳税人以及议会则获得了越来越多的权利，由此也推动了税收法定原则的不断发展。

其实，早在税收国家形成以前，纳税人向国王要求更多权利往往也是选择在国王最需要税收支持的情况下，此时，税收实际上成为特定时期国家财政收入的主要来源。因此，也可以把这种特定时期的国家视为税收国家，该时期税收的重要性也同样表明了税收国家中税收一贯具有的重要意义。

(二) 税收国家促成了纳税人阶层

英国确立财政立宪制度的历史充分说明了，只有在税收国家中，纳税人才能成长为一个庞大的社会阶层，才能有足够的力量和动力与议会一起结成对抗国王的联盟，才能最终迫使国王在不断妥协的情况下建立财政立宪制度。

在英国议会建立的初期，议会在与国王的较量中处于劣势。这种劣势表现在两个方面：一是对于国王的要求议会基本都予以同意，只不过要求国王承诺给予更多的权利，至于国王的承诺能否兑现，议会本身也是没有信心的；二是在议会否定国王的要求时，议会往往会被解散。

随着议会所代表群体的经济力量的壮大，税收国家不断地发展，纳税人阶层开始逐渐形成，议会拥有的权力也越来越大，并且敢于对国王说"不"。这种权力的增加主要体现在以下几个方面：首先，对于国王的请求议会行使否决权的次数越来越多，如 1339 年和 1344 年英国议会两次否决了国王要求增税拨款的要求。其次，议会所争取到的权力越来越多。14 世纪以后，英国议会除行使征税权以外，还逐渐掌握了财政监督权、司法请愿权、制定法律权、监督弹劾行政官员权等重要权力。1388 年，英国议会以叛逆罪将国王的几个近臣处死，"杀鸡骇猴"，实际上是给国王的一个下马威。另外，英国议会还于 1327 年和 1399 年两次废黜国君。最后，议会的独立性不断增强，国王解散议会的次数越来越少,如1330年、1362年和1376年的英国议会成文法都规定每年至少召开一次议会。而历史实践也是如此,1300—1340年一共召开了58届议会,除每年召开一次以外,还有好几年每年召开议会3—4次。[1]

纳税人阶层的形成与壮大最终导致了"王在议会"的宪法原则的出现。议会在产生之初是与国王相对的一个机构,二者的利益常有冲突,随着议会所代表群体的经济力量的增强,国王越来越认识到议会作用的重要性,因此,也逐渐开始与议会配合,尊重议会的立法,通过议会来提高自身统治的合法性。议会上下两院也愿意与国王建成三位一体的议会,以增强议会的地位。由此"王在议会"的宪法原则逐渐形成,明确通过立法表述这一原则的是英国1534年颁布的《限制任教职者支付首年薪俸法案》,其中宣布该法案"由现届议会中的最高统治者国王、教俗两界贵族和平民共同行使权力制定"。[2]这就相当于宣布国王和上下两院构成了合法的议会,共同行使立法权。

(三)税收国家所导致的财政危机为财政立宪的确立提供了机遇

历史上的国家动乱大多是由财政危机引起的,财政立宪作为纳税人控制国家的制度,难免会遭到当权者和守旧者的反对和压制。因此,确立财政立宪制度,革命或者变革在所难免,而税收国家导致的财政危机就为这样的革命或者变革提供了导火索。

1640年英国内战的爆发,根本原因在于国王不遵守通过赋予纳税人权利而换取议会同意纳税的"游戏规则",妄想剥夺纳税人的同意权而任意征税,由此导致议会(实质是纳税人)和国王之间的内战。斯图亚特王朝的财政危机自第一代国王詹姆斯一世继承王位以来就一直存在。议会不同意国王增加税收的要求,詹姆斯一世就通过卖官鬻爵的方式来获取财政收入。[3]这些措施并不能从根本上解决财政问题,为了增加财政收入,詹姆斯一世于1604年召开首届议会,讨论增加新税。议会仅满足其部分要求,同时向他提出了一份文件,规定议员的选举、言论自由和会议期间免遭逮捕的权利,并批评国

---

[1] 阎照祥:《英国史》,人民出版社2003年版,第101—104页。

[2] G. R. Elton, *The Tudor Constitution: Documents and Commentary*, Cambridge University Press, 1960, p. 358.

[3] L. Stone, *The Crisis of the Aristocracy, 1558-1641*, Oxford University Press, 1967, pp. 40-60.

王内外政策。詹姆斯一世在担任苏格兰国王时就是一个专制君主,无法忍受英格兰议会的做法,于 1611 年解散议会。1614 年新议会召开,继续批评政府,当年即被解散。1621 年詹姆斯一世再次召开议会要求高额拨款,议会仅以少量拨款应付并提出诸多条件,还弹劾了国王的宠臣。1625 年詹姆斯一世去世,查理一世继位,与议会的矛盾继续激化,多次解散议会,但为了获得议会拨款,又不得不多次召开议会。1628 年第三届议会起草了著名的《权利请愿书》,其中援引大量史实说明英国人民自古以来就享有的各种权利,特别强调了未经议会同意,不得强迫人民同意的原则。查理一世为了换取议会拨款而忍痛签署这一文件,但并不准备实行,随即下令议会休会,次年又解散议会。此后,国王实行专卖制度,增加关税,[1]大大增加了王室收入。因此,11 年不曾召开议会。

1639 年苏格兰为了反对查理一世的宗教迫害而起义,查理一世为了筹集军费而召开议会。但议会不仅不同意拨款,而且批评国王的政策,反对重新对苏格兰开战。查理一世立即解散了议会,由于此次议会存在仅 3 周,史称"短期议会"。[2]同年,新议会召开,"短期议会"的议员大部分重新得选,开始与国王进行更加激烈的斗争,该届议会一直保留到 1653 年,史称"长期议会"。

英国内战的爆发是英国国王与议会权力冲突达到顶点的必然结果,是确立财政立宪制度所必然要经历的革命,这场内战的爆发有很多原因,其中比较重要的有两点:

第一,此时统治英国的国王并非本国土生土长,而是来自一个具有专制传统的国家。詹姆斯一世和查理一世均不熟悉英国的传统,而英国议会的权力和人民的权利往往都是依靠传统逐渐确立的。国王与议会之间正常的"游戏规则"被打破了,国王仅仅把议会当成一个征税工具,而英国议会长期以来已经形成了许多重要职权,现在被国王一笔勾销,当然无法认同国王的专

---

〔1〕 经济发展,特别是对外贸易的发展,使得国王的关税收入大幅度增加。亨利八世(1509—1547 年在位)统治初期,英国关税收入为 42 643 英镑。伊丽莎白一世时代(1558—1603 年在位)就开始迅速增加,1595 年达到了 120 593 英镑。到了 1660 年,则增加到了 400 000 英镑。F. C. Dietz, The Exchequer in Elizabeth's Reign, Dept. of History of Smith College, 1923, pp. 81-87; J. E. Gillespie, The Influence of Oversea Expansion on England to 1700, Octagon Books, 1974, p. 159.

〔2〕 [英]比几斯渴脱:《英国国会史》,[日]鎌田节堂译,(清)翰墨林编译印书局编译,中国政法大学出版社 2003 年版,第 69 页。

制做法。二者产生矛盾和冲突并最终走向激化是必然的。

第二，税收国家的发展所形成的纳税人阶层迫切需要一个自由的经济、政治环境，而斯图亚特王朝的两位国王与此背道而驰。此时英国的资本主义已经有了相当程度的发展，资产阶级凭借其巨大的经济实力而发展为新贵族，实际上已经成为这个社会的统治力量。但国王仍然信奉中世纪"君权神授"的思想，进行宗教迫害、卖官鬻爵、降低政府威信、漠视议会和议员权利、任意征税、实行专卖制度、发动战争，政府赤字累累。这一切都和资本主义发展所要求的宽容、自由、稳定、权利受到保障等目标背道而驰，资产阶级和贵族联合起来反对国王的倒行逆施是历史的必然。

经过九年的内战，1649年1月30日议会将查理一世推上了断头台。在护国政体时期，克伦威尔试图建立军事独裁政体，遭到议会的反对，克伦威尔则对议会进行了多次清洗，使其成为顺从的统治工具。[1]克伦威尔死后，斯图亚特王朝复辟，但是议会的传统也开始恢复，1661年5月召开了英国历史上最长的一次议会。复辟政府采取了一系列有利于资产阶级和新贵族利益的内外政策，国内局势相对稳定。但1685年詹姆斯二世继位以后，开始专制主义统治，私自征税，引起资产阶级和新贵族的反对。1688年6月30日，议会两党6名领袖和一名主教联名向荷兰执政威廉发出邀请，声称英国人民不满目前的政府，盼望他们前来保护他们的"宗教、自由和财产"。[2]同年11月5日，威廉率军在英格兰登陆，詹姆斯逃到法国，史称"光荣革命"。随后，1689年国王批准了《权利法案》(The Bill of Rights)，议会明确取得了国家的基本统治权，其中最重要的就是征税权，即未经议会允许为国王征税视为非法。[3]从此，征税权牢牢地掌握在了议会的手中，由此，税收法定原则最终得以在英国确立。

法国的财政危机同样为财政立宪制度在法国的实现提供了革命的导火索。法国财政危机的主要原因在于领地向国王提供的收入与国家需要应有的预算

---

[1] J. R. Tanner, *English Constitution Conflicts of the Seventeenth Century*, 1603–1689, Cambridge University Press, 1960, p. 189.

[2] E. Neville Williams, *The Eighteenth-Century Constitution*, 1688–1815: Documents and Commentary, Cambridge University Press, 1969, p. 8.

[3] C. Stephenson ed., *Sources of English Constitutional History: A Selection of Documents from A. D. 600 to the Present*, Harper & Brothers, 1937, pp. 600–604.

要求之间一直存在着差距。解决这一问题的根本方法是把封建制度改变为资产阶级民主制，由纳税人的代表组成议会决定国家的财政收入，而这正是旧制度及其代言人所不愿意看到的惊天动地的革命。为了挽救封建制度灭亡的命运，路易十六也积极进行了财政改革，但终以失败而告终。旧制度已经到了寿终正寝的时候，即使是贤明君主也无力回天。正如著名法国史专家雷吉娜·佩尔努所言："事实上，不发动一场像1789年这样规模的大革命，不足以清除由废弃了的陈规旧俗、不承担义务的特权、不公正的免税权、古老的习惯法和新兴的营私舞弊所造成的混乱，这种混乱即使是体现在捐税这个具体问题上也严重地影响着整个国家。"[1]

财政改革的失败使路易十六走投无路，只好向社会开征新税，而在社会革命一触即发的情况下，国王开征新税必须非常谨慎小心，必须事先征求纳税人的同意。路易十六被迫于1789年5月1日召开三级会议。[2] 此时的三级会议是在传统三级会议停开175年以后召开的，第三等级的力量已经非常强大，占总人口的98%以上。他们不愿意遵守（很可能也不知道）三级会议的传统，而是强烈要求将本次议会开成一个制宪议会，制定宪法，限制国王和大臣的权力，根据宪法定期召开国会，由国会制定法律并控制税收，实现税收法定和财政立宪。国王以及前两个等级最初不同意第三等级的要求，由此导致第三等级独立出来组织国民议会。随后，国王和前两个等级妥协，同意第三等级的要求，1789年7月9日，国民议会更名为制宪议会，准备启动君主立宪的进程。

然而，三级会议中的第三等级代表实际上是资产阶级的代表，而不是普通纳税人的代表，[3] 普通纳税人是背负社会最沉重压力的阶层，他们已经等

---

〔1〕［法］雷吉娜·佩尔努：《法国资产阶级史：近代》（下册），康新文等译，上海译文出版社1991年版，第265页。

〔2〕［法］米涅：《法国革命史》，北京编译社译，商务印书馆1977年版，第19页。

〔3〕 在第三等级近600人的代表中，有226名律师、87名法官、32名检察官、10名公证人、72名地主、57名贸易商和116名自由职业者，其中包括医生、收税人、赋税代理人等。最后还有6名"种田人"和4名小店主（2名书商、1名金银器商、1名出版商）以及3名"神甫"。在巴黎，15万名工人和手工业者联名签写了一份请愿书，事先对由第三等级作为国民代表问题提出了抗议："你们的代表不是我们的代表。"［法］雷吉娜·佩尔努：《法国资产阶级史：近代》（下册），康新文等译，上海译文出版社1991年版，第269页。

不及制宪议会慢腾腾地改革,而是率先在巴黎夺取了政权。1789年7月14日,巴黎市民攻下巴士底狱,标志着法国大革命的爆发。随后,制宪议会通过的《人权与公民权利宣言》(即《人权宣言》)提出了国家建立的目的是保障人权和公民的权利与利益,并庄严宣布了税收法定原则:"所有公民都有权亲身或由其代表来确定赋税的必要性,自由地加以认可,注意其用途,决定税额、税率、客体、征收方式和时间。"这里不仅阐明了税收法定原则的内涵,而且明确规定了税收法定原则所包含的基本要素,是历史上第一次以成文法的形式明确表述税收法定原则。

随后革命的发展超出了大部分人的想象,资产阶级与社会底层纳税人由于自身追求的利益不同,法国进行了80多年的革命,才最终确立了资产阶级的共和政体。自1789年至今,法国已经颁布了13部宪法,其中既有君主立宪宪法,也有资产阶级帝国宪法,还有资产阶级共和宪法,但《人权宣言》所确立的基本原则,特别是税收法定原则在以后的宪法中都得到了确认。

三、生产力水平的提高

在私有财产权确立和税收国家形成的过程中,处于更加基础性地位的因素是生产力水平的提高。如果生产力发展不到一定的水平,就不可能产生私有财产,当然也就不会有私有财产权的出现,更不会形成税收国家。

(一)生产力水平的提高推动了税收法定原则的发展

自税收法定原则出现雏形以来,生产力水平的提高也在不断推动税收法定原则的发展。雏形中的税收法定原则主要是统治阶级中的贵族对国王征税权的控制,而贵族以下的平民和底层民众则没有发言权,加在他们身上的税收负担也没有经过他们的同意,而严格的税收法定原则强调的是所有纳税人,特别是真正承担纳税义务的社会底层的纳税人有发言权,也就是"无代表,不纳税"。

在税收法定原则逐渐将更多的社会群体纳入具有发言权的主体范围的过程中,生产力水平的提高起到了决定性的作用,其作用主要表现在以下几个方面:

第一,生产力水平的提高提升了社会底层民众的经济和法律地位。以英国为例,在盎格鲁-撒克逊时期,社会人口的绝大部分属于底层奴隶,他们既没有人身自由,也没有经济自由,在法律上处于客体的地位,类似于牲畜等动产。这部分底层民众根本不享有法律上的权利,[1]他们全部的劳动果实都属于自己的主人,税收法定原则根本无法让这些社会群体具有发言权。随着经济的发展,奴隶的主人逐渐发现给予奴隶一定的自由,并让他们缴纳一定的贡赋,能从他们身上获得更多的利益。因此,奴隶制度逐渐在英国消失,而代之以封建土地制。封建土地之下的社会底层民众虽然与封建主有一定的依附关系,但是他们已经取得了人身自由和经济自由,可以成为私有财产权的主体,享有法律上的权利,为税收法定原则将他们纳入具有发言权的群体范围奠定了基础。

第二,生产力水平的提高导致越来越多的社会阶层进入议会并成为具有发言权的人。在英国封建社会早期,商品经济比较落后,商人阶层在经济上影响不大,国王并没有将他们作为重要的征税对象,贵族仍然是主要的征税对象。因此,议会中只需要有贵族的代表参加即可。但是随着商品经济的发展,商人阶层开始形成并逐渐壮大,他们成为市民阶层的主要成员,并形成了自己的组织,控制了自治市。他们拥有的巨大财产及具有的纳税能力让国王和贵族们刮目相看,国王为了能从他们身上征到更多的税,而又不引起他们的反抗,便逐渐同意骑士、市民等阶层加入议会中,从而大大扩展了税收法定原则中享有发言权群体的范围。13世纪,虽然骑士和市民都争取进入了议会,享有了发言权,但这种权利是不稳定的,随时有可能被剥夺。而在1311年以后,随着平民经济力量的逐渐壮大,贵族为了提高议会的权威性有意吸收平民代表参加,而国王为了加强王权的合法性基础,也乐意召集平民代表参加。从1313年到1325年,只有两届议会没有平民代表。平民代表参加议会逐渐成为惯例。[2]

第三,生产力水平的提高使得普通纳税人获得了征税权和财政监督权。从1100年开始的四个世纪中,英格兰农业技术并没有取得多大的进步。从16世纪开始,英国似乎进入了一个全新的飞速发展时期。以至于著名经济史学家约翰·克拉潘认为"历史是一件无缝的天衣"这句话并不适用于16世纪的经济社会发展史,此时出现的是"一条接缝和一块新的材料"。[3]从16世纪

---

[1] 虽然法律也会保护奴隶的利益,但这是为了奴隶主的个人利益或者整体利益,并不等于奴隶享有权利,正如我们的法律也会保护动物和植物,但是动物和植物本身并不享有权利一样。

[2] May McKisack, *The Fourteenth Century 1307-1399*, The Clarendon Press, 1959, p.182.

[3] [英] 约翰·克拉潘:《简明不列颠经济史:从最早时期到一七五〇年》,范定九、王祖廉译,上海译文出版社1980年版,第257页。

到18世纪，是英国从封建社会向资本主义社会过渡、从传统的农业社会向近代工业社会转变的时期，也是英国逐渐成为称霸世界头号工业强国的时期。[1]伴随着经济的迅速发展，平民阶层特别是其中的资产阶级迅速崛起，他们越来越要求掌握国家的统治权，为资本主义的发展铺平道路。普通纳税人在税收法定原则中地位的增长主要表现在两个方面：其一，议会上下两院形成，下院地位逐渐上升。根据税收法定原则的根本要求，承担主要纳税义务的平民纳税人应当在其中发挥主导作用，而承担较少纳税义务的世俗贵族以及基本上不承担纳税义务的宗教贵族应当发挥次要作用。历史的发展与理论的推导实质是一致的，贵族与平民利益的不同最终导致了他们于1332年分院议事，这可能是历史发展过程中出现的一个偶然现象，但由于其背后又隐藏着必然的规律，贵族和平民分院议事的传统便逐渐形成了，两院制初期，贵族院占据主导地位。但是在征税事项上，下院代表着更广大纳税人的利益而更具有发言权，因此逐渐取得了超过上院的地位。1380年，上院同意给国王16万英镑的补助金，而下院认为数量过多，减去了6万英镑，并且规定了征税的种类和总额。从此，下院在征税事项上就拥有了更多的决定权。14世纪90年代，议会通过的税案已经不再有"经上、下两院批准"的提法，而是改为"征得上院同意，由下院批准"。[2]这一制度变革最根本的原因在于下院是真正纳税人的代表，纳税涉及其切身利益，有动力获得征税决定权。而上院并非真正纳税人的代表，纳税并不涉及其切身利益，是否掌握征税权对其意义不大，不如将主要精力放在与贵族利益更相关的问题上。其二，议员个人获得了人身权保障。议会成立初期，议员的言论自由权和人身自由权往往都得不到保障，很多议员因发表了反对国王的言论而被逮捕（主要是下院议员）。如1397年，议员托马斯·哈克塞因在议会中提出一项批评国王及其廷臣的议案而被判以重罪，并被没收全部财产。随着议员经济地位的提升，他们越来越要求在议会中的言论自由权和人身自由权得到切实保障。亨利四世在1401年接受下院请求，恢复了哈克塞的名誉，退还了他的财产。到15世纪30年

---

[1] 关于这一时期的经济发展状况，历史学界以及经济史学界已经有了诸多研究成果，这里不再赘述。可以参见陈曦文、王乃耀主编：《英国社会转型时期经济发展研究》（16世纪至18世纪中叶），首都师范大学出版社2002年版；[英]约翰·克拉潘：《简明不列颠经济史：从最早时期到一七五〇年》，范定九、王祖廉译，上海译文出版社1980年版。

[2] 阎照祥：《英国史》，人民出版社2003年版，第101—102页。

代、国王、社会公众以及法律都相信议员享有自由议事和在开会期间免遭逮捕的特权。具有标志性的事件为1512年,下院议员斯特罗德在议会中维护矿工利益遭到锡矿法庭逮捕,议会立即要求撤销判决,并郑重宣告:"本届和未来议会中的任何议员,若因在议会发言而受审,所作判决概属无效。"[1]1523年,托马斯·莫尔德首次就职议长的演说就强调了言论自由。大约在16世纪中叶,基本确立了议员在议事期间以及会期前后各40天之内免遭法庭逮捕的特权。[2]

(二)预算法定原则的实现是现代市场经济发展的必然要求

随着生产力的发展,现代市场经济的发展及其所暴露出来的缺陷,使得预算成为弥补市场经济缺陷、实现政府调控经济发展职能的重要手段。

现代市场经济存在诸多缺陷,这些缺陷导致了"市场失灵"。加尔布雷斯把市场失灵归结为三大问题:①微观经济无效率;②宏观经济不稳定;③社会不公平。[3]斯蒂格利茨在他的"市场缺陷清单"上列举了公共物品、外部性和垄断等。[4]在存在市场失灵的领域,就需要政府运用宏观调控的手段予以弥补。在政府运用的宏观调控手段中,财政政策是最重要的手段之一。而预算制度的创建则是财政政策能够运用并发挥作用的基本前提。可以说,预算制度及其预算法定原则是伴随着政府需要运用财政政策来调控经济运行而产生的。如果没有市场经济发展的迫切需要,恐怕预算制度至今仍然不会产生。

历史上,预算法定原则几乎是与税收法定原则同时起源的,但是在税收法定原则确立以后很长一段时间,现代预算制度都没有建立。如果把1689年的《权利法案》视为税收法定原则确立的标志,现代预算制度直到19世纪30年代才开始建立,二者相差了近150年。奥地利在1766年就出现了国王收支年度陈述意义上的"政府预算",但是严格意义上的政府预算,即行政当局负责准备财政计划和立法当局对其进行审批的政府预算制度,则是迟至一战后

---

[1] F. W. Maitland, *The Constitutional History of England*, Cambridge University Press, 1926, pp. 241-242.

[2] 阎照祥:《英国史》,人民出版社2003年版,第104、153页。

[3] [美]查尔斯·沃尔夫:《市场或政府——权衡两种不完善的选择/兰德公司的一项研究》,谢旭译,中国发展出版社1994年版,第3页。

[4] [美]斯蒂格利茨:《政府为什么干预经济——政府在市场经济中的角色》,郑秉文译,中国物资出版社1998年版,第6—9页。

哈布斯堡王朝终结以后才出现的。[1]美国在1787年的《宪法》中确立了税收法定原则，但是直到1921年才通过《预算和会计法》确立了现代预算制度与预算法定原则。而美国之所以在20世纪20年代建立预算制度，一个重要的原因就是当时美国发生了巨额赤字，使得总统和国会认识到预算制度的重要性。[2]英国之所以能够领先世界其他国家建立现代预算制度，根本原因就是英国最先进入市场经济，市场经济的缺陷最先暴露出来。[3]

除弥补市场缺陷以外，政府为了履行自己的基本职能，也需要预算制度。预算实质是在经济上对政府活动的预先规划。预算决定了政府将履行哪些职能（也可以说它决定了政府将不履行哪些职能）以及在有限的资源内，政府将分配多少资源用于这些职能的履行。[4]如果没有预算，一方面政府难以确定自己能够在总体上履行多大的职能，因为这取决于政府能够掌握多大的资源，即获得多少财政收入。另一方面，政府也难以合理确定每种具体职能将履行到什么程度，因为这取决于政府如何在各种职能中分配自己所能够掌握的资源。正因为预算具有这些重要的职能，在预算产生之前的政府往往难以科学、合理地履行自己的职能，而且往往产生赤字。[5]现代政府为了实现其职能主要是通过政府预算参与国民收入的分配和再分配，集中必要的资金，满足社会公共需要。[6]

---

[1] 张馨、袁星侯、王玮：《部门预算改革研究：中国政府预算制度改革剖析》，经济科学出版社2001年版，第152页。

[2] 1904年，美国出现了4250万美元的财政赤字，随后的几年出现了更大的财政赤字，1919年的财政赤字达到了令人吃惊的250亿美元。经过慎重考虑，美国国会在1921年通过了《预算和会计法》，设立预算局，建立现代预算制度。

[3] 英国在18世纪60年代就开始了工业革命，市场经济得到了充分发展，同时市场经济的缺陷也逐渐暴露，并在1825年爆发了世界上第一次经济危机。

[4] Dennis S. Ippolito, *The Budget and National Politics*, W. H. Freeman and Company, 1978, p. 12.

[5] 有了预算同样会产生赤字，但是这是一种预先计划的赤字，是为了实现某些目标而采取的主动策略，而预算产生之前的赤字往往是没有预料到的、临时产生的，是被动的。

[6] 陈工编著：《政府预算与管理》，清华大学出版社2004年版，第8页。

第五章 财政立宪的文化传统

文化作为人类社会创造出来的精神财富对于人类的行为具有较大的影响力,财政立宪的确立离不开一定的文化基础。这里我们将宗教也放在广义文化的范畴内予以考察。宗教在财政立宪确立过程中起到了非常重要的作用,特别是在财政立宪最早确立的英国、法国与美国。在这里,宗教[1]无论是作为一种文化形态,还是作为一种社会组织,都已经深入人们的思想意识和社会生活的方方面面,它构成了人们思想和生活的一个不可或缺的组成部分。离开了宗教,人们就无法进行正常的思考,更无法进行正常的生活。[2]宗教是一个含义非常广泛的概念,其代表性事物也多种多样,这里不准备对宗教的方方面面进行全面考察,而仅仅选择几个具有代表性的宗教现象作为考察对象。除宗教以外,西欧的一些独特文化也对财政立宪制度的形成起到了重要作用。

一、上帝与神法对财政立宪确立的影响

上帝与神法对财政立宪确立的主要影响在于制约了国王及其法律的最高权威性,为限制和控制国王财政权的财政立宪的确立奠定了坚实的基础。

(一)"上帝"

这里之所以对上帝加了引号是想表明"上帝"这一称谓是非常复杂的,无论是历史上还是现实生活中都存在诸多争议。我们这里不去阐述"上帝"的所指和能指,而仅强调这一称谓在本书中所指的两个方面:实体性的上帝与观念性的上帝。对于认为上帝"存在"的人而言,这里的"上帝"就是实体性的,而对于认为上帝"不存在"的人而言,这里的"上帝"就是观念性的。

---

[1] 中世纪以后在西欧和美国占据统治地位的宗教为基督教,因而这里所讲的宗教主要指基督教。

[2] 西方有学者说,宗教是历史的钥匙。虽然这句话不一定适用于整个人类社会,但对于西欧及美国是适用的。西欧是基督教获得最充分发展的地区之一,它不仅是这块土地上居民的普遍信仰,而且其精神实力渗透到社会各个方面,取得"万流归宗"的地位,并一度主宰整个社会。

第五章 财政立宪的文化传统

无论是实体性的还是观念性的，上帝都是一个最高的"在"，他是统治人类生活和思想的一个最高的"在"。一旦人们心中形成了这样一个最高的"在"的观点，其他一切事物都不过是在这个最高之下的"次高"，都应当受这样一个最高的"在"的统治。在人类社会中，唯一有资格与上帝争高下的就是人间的最高统治者——国王或者皇帝。从基督教产生的那天开始，宗教就开始与世俗最高权力争取最高权威者的地位。[1]在基督教发展的初期，尚没有能力与世俗最高权威者一争高下，往往在世俗最高统治者的屠刀下败北。[2]随着基督教被确立为国教并为广大人民所接受和信仰，上帝在人民以及统治者心目中的地位开始逐渐上升并最终达到了最高权威的地位。虽然上帝是看不见、摸不着的，但是上帝在人间的代理人——教皇是实实在在存在的。因此，上帝与国王的权力之争也就逐渐演变为教皇与国王的权力之争。

中世纪宗教势力发展到鼎盛时期，教皇地位已经上升到国王之上，国王成了上帝在尘世间的统治者，而这种统治者的合法性是需要由上帝在人间的代表——教皇来确认的。后来，随着民族国家的不断发展，国王凭借军事势力逐渐获得了世俗事务的统治权，教皇仅保留了精神事务的统治权，但是，教皇，特别是上帝仍然是制约国王权力一股非常重要的力量。西欧封建国家的国王始终没有获得天下唯我独尊的地位，始终没有发展为整个社会唯一的最高权威。

上帝的存在，降低了国王的神圣性和权威性，使得人们敢于与国王讨价还价，敢于以上帝的名义来反对国王，甚至废除国王。国王在不具备最高神圣性和权威性时，也只能以获得统治阶级的广大成员，甚至被统治阶级的广大成员承认的方式来提高自身统治的合法性。由此，能够制约王权的议会才能够产生并逐渐发展壮大，财政立宪才会逐渐确立并作为制约王权最重要的手段之一。由上帝带来的人们对于法律的神圣感也为西方法治的形成奠定了坚实的基础。

就英国而言，基督教在 2 世纪就传到英格兰，到 6 世纪末，很多国王就

---

〔1〕 关于基督教的产生，有着不同的说法。恩格斯指出："基督教同任何大的革命运动一样，是群众创造的。他是在新宗派、新宗教、新先知数以百计地出现的时代，以一种我们完全不知道的方式在巴勒斯坦产生的。"《马克思恩格斯全集》（第二十一卷），人民出版社1965年版，第11页。

〔2〕 基督教的早期传播史就是一部传教士不断被迫害的历史，基督教的传说创始人——耶稣及其门徒大多是在传教的过程中被统治者迫害致死。基督教传入罗马帝国初期，也经历了很长时期的地方性迫害以及全国性迫害。

已经开始皈依基督教。[1]到 7 世纪末,英格兰的教会就实现了统一,为英格兰国家的形成奠定了基础。基督教之所以能够迅速为整个社会所接受,有其自身的优势。例如,礼拜日休息的制度就是一个吸引普通民众加入的重要因素,普通民众整日辛勤劳作,一日不得闲,现在加入一个宗教组织就能够每 7 天中休息 1 天,何乐而不为呢?而此时的国王为了增强自身实力,也学会借用宗教的力量来增加自身的合法性,王权一方面支持宗教的发展,另一方面也逐渐为宗教所制约。11 世纪到 12 世纪,英国坎特伯雷大主教与王权的斗争充分表明了上帝在人们心目中具有至高无上的地位,一个没有足够实力的国王如果想挑战上帝的权威是注定要失败的。即使是进行英国宗教改革与罗马教廷决裂的亨利八世也不得不在 1534 年的《至尊法案》中将自己置于次于上帝的地位。[2]

就法国而言,法兰克人的第一位国王克洛维于 496 年就皈依了基督教,[3] 751 年丕平篡夺王位,特邀教皇为其合法性进行辩护,被教皇说成是一个圣徒式的人物,而且是"蒙上帝之恩"而登上王位的。[4] 800 年,教皇立奥三世将一顶金冠戴在法王查理的头上说:"上帝为查理皇帝加冕。"[5]可见上帝在当时已经成为合法性的终极源泉。自 11 世纪起,法国国王都必须到一个"加冕之都"——兰斯受冕登基,历代以来,共有不少于 24 个君王到里姆斯大教堂加冕就位。加冕仪式代表了国王的权力来自上帝的授予,国王在上帝之下不言而喻。[6]

就美国而言,1620 年移居北美的"五月花"号帆船上的移民就有很多清教徒,他们是为了找到一块可以让他们更自由地信奉上帝的土地而来到北美的。他们所订立的著名的《五月花号公约》也是"以上帝之名立誓"的。创

---

[1] D. J. V. Fisher, *The Anglo-Saxon Age c440-1042*, Longman, 1983, pp. 67-68.

[2] 阎照祥:《英国史》,人民出版社 2003 年版,第 147 页。

[3] 孙义学主编:《世界中世纪史》,辽宁教育出版社 1985 年版,第 13 页。

[4] Charles William Previte-Orton, *The Shorter Cambridge Medieval History*, Cambridge University Press, 1952, p. 298.

[5] 孙义学主编:《世界中世纪史》,辽宁教育出版社 1985 年版,第 25 页。

[6] 西方很多学者都指出,教会为国王敷圣油和加冕的宗教仪式,隐藏着一种神权政治的立宪主义。因为国王在从教会获得神圣性的同时,也受到教会的限制。中世纪的神权政治造成了一种社会舆论力量,一方面承认国王的神圣权力,另一方面不承认神圣权力包含着"被动服从"的原则。在近现代西方君主立宪政治思想中,仍然可以看到中世纪神权政治立宪主义的历史影子。安长春:《基督教笼罩下的西欧》,中央编译出版社 1995 年版,第 203 页。

建宾夕法尼亚殖民地的威廉·佩恩是英国教友派教徒，他们相信，宗教的权威不在《圣经》，也不在教会，而在每个人心中，只要信仰上帝和基督，就能够进入"天堂"，因此，在上帝面前人人平等。[1]这一思想对于确立纳税人平等、纳税人主权具有重要作用，进而对于税收法定原则的确立也起到了不可低估的作用。北美《独立宣言》的重要理论基础就是上帝面前人人平等，上帝赋予了人类某些不可剥夺的基本权利。在制宪议会上，面对各州代表观点的严重分歧，会议主席华盛顿说："成功与否就靠上帝了。"在大会争论最激烈而眼看就要破产的时刻，年迈的富兰克林建议每天早晨开会之前都先进行祷告。[2]在美国宪法诞生的关键时期，上帝起到了化解矛盾和分歧、整合众人智慧的巨大作用。虽然有人说美国宪法并非上帝赐予的无懈可击的完美之作，但是就当时各州代表在修改宪法问题上存在重大矛盾和分歧的情况下，能够制定出这样一部让所有人都不满意，最终却能够顺利在制宪议会和后来的各州获得通过的宪法，我们仍然不得不惊叹"上帝"在其中所起的巨大作用，仍然可以将其定位于"上帝"所赐予的神圣之作。

(二) 神法

神法是上帝为人类所制定的律法，它在人类所遵循的规则中具有最高地位，任何人类制定的规则都不能违反神法，否则就是无效的。这种观念自古希腊时期就有所萌芽，到中世纪经过宗教神学家的发挥而成为占据统治地位的法哲学理论。自然法学兴起以后，借助神法而位于人定法之上，在法哲学和政治哲学领域逐渐形成了神法、自然法和人定法的等级顺序。神法的效力最高，自然法是神法的体现，人定法应当遵守神法和自然法。

神法和自然法高于人定法的观念逐渐转化为一种"高级法"的观念，即在人类一般法律之上有一个更高的法律规范，这个法律规范演化为宪法。宪法观念形成的时期也是税收法定原则形成的时期，税收法定原则本身位于一般法律之上，即税收立法不能违背税收法定原则，否则就是无效的。因此，税收法定原则本身就蕴含了一个"高级法"或者"宪法"的观念，税收法定原则的发展推动了宪法观念的产生与发展。

---

[1] 李昌道编著：《美国宪法史稿》，法律出版社1986年版，第7页。
[2] [美]马克斯·法仑德：《美国宪法的制订》，董成美译，中国人民大学出版社1987年版，第43、59页。

在中世纪，人定法主要就是指国王所颁布的法律。因此，所谓神法、自然法高于人定法，实质在于宗教的基本原则和戒律以及人类的一般理性高于国王的专断权力。而宗教的基本原则和戒律以及人类的一般理性是偏向于保护人民大众的利益的。因此，神法、自然法高于人定法的思想实质在于强调人民高于国王。这种思想实质与税收法定原则的实质是一致的，因为税收法定原则的实质也是强调在税收事项上，人民比国王拥有更大的决定权。

就英国而言，基督教因其与下层民众利益相吻合而得以在英国广泛传播，并逐渐发展为一种不可忽视的力量。而神法、自然法高于人定法的观念也逐渐从罗马作家传到英国并成为占据统治地位的思想。中世纪第一位系统阐述政治学的英国作家索尔兹伯里的约翰在其《政治论》（*Policraticus*）中说，人们认识到："有些法的戒律具有永恒的必然性，它在所有民族中皆具有法律效力而绝对不能违背。"〔1〕约翰的这一理论是专门用来规劝君主的，他区分了"用基于暴力的统治权来压迫人民"的"暴君"和"依照法律来行使统治权"的"君主"。他进一步认为，"君主"这个头衔本身就源于行正当之事，即依法行事。〔2〕英国此时不仅已经有了这种高级法的观念，而且已经发展出了一系列的制度来实现这种观念，在这些制度中最重要的就是议会制度和税收法定原则。〔3〕

就法国而言，法兰克人一开始就皈依了正统的基督教。法兰克人之所以迅速皈依基督教，是因为他们看中了基督教的力量以及基督教对于法国统一的重要性。基督教因法国统治者的支持而得以迅速在法国境内传播，并最终确立了统治地位。神法、自然法高于人定法的思想也随基督教传入法国。这些思想为法国三级会议的创立以及税收法定原则的萌芽起到了重要的作用。法国大革命前夕启蒙思想家宣传的"天赋人权"的思想就来源于神法、自然法高于人定法的思想。这种思想对于法国大革命的爆发以及随后税收法定原则的确立所起到的作用更是不容忽视的。

就美国而言，美国宪法的制定以及税收法定原则的确立，都在很大程度

---

〔1〕 J. Dickinson, *The Statesman's Book of John of Salisbury*, Alfred A. Knopf, 1927, p. 33.

〔2〕 John Maxcy Zane, *The Story of Law*, I. Washburn, 1928, p. 214.

〔3〕 美国著名宪法学家考文教授指出："我们在中世纪欧洲大陆看到的只是观念，而我们在同一时期的英国，发现的则不仅是观念，而且还有一套相应的制度。"[美] 爱德华·S. 考文：《美国宪法的"高级法"背景》，强世功译，生活·读书·新知三联书店1996年版，第16页。

上得益于神法、自然法等"高级法"的观念。美国人对于宪法的尊崇经常到了偶像崇拜的地步，这从根本上来讲也是源于基督教中神法、自然法高于人定法的思想。美国确立政体以及税收法定原则的基础理论，如人民主权观、社会契约论〔1〕、统治者与被统治者订立契约的思想等都可以在西塞罗的思想中找到或清晰或含混的雏形。〔2〕

二、教会组织与民众的宗教思想对财政立宪确立的影响

教会作为一股强大的力量能够与国王及其官僚组织相抗衡，这为议会抗衡和制约国王奠定了坚实的基础。民众的宗教思想使得宪法、法治的观念很容易被纳税人接受，为财政立宪的实现奠定了思想基础。

（一）教会组织

英语"教会"（church）一词源于古希腊，原意为"聚会""一种人民之聚合"，在古希腊主要指城邦公民的立法性议事聚会。基督教借用这个词，指基督徒的团体。教会是基督教的基本组织，最早出现于1世纪后期。开始是零散的地方性组织，后来逐渐发展成为基督教世界统一、多层次、具有严格隶属关系的强大组织。

教会的发展和壮大是广大信教群众联合起来抵抗强大统治者的需要，在其发展壮大以后，教会成为能够与世俗权威相抗衡的强大力量，便开始压迫下层信教群众，与世俗权威也开始了纷繁复杂的权力争斗。

教会作为一支不可忽视的力量，其存在对于西欧国王权力的膨胀是一个极大的限制。教会将人类事务的一般空间掌握在自己手中，而且这部分事务在理论上具有压倒另一部分事务的权力。〔3〕在这种力量的对比和较量中，世

---

〔1〕 欧洲中世纪对社会契约论的贡献源于封建社会的分封制和采邑制的性质，它们是一种深层含义上的契约义务。

〔2〕 [美]爱德华·S.考文：《美国宪法的"高级法"背景》，强世功译，生活·读书·新知三联书店1996年版，第9页。

〔3〕 最典型的理论学说就是中世纪著名的基督教神学家奥古斯丁所提出的"双城论"。他认为，人类的生活空间存在两个世界："上帝之城"（"天上之城"）与"世人之城"（"地上之城"）。上帝之城是天国，也就是基督教会，是精神世界；世人之城是世俗王国，是物质世界。世人之城应该为上帝之城服务，也就是说，世俗王国应当帮助、维护和服从教会。安长春：《基督教笼罩下的西欧》，中央编译出版社1995年版，第92—93页。

俗权威在很长时间都没有占到上风。因此,国王的权威大大削弱,远没有发展成东方专制主义国家皇帝唯我独尊的统治权。国王权威的削弱为统治阶级以及社会其他阶层人民争取对国王的控制权、争取确立税收法定原则奠定了基本的政治制度基础。当教会也承担纳税义务时,教会往往会和其他纳税人联合起来共同对抗国王的专制征税权,并积极推动税收法定原则的确立。当教会不承担纳税义务时,其推动税收法定原则确立的积极性会相对小一些,但其强大的势力及其对信教群众所灌输的两个权威的思想仍然会积极推动人民群众为确立税收法定原则而斗争。同时,天主教会宣传的"上帝的和平"以及"上帝的休战"也为结束封建战争、争取社会稳定奠定了坚实的基础。[1]税收法定原则是在和平基础上对国王专制权力所作的斗争,没有和平的前提,无法实现税收法定,有的只是革命与动乱。

就英国而言,教会与王权的斗争和合作表现得特别明显,11世纪后期至13世纪,教会与王权时断时续的斗争充分表明了教会已经成为一支不可忽视的力量。[2]英国教会由于没有绝对的免税特权,教会从一开始就积极争取税收法定原则的确立。1215年《大宪章》的签署,教会在其中也起到了积极推动的作用,其根本原因就在于教会的财产权利受到了国王的侵犯。此后,在议会与国王的多次较量和冲突中都有教会的身影,而教会也往往站在议会这一边。1689年,《权利法案》正式确立税收法定原则,教会功不可没。

就法国而言,法国能够在6世纪后期一跃成为西欧强大的日耳曼国家,与正统基督教的支持是分不开的。教会曾经大力促进法兰克统治的稳定和扩展。在法兰克王国内,教会成了政府的支柱。[3]教会的财产在法国享受免税待遇。[4]7世纪初,法兰克的全体主教都可以参与制定国家法律,随后,国

---

[1] 教会的理想是一个极有秩序的社会,从11世纪起就开始一个传道的运动,来限制、取缔和制止战争。[法] P. 布瓦松纳:《中世纪欧洲生活和劳动》(五至十五世纪),潘源来译,商务印书馆1985年版,第158页。

[2] 蒋孟引主编:《英国史》,中国社会科学出版社1988年版,第89—94页。

[3] [美]汤普逊:《中世纪经济社会史》(上册),耿淡如译,商务印书馆1961年版,第252—254页。

[4] 7世纪,法国墨洛温王朝时期,国王的一个赐予特权的文件中这样写道:"凡国家应征收的该教堂领地居民一切赋税,为了我的灵魂得救,我已赐予该教堂,由教堂人员永远自行处理以适合于该教堂最大的利益。"郭守田主编:《世界通史资料选辑》(中古部分),商务印书馆1964年版,第29—30页。

王还强制居民向教会缴纳什一税,教会的权力越来越大。[1]法国教会由于享有巨大的特权,其争取税收法定原则的积极性与英国教会相比就小得多了。但它仍然在一定程度上限制了国王专制权力的极度膨胀,为人民推翻专制君主制、确立财政立宪制度留下了理论、思想和权力上的空间。教会与国王的抗衡在一定程度上也催生了纳税人代表会议。1302年,腓力四世与教皇决裂,迫切需要社会各阶层,特别是市民阶层的支持,因此,在这一年他召开了法国历史上首次三级会议,讨论他与教皇的关系问题。此后,三级会议不断召开,所讨论的主要议题就是财政和税收问题。国王为了开征新税,弥补财政赤字,需要社会各阶层,特别是拥有巨大经济实力的市民阶层的支持。三级会议在同意国王征收新税的同时,也学会与国王进行"交易",他们也迫使国王在立法、行政、司法等方面向他们作出让步。[2]

就美国而言,因为其实行国家与教会相分离的制度,[3]所以,教会在国家政治制度的确立方面所起到的直接影响比较小,但是并不能忽视教会的力量与作用。在美国不存在类似英国和法国国王的机构,但是存在着一个宗主国——英国,英国在北美的任意征税是北美确立税收法定原则的主要障碍,而在北美反对英国的斗争中,教会起到了重要的组织和动员作用。另外,基督教思想对于美国政治制度的建立所起到的作用也是不容忽视的。

(二)民众的宗教思想

宗教是属于群众的运动,广大信教群众在其中起到了重要的作用。广大信教群众的宗教意识是宗教现象的重要组成部分。在各种宗教中,基督教的信仰人数是最多的。因此,研究基督教的影响不能不考察为数众多的普通信教群众的主观状态。

从历史研究来看,保存下来的资料大多是关于基督教上层教士以及宗教学者的思想观点,对于普通信教群众的思想观点保存下来的比较少,这给我们研究普通信众的宗教思想造成了巨大的障碍。历史唯物主义有一条基本原理,一种思想意识形态被社会接受的程度取决于社会对这一思想意识形态的

---

[1] 安长春:《基督教笼罩下的西欧》,中央编译出版社1995年版,第100—101页。
[2] 马啸原:《西方政治制度史》,高等教育出版社2000年版,第67页。
[3] 1786年的《弗吉尼亚宗教自由法令》开启了国家和法律以认可"宗教自由"的名义获得不受宗教任何支配的自由,而把宗教自由列入法律保护下的政治自由或个人自由。黄稻主编:《社会主义法治意识》,人民出版社1995年版,第123页。

需要程度。因此，从基督教被群众接受的程度以及基督教的基本特点可以大体推论出当时信教群众的需要，也就可以大体推断出其宗教思想。

基督教最初是从犹太教的一个教派——艾赛尼派，也称为虔诚派——分离出来的，参与这个教派的主体是农民与牧民，也就是社会底层民众。他们与其他派别的最大区别在于他们采取离群索居的形式，采取原始的共产制度，互助互济。在思想信仰上逐渐把犹太民族的神——耶和华发展为全人类的神——上帝。这种共产制度对穷人具有吸引力，而这种能够拯救全人类的神对犹太以外的民族也具有很大的吸引力。世界性、简易性和群众性是犹太教的一个派别能够逐渐为更多民族所接受并发展成世界第一大宗教的重要原因。[1]

生活于罗马帝国统治下的底层民众无法摆脱人身和物质上受剥削和奴役的状态，迫切需要从精神上得到安慰，而基督教宣扬的耶稣基督即将降临，建立幸福的"千年王国"的教义是令其鼓舞的福音。[2]可见在基督教发展的初期，民众对基督教的基本态度是欢迎的，在他们心中，基督教可以在物质上救济自己，可以在精神上给自己一些安慰。对此，恩格斯早就指出：基督教"是被压迫者的运动：它最初是奴隶和被释放的奴隶、穷人和无权者、被罗马征服或驱散的人们的宗教"。[3]

从总体上看，基督教在普通信教群众的心目中是一个能够给自己带来经济利益和精神利益的组织，而基督教也的确在社会生活、经济生活以及政治生活中给人们带来了诸多利益。[4]基督教宣扬的基本教义潜移默化中逐渐成为普通信教群众深信不疑的教条。这一切可以从历史上的九次十字军东征[5]

---

[1] 安长春：《基督教笼罩下的西欧》，中央编译出版社1995年版，第12—14页。

[2] 恩格斯认为："他们既然对于物质上的解放感到绝望，就去追寻精神上的解放来代替，就去追寻思想上的安慰，以摆脱完全的绝望处境。"《马克思恩格斯全集》（第十九卷），人民出版社1963年版，第332页。

[3] 《马克思恩格斯全集》（第二十二卷），人民出版社1965年版，第525页。

[4] 关于基督教在中世纪给人们带来的利益，杨昌栋先生于1928年完成的博士论文有深刻的研究。杨昌栋：《基督教在中古欧洲的贡献》，社会科学文献出版社2000年版。

[5] 十字军东征自1096年开始，至1291年结束，共进行了九次，都是在教皇讨伐异教的号召下所进行的。其中虽然夹杂着经济利益以及其他利益的驱动，但是信教群众的宗教狂热仍然是十字军东征的主要动因。杨真：《基督教史纲》（上册），生活·读书·新知三联书店1979年版，第218—234页。

以及国王一次次向教皇屈服的史实[1]中得到证明。基督教所宣扬的上帝、神法、天上之城的观念以及教皇、教会等组织给普通信教群众这样一个信念：国王不是最高的，在国王之上还有上帝；国王不能为所欲为，国王同样应当遵守上帝之法以及体现上帝之法和人类一般理性的自然法。在这种思想观念之下的信教群众会自然而然地接受这样的观念：国王征税应当获得纳税人的同意，纳税人代表的立法高于国王的意志。再加上税收法定原则本身又有利于普通信教群众，因而当社会其他阶层为确立税收法定原则而斗争时，普通信教群众都会积极站在他们这一边反对国王。

三、封君、贵族与王权文化对财政立宪的影响

封君与封臣文化造成了一种特殊的封建契约制度，这种制度开创了税收法定原则以及宪法和民主的传统。贵族与骑士文化形成了一种统治阶级内部的制衡文化，为议会和国王之间制衡关系的形成奠定了基础。王权与涂油礼文化则充分形成了国王在上帝之下、在上帝法之下的文化氛围，为民主、法治的形成奠定了基础。妇女身上与婚姻文化中所体现出来的宽容也对财政立宪产生了一定的推动作用。

（一）封君与封臣文化

西欧中世纪形成了一种特殊的封建制度，这一制度的核心就是封君与封臣关系。封君与封臣互享权利、互负义务，封臣的核心义务是忠诚于封君，而封君的核心义务是保护封臣。具体说来，这种忠诚义务包括服军役的义务、帮助的义务和劝告的义务，保护义务包括分封土地的义务（维护其生存能力的义务）以及保护人身财产安全的义务。

与奇特的封建制度相适应的是一套奇特的封建文化。例如，在缔结封君封臣关系时，需要经过一套独特的仪式，包括合掌礼、亲吻礼和宣誓礼。前

---

[1] 1075年，教皇与德国皇帝亨利四世发生权力之争，教皇宣布将亨利四世逐出教会，废除其皇帝职位。1077年1月，亨利四世不顾帝王之尊，带领妻室随从，面见教皇请求赦免。亨利四世披着毡毯，赤脚在雪地上站了三天，才最终获得教皇的接见。教皇接受了他的悔罪书以后才撤销了对他的处罚。1205年，英国国王约翰与教皇在坎特伯雷大主教的人选问题上发生矛盾，在双方进行多次较量以后，1212年教皇英诺森三世宣布废黜英王约翰。约翰迫于各种压力，向教皇屈服，接受了教皇任命的人选，承认英王为教皇的臣属，每年向教廷交纳1000镑贡金。这个教皇在位期间，还曾废掉两个德意志皇帝。

两者又被称为臣服礼,是封臣对于封君所承担的礼节。行臣服礼时,封臣要脱帽、下跪、解下所佩带的武器,把双手放到封君合拢的手掌中,面对封君说:"阁下,我是您的人了。"这一仪式的核心在于将自己的双手交给他人,置于他人的手掌之中,表明自己愿意将自己的一切都置于封君的控制之中,任凭其处置。[1]

封君封臣关系在英格兰、法国的大部分地区,德国的部分地区普遍存在,并逐渐形成了一种文化传统,这种文化传统的核心是契约精神,即把封君和封臣之间的关系视为一种契约关系,正是这种契约将整个社会的每一个主体联系起来,使得每个人都能够在金字塔式的社会结构中为自己找到一个相对确切的位置。这种契约精神以及封君封臣关系中的劝告义务对于财政立宪的确立起到了潜移默化的作用。

财政立宪的核心实质也是一种契约精神,它最初强调的是纳税人与国王之间的契约,国王为国民提供基本的公共物品(如保护国民的基本权利),国民同意向国王纳税。财政立宪很容易在一个具有浓厚契约精神的社会中产生和发展,却难以在一个以命令服从为特征的东方封建社会中产生和发展。封君封臣关系中的劝告义务是指封臣对于封君的重要举措有给予劝告和提供参考意见的义务,最初这是一种义务,后来逐渐演化成封臣的一种权利和封君的一种义务,即封君的重大决策应当经过封臣的同意,这与英国的"贤人会议"和议会制度,与法国的三级会议制度在基本原理上是相通的。如果说封君封臣中的劝告义务孕育了英国的议会制度和法国的三级会议制度有些夸张,那么说封君封臣中的劝告义务进一步促进了英国议会制度和法国三级会议制度的产生和发展并不言过其实。

封君封臣文化传统对于社会契约论、天赋人权等理论的提出也具有重要的渊源意义,因其核心思想具有相通之处:都强调权利义务的互享性,都强调在二者之上有一种具有更高效力的契约,这种契约关系是上帝赋予的,其中保障的基本权利是"天赋"的。而法国正是在社会契约论、天赋人权等启蒙思想的武装下,推翻了这种打破封君封臣关系的专制王权,实现了宪法基础上的税收法定原则。英国依靠没有中断的封君封臣文化走上了君主立宪的道路,也确立了税收法定原则。北美虽然没有实行封君封臣制度,但是大量

---

[1] 黄春高:《西欧封建社会》,中国青年出版社1999年版,第26页。

的西欧移民将这种文化传统和契约精神带到了北美殖民地，使得北美殖民地在最初创建之时就已经深深刻上了平等、自由和民主的烙印，社会契约、天赋人权等思想一经在欧洲大陆产生就迅速传播到了北美大陆并成为占统治地位的思想。税收法定原则就是从英国传到北美的文化传统的重要组成部分，它最终成了北美脱离英国的理论武器。

（二）贵族与骑士文化

各国封建社会大多存在贵族，西欧的贵族制度与贵族文化仍然是西欧的一大特色。早期的贵族注重谱系和血统，而晚期的贵族则更注重财富和权势。贵族积极参与国家的政治生活并在其中占主导作用，国家的一切主要官职基本上都被贵族垄断。在军事生活方面，贵族是典型的嗜血者，他们热爱战争，酷爱打斗，冲锋陷阵、视死如归是他们尊崇的英雄主义。只要有战争，他们都是积极的参与者，甚至国王自己都亲自上阵，在没有战争的时期，他们则通过比武的方式来展现自己的英雄气概。甚至在衣食住行等方面都与众不同，他们在整个社会阶层中始终能够处于令人尊敬和向往的地位。

如果说贵族算不上西欧特有的群体，那么骑士当之无愧是西欧特有的社会群体。骑士的生活方式、行为方式、婚姻爱情、性格特点以及精神面貌等已经形成了一种独特的骑士文化。这种文化是在西欧特殊的社会历史条件下形成的一种具有浓厚地方特色的文化。这种文化的精神内涵包括忠诚、勇敢、正义、力量、风度等，简单地说，就是一种英雄主义。骑士是为当时的军事战争需要而培养出来的一种职业战斗人员。一个人要经过从小就开始的严格培养和锻炼以及各种崇高精神的熏陶才能最终成长为一名骑士。骑士在社会中的数量很少，册封骑士的仪式也非常隆重，往往由国王亲自册封，而骑士们为了对得起自己的头衔也充分展现了忠诚、勇敢、正义、力量、风度等精神风貌。骑士头衔在西欧的整个社会中是一个巨大的荣誉，甚至国王都把成为真正的骑士作为梦想。骑士一般被认为属于小贵族，但在骑士发展的鼎盛时期，成为贵族之前必须先是骑士，因此骑士和贵族的界限并不是很清晰。

西欧典型的贵族文化与骑士文化对于税收法定原则的形成也起到了重要作用。贵族与骑士在社会中的显赫地位使得他们能够在国家的政治生活中发挥举足轻重的作用，他们能够左右国王的重大决策，成为能够与国王相抗衡的重要力量。正是因为他们的存在，西欧的封建制度才得以保留了更多的民主成分，才没有发展成专制王权。特别是在英国，国王始终没有取得相对于贵族的绝对优势，这为英国采取相对和平的方式进入近代宪法和民主国家奠定了坚实的基础。而法国强大的路易十四取得了压倒贵族的绝对优势地位，使得贵族无法发挥牵制国王的作用，最终导致法国只能以革命的方式进入近代宪法和民主国家。在贵族和骑士能够与国王相抗衡的英国，当国王的任意征税权落到贵族和骑士的头上时，他们就会联合起来领导社会各阶层反对国王的任意征税权，并迫使国王逐步确立财政立宪制度。

(三) 王权与涂油礼文化

大约在 7 世纪，随着宗教在社会经济生活中的影响日益增加，在西班牙西哥特王国中开始出现了一种特殊的宗教仪式——涂油礼。这是基督教的教皇和大主教为国王登基而举行的仪式，这种仪式起源于古代的希伯来王国。其基本的内容就是用圣油涂抹在国王的前额、前胸、后背以及身体的其他部位。这种圣油是用植物油和一些香料合成的，其中的重要成分之一是橄榄油，这种油在地中海地区周围非常普遍。涂油礼只能在国王登基的时候采用，即使其他地方王侯在实力上超过国王，也只能进行一些诸如接受手杖、加冕等仪式，唯独不能举行涂油礼。[1]经过一定历史时期的积淀，涂油礼成为国王登基时独享的仪式。

这种仪式蕴含的意义是：王权是神授的，是经过教皇或者教会之手从上帝那里获得的。这种仪式一方面加强了王权的神圣性，有利于王权的稳固，特别是在地方王侯实力很强的情况下，借助教会的力量增强国王的神圣性是其最明智的选择。另一方面，其也为教会限制国王权力奠定了基础，既然国王的权力是来自上帝的，而教会是上帝在人间的代理人，那么国王必须尊重教会，就神圣性而言，王权应当在教会之下。因此，这种仪式实质是一把双刃剑，它在巩固王权的同时也限制了王权。

正因为国王的权力是来自上帝的，是受到限制的，因而上帝的法律应当具有高于国王立法的效力，而直接来自上帝之法的自然法同样应当具有高于国王立法的效力。这样，通过具有更高法律效力的自然法和宪法来限制国王权力的思想就能够很自然地形成。这种思想与具有深厚历史传统的税收法定原则结合在一起就产生了现代宪法思想，而宪法思想的产生又进一步促进了

---

[1] 孟广林：《英国封建王权论稿——从诺曼征服到大宪章》，人民出版社 2002 年版，第 65 页。

财政立宪的确立。

国王的权力受限制的思想传统在英国一直保持下来，中间没有间断，由此也使英国通过渐进式变革的方式进入了君主立宪的近代国家。而法国在路易十四时期由于王权的强大而中断了国王权力受限制的传统，王权在经历了鼎盛时期以后被革命群众推翻，最终通过暴力革命的方式实现了民主立宪。北美殖民地由于根本就不存在国王，而且最高权力受到制约的思想一直没有中断，其在殖民地时期实际上就已经开始了宪法建设的试验，他们脱离英国成立独立的国家不过是把地方性的宪法建设变成一个全国性的宪法建设而已。

（四）妇女与婚姻文化

妇女在中世纪的欧洲也曾经发挥了巨大的作用。就社会经济地位而言，欧洲中世纪妇女的地位高于东方封建制度下妇女。她们的地位虽然没有达到与男人相等的地步，但是整体而言，妇女在社会中并不是一个被歧视的群体。特别是贵族妇女，她们是社会所崇拜的对象。对贵妇人的崇拜最典型的就是骑士，能够得到贵妇人的青睐是骑士们莫大的荣誉，骑士对贵妇人的爱情主要是精神上的、想象中的，而不是现实中的。

妇女也经常参与政治，很多贵妇人可以左右政权。在英国早期，妇女继承王位受到限制和歧视，[1]但后来逐渐为英国所接受，而且人们意识到妇女执政有很多优于男人之处。[2]能够接受妇女执政的传统几乎可以被认为是英国独有的，封建时代绝大多数国家都无法接受妇女执政，妇女作为国家元首即使在今天也被认为是一件少有的政治事件。

妇女和婚姻在中世纪的欧洲往往被当成一种政治交易的手段，欧洲王室之间通婚的现象非常普遍，几乎可以认为欧洲各国王室之间都是亲戚。这种交叉亲戚关系一方面加强了各国的联系，稳固了各国的关系，另一方面也容易导致各国产生矛盾，特别是在继承王位和领地方面。

---

[1] 例如，1120年，英国王储落海丧生。国王亨利一世将王位传给公主玛蒂尔达，遭到大贵族的反对。虽然在国王的压力下，大贵族暂时接受了公主继承王位，但一旦国王驾崩，他们立即改变主意拥戴亨利一世的外孙上台，而反对妇女执政。

[2] 1553年，英国国王爱德华六世去世，他的姐姐玛丽被拥戴为国王，成为英国历史上的第一位女王。1588年，玛丽病逝，将王位传给自己的妹妹伊丽莎白。伊丽莎白在位45年，成为英国历史上最伟大的君王之一。从此改变了妇女执政在英国人心目中的地位，在此以后，英国历史上还有四位女王。

妇女广泛参与社会的政治经济生活，使得欧洲社会保持着一种比较开放和宽容的态度。妇女执政时期往往是比较宽容的和平发展时期，既有利于社会经济的发展，也有利于税收法定原则、议会制度等政治民主制度的发展。欧洲王室之间错综复杂的婚姻关系，有利于王室之间统治经验的交流，有利于税收法定原则等先进思想的传播。

四、庄园与城市文化对财政立宪的影响

欧洲独特的庄园与农民文化为封建制度的建立以及君主和各级领主之间的契约关系奠定了基础，城市与市民文化是新兴资本主义自由、平等精神的体现，它们所带来的政治交易文化为财政立宪的实现奠定了基础。

（一）庄园与农民文化

从12世纪到15世纪，欧洲城市人口从来没有超过总人口的10%，[1]剩下的绝大多数人口都属于农村人口。因此，研究欧洲中世纪的政治、经济以及文化史从来都不能忽视农村。农村里最典型的经济社会形态就是庄园，农村的文化传统体现在每一个庄园之中。至于什么是庄园，[2]学术界尚没有一个统一的定义，从基本特征来看，庄园是一块封地，其中的领主享有广泛的经济、行政和司法权力。英国学者多从经济方面来理解庄园，如梅特兰（Maitland）、维诺格拉道夫（Vinogradoff）等学者认为庄园必须符合诸如地理、社会和政治的一些典型特征。例如，庄园耕地分为领主自营地、自由份地、农奴份地，而且必须有庄园法庭。蒂托（Titow）认为，庄园必须包括领主自营地、佃户份地、依附农民和领主司法权这四项内容。[3]当然，非常典型的庄园数量很少，但从整体上看，庄园大多具备这些特征。

大领主的庄园一般都错综复杂，很多地方一个村庄隶属两三个不同的领主。庄园管辖下的土地一般分为三个部分：领主保有地、佃农份地以及公地。领主保有地是领主保留的专用土地；佃农份地是佃农所使用的土地，[4]需要向领主负担劳役和赋税；公地则是耕地周围的所有人都有权使用的天然土地。

---

[1]［比］亨利·皮朗：《中世纪欧洲经济社会史》，乐文译，上海人民出版社2001年版，第56页。
[2] "庄园"在拉丁语中为cour，在德语中为hof，在英语中为manor。
[3] 黄春高：《西欧封建社会》，中国青年出版社1999年版，第211页。
[4] "佃农份地"在拉丁语中为mancus（manse, mas），在德语中为hufe，在英语中为virgate或yardland。

第五章　财政立宪的文化传统

领主对于庄园内的人和事享有领主审判权,其中形成的法律规范构成了庄园法。这些法律规范最主要的都是一些惯例,这些惯例决定了庄园中每个主体的权利和义务。

从 12 世纪开始,出现了一些"客籍民",他们是离开原来土地到外面寻找新土地的拓荒者。由于客籍民的拓荒活动,出现了一些新市镇,而这些新市镇为了不断发展也开始主动招募客籍民。很多地方甚至采取张贴广告的方式来介绍新市镇的资源和发展前景,从而吸引更多的客籍民来这里生活。[1] 这些新市镇逐渐发展为农村中的新兴城市,而客籍民则逐渐发展为城市市民。

农村的制度及其传统使得农民并不直接与国王打交道,而是通过农民的领主。在这种制度之下,国王施加给社会底层民众的负担都要通过各级封建领主,而这种施加在表面看来是直接施加给各级封建领主的。因此,封建领主为了自身的利益就会与国王进行讨价还价,会为了自己庄园农民的利益(实质是为自己的利益)而与国王进行斗争。这就是为什么在英国总是贵族等封建领主站在推动税收法定原则确立的最前线,发动和领导社会民众的是他们,直接与国王进行冲突和斗争的也是他们。法国的宗教贵族和世俗贵族大多享受免税待遇,国王的负担是直接施加在普通社会民众的身上的。因此,法国的贵族总是与国王站在一起,而推动和确立税收法定原则的重担就落在了社会底层民众的身上。北美南部实行奴隶制,盛行庄园制,奴隶主和庄园主有足够的动力去推动税收法定原则的确立,北美北部地区工商业发达,农村中的农民是一个个独立的经济实体,国家的各项负担也是直接落在他们的头上。因此,他们也有足够的积极性去推动税收法定原则的确立。

(二) 城市与市民文化

西方经济史学家往往认为中世纪的城市在封建社会中具有特殊的重要地位,它们是封建海洋中的资本主义岛屿。[2] 中世纪城市大约在 10 世纪以后兴起,从整体而言,城市兴起的方式主要包括四种:①依托罗马旧城而兴起;②依托城堡、教堂、修道院等中心而兴起;③依托十字路口、水陆码头、交

---

[1] [比] 亨利·皮朗:《中世纪欧洲经济社会史》,乐文译,上海人民出版社 2001 年版,第 67 页。
[2] M. M. Postan, *The Medieval Economy and Society: An Economic History of Britain in the Middle Ages*, Penguin, 1975, p.239.

易中心等交通要道而兴起；④有规划的城市兴起。[1]其中最重要的因素则是工商业的发达所引起的有规划的城市兴起。[2]根据一千年左右的税收记录，可以推知当时到伦敦交易的商人来自卢昂、佛兰德斯、诺曼底、法兰西岛以及德意志帝国。[3]欧洲大陆也开始出现大型的集市，最繁忙的集市大多集中在由意大利和普罗凡斯通往佛兰德斯海岸的贸易大道靠近中点的地方。在集市中最著名的属香槟集市，它被人们饶有风趣地称为"欧洲的货币市场"，汇票等信用凭证的雏形就是在这里形成的。[4]

城市中的居民主要由几类人组成：商人、手工业者、农民和封建领主。[5]他们在组建城市的过程中，一开始就是带着自由的精神，为自由而不懈奋斗。他们所进行的是一种等价交换的经济活动，为了争取自由也通过一种等价交换的"政治交易"活动来实现，即通过向封建领主和国王缴纳一定的税款而享有城市自治权和其他自由权。[6]总体来讲，城市所享有的自治权和自由权包括以下几个方面：①人身自由，即自由城市的市民为自由人，受普通法的

---

[1] 黄春高：《西欧封建社会》，中国青年出版社 1999 年版，第 211 页。

[2] 很多学者认为，近代城市出现的经济原因不仅必须归结为商业扩展和商人阶层的兴起，而且必须归诸农业扩展和工匠、手艺人及其他工业生产者阶层的兴起。Lewis Mumford, *The City in History: Its Origins, Its Transformations, and Its Prospects*, Harcourt, Brace & World, 1961, p. 253.

[3] Susan Reynolds, *An Introduction to the History of English Medieval Towns*, Clarendon Press, 1977, p. 34.

[4] [比] 亨利·皮朗：《中世纪欧洲经济社会史》，乐文译，上海人民出版社 2001 年版，第 92—96 页。

[5] 例如，伯里圣埃蒙兹原来是一个修道院，根据《英国土地志》的记载，这里有"面包师、酿酒师、裁缝、洗衣妇、鞋匠、法衣匠、厨师、搬运夫及其代理人等"，所有这些人每天都在等待圣者、院长及修士的需要。E. Lipson, *The Economic History of England*, Adam and Charles Black, 1929, p. 190.

[6] 英国大多数重要城市都是直属于国王的，因而英国城市争取自治的斗争对象主要是国王。记载城市自治权利内容的是国王所颁发的特权证书。英国最早的特权证书是亨利一世时赐予的，保存至今的亨利二世所颁布的特权证书还有 50 个左右。理查王和约翰王为了得到急需的金钱曾经大量颁布这种特权证书。用金钱换取自由的"权钱交易"的色彩非常明显。属于教会贵族的城市，争取自治权相对困难一些。例如，圣奥尔朋斯、圣埃德蒙兹等城市经过好几个世纪的斗争，直到 16 世纪中叶才从国王手中获得特权证书。E. Lipson, *The Economic History of England*, Adam and Charles Black, 1929, pp. 207-210. 而法国则在路易六世（1108—1137 年在位）时期最终颁发了一份承认公社权威的特许状。[美] 哈罗德·J. 伯尔曼：《法律与革命——西方法律传统的形成》，贺卫方等译，中国大百科全书出版社 1993 年版，第 443 页。

保护；②土地自由，即城市土地的领有者仅向原领主缴纳货币地租，不服劳役，也无其他义务；③司法自治，城市有独立的城市法庭，其主持者由市民选举产生，市民不受郡法庭、百户法庭以及庄园法庭管辖；④财政自由，即城市每年缴纳一定的款项给领主，领主则不能在城市征税，城市享有自由征税权并有权支配这些财政收入；⑤自由贸易权，即自由城市可以定期举办市场或者集市贸易，市民经常免交市场税。[1]

　　城市以及市民一开始就是在争取自治和自由的斗争中发展起来的，因此，其为自由而战的历史传统是根深蒂固的。税收法定原则保护的是财产自由和经营自由，因此，城市及其市民自其产生以来就一直是税收法定原则的坚定拥护者，英国和法国历来爆发的支持税收法定原则的革命和运动，城市市民都是站在最前列的积极拥护者。

　　北美殖民地的城镇一开始就是建立在自由、自治基础之上的。它们所面对的统治者是远在英国的英国国王及其在北美所任命的总督，而北美殖民地人民一开始就坚定地进行了反对英国国王及其总督任意征税权的斗争。从1630年开始，弗吉尼亚议会每年定期召开一次，并制定出许多法律。在这些法律当中，有一项就是禁止英国国王任命的殖民地总督在没有殖民地议会批准的情况下对弗吉尼亚殖民地、土地或商品征收任何赋税。[2]

---

[1] 马克垚：《英国封建社会研究》，北京大学出版社1992年版，第252页。
[2] 赵晓兰：《美国的诞生》，复旦大学出版社2001年版，第5页。

第六章
财政立宪的基本要素

财政立宪是在民主、法治的背景下，在宪法上确立财政收入法定和财政支出法定原则，并建立相关的保障制度，以确保纳税人及其代表控制国家的财政收入和财政支出的制度建设。财政立宪，首先是一项制度建设，它由一系列基本的制度和原则组成。其次，财政立宪体现的是主体之间的关系，它由一系列主体之间的制衡关系组成。最后，财政立宪是在一定的环境下存在和运作的，它是一个大系统的有机组成部分。财政立宪的基本要素是财政立宪存在与运作所不可缺少的组成部分，其中包括制度性要素、主体性要素和环境性要素。前两者主要体现为内部要素，后者主要体现为外部要素。

一、财政立宪制度性要素

财政立宪在制度上体现为两大核心支柱：税收法定原则和预算法定原则。[1] 税收法定原则也称为税收法定主义，基本含义是税收的开征应当通过法律明确规定，没有法律依据不能开征新税。税收作为一种"法定之债"，其是否存在一些基本的构成要件，这些要件被称为税收要素。因此，税收法定原则也可以表述为税收要素，必须而且只能由法律明确规定。从更深层次的含义来讲，税收法定原则就是税收要素必须而且只能由纳税人及其代表来决定，即"无代表，不纳税"。由于现代国家均为税收国家，税收占据了财政收入的绝大部分，税收法定原则在一定程度上体现了财政收入法定原则。

预算法定原则，基本含义是国家的年度财政收支，特别是财政支出必须由议会（国会，或者其他纳税人代表机关，下同）通过的预算予以明确规定，没有具有法律效力的预算作为依据，不能进行任何财政支出。预算法定原则

---

[1] 税收法定原则和预算法定原则虽然属于理念和原则层面的东西，但是，一旦宪法和法律明确规定了这些原则，它们就成了一种宪法制度和法律制度。严格来讲，这里应当使用税收法定制度和预算法定制度，但是为了论述的统一和方便，这里仍然使用税收法定原则和预算法定原则的表述。

的实质在于国家的财政支出应当由纳税人及其代表来决定。虽然预算是对国家的年度财政收入和支出进行的预先估算，但是，预算本身并不能作为开征新税的依据，也不能决定财政收入的多少，它控制的主要是财政支出的数量及用途。因此，预算法定原则在一定程度上可以认为是财政支出法定原则。

财政立宪的实质在于在宪法的层面上确立财政法定原则。完整的财政活动包括财政收入和财政支出两个部分，[1]财政法定原则可以具体化为财政收入法定原则和财政支出法定原则。现代税收国家的财政收入主要体现为税收，因此，财政收入法定原则主要体现为税收法定原则，而财政支出法定原则实质就是预算法定原则。税收法定原则和预算法定原则是财政立宪的两大基本制度要素。

（一）税收法定原则

关于税收法定原则的内容，学界一般认为包括三个具体原则：税收要素法定原则、税收要素明确原则以及征税合法性原则。[2]也有学者把第三项原则界定为依法稽征原则，具体含义是基本相同的。[3]本书论述的基本要素与基本内容并不是完全一致的，基本要素强调最基本的组成元件，基本内容强调最基本的组成部分。前者强调微观的元素，后者强调宏观的部件。如果把税收法定原则比喻为一个苹果，前者强调的是苹果中所含的各种营养元素，如三大营养元素（蛋白质、脂肪、碳水化合物）、矿物质（钙、铁、磷）和维生素（B1、B2、E、胡萝卜素）等，而后者强调的是苹果的组成部分，如果皮、果肉、种子等。本书将税收法定原则分解为三大基本要素：①性质明确的税收；②议会制定的合宪法律；③税收要素确定。

1. 性质明确的税收

税收法定原则的第一个要素就是"税收"，这是税收法定原则的出发点和针对的对象。如果不能确定税收的含义和范围，那么所谓的税收法定原则就是一纸空文。但是，从历史发展的角度来看，似乎并没有随着税收法定原则

---

[1] 虽然学界一般把财政活动划分为财政收入活动、财政管理活动和财政支出活动，但是严格来讲，财政管理活动是分散在财政收入活动和财政支出活动中的，因为无论是收入活动还是支出活动，都涉及管理的问题，而纯粹地对财政收支进行管理的预算活动在本书中被列为更高层次的预算法定原则的内容。因此，这里把财政活动划分为财政收入活动和财政支出活动两大类。

[2] 刘剑文主编：《财税法学》，高等教育出版社2004年版，第331—332页。

[3] 张守文："论税收法定主义"，载《法学研究》1996年第6期。

的确立而形成一个明确的税收定义。税收的含义和范围是历史形成的，它更多的是以一种传统和惯例的形式存在于人们的头脑中，而不是以明确定义的方式存在的。

就现代各国宪法中确立的税收法定原则而言，尚没有在宪法中明确规定税收含义的。但这并不等于税收法定原则在各国宪法中是一个空洞的原则，现代各国一般有三种方法来解决这一问题。[1]

第一，通过效力层次仅次于宪法的税收基本法来对税收的含义予以界定。如《德国税收通则法》（Reichsabgabenordnung）第3条规定："称租税者，谓公法团体，为收入之目的，对所有该当于规定给付义务之法律构成要件之人，所课征之金钱给付，而非对特定给付之特定相对给付者；收入得为附随目的。"

第二，通过排除的方法来限定税收的范围，即虽然没有明确规定税收是什么，但明确规定了哪些不属于税收。如《约旦哈希姆王国宪法》（1952年）第111条规定："税捐不包括国库根据政府部门为公众提供服务而征收的各种费用，也不包括国有产业上缴国库的收益。"这里把行政规费和国有企业上缴利润排除在税收的范围之外，一方面表明这些财政收入不受税收法定原则的约束，[2]另一方面在某种程度上从反面阐明了税收的一些基本特征，如具有对价性质的负担（如行政规费）不属于税收，依据所有权取得的收入（如国有企业上缴利润）不属于税收。

第三，通过把与税收相类似的财政收入均纳入法定原则之中来确保税收法定原则的实施。立法机关或行政机关搁置或架空税收法定原则的主要方法是通过征收费或其他财政收入的形式来规避税收法定原则，这些财政收入形式往往仅在名称上不同于税，但实质就是一种税，但由于其采用了不同于税的名称，就可以规避税收法定原则的约束。针对这种情况，有些国家的宪法在确定税收法定原则的同时，还相应确定了行政收费和其他财政收入法定的原则。这样，立法机关与行政机关就无法规避税收法定原则的适用了。如

---

[1] 翟继光："税收法定原则比较研究——税收立宪的角度"，载《杭州师范学院学报（社会科学版）》2005年第2期。

[2] 但并不表明它们不受法定原则的约束，如果宪法或其他的基本法确立了行政规费法定或国有企业上缴利润法定原则，那么，它们同样要受法定原则约束，这里只是强调它们不受税收法定原则约束。

《巴林国宪法》（1973年）第88条规定："未经法律规定，不得开征任何新税、修改或取消旧税。除非法律有规定，任何人不得全部或部分免除纳税。除法律有规定者外，不得要求任何人额外纳税、付费或强行摊派。法律规定征收捐税、费用及其他公共基金的规则以及税款、基金支出的程序。"

纵观上述三种方法，可见第三种方法是最实用的，也是最能实现税收法定原则最初的宗旨的。无论国家运用什么方式和名义，只要国家"不支付对价"（或者"无偿"）地"剥夺"人民的"财产"，就应当受到法定原则的约束，无论是税收法定原则还是其他的法定原则。通过法律明确规定税收的含义实际上是无济于事的，[1]正如《德国税收通则法》的规定一样，它无法防止政府以征收非税收的名义开征新税。对于人民而言，无论征收的是什么，只要是无偿地从自己手中取走了本来属于自己的财产，就应当受法定原则的约束。

2. 议会制定的合宪法律

税收法定原则中的"法"显然是指最高立法机关通过的狭义的法律，如果把行政机关制定的规范性文件也纳入"法"的范畴，那么税收法定原则就失去了其应有的控制政府征税权的功能。[2]从历史来看，税收法定原则在英国一直就是指议会拥有征税权，而这里的"法"就是专指议会，后来专指下院通过的规范性文件。

从各国宪法的现实规定来看，其中规定的税收法定原则一般也是指狭义的法律，但关于狭义法律的表述方式有所不同，归纳起来主要有以下几种：

第一，仅仅指明"法律"，但其具体含义必须根据宪法上下文以及联系宪

---

[1] 笔者也曾经煞费苦心地从多种角度给税收下过定义，从经济角度把税收界定为：国家（政府）以其政治权力为依托而强制、固定、无偿获取的不具备惩罚性的财政收入；从法律角度把税收界定为：国家根据法律所明确规定的税收要素和征收程序而向国民所取得的财政收入；从宪法角度把税收界定为：国家基于宪法的规定，并依据符合宪法理念的法律的规定而向国民征收的财政收入；从经济、法律和宪法三个角度把税收界定为：国家基于宪法的规定，并依据符合宪法理念的法律所明确规定的税收要素和征收程序，以其政治权力为依托而强制、固定、无偿获取的不具备惩罚性的财政收入。这种界定，就认识税收的本质而言是有益的，但是在解决这里所论述的防止税收法定原则被搁置或者架空的问题时，并不能起到真正的约束作用。翟继光："论我国税法的核心范畴与基本范畴"，载韦苏文、陆桂生主编：《世纪论坛》，中国社会出版社2003年版，第77—86页。

[2] "宪法并不是政府的法令，政府如果没有宪法就成了一种无权的权力了。"马清槐等译：《潘恩选集》，商务印书馆1981年版，第250页。

法全文的表达方式来确定。如《日本国宪法》（1947年）第84条规定："新课租税，或变更现行租税，必须有法律或法律规定的条件为依据。"这里的法律是狭义的还是广义的，仅仅从这一条的文字表述中很难得出结论，必须从日本宪法的上下文和整体联系中才能得出结论。通过综合考察日本宪法有关法律一词的用法及有关条款的规定，可以认为，这里的"法律"指的是由日本国会通过的狭义法律。[1]大多数规定税收法定原则的国家采用的是这种方式。

第二，通过明确指出立法的主体来界定税收法定原则中"法"的含义，明确了立法主体，显然也就明确了"法"的具体含义。如《瓦努阿图宪法》（1979年）第23条规定："任何税收、税收的变动或公共基金的开支，必须依照或符合议会通过的有关法律。"

第三，间接规定税收法定原则，即通过把征税和减免税等税收事项纳入议会或国会的职权范围内来达到税收法定之目的。如《乌兹别克斯坦共和国宪法》（1992年）第123条规定："税收确定权属于乌兹别克斯坦共和国议会。"

为了防止立法机关背离纳税人利益而通过损害纳税人利益的税法，现代各国宪法对于税收法定原则中"法"的"品质"还进行了诸多限制，以确保立法机关的立法符合最基本的民主，法治精神下的公平、正义理念，确保其为"良法"。归纳起来，主要有五点限制：

第一，税收立法必须满足公平原则。其中，有些国家仅指明了税收公平原则，但没有指明税收公平的标准，如《克罗地亚共和国宪法》（1990年）第51条规定："税收制度建立在公平和公正的基础上。"有的则明确规定了公平的具体标准，即纳税能力标准或同等牺牲标准和累进制原则，如《意大利共和国宪法》（1948年）第53条规定："所有人均须根据其纳税能力，负担公共开支。税收制度应按累进税率原则制定。"《玻利维亚共和国宪法》（1967年）第27条规定："税收和负担的设立、分配和取消具有普遍性，应按照纳税人作出同等牺牲的原则，酌情按比例制或累进制确定。"

---

[1]《日本国宪法》第41条规定："国会是最高国家权力机关，是国家唯一立法机关。"在日本宪法中，只有国会才有权制定法律，其他机关无权制定法律。日本学者一般也认为国会是唯一立法机关。

第二，税收立法必须满足现代社会税法所应遵循的其他基本原则，包括税收效率原则、社会正义原则、财政需要原则、禁止溯及既往原则和最低生活费不课税原则等。如《科威特国宪法》（1962年）第24条规定："社会正义是税收和公共捐款的基础。"第48条规定："依照法律纳税和交付公共捐款是一项义务，为使维持最低的生活水平，法律规定收入微少的人免除纳税义务。"《厄瓜多尔共和国宪法》（1984年）第53条规定："不得发布有损于纳税人的有追溯效力的税收法。"关于这些原则规定最全面的当数《秘鲁共和国宪法》（1979年），其第77条规定："所有人都有缴纳应缴税捐和平均承受法律为支持公共产品事业而规定的负担的义务。"第139条规定："税捐的设立、修改或取消，免税和其他税收方面好处的给予只能根据专门法律进行。征收税捐须遵循合法、一致、公平、公开、强制、准确和经济的原则。在税收方面不设查抄税，也没有个人特权。"这两条宪法条文基本上概括了税法的所有基本原则，是世界各国宪法中有关税法基本原则立法的最完善的代表。

第三，规定基本税收制度来约束法律。有些国家对具体税收制度的宗旨和原则也作了详细的规定，这可以看作是对税收法定原则中"法"的严格要求。如《葡萄牙共和国宪法》（1982年）第107条规定："①个人所得税旨在缩小不平等，应在考虑以家庭为单位的需要和收入的基础上，实行完全的累进税率；②企业主要根据其实际收入纳税；③遗产税和遗赠税实行累进税率，以利于公民间的平等；④消费税旨在使消费结构适应经济发展和社会公平变化的需要，对奢侈消费应征收重税。"

第四，对税法有效期的限定。有些国家甚至对"税法"的有效期也作了规定，可以看作是对税收法定原则中"法"进一步予以限定的特殊形式。如《比利时王国宪法》（1831年）第111条规定："国家税须每年投票通过。规定国家税的法律，如不展期，其有效期仅为一年。"《卢森堡大公国宪法》（1956年）第100条规定："有关征收国税问题，每年进行一次表决。为征税而制定的法律，有效期为一年，但经表决延长生效者除外。"

第五，一项法律只准开征一项税收，不准一项法律开征多项税收，即"一税一法"。如《澳大利亚联邦宪法》（1900年）第55条规定："除征收关税或消费税的法律外，各种征税法律应限于一种赋税项目。"

3. 税收要素确定

税收法定原则并不是指所有税收事项均应由法律予以规定，而只是强调最基本的税收事项应当由法律予以规定。最基本的税收事项就是税收要素。什么是税收要素？各国宪法的规定是不同的，大体可以分为以下几种类型：

第一，将税收要素笼统地规定为征收税款。如《巴基斯坦伊斯兰共和国宪法》（1973年）第77条规定："非由议会法令规定或根据议会法令授权，不得为联邦用途而征收捐税。"多数国家采用这一方式。

第二，将税收要素界定为税收的种类、税率、税收优惠等。如《大韩民国宪法》（1987年）第59条规定："税收的种类和税率，由法律规定。"

第三，将税收要素界定为开征新税、修改和取消旧税。如《黎巴嫩共和国宪法》（1947年）第81条规定："征收捐税只能根据黎巴嫩全国各地都适用的统一法律，在黎巴嫩共和国境内进行。"第82条规定："非根据法律，不得修改或取消任何税收。"

第四，将税收要素界定为开征新税、修改和取消旧税、减免税和超额纳税。如《科威特国宪法》第134条规定："非有法律规定，一般不得征收新税、修改或废除旧税。非有法律规定，任何人不得全部免除或部分免除应缴的该项税款。除法律另有规定者外，不得要求任何人支付其他税款、费用或承受其他负担。"

第五，将税收要素界定为实体和程序两个部分。如《巴林国宪法》第88条规定："未经法律规定，不得开征任何新税、修改或取消旧税。除法律有规定，任何人不得全部或部分免除纳税。除法律有规定者外，不得要求任何人额外纳税、付费或强行摊派。法律规定征收捐税、费用及其他公共基金的规则以及税款、基金支出的程序。"

第六，在将基本税收事项予以法定的同时，授予行政机关一定限度的变更权。如《土耳其共和国宪法》（1982年）第73条规定："税、捐、费及其他财政负担的课征、变更或废止均由法律规定。得授权内阁根据法律规定的上限和下限，变更有关税、捐、费和其他财政负担的减免率和例外照顾率。"

第七，在对基本税收事项予以法定的同时，还要强调其他金钱给付性负担法定。如《爱沙尼亚宪法》（1992年）第113条规定："国税、义务性纳金、关税、强制保险的罚金和支付款项均由法律规定。"

除对"定"的对象的限制外，还有对"定"的程度的限制，即是否可以授权行政机关通过行政法规来规范税收事项。世界各国对于税收法定原则的表述使用了各种不同的方式，这种不同的方式在某种侧面上反映了其对于税收法定原则"定"的程度的界定。纵观世界各国宪法对税收法定原则的表述，可以归纳出以下几种不同的界定程度：

第一，强调基本税收事项必须由法律予以规定，即规定基本税收事项的载体必须是法律，而不能是其他的规范性文件。这是对税收法定原则最严格的限定。如《巴林国宪法》第 88 条规定："未经法律规定，不得开征任何新税、修改或取消旧税。除非法律有规定，任何人不得全部或部分免除纳税。除法律有规定者外，不得要求任何人额外纳税、付费或强行摊派。法律规定征收捐税、费用及其他公共基金的规则以及税款、基金支出的程序。"多数在宪法中规定税收法定原则的国家采取这种严格的税收法定原则，但宪法没有规定并不表明这些国家的行政机关并不享有任何税收立法权，实际上，由于税收立法的复杂性、技术性和变动性，任何国家的税收立法权都不可能由立法机关独享。

第二，强调基本税收事项必须由法律予以规定，但可以授权最高行政机关在法律规定的限度内进行有限的税收立法。如《土耳其共和国宪法》第 73 条规定："税、捐、费及其他财政负担的课征、变更或废止均由法律规定。得授权内阁根据法律规定的上限和下限，变更有关税、捐、费和其他财政负担的减免率和例外照顾率。"

第三，强调基本税收事项必须由法律予以规定或授权。如《巴基斯坦伊斯兰共和国宪法》第 77 条规定："非由议会法令规定或根据议会法令授权，不得为联邦用途而征收捐税。"很多国家采用这种方式。

第四，强调基本税收事项必须依据法律或法律规定的条件。如《日本国宪法》第 84 条规定："新课租税，或变更现行租税，必须有法律或法律规定的条件为依据。"

第五，明确规定某些事项不得授权立法。如《希腊共和国宪法》（1975年）第 78 条规定："有关征税对象、税率、减免税和给予补贴，均须立法权力机关规定，不得委托授权。"

宪法通过对"税收""法"和"定"三个基本要素的界定，形成了一个完整的财政立宪制度下的税收法定原则。

（二）预算法定原则

根据上文对于税收法定原则基本要素的界定与分析，预算法定原则实际上也是由三个基本要素组成的：①涵盖全部财政收支的预算；②受宪法约束

· 091 ·

的一年期法案；③预算外开支由法律确定。

1. 涵盖全部财政收支的预算

关于预算的含义，主要是学者研究的课题，各国宪法以及基本法并没有给预算下一个严格的定义。世界各国宪法主要是通过对预算范围的规定来对预算进行界定。预算作为纳税人及其代表控制政府财政收支的主要制度，理应包括全部公共性的财政收支项目，这一点基本为世界各国宪法所肯定。例如，《芬兰共和国宪法》（1919年）第66条规定："每一财政年度的全部收支项目应列入年度预算……"第68条规定："偿付公债本息及其他应由国家财政负担的支出，以及依照现行条例的规定必须当年支付的支出，应全部列入年度预算。预算还必须包括应急拨款，以备虽未列入预算，但根据法律或者命令必须支付的特殊项目的支出，以及政府为应付无法预见的意外支出的需要。"《葡萄牙共和国宪法》第108条规定："国家预算包括：①国家收支项目；②社会保障预算。"《西班牙宪法》（1978年）第134条规定："国家总预算为年度预算，它包括国家公共部门之全部支出和收入，预算中应列出国家税赋之财政收入总额。"

2. 受宪法约束的一年期法案

预算法定原则中的"法"实际上是指立法机关通过的具有法律效力的预算案。因此，对于"法"的界定，实际上就是对预算案的界定。与税收法定原则对"法"具有诸多限制一样，预算法定原则对"法"也有诸多限制。这些限制的主要目的是真正实现预算的功能，防止政府架空议会，使预算变成"走过场"，同时也防止议会背离纳税人的整体利益。概括起来，世界各国宪法对预算案的要求主要有以下几个方面：

第一，采取法律的形式。预算虽然不是法律，但是，它实际上是议会通过的最重要的文件之一，在某种程度上，它比某些法律还重要。因此，为了确保预算的严肃性、确保预算的严格执行，世界各国宪法均强调采取颁布法律的形式颁布预算，以确保其具有与法律同等的效力。例如，《芬兰共和国宪法》第66条规定："……年度预算由议会通过后，按照颁布法律的方式予以颁布。"《荷兰王国宪法》（1814年）第105条规定："国家财政收支预算由议会法令制定。"

第二，预算编制权属于政府。虽然议会是纳税人的代表，但议会并不能等同于纳税人。议会也有可能背离纳税人利益，因此，需要另一个代表纳税人利益的主体——政府来制衡议会。在预算法定原则领域，政府通过控制预算编制权牵制议会，议会无权自己编制预算、批准预算。为了真正贯彻这一制度，宪法还需要规定议会无权增加预算数额及其项目，否则，就相当于为议会自己编制预算、批准预算留下了一个口子。很多国家的宪法规定了这一制度，例如，《大韩民国宪法》第57条规定："不经政府同意，国会无权增加政府提出的支出预算各项的金额或设置新费目。"《西班牙宪法》第134条第1款规定："国家总预算由政府制定，由总议会审议、修订和批准。"第6款规定："一切导致增加拨款或减少预算收入的建议或修正案，均须取得政府同意方得研讨。"《阿拉伯叙利亚共和国宪法》（1973年）第79条规定："议会在审议预算时无权增加预算的收入和支出。"

第三，预算案不能成为征税依据。议会通过的预算案虽然也是法律，但它是一种特殊的法律，即对未来财政收支进行预先估计的法律，而其核心目的并不在于对未来的财政收入进行控制，因为是否征税、如何征税应当遵循税收法定原则，这是宪法和税法以及未来年度的经济发展状况所决定的问题。预算案的本质功能在于控制财政支出，因而预算案本身不能开征新税。预算法定原则作出这一限定，主要有三方面原因：一是由于预算大多由政府提出，议会所进行的审查往往是形式的，如果允许预算案规定税收事项就很容易将税收法定原则搁置和架空；二是由于预算案是对政府将来财政支出的预计与估测，如果预算案可以规定税收事项，政府财政支出就容易膨胀，税收法定就无法制约预算，反而被预算制约；三是由于预算案基本上每年都要制定，如果预算案可以规定税收事项，那么税收的固定性和稳定性就难以保证，税收法定也就成了形式上的原则。很多国家的宪法明确规定了这一原则，如《科威特国宪法》第143条规定："预算法不得包括规定新税、增加现有税额、修改现行法律或者不颁布宪法规定应该颁布一项特别法律的任何条款。"《意大利共和国宪法》第81条规定："批准预算的法律，不得规定新的税收和新的支出。"

第四，不得剥夺人民依法享有的权利。预算案虽然是为了控制未来的财政支出，但是，如果某些财政支出是为了确保人民的基本权利，那么预算案不能停止这些款项的支付。例如，《芬兰共和国宪法》第70条规定："人民依法有权向国会索取或领受款项不受预算的限制。"

第五，预算案的效力期限为一年。世界各国一般以一年作为一个财政年度,预算作为对未来年度财政收支的预算,为了确保其准确性以及纳税人代表能够真正控制国家的财政收支,以一个财政年度作为预算案的效力期限是比较合适的。[1]世界各国宪法均明确规定或者实质上确立了年度财政预算制度。例如,《大韩民国宪法》第54条规定:"政府必须编制每会计年度的预算案……"《西班牙宪法》第134条规定:"国家总预算为年度预算……"

第六,预算案必须遵循收支平衡原则。预算法定原则除实现由纳税人控制国家的财政收支以外,另外一个重要功能是防止国家出现财政危机,为此,宪法应当确立预算收支平衡原则。例如,《芬兰共和国宪法》第68条规定:"预算必须指出抵偿各项支出的经费来源。"《德意志联邦共和国基本法》第110条规定:"预算收支必须平衡。"

第七,预算案不得成为非法定支出的依据。预算案所关注的是国家的公共财政支出,非公共财政支出,必须有相应法律的规定才能进入预算,也就是说,预算本身并不能成为某项支出的法律依据。例如,《希腊共和国宪法》第80条规定:"除组织法或其他专门法律有规定者外,薪金、津贴、补助费或补偿费均不得列入国家预算或准许授予。"

第八,预算编制应遵循相关的技术要求。预算的编制是一件非常复杂的事情,预算案无论是篇幅还是结构本身都非常庞杂。如果预算不按照一定的技术标准进行编制,纳税人代表根本无法看懂预算,更不用说审议了。因此,各国宪法和预算法一般均规定预算的编制应当遵循明确性原则。当然,在明确的同时,还应当遵循详细性原则,否则,一个看不出具体支出项目的框架式的预算根本无法进行实质性的审议,即使通过了,也无法真正约束政府的财政支出权。对此,有些国家的宪法进行了明确规定。例如,《葡萄牙共和国宪法》第108条第5款规定:"预算须依照各项基础分类与职能分类详细、明确地说明开支情况,以防止出现秘密基金和秘密拨款。"另外,有些国家的宪法对于预算的表决方式也进行了规定,目的还是确保预算真正起到相应的约束作用。如《阿拉伯叙利亚共和国宪法》第75条规定:"预算应逐章进行表决。"第78条规定:"除非依照法律的规定,不得改变预算各章的

---

[1] 当然,议会以半年、季或者月为单位审议并通过预算案更有利于议会控制国家的财政支出,但是从效率原则出发,这种制度设计并不可行。各国议会每年一般只开一次会,预算案以一年为效力期限与此也有关系。

编排。"

最后需要提及的一点是,与税收和预算相关的法案一般被称为财政法案,而在采取两院制的国家,财政法案与其他法案相比往往有特别的立法程序。这里的特别之处就是,财政法案一般只能由下议院(包括类似下议院设置的其他议院,如众议院等,下同)提出,而且下议院对财政法案拥有最终的决定权,即上议院(包括类似上议院设置的其他议院,如参议院等,下同)对财政法案的修改必须经过下议院同意,即使上议院反对,只要下议院通过了,财政法案照样可以成为法律。这一制度起源于英国,因为英国的上议院是贵族院,并不实际承担税负,而财政法案是与财政收支相关的法案,应当由与此具有直接利害关系的下议院(又称平民院,代表纳税人利益)行使最终的决定权。这一制度在1911年的《英国国会法》中予以确立,其第1条规定:"凡下议院通过之财政案,于闭会一个月前,提交上议院,而该院于一个月内不加修正并未通过者,除下议院别有规定外,应径行呈请国王核准。虽未经上议院通过,仍应认为国会之法令。"在英国的影响下,原英国殖民地的国家大多采取两院制,而且一般也认为财政法案只能由下议院提出。至于上议院是否有修改权,不同国家有不同的规定。

印度采取和英国一样的制度,即上议院没有修改权。《印度宪法》(1979年)第109条规定了财政法案的特别程序:"第1款,财政法案不得由联邦院提出。第2款,财政法案经人民院通过后,应送联邦院征求意见,联邦院应于接获该法案十四日内将该法案连同其意见,送回人民院,人民院可以接受或拒绝联邦院的全部意见或任一部分意见。第3款,若人民院接受联邦院所提部分意见,则该财政法案应视为共经两院通过,并附有联邦院提出书面为人民院接受之修正案。第4款,若人民院拒绝接受联邦院的全部意见,则该财政法案应视为按人民院通过的条文,不附加联邦院任何修正案而为两院通过。第5款,人民院通过后送交联邦院征求意见的财政法案如未于上述十四日的期限内退还人民院,则该法案应自上述期限届满之日起,视为按人民院通过之条文为两院通过。"美国的上议院即参议院却拥有修改权,原因在于参议院实质上也是纳税人的代表。《美利坚合众国宪法》第1条第7款规定:"有关征税的所有法案应在众议院中提出;但参议院得以处理其他法案的方式,以修正案提出建议或表示同意。"

3. 预算外开支由法律确定

预算法定原则中"定"的基本含义是不得在预算之外进行任何开支,也不得变更预算规定的用途。如《芬兰共和国宪法》第 70 条规定:"除预算本身有明文规定者外,列入预算的拨款不得超支,也不得转入下一财政年度,凡议会通过的专项拨款不得挪作他用。"

预算毕竟只是一个预先的估算,很可能与社会发展的客观状况不相符。因此,预算法定也有诸多例外,其中最主要的包括三种情况:超预算、预先开支和预算效力延长。

对于超预算的问题,各国宪法均持谨慎态度,一般需要重新进行一次类似通过预算案的程序进行补充预算的审议。即使如此,对于超预算也有诸多限制,例如《德意志联邦共和国基本法》第 112 条规定:"超出预算拨款的支出和预算外支出须经联邦财政部长的同意。只有在不可预见的和不得不需要的情况下才能同意。细则由联邦立法规定。"

关于预先开支的原则,世界各国宪法的规定一般有两种方式,第一种方式是必要的支出可以预先进行,所谓必要,主要是指即使预算通过了,也必须进行的支出。如《组织澳大利亚联邦法》第 83 条规定:"联邦国库的款项,不得在法律所定预算之外支出。但在议会第一次会议的一个月内,总督得行政会议同意后,得在国库支取必要的款项,以维持移交于联邦的各部,及拨充议会第一次选举的费用。"《德意志联邦共和国基本法》第 111 条规定:"如果在会计年度终了时,法律还没有确定下年度的预算,联邦政府可以在这种法律开始实施前支付一切必要的费用:①维持法定的机构和实行法律授权的措施;②履行联邦应付的法定的、契约的和条约的义务;③继续进行建筑工程,采办和其他公共设施,或继续为这些目的而拨出补助费,但适当的数额必须在上一年度的预算中已经拨付。"

第二种方式是规定按照上一年度的预算执行必要的支出,如《大韩民国宪法》第 54 条规定:"新会计年度开始但仍未议决预算案时,政府一直到国会议决预算案,为如下目的的经费,可准用前年度的预算来执行:①根据宪法、法律的规定设置的机关或其设施的维持和运营;②法律上履行支出义务;③继续预算承认的事业。"

关于预算效力的延长,既可以认为是预算法定原则例外的第三种情形,也可以认为是预先开支的一种特殊情形。对于上一年度的预算而言,是效力延长,对于新预算而言,则是预先开支。有些国家的宪法明确规定了预算效力延长的制度,如《西班牙宪法》第 134 条规定:"如预算法在有关经济年度第一天之前未被批准,则上一年度预算自动延长,直至新预算通过。"《希腊共和国宪法》第 79 条规定:"如由于议会任期已满,无法批准预算或通过上款规定的专门法律,经内阁要求,得以法令宣布刚结束或行将结束的财政年度预算的有效性延长四个月。"

为了确保预算能够真正得以执行,宪法还必须规定一些事后监督制度,这些监督制度包括决算制度以及审计监督制度。决算是与预算相对的一项制度,是对预算年度的真实财政收支状况的统计,正是因为其不可或缺,一般认为,广义的预算制度本身就包含决算制度。世界各国预算制度均包括决算制度,一般也会在宪法中予以明确规定,如《德意志联邦共和国基本法》第 114 条规定:"联邦财政部长代表联邦政府,每年向联邦议院和联邦参议院提交上一会计年度全部收支以及财产和债务的账目以便批准。"

审计监督是对整个预算年度财政收支状况的检查和审核,目的是确保各项财政收入和支出都严格依法进行,审计监督是纳税人及其代表控制政府财政收支的重要手段。世界各国宪法几乎都规定了严格的审计监督制度。例如,《芬兰共和国宪法》第 71 条规定:"设立审计署负责审核国库的账目和资产负债表,包括账目的数字是否正确、收支是否合法,以及是否符合预算的规定等。议会应于每届常会开会时任命五名国家审计委员,代表议会监督预算的执行,并审核财政状况及其管理。国家审计委员接受议会的指示,有权要求有关当局提供任何必要的资料和文件。"

广大纳税人是监督政府财政收支是否合法的最权威的主体,也是成本最小的主体,预算法定原则应当充分动员广大纳税人进行预算监督。政府的财政收支报告和账目公开是实现这一目的的前提条件。例如,《美利坚合众国宪法》第 1 条第 9 款规定:"一切公款收支的报告和账目,应经常公布。"

二、财政立宪主体性要素

从主体的角度而言,财政立宪体现为三方主体之间的相互关系及其制度设计。财政立宪所解决的根本问题是如何有效为纳税人提供公共物品。公共物品为所有纳税人所必需,但是单个的纳税人往往没有能力提供公共物品,市场机制又不能提供足量的公共物品。因此,提供公共物品的重担就落到公共权力机构——政府的身上。政府作为一个为纳税人提供公共物品的机构,为了使其能够真正履行提供公共物品的职责,必须赋予其一定的权力,而一旦拥有了权力,政府往往就变成一个压迫和剥削纳税人的主体,即产生了政府定位及其职责的"异化"。[1]为了控制政府的异化,就需要设计一种制度来确保政府一方面不会任意向纳税人征税,另一方面能够按照有利于纳税人的原则来提供公共物品。这种制度就是财政立宪,或者称之为财政宪法。

由此可见,在财政立宪的制度设计中,基本主体是三个:纳税人、议会、政府。纳税人是财政立宪制度所保护的核心,保护纳税人是财政立宪制度的出发点和归宿。议会是纳税人的代表机关,代表纳税人行使对政府的控制权。政府是财政立宪控制的对象,同时也是在一定程度上代表纳税人制衡议会的主体。

(一) 纳税人

纳税人在不同层面的含义是不同的,在税法层面,纳税人就是具体承担纳税义务的人。在不实行个人所得税以及个人所得税纳税人数量较少的国家,纳税人的总数量是比较少的。很多公民因其没有直接负担纳税义务而被排除在纳税人的范围之外。但是在财政立宪的层面,纳税人实际上指的是广义的与政府相对的承担税收负担的群体。就一国政府所辖的全体国民而言,单独就某个个人来考察,可能并没有实际承担纳税义务。例如,刚出生的婴儿、一辈子都依靠社会救助生存的残疾人等,他们可能并没有给这个社会做过一分钱的贡献,[2]因此,可能不属于纳税人的范畴,但是就国民整体而言,他们就是纳税人,就是政府所应当为之提供公共物品的对象。就公共物品的本质而言,它本身就不应当区分国民中哪些人纳税了,哪些人没有纳税,而是应当就国民整体征税,为国民整体提供公共物品。

---

[1] 恩格斯在1891年就提出了工人阶级要防止自己的"国家和国家机关由社会公仆变为社会主人"的问题。中共中央马克思恩格斯列宁斯大林著作编译局编:《马克思恩格斯选集》(第二卷),人民出版社1972年版,第334—335页。

[2] 这里用了"可能",是指在某些人看来可能没有做过任何贡献,但事实并非如此。他们的存在本身就代表了这个社会是一个尊老爱幼、充满温暖的大家庭,就像情人节送给情人的玫瑰花一样,就使用价值而言,并没有什么价值,或者几乎没有什么价值,但是其所蕴含的东西很有价值,而且越多越代表"爱"之深。

第六章 财政立宪的基本要素

纳税人在财政立宪中的地位可以概括为一句话：纳税人是财政立宪制度保护的核心，保护纳税人是财政立宪制度的出发点和归宿。财政立宪制度是为了解决给纳税人提供公共物品的难题而设计出来的。[1]无疑，纳税人是核心。由于在这一制度中，纳税人将诸多权力授予政府，纳税人本身反而成为"弱者"，成为需要保护的群体。就历史考察而言，财政立宪一直就是纳税人与君主及其政府不断进行斗争的胜利品。因此，纳税人是财政立宪制度"保护"的核心。财政立宪制度以纳税人的利益和需要为出发点，其本身是否完善、是否实现了存在的价值，应当以其是否维护了纳税人的利益、是否满足了纳税人的需要为标准，因此，维护纳税人利益是财政立宪制度的出发点和归宿。

在财政立宪制度中，纳税人主要通过选举议会代表以及国家元首的方式间接影响政府的财政收入和财政支出，通过舆论、新闻媒体、利益集团也可以对政府的财政收入和财政支出施加影响。但是，总体来讲，纳税人的这种影响或者说对于财政收入和财政支出的决定权都是间接的，无论是个体的纳税人，还是纳税人整体一般都不具有直接决定政府财政收入和财政支出的权力。为了使纳税人能够真正控制政府的财政收支，公开政府财政收支状况是一个基本前提。"阳光是最好的防腐剂"，公开是最佳的监督手段。

不同的纳税人群体对于政府财政收支的态度并不完全一致，由于富人承担较重的纳税义务，而穷人往往享受较多的政府补贴，富人往往倾向于降低税率，减少社会保障方面的财政支出，而穷人则倾向于提高税率，增加社会保障开支。同样一个征税法案或者预算法案，可能会遭到一部分纳税人的反对和一部分纳税人的支持。但是财政立宪制度提供了一些基本的原则和制度，这些原则和制度确保了虽然不同群体的纳税人之间存在利益和观点上的差异，但是不至于侵犯任何群体的基本权利。例如，税率不能太高，否则就侵犯了富人的财产权；对于基本的生存资料不能征税，否则就侵犯了穷人的生存权。财政立宪对于税收立法和预算法案的通过所设计的一系列制度也保证了不同群体的纳税人必须通过协商、妥协而得到一个令大多数人满意的结果而且不

---

[1] 这里用了"设计"一词，但并不表明财政立宪制度是人为设计的制度，它既有人为设计的成分，也有社会自然演化的成分，如果运用一点拟人化的手法，自然演化也可以说成大自然设计的产物。这里的设计包含人为设计和大自然设计两个意思。

至于损害少数人的利益。

（二）议会

议会在财政立宪中扮演着非常重要的角色，它代表着纳税人对政府的财政收支行为进行控制。财政立宪从表面来看，就是议会对政府的财政控制，政府的财政收支大权都掌握在议会的手中。议会在财政立宪中是以控制者的身份出现的。

议会的基本职能是立法，其控制政府财政权也是通过立法的形式来实现的。议会对于政府财政收入权的控制主要是通过税收立法来实现的，而对政府财政支出权的控制主要是通过审议预算来实现的。财政立宪的两大支柱税收法定原则与预算法定原则所强调的就是税收和预算都应当由议会来决定。

议会权力的来源是纳税人，议会行为的合法性基础也是纳税人。议会所行使的一切权力都只不过是在代表纳税人来行使本来应当属于纳税人的权力。议会的行为必须在整体上代表纳税人的利益，否则，纳税人就可以通过选举权的行使来更换议会中的代表，直到议会代表纳税人的利益为止。

由于议会在宪法和法律中都是一个独立的主体，其所行使的权力在法律上也被视为它本身所享有的权利，议会也有可能背离纳税人的整体利益。为了防止议会通过损害纳税人利益的法律，财政立宪也设计了一些制度来约束议会。例如，宪法直接规定税法的一些基本原则和基本制度、将预算的编制权授予政府以及议会立法不得侵犯纳税人基本权利等。[1]

（三）政府

政府在财政立宪制度中是一个被控制的对象。政府首先被假定为一个非常有可能任意剥夺纳税人的财产权、任意挥霍浪费国家财政收入的主体。之所以如此，是因为政府是作为历史上国王的代表和执行者出现的，政府的行为就是国王的行为，而国王往往会做出任意剥夺纳税人的财产权、任意挥霍浪费国家财政收入的行为。现代社会中的政府虽然已经不是国王的代表和执行者，而变成了纳税人的政府以及纳税人的"仆人"，但是由于政府手中握有巨大的权力，而"一切有权力的人都容易滥用权力，这是万古不易的一条经

---

[1] 人们普遍认为，最有效的法治意味着不仅行政机构的权力，而且立法机构的权力，都要受到宪法和法律的限制。[英] W. I. 詹宁斯：《法与宪法》，龚祥瑞、侯健译，生活·读书·新知三联出版社1997年版，第42页。

验。有权力的人们使用权力一直到遇有界限的地方才休止"[1]。在现代宪法制度的设计中，政府往往被认为是最危险的部门。因此，政府仍然是财政立宪所控制的对象。[2]

财政立宪控制政府财政收支权的主要手段就是税收法定原则和预算法定原则，没有法律依据政府不能征税、不能开支。而法律是代表纳税人的议会所制定的，这样，政府的财政收支大权就牢牢掌握在议会的手中了，同时也就间接掌握在了纳税人手中。

政府并不总是纳税人的对立面，政府的基本职能是为纳税人提供公共物品，政府的主要领导人是纳税人直接或者间接选举产生的，在宪法制度约束下，政府在整体上也是代表纳税人利益的。现代财政立宪制度在控制政府的同时，也是对政府财政收支行为的一种保障，因为政府征税和进行财政支出都有了法律甚至是宪法的依据，纳税人必须服从。同时，现代财政立宪制度也赋予了政府一些自由裁量权以及监督和制衡议会的权力。例如，在政府预算案被议会否决的情况下，政府可以解散议会，重新选举，以寻求广大纳税人的支持，另外，无论是征税还是财政支出，主动权都在政府，议会不能主动征税，也不能主动进行财政支出。

三、财政立宪环境性要素

财政立宪作为一种制度，必须有一定的环境才能继续存在并保持良好的运作。财政立宪所赖以存在的外部条件就是其环境要素。从经济方面来讲，税收必须在国家的财政收入中占据主导地位，财政立宪才有实现与存在的必要性与可能性。从政治方面来讲，民主必须成为国家基本的政治制度，财政立宪才有实现与存在的基础。从文化传统方面来讲，税收文化、民主文化和法治文化传统必须成为占据主导地位的文化氛围，财政立宪才能扎根于社会文化的土壤之中。

---

[1] [法]孟德斯鸠:《论法的精神》(上册)，张雁深译，商务印书馆1961年版，第154页。
[2] "政府所拥有的一切权力，既然只是为社会谋福利，因而不应该是专断的和凭一时高兴的，而是应该根据既定的和公布的法律来行使。这样，一方面使人民可以知道他们的责任并在法律范围内得到安全和保障；另一方面，也是统治者被限制在他们的适当范围之内，不致为他们所拥有的权力所诱惑，利用他们本来不熟悉的或不愿承认的手段来行使权力，以达到上述目的。"[英]洛克:《政府论》(下篇)，叶启芳、瞿菊农译，商务印书馆1964年版，第86页。

(一) 税收国家

在财政学上，一般把税收收入占国家财政收入一半以上的国家称为税收国家。[1]财政立宪的核心是税收立宪，它们都是以税收的存在及其在整个国家财政中占据主导地位为前提的。税收国家还有两个相对应的称谓：夜警国家与无产国家。税收国家是随着产业资本主义制度的确立而逐渐形成的。产业资本主义制度下的经济是自由主义的社会经济。这一时代占据主导地位的财政思想是亚当·斯密的自由主义思想。国家不干预经济，只是负担国防、维持治安以及其他基本的公共事业任务，这时的国家被形象地称为"夜警国家"。国家在原则上拒绝自己拥有财产、资本并取得收入。因为把财产以及资本放在私人手中，委托私人对财富进行经营管理更为有利。这样，国家就应该是无产国家，越是廉价的国家，越是理想的国家。总之，这个时代的国家对于市场经济不过是寄食性存在的，这种寄食办法，除依靠税收手段获得财政收入外，别无他法。[2]

税收的前提是纳税人私人财产权，税收的本质是国家无偿地从纳税人手中取走财产作为满足公共需要的对价。这样就产生了需要财政立宪来解决的核心问题：如何确保国家合理地从纳税人手中取走财产并按照纳税人的意志来支配这些财产。

如果没有税收国家的存在，财政立宪是没有必要的，既不可能产生，也不可能存在。[3]税收国家的两大核心要素是：私人财产权的确立以及税收在财政收入中占据主导地位。就第一个要素而言，如果不存在私人财产权，一切生产资料都属于国家，人们不过是在为国家打工，人们除能够获得工资以外，没有任何属于自己的东西，一切利润都属于国家。在这种制度下，根本不需要税收，即使存在税收，一方面也仅仅是在非常有限的意义上调节着人们的收入，另一方面，这里的税收不过是一种个人、企业与国家之间对利润进行分配的手段，而不是我们通常意义上的无偿取得纳税人财产的税收。既

---

〔1〕 [日] 北野弘久：《税法学原论》（第四版），陈刚等译，中国检察出版社2001年版，第2页。

〔2〕 [日] 井手文雄：《日本现代财政学》，陈秉良译，中国财政经济出版社1990年版，第49—50页。

〔3〕 这句论述似乎存在矛盾，既然连"产生"都不可能，何来"存在"？这里所强调的是，没有税收国家的前提条件，财政立宪制度不可能自发产生，即使人为引进这一制度，也不可能真正运作下去，也就是不能"存在"。

然一切生产资料都是属于国家的,那么国家当然有权决定征收多少"利润"(表面上可能采取税收的形式),以及如何支配这些利润。[1]人们是否有发言权,那要看这个国家所代表的是谁的利益,如果代表的是广大人民的利益,人民对于国家如何征收利润、如何分配利润就拥有发言权,但这里的发言权的基础绝对不是因为人民是纳税人,而是因为国家是人民的。如果这个国家所代表的是个别人或者少数人的利益,那么人民就没有任何发言权了。在第一种情况下,国家是人民的,没有必要运用财政立宪制度来控制国家;[2]在第二种情况下,既然财产是国家的,而国家又不属于人民,人民根本没有权力对国家的收入和支出指手画脚,财政立宪制度也就无从建立。

就第二个要素而言,国家的主要财政收入不是税收,而是国家所拥有的财产。虽然纳税人对于税收部分有发言权,但是要想对国家的整个财政收入和支出进行控制,一方面难度比较大,另一方面也不能仅靠纳税人的身份来控制国家的其他财政收支,而必须引入其他身份,如公民身份,或者国家本身就是属于人民的,如人民民主专政国家。

(二) 民主

财政立宪是民主制度下的一个具体制度,离开了民主的大环境,财政立宪制度不可能单独存在。

从历史发展的角度来看,财政立宪,特别是其中的税收法定原则是近代民主制度的开端,从税收法定原则的确立到其他一系列民主原则的逐步确立,最终才演化成了现代的民主制度。而民主制度的最终确立反过来又促使了预算法定原则的确立,并最终实现了财政立宪。

财政立宪的实质是让纳税人来控制国家的财政收支,也就是在财政领域实现民主。如果国家的基本政治制度没有实现民主,那么在国家政治生活的核心领域——财政领域根本不可能实现民主化,即使表面上采取了一些与民主国家相同或者类似的制度,这些制度也不可能如同在民主国家那样真正发挥作用。从财政立宪所体现的民主精神来看,民主的实质就是让生活在社会中的每一个人都能有机会来影响社会的基本制度和基本生活,或者说就是让

---

[1] 直至今天,人们还是习惯于将国有企业上交的税收和利润混在一起,称为"利税"。
[2] 即使需要控制国家,也可能是其他的制度,而不会是财政立宪制度。

每个人来决定涉及自己利益的重要事项。[1]民主的深奥和复杂在于具体的制度设计,即如何设计一套制度来确保实现民主的实质,这是困扰世界各国的难题。

(三) 纳税人意识

财政立宪保护的是每一个纳税人的利益,财政立宪的实现和运作也需要每一个纳税人的积极参与。因此,整个社会的文化氛围以及纳税人本身的素质对于实现财政立宪也是至关重要的。由于整个社会的文化氛围是通过每一个纳税人的行为体现出来的,而一个人的行为又是由其主观意志控制的,本书将社会的文化氛围以及纳税人的素质概括为纳税人意识,可能不一定全面,但基本概括了其核心部分。

财政立宪并不是一个简单的制度设计问题,它是整个社会参与的系统工程,它的形成往往需要经过一个漫长的过程,在这个过程中,民主、法治的文化氛围与传统是至关重要的,这些文化氛围与传统最终都可以通过纳税人的意识体现出来。这里所谓的纳税人意识,并不是指纳税人的意识,而是指社会中的每一个人对于"纳税人"这样一个概念的认识。财政立宪制度下的纳税人概念,首先蕴含了一种民主的含义,即国家是为纳税人而存在的,是为了给纳税人提供公共物品而存在的,国家应当为纳税人服务,纳税人是国家的主人,国家的一切重要事项都应当由纳税人决定。其次,纳税人概念蕴含了一种宪法上的含义,纳税人承担的纳税义务是由法律明确规定的,其最终依据是宪法,纳税人对政府财政收支的控制权也是以宪法作为最终依据的,宪法的精神实质——控制政府权力、保护纳税人权利已经在社会生活中扎根。最后,纳税人概念蕴含了一种法治的含义,纳税人的基本权利和义务、国家的基本权利和义务都是通过宪法制度具体确定的,法律成为统治整个社会的基本行为规则,法律的原则和制度能够具体落实到现实生活中,法律能够为每一个人所尊敬甚至崇拜。

如果社会中的每一个人或者绝大多数人都树立了这种纳税人意识,那么

---

[1] "代议制政府就是,全体人民或者一大部分人民通过由他们定期选出的代表行使最后的控制权,这种权力在每一种政体中都必定存在于某一个地方,他们必须完全握有这个最后的权力。无论什么时候只要他们高兴,他们就是支配政府一切行动的主人。"[英] J. S. 密尔:《代议制政府》,汪瑄译,商务印书馆1982年版,第68页。

财政立宪制度就很容易在这个社会中得以实现。社会中的每一个人都会积极参与到财政立宪制度的运作过程中，分别在自己的岗位上发挥应有的作用。一旦有人背离这一制度，整个社会都会反对和谴责这种行为，相应的财政立宪制度也很容易惩罚背离这一制度的人和行为。如果社会中的人普遍缺乏纳税人意识，或者所拥有的纳税人意识是片面、残缺的，那么这个社会很难自发地建立财政立宪制度，即使从外面引入了财政立宪制度，这一制度也难以在这个社会中生根发芽，最终可能沦为一种摆设。

第七章

财政立宪的基本路径

财政立宪之所以能实现,之所以能够按照某种特定的方式实现,其背后必然有某种因素起着重要的推动作用,这种因素在推动财政立宪实现的过程中必然采取了某种特定的方式、策略和途径,对于这些方式、策略和途径加以概括和抽象就得到了财政立宪的基本路径。研究财政立宪的基本路径实质是研究财政立宪的基本要素在一定的时空环境下,在政治、经济、文化等条件的综合作用下具备了哪些基本的功能,这些基本的要素又是采取什么方式和途径(即财政立宪的基本模式)将财政立宪从理论变为现实的。前面我们已经研究了财政立宪的基本要素,财政立宪的政治、经济和文化基础,本章重点研究财政立宪基本要素的功能、构造以及财政立宪实现的基本模式。

一、财政立宪基本要素的功能

财政立宪具备制度性、主体性和环境性三方面的要素,每种要素既然能够成为要素,其自身必然具备某些基本的功能,三类要素之间的结构和联系也具有不可忽视的功能,这些功能结合在一起,就能构筑起一个完整的财政立宪制度。

(一)财政立宪制度性要素的功能

财政立宪制度性要素的基本功能是构建财政立宪的制度性框架。财政立宪从静态的角度体现为一系列的制度,这些制度就是由财政立宪的制度性要素构成的。

1. 税收法定原则的功能

税收法定原则是构筑财政立宪的第一个支柱:财政收入法定,由议会来控制政府的财政收入,最终实现由纳税人控制国家财政收入的目的。

税收法定原则是财政立宪的启动性要素,它是财政立宪必须确立的第一个制度性要素,没有这样一个要素,就不可能确立财政立宪制度。从历史发展来看,正是税收法定原则的产生、发展和确立才揭开了财政立宪的历程,同时也揭开了近代民主的历程。从财政立宪两大制度性要素的关系来看，税收法定原则具有先导性和基础性，只有首先确立了税收法定原则，才有可能实现预算法定原则，无论从理论推导还是实践发展来看，都是如此。

税收法定原则是实现由议会控制政府财政收入并最终实现由纳税人控制国家财政收入目的的基本制度。这一制度通过税收要素法定、税收要素明确和征税程序合法三项具体原则以及通过对"税收""法"和"定"三个基本要素的界定，确保了税收的开征、减免和废除牢牢掌握在议会的手中，而且议会的权力本身也是受到其他宪法原则以及法律原则限定的，例如，不能将法定事项授权行政机关，不能侵犯纳税人的基本人权，不能通过违反税收公平、社会正义以及其他基本原则的税法，不能通过违反宪法规定的基本税收制度的税法等，这些限制确保了议会始终代表纳税人的利益，即使在议会偶尔偏离纳税人利益的时候，也不至于通过侵犯纳税人基本人权的税法，纳税人仍然可以在下一轮选举中通过选出真正代表自己利益的议员来修改那些并不代表自己利益的税法。

2. 预算法定原则的功能

预算法定原则是构筑财政立宪的第二个支柱：财政支出法定，由议会来控制政府的财政支出，最终实现由纳税人控制国家财政支出的目的。

预算法定原则是财政立宪的完成性要素，它是财政立宪必须确立的第二个制度性要素，没有这样一个要素，就不可能确立财政立宪制度。从历史发展的角度来看，预算法定原则是在税收法定原则确立以后，在民主制度基本形成以后确立的，它的意义在于完成议会对财政收支整个过程的控制，实现纳税人对国家财政收支整个过程的控制。在民主制度下，在税收国家中，纳税人对国家的财政收支应该享有最终的决定权。而只有税收法定原则，并不能实现这一目标，只有同时确立预算法定原则，才能真正实现这一目的，才能完成财政立宪的整个过程。

从财政立宪两大制度性要素的关系来看，预算法定原则具有延伸性和扩充性。税收法定原则的主要功能在于控制政府的财政收入，虽然有可能在征税法案中规定用途，但征税法案本身无法控制这些财政收入的用途，而预算法定原则实现了这一目标，延伸了税收法定原则作用的范围和领域。同时，预算是对整个财政收入和支出的预先估算，在一定程度上对财政收入也有一定的控制作用，特别是对税收法定原则无法覆盖的非税收入具有较强的控制力，因此，预算法定原则也具有一种扩充性。但预算法定原则无法代替税收法定原则，因为它无法开征新税，也没有创造其他财政收入的功能，对于财政收入而言，它仅具有预先估计收入并根据收入的多少来规划支出的作用，既无法增加收入，也不能减少收入。

预算法定原则的实现使得议会并最终使得纳税人完全控制了国家的财政收入和财政支出。与税收法定原则相比，预算法定原则在现代社会具有更加现实的意义。因为税法一旦通过往往就是持续生效的，即只要没有被修改和废除，该税法就是一直生效的。议会并没有机会经常对税法进行修改，纳税人也没有机会经常就税法问题展开讨论并对国家立法发挥影响。但预算是一年一度的，议会每年都有机会对国家的整个财政收支状况进行一次全面的审查。同时，纳税人也就有了一次针对预算案进行讨论并对议会和政府施加影响以体现自己意志的机会。预算法定原则拉近了纳税人与国家财政收支的距离，对于培养和提高纳税人意识、确保财政立宪良性运行具有更加直接的作用和意义。

（二）财政立宪主体性要素的功能

财政立宪主体性要素的基本功能是构建财政立宪的动态运行框架，即作为财政立宪的基本主体，通过自身的活动及其相互关系推动财政立宪的整个运行过程。财政立宪从动态角度体现为一系列的活动与运动过程，而这些则是由财政立宪的主体性要素来完成的。

1. 纳税人

纳税人在财政立宪中的基本功能是推动财政立宪制度的建立及其良性运行。财政立宪从根本上来讲是为纳税人存在的，是为了满足纳税人的基本需要：适量从纳税人身上征税，合理为纳税人利益开支。纳税人具有最大的积极性来建立财政立宪制度，并确保这一制度良性运行。从根本上来讲，财政立宪的一切制度性设计及其运作过程都是纳税人智慧的产物，没有纳税人的利益需要及由此带来的积极行动，是不可能产生财政立宪制度，也不可能逐渐完善并在全球普遍建立的。

从纳税人与议会的关系来讲，议会是纳税人"设计"出来代表自己利益的一个机构，这一机构一方面能够最大限度地代表纳税人的利益，另一方面能够像"一个人"那样形成统一意志，作出决定并采取相应行动。议会的合法性源泉和力量源泉是纳税人，正是纳税人的支持，才导致议会站在推动建立财政立宪制度以及确保财政立宪制度良性运行的第一线。表面看来是议会在斗争，是议会取得了胜利，实质上是纳税人在斗争，是纳税人取得了胜利。

从纳税人与政府的关系来讲，政府曾经是纳税人的对立物，正是纳税人与政府及其背后所代表的君主或其他统治者的斗争才最终导致了财政立宪制度的建立。在民主制度建立以后，政府实际上也是纳税人"设计"的一个执行纳税人意志、为纳税人提供公共服务的机构，因其掌握巨大权力，容易背离纳税人建立政府的初衷，必须运用适当的制度予以控制，财政立宪制度就是纳税人设计出来控制政府、防止其背离纳税人建立政府初衷的重要制度。

2. 议会

从财政立宪制度设计及实际运作的表面来看，议会是积极的推动者和控制者。财政立宪制度之所以会产生，主要是议会不懈斗争的结果。在财政立宪制度建立以后，议会依然是推动财政立宪制度运行所不可或缺的重要力量。

如果把财政立宪制度比喻为一辆汽车，议会就是发动机和方向盘。[1]汽车运转靠发动机来推动，靠方向盘来控制方向。财政立宪的两大基本制度——税收法定原则和预算法定原则，实质就是指税收和预算由议会来确定。没有议会就没有税收、没有预算，显然也就不会有财政立宪制度的存在和运行。

议会在产生之初，曾经是部分纳税人的代表，而且是实质上并不承受税负的纳税人的代表。但是随着代表性越来越广泛，议会最终发展成为广大纳税人的真正代表，而这时也正是税收法定原则确立的时期。议会是集中反映纳税人意志最主要的场所。有了议会的存在，纳税人才能形成自己的意志并通过立法的形式表现出来。

在议会与政府的关系中，议会以控制者的身份出现。政府的一切重大决策都必须经过议会同意或者依据议会制定的法律作出。议会是否能够真正担当起控制者的重任，往往决定了财政立宪制度能否得以运转以及运转的基本状况如何。

议会在财政立宪环境要素的形成中也扮演了重要角色。税收国家的形成并不仅仅是一种经济现象和经济发展的结果，它首先是一种政治现象，它的存在是以在国家的基本制度中确立私有产权为基础的。[2]而私有产权的确立

---

[1] 与此相对应，可以把纳税人比喻为汽油，把政府比喻为汽车的其他部件。
[2] 当然，它并不反对国家中存在国有产权，但是必须有私有产权。

往往是通过议会制定的法律来实现的。民主制度的形成更是离不开议会，在某种意义上，议会就是民主的代表和标志。对纳税人意识的形成，议会也是一个非常关键的主体。议会与纳税人之间的关系、议会在整个社会中所扮演的角色及其所起的作用是培养纳税人意识的重要因素。在一定程度上，议会在社会中的作用与社会主体纳税人意识的强弱是成正比的。

3. 政府

政府在财政立宪中是以被控制者的身份出现的。如果说财政立宪在产生之初主要目的是控制君主，那么，在进入近代民主国家以后，财政立宪的主要目的就是控制政府了。

政府存在的必要性已经无需赘述，但政府也是一个非常危险的主体。如果不加以控制，政府很可能就会像脱缰的野马，不仅不会让主人走得更快，还有可能伤害主人。由此，才有诸如财政立宪制度建立的必要。因此，政府在财政立宪中主要是一个被动的角色，即正因为有政府的存在，才需要财政立宪，否则，财政立宪就没有存在的必要。

当然，政府的功能也并非完全被动，因为现代社会中的政府与议会一样，都是代表纳税人利益的机构，同样是为纳税人服务的。因此，现代政府在财政立宪中也具有了积极的功能。首先，政府是财政立宪制度运作的启动者。征税法案、预算案都是由政府制定和提出的。原则上，议会不能主动提出征税法案和预算案，作为单个的或者少数纳税人往往也不能提出征税法案和预算案。其次，政府是财政立宪制度运行状况的实际执行者和体现者。财政立宪制度是否有效、效果到底如何，归根结底是看政府的整个财政收支行为的状况。如果政府的财政行为严格依法进行、始终将纳税人利益放在第一位，那么，财政立宪制度就是成功的，否则就是失败的。

（三）财政立宪环境性要素的功能

财政立宪环境性要素的基本功能在于为财政立宪的存在与运作提供基本的外部条件。没有这些环境性要素的存在，财政立宪不可能存在，也不可能运行。

1. 税收国家

税收国家为财政立宪提供了基本的经济环境，只有在这样一个经济环境下，税收才能成为纳税人的主要经济负担，成为纳税人向国家支付公共物品

"对价"〔1〕的主要形式。也只有如此,纳税人才有积极性去争取和"设计"一个财政立宪的制度来控制政府,确保政府能够适当从纳税人身上征税,合理为纳税人利益用税。

税收国家在某种意义上也为民主和纳税人意识的产生和形成提供了基本的经济环境。正是税收国家的形成才最终促使议会在国家政治结构中的地位越来越重要并最终成为最高立法机关,由此揭开了近代民主国家的序幕。同时,只有在税收国家中,才有纳税人意识生存的环境,才有可能产生并逐渐培养国民的纳税人意识。

税收国家在一定意义上促成了近代纳税人、议会和政府的产生。只有在税收国家的环境下,纳税人才是一个非常重要的身份,也才是一个人人都非常有可能成为的身份。如果没有税收国家,社会生活中的基本主体可能就是臣民、国民、农民、工人、老百姓等一系列身份,但不会是或者大多数人不会是纳税人。没有纳税人,议会就不是纳税人的代表,可能是国民代表、公民代表、农民代表、工人代表或资本家代表。同样,政府也不会是为纳税人服务的,而是为国民、农民、工人、资本家或者老百姓服务的。纳税人、议会与政府的三方结构及其相互关系也就不会以税收作为联结纽带。议会代表纳税人或者政府为纳税人服务的理论基础也就不会是与税收相关的理论与学说。

税收国家也为财政立宪制度性要素的形成提供了前提条件。无论是税收法定原则,还是预算法定原则,它们所针对的都是税收,或者主要是税收。而税收大量存在并且成为占据重要地位的事项只有在税收国家中才能实现。因此,没有税收国家,也就不会有税收法定原则和预算法定原则的产生,即使作为一种制度规定了下来,实际上也无法真正发挥作用。

2. 民主

民主制度为财政立宪的存在与运作提供了基本的制度性框架。从制度的角度来看,财政立宪是民主制度的组成部分之一。只有民主制度存在,财政

---

〔1〕 "对价"(consideration)原本是英美合同法上的效力原则,其本意是"为换取另一个人做某事的允诺,某人付出的不一定是金钱的代价",合同无对价无效。从法律关系看,对价是一种等价有偿的允诺关系,某人允诺是为了换取另外一个人对允诺的承诺。韩志红:《经济法调整机制研究》,中国检察出版社 2005 年版,第 47 页。

立宪才有可能存在。否则,整个国家只在财政领域实现民主,而在其他领域没有实现,这样的财政立宪是无法运作的,也是不可能真正发挥作用的,只能流于形式。

民主制度虽然是与税收法定原则同时起源、同时发展的,但是民主制度的确立对于税收法定原则的最终确立及其良性运作起到了决定性的作用。对于预算法定原则而言,民主则是其前提条件,没有民主制度的建立,预算法定原则根本无法确立。

民主制度为纳税人、议会以及政府确立地位和发挥功能奠定了基础。没有民主制度的建立,纳税人不可能成为国家的主人。代表纳税人利益的议会不可能存在,即使存在议会,那也不会是纳税人的代言人,而是独裁者的附庸与点缀。政府更不可能是为纳税人服务的,纳税人只能是政府压迫和剥削的对象,根本不可能成为控制政府的主人。

民主制度虽然不是税收国家产生的前提,但是它对税收国家的良性发展具有重要作用。民主制度下的税收国家更容易形成一种和谐的纳税人与国家关系,更容易防止税收国家陷入财政危机之中。民主对于纳税人意识的形成同样具有重要作用,当然,这一作用的发挥应当以税收国家的存在为前提。民主思想是纳税人意识的一个组成部分,现实生活中民主制度的存在及其良性运作是培养纳税人意识的最好教材。

3. 纳税人意识

纳税人意识的基本功能是形成财政立宪产生与运行的主观意识与主观动力。最初推动税收法定原则建立的人大都是具备纳税人意识的人,而维护税收法定原则并确保这一原则得以顺利运行更需要成千上万具有浓厚纳税人意识的人。具备纳税人意识的人在主观上就有进行财政立宪的需要,也具备积极投身于财政立宪制度建立和完善运动中的主观动力。

纳税人意识在很大程度上决定了纳税人的行为,缺少纳税人意识的人在现代社会不可能成为一个合格的纳税人。没有纳税人意识的支撑,纳税人、议会、政府的三方关系就不可能搭建起来。纳税人没有动力,也没有能力通过议会来控制政府的财政收支活动。

纳税人意识推动了税收法定原则的确立,也在预算法定原则确立的过程中发挥了重要作用。纳税人意识与税收国家的建立虽然没有直接的因果关系,但是二者也是互相促进的。在税收国家没有建立之前,其实在某些社会主体的头脑中已经产生了纳税人意识,正是这些早期的纳税人意识才推动了税收法定原则的产生,同时也促使了税收国家的形成。在税收国家形成以后,纳税人意识则为税收国家的良性运行提供了重要保证。纳税人意识也是民主制度下以及税收国家中合格公民所必须具备的素质,因为只有具备了纳税人意识才能真正理解和领悟民主国家存在的根基,才能积极参与到民主国家的建设过程中。

二、财政立宪基本要素的构造

财政立宪的各要素之间不是互相孤立的,而是以某种联系结合在一起的。这种各要素之间的联系及其结合方式就是财政立宪基本要素的构造。就单个税收要素来看,其作用与功能可能是有限的,但是如果在各要素之间建立某种联系并形成特定的结构,那么,财政立宪的各要素就有可能产生单个要素所不具有的功能与作用。

(一) 财政立宪制度性要素之间的构造

税收法定原则和预算法定原则具有协调合作、相互补充、相互制约,平面与立体相结合,静态与动态相结合的构造关系。

税收法定原则主管财政收入领域,预算法定原则主管财政支出领域,二者只有结合在一起才能构成完整的控制财政收支活动的体系。缺少任何一个原则都无法实现财政立宪的整个过程。因此,二者之间是一种协调合作的关系。

税收法定原则的基本功能是确保国家适当征税,这里的"适当"既包括需要征得纳税人同意以及符合纳税人实际需要的含义,也包括符合经济发展客观现实的含义。税收法定原则容易实现征得纳税人同意以及符合纳税人实际需要的目标,但是很难实现符合经济发展客观现实的目的。而预算法定原则可以弥补税收法定原则的这一不足,它可以通过预先的科学规划保证征税的数量符合客观经济发展现实的目的。由此可见,税收法定原则功能的充分发挥需要预算法定原则来补充。同样,预算法定原则功能的充分发挥也需要税收法定原则来补充。预算遵循的一个基本原则是收支平衡(财政稳健原则),而收支平衡的基础在于"以收定支",而收入有多少在很大程度上是由税收法定原则来决定的。[1]因此,税收法定原则与预算法定原则之间具有一

---

[1] 客观经济发展状况也在一定程度上决定了收入的多少。

种互补关系。同时，这种互补关系也就是一种互相制约的关系。没有另一方功能的充分发挥，任何一方的功能都无法充分发挥。例如，没有预算法定原则确立的预算案，税收法定原则往往难以决定是否征税以及征多少税，而没有税收法定原则确立的基本税收制度，预算法定原则也难以决定可以获得多少财政收入、应当安排多少财政支出。

从静态的单一过程来讲，应该先由税收法定原则决定财政收入，再由预算法定原则决定财政开支。从动态的连续过程来讲，一方面税收法定原则是预算法定原则的先决条件，另一方面预算法定原则也是税收法定原则能够真正发挥作用的保障。预算法定原则要根据税收法定原则所确立的税收制度来估计财政收入并合理安排财政支出，同样，税收法定原则也要根据以往预算法定原则确立的预算案来调整税收制度，调整、废除某些旧税或者开征某些新税。税收法定原则与预算法定原则之间既具有平面结构（时间上的先后关系，功能上的协调合作关系），也具有立体结构（功能上的互相补充、互相制约关系以及动态中的互为先后、互相决定的关系）。

（二）财政立宪主体性要素之间的构造

议会和纳税人之间的基本关系为代表和被代表的关系，同时也附带具有领导和被领导的关系。在财政立宪的框架内，议会是以纳税人代表的身份出现的，议会权力的基础也是其纳税人代表的身份。作为纳税人的代表，议会显然要代表纳税人的利益，倾听和反映纳税人的呼声，时刻为纳税人谋利。由于议会是纳税人意志的集中体现者，又不可避免地带有领导者的职责，即领导和指挥纳税人为自己的权益而斗争。在很多情况下，议会本身的行为又在影响着纳税人，纳税人的想法和意志往往在一定程度上被议会的想法和意志左右。

纳税人和政府的关系在财政立宪实现前后是不同的：财政立宪实现之前，政府并不代表纳税人利益，而是代表统治者治理纳税人；财政立宪实现之后，政府也代表纳税人利益，也是为纳税人服务的。在财政立宪实现之前，从整体上来讲，纳税人和政府的关系是对立的，虽然政府也有可能代表纳税人利益，但那是在纳税人利益与统治阶级的利益相一致的前提条件下的个别现象。纳税人通过与政府的斗争而争取到越来越多的权利，财政立宪就是纳税人通过斗争争取到的控制政府财政收支的基本制度。在财政立宪实现之后，政府也是纳税人的代表。但是，与议会所不同的是，政府掌握巨大的权力，具有背离纳税人利益并且侵犯纳税人利益的现实可能性,因此,政府又是纳税人监督的对象。可以说,政府是在纳税人的监督之下为纳税人服务的主体,一旦纳税人的监督不到位,政府就可能成为"咬人的狼"。

议会与政府是监督与被监督、控制与被控制的关系。从总体上来讲,议会处于监督者和控制者的地位,政府处于被监督者和被控制者的地位。主要原因在于政府掌握巨大的权力,与其说议会监督和控制的是政府,不如说议会监督和控制的是权力。也就是说,权力在谁手中,谁就是被监督者和被控制者。但是,监督权和控制权本身也是一种权力,也是需要监督和控制的,这样就产生了"谁来监督监督者"或者"谁是最后的监督者"的难题。财政立宪解决这一难题的方法是:一方面由纳税人通过罢免代表和选举新代表的程序来监督议会,另一方面,通过一定的制度设计,让被监督者来牵制和监督监督者,即让政府反过来监督和控制议会。所以,议会和政府之间的监督与被监督、控制与被控制的关系并不是单向的,而是双向的,是互相的。当然,主要还是议会对政府的监督与控制。

(三) 财政立宪环境性要素之间的构造

税收国家催生了民主制度,为民主制度的产生奠定了经济基础;民主制度促进了税收国家的发展,为税收国家的和谐稳定奠定了制度基础。税收国家是纳税人为政府开支提供基本来源的国家,这种制度和现象促使纳税人为自己的权利进行斗争,从而催生了民主制度。民主制度产生以后,税收国家变成了纳税人的国家,纳税人更乐意承担纳税义务,政府与纳税人建立了和谐的税收征纳关系和公共物品提供关系,税收国家也更加和谐稳定。

税收国家催生了纳税人意识,为纳税人意识的培养奠定了经济基础;纳税人意识反过来又促进了税收国家的发展。在税收国家产生之前,纳税人意识就已经有了萌芽,但由于税收并未在社会生活中占据重要地位,拥有纳税人意识的人毕竟是极少数,而且这种纳税人意识也是非常粗浅的。在税收国家产生以后,大部分社会主体都直接感受到了什么是纳税人,更容易产生和接受纳税人意识。随着拥有纳税人意识的社会主体数量的增加,纳税人意识也以更加快的速度向整个社会普及,同时,其内容也在不断发展更新,更加契合现代民主社会的要求。拥有纳税人意识的纳税人更加懂得珍惜自己的权利,同时也更加愿意自觉履行纳税义务,政府与纳税人之间的关系开始朝和谐稳定的方向发展。

民主制度与纳税人意识同样是相辅相成、互相促进的关系。在民主制度确立之前，纳税人意识就已经存在，但拥有纳税人意识的社会主体数量非常少，而且纳税人意识的内容也并不完全契合民主制度的要求。在民主制度确立以后，拥有纳税人意识的人可以自由传播纳税人意识，甚至国家主动提倡和培养国民的纳税人意识，纳税人意识逐渐在社会中普及。同时，其内容也在不断更新完善，以更加符合民主制度的要求。民主制度确立之前的纳税人意识虽然弱小，但正是这些弱小的纳税人意识推动了有识之士为建立民主制度而不懈努力。正是这些微弱的纳税人意识不断发展壮大，才最终推动建立起了强大的民主国家。在民主制度确立以后，普及纳税人意识也有利于巩固民主，确保民主制度在社会生活中能够良好运行。

（四）财政立宪各要素之间的整体构造

财政立宪的制度性要素、主体性要素和环境性要素分别从不同的角度和层面推动和支撑着财政立宪的产生及运作过程。它们之间也存在错综复杂的联系及结构。

制度性要素是框架，它为主体性要素的活动提供了规则体系，同时也构成了环境性要素中的子系统。纳税人、议会、政府等财政立宪的主体进行任何活动都需要一定的规则和原则，这些规则和原则是由税收法定原则、预算法定原则等财政立宪的制度性要素来提供的。这些主体只有按照这些规则行事，才是遵守财政立宪的游戏规则，才是在积极推动和支持财政立宪，否则就是在破坏财政立宪。同时，真正有效的财政立宪制度才能够约束财政立宪的各主体按照规则行事，否则，他们将受到财政立宪制度的制裁或者承担其他不利后果。纳税人、议会和政府并不仅仅参与财政立宪的活动，他们还参与各种各样的活动，形成各种各样的关系，但是他们只有按照财政立宪制度的要求活动，才能够是财政立宪的主体，否则就可能是其他活动或者关系的主体。

制度性要素是财政立宪环境性要素中的子系统，即在税收国家、民主制度和纳税人意识等环境下形成的整个社会制度中的有机组成部分。无论是税收法定原则，还是预算法定原则，都离不开环境性要素，都无法脱离环境性要素而单独存在。同时，它们与环境性要素也是互相促进的：环境性要素有利于促进制度性要素的产生和作用的发挥，制度性要素也有利于环境性要素的进一步巩固和完善。同时，制度性要素也是环境性要素的内在构成成分和基本要求。没有制度性要素,就没有真正的税收国家、民主制度和纳税人意识。现代的税收国家、民主制度和纳税人意识本身就应当包含税收法定原则和预算法定原则。反过来,真正的税收法定原则和预算法定原则又必定包含了税收国家、民主制度和纳税人意识等基本要素。制度性要素和环境性要素可谓你中有我,我中有你,相辅相成,形影不离。

主体性要素构成了财政立宪制度性要素和环境性要素所依附的活动主体。没有主体性要素,制度性要素和环境性要素都变成摆设,无法运动起来。制度性要素和环境性要素说到底都是为了主体性要素而设,让主体在一定的环境下,按照一定的制度活动,这样的活动就是财政立宪。主体性要素显然具有主动性的一面,而制度性要素和环境性要素具有被动的一面,但是这仅仅是表面的关系,三者的实际关系要复杂得多。[1]首先,制度和环境都是为主体而设,也受到主体的影响,主体可以改变这些制度和环境,而且这些制度和环境在最初也是由主体形成的。其次,制度与环境约束了主体的活动,主体是在制度与环境的影响下成长的,是制度和环境的产物,主体就是活的制度和环境。制度、环境与主体可谓互相影响、互相依赖,互相决定和被决定。

三、财政立宪实现的基本模式

世界各国实现财政立宪制度的道路各不相同,这些不同的道路反映了各国历史与现实的不同,研究这些道路的不同特点及其形成的原因,对于后发国家建立财政立宪制度具有重要参考价值。

从现实来看,每个国家实现财政立宪的方式都是不同的,因此,有多少个国家实现了财政立宪就有多少种财政立宪的实现方式。但是这些不同的实现方式总有一些相同或者类似的特点。将实现方式大体相同的国家归纳概括为一个种类,并从理论上进行抽象就形成了财政立宪实现的基本模式。

根据实现财政立宪的动力源泉主要来自国内还是国外,财政立宪可以分为自发型、压迫型和促进型三种模式。自发型的动力源泉主要来自国内,压迫型和促进型的动力源泉主要来自国外。但是,压迫型是在国外直接或者间接侵略之下完成的财政立宪,而促进型则是在国外制度与文化的熏陶下完成

---

[1] "人创造环境,同样,环境也创造人。"中共中央马克思恩格斯列宁斯大林著作编译局编译:《马克思恩格斯选集》(第一卷),人民出版社 2012 年版,第 172—173 页。

的财政立宪。根据实现财政立宪的具体途径是武装革命还是和平变革,可以分为革命型财政立宪和变革型财政立宪。将两种分类标准相结合,从理论上来讲,应当有六种财政立宪的基本模式。但是目前尚未发现压迫变革型的财政立宪。[1]因此,现实的财政立宪只有五种基本模式。

(一)自发变革型财政立宪

自发变革型的财政立宪是在没有外来压力的情况下,主要通过国内因素提供的动力,以和平变革的方式逐渐实现财政立宪的。这一类型的代表国家是英国。

自发变革型财政立宪的基本特征是:其一,动力主要来源于国内因素;其二,主要通过和平变革的方式来实现。作为世界上最先实现财政立宪的国家,其财政立宪实现的动力只能来自国内,因为国外并没有现成的理论和实践可供借鉴。至于英国为什么能通过和平变革的方式实现财政立宪,主要是因为英国在长期的实践中形成了税收法定原则的传统,而传统的力量在英国是相当强大的,以至于国王都不敢轻易否定。这一传统随着资本主义的发展而逐渐强大并最终被确立为基本的宪法原则,实现了财政立宪的第一步。在实现了财政立宪的基础上,英国就很容易通过变革的方式确立预算法定原则,最终实现财政立宪。

自发变革型财政立宪由于没有现成的理论和经验可供借鉴,往往需要经过漫长的时期才能最终确立。这种模式下的财政立宪主要是人类漫长实践经验和理论探索逐渐积累的成果,它所凝聚的是实践与时间,所体现的主要是人类的实践智慧而不是理性智慧。

通过自发变革的方式实现财政立宪必须具备以下三个基本条件:

第一,具备税收法定原则的萌芽与传统。没有税收法定原则的萌芽,就无法通过逐渐变革的方式确立这一原则,从而也就无法实现财政立宪。有了这一原则的萌芽还必须不断被加强、不断被尊重而成为传统,如果这种萌芽被某种强大的力量扼杀,无法通过积累而形成传统,也不可能通过变革的方式实现财政立宪。至于税收法定原则的萌芽是否在任何国家都存在,目前尚无定论,但从现有的考古资料以及理论推导来看,各国都存在税收法定原则萌芽的可能性比较大。不同的只是这一萌芽在少数国家没有被扼杀而存在下

---

[1] 一般来讲,在国外的侵略之下通过和平变革的方式实现财政立宪的难度比较大。

来并逐渐形成传统，而在其他大多数国家都没有生存下来。

第二，经济的发展导致税收国家的产生。在税收法定原则传统逐渐形成的基础上，经济发展导致税收在国家财政收入中占据主导地位是税收国家出现的一个重要条件。这一条件使得税收法定原则的确立越来越具有必要性和紧迫性，因为税收已经成为对私人财产权进行剥夺的经常性方式，纳税人越来越感觉到税收法定原则必须上升到宪法的层面，而不能仅仅停留在传统的层面。如果没有税收国家的出现，税收只是临时性地对纳税人财产的剥夺，而且数额相对较小，纳税人往往没有足够的动力去推动税收法定原则在宪法上的实现。

第三，阻碍税收法定原则确立的力量相对较弱。具备了财政立宪的前提条件和经济条件以后，财政立宪在政治上的条件就是阻碍税收法定原则确立的力量相对推动税收法定原则确立的力量而言比较弱，而且这一阻碍的力量在整体上具备妥协的性格。具备了上述两个条件的社会一定会实现税收法定原则，关键问题是如何实现。如果阻碍的力量比较强大，通过和平变革的方式实现财政立宪的可能性就比较小，或者就需要经过更长的时间。如果阻碍的力量不是很强大，而且具备妥协的性格，那么，推动的力量就很容易通过协商的方式与阻碍的力量达成一致，逐渐确立税收法定原则。

从财政立宪的制度性要素而言，自发变革型财政立宪必须首先确立税收法定原则，随后才能确立预算法定原则。两个原则的实现具有相对较长的时间差，但预算法定原则始终在不断探索过程中。

从财政立宪的主体性要素而言，在自发变革型财政立宪中，议会代表纳税人的利益与君主及政府进行斗争，逐渐确立税收法定原则和预算法定原则。前一阶段，议会与君主的利益冲突较多，而后一阶段，议会与政府的利益冲突较多。

从财政立宪的环境性要素而言，在自发变革型财政立宪中，税收国家的出现与税收法定原则的确立大体在同一时期，而且都经过了漫长的发展时期。预算法定原则则是在税收国家出现以后经过较长时期的发展才逐渐确立的。民主制度是与税收法定原则同时起源、同时发展的，民主制度的确立与税收法定原则的确立也大体是在同一时期，但预算法定原则的实现则是在民主制度确立以后。纳税人意识是与税收法定原则同时培养和形成的，预算法定原则则是在纳税人意识形成以后确立的，同时也促进了纳税人意识的进一步发展。

(二) 自发革命型财政立宪

自发革命型财政立宪是在没有外来压力的情况下,主要依靠国内的动力,通过武装革命的方式实现的财政立宪。这种模式的代表国家是法国。

法国是一个比较特殊的国家,法国发生的历史事件往往是欧洲大陆最具典型意义的,对此,恩格斯在《路易·波拿巴的雾月十八日》一书第三版序言中写道:"法国是这样一个国家,在那里历史上的阶级斗争,比起其他各国来每一次都达到更加彻底的结局;因而阶级斗争借以进行、阶级斗争的结果借以表现出来的变换不已的政治形式,在那里也表现得最为鲜明。法国在中世纪是封建制度的中心,从文艺复兴时代起是统一的等级君主制的典型国家,其在大革命中粉碎了封建制度,建立了纯粹的资产阶级统治,这种统治所具有的典型性是欧洲任何其他国家所没有的。"[1]

自发革命型财政立宪的基本特征是:其一,没有外来压力,革命的动力主要来自国内;其二,通过武装革命的方式实现财政立宪。由于国外已经有了财政立宪的成功经验和理论,这里的"自发"并不是强调不受外界影响,而是强调不是在外界的压力下进行的,是本国人民自发进行的革命。毫无疑问,国外财政立宪的成功经验和理论对其革命的发生起到了指导和激发的作用。至于为什么和平变革的模式变成了武装革命的模式,这是各国历史和现实条件不同所致。其他国家没有英国那样的条件,只能走武装革命的道路。

由于自发革命型财政立宪是通过武装革命的方式来实现的,其实现的速度相对较快,但是社会变动性较大,革命的破坏性也比较大,甚至可能走过头。

自发革命型财政立宪实现的基本条件主要有三个:

第一,具备税收法定原则的萌芽与传统,但被迫中断。与自发变革型财政立宪相似,实现自发革命型财政立宪模式的国家也具备税收法定原则的萌芽和传统,如果这一传统一直发展下去也可能走上和平变革的道路,但是阻碍这一原则发展的力量突然变得异常强大导致这一传统被迫中断,社会矛盾因而变得更加尖锐。

---

[1] 中共中央马克思恩格斯列宁斯大林著作编译局编译:《马克思恩格斯选集》(第一卷),人民出版社2012年版,第666—667页。

第二，经济的发展导致税收国家的产生。这一条件与自发变革型财政立宪的条件是相同的，也是其他财政立宪模式所必须具备的条件之一。

第三，阻碍税收法定原则确立的力量相对强大。这一条件是与自发变革型财政立宪不同的。阻碍税收法定原则确立的力量比较强大，导致税收法定原则的传统被迫中断，社会矛盾由于没有发泄口而不断积累。等到社会感觉到矛盾已经发展到了不得不解决的时候，革命也就到了一触即发的时刻。由于传统已经中断，被压迫者的怒火已经难以抑制，统治者试图延续传统并逐渐进行改革的想法已经成为幻想，财政立宪必然是通过武装革命的形式而实现。

从财政立宪的制度性要素而言，自发革命型财政立宪可以同时实现税收法定原则和预算法定原则，而且是在非常短的时间内在制度上确立的，但是这两个原则要真正发挥作用则需要一段时间的积累。

从财政立宪的主体性要素而言，在自发革命型财政立宪中，纳税人起到了直接的推动作用，他们直接参与革命，由其代表组成的议会在很大程度上也直接受纳税人的左右和控制。与纳税人立场相对立的君主往往被作为革命的对象而被推翻，代表其利益的政府也不复存在，新政府往往是由纳税人及议会决定的，代表的也是纳税人的利益，并不存在政府与纳税人利益的对立。但由于必须授予政府巨大的权力，政府仍被视为假想的敌人而成为财政立宪所控制的对象。一旦革命取得胜利，确立财政立宪的阻力则非常小。

从财政立宪的环境性要素而言，在自发革命型财政立宪中，税收国家往往在革命之前就已经形成，而且往往陷入了财政危机。革命后建立的国家仍然属于税收国家，财政立宪具有必要性和紧迫性。民主制度的传统曾经存在过，但是在反对力量的强大压力下被迫中止了。同时，国外民主的思想和制度已经深入纳税人心中，一旦革命取得成功，纳税人就会毫不犹豫地建立民主国家。纳税人意识曾经有过顺利发展的一段时期，但也被强大的反对力量压制。在国外民主思想的影响下，纳税人意识并没有泯灭，在部分纳税人身上反而愈加强烈。在革命胜利以后，新政权会大力提倡和培养纳税人意识，以实现和巩固财政立宪。

（三）压迫革命型财政立宪

压迫革命型财政立宪是在外来力量的压迫下，通过武装革命的方式推翻外来压迫并实现财政立宪的模式。这一模式的代表国家是美国。

压迫革命型财政立宪的特征是：其一，存在外来力量的压迫；其二，通过革命的方式推翻外来压迫并实现财政立宪。外来的力量往往具有双重性质，一方面是压迫和剥削，另一方面是先进文化和制度的输入。被压迫者在遭受压迫和剥削的同时也获得了先进的思想、文化、制度和理念。外来力量一般是不愿意自动放弃压迫的，因此，被压迫者只能通过武装革命的方式推翻外来力量的统治，建立一个民族独立的国家。先进的思想和制度往往会被运用到新国家的建设过程中，从而实现财政立宪。

压迫革命型财政立宪需要经过长期的革命斗争才能实现。在建设独立国家的过程中，各种先进的思想、观念和制度往往被领导者接受和采纳，同时，新国家的制度中人为设计的痕迹比较明显，新制度更多体现的是人类的理性与智慧。

压迫革命型财政立宪的实现必须具备以下几个基本条件：

第一，存在代表先进文化的外来压迫。没有外来力量的压迫就不会产生压迫型的财政立宪，如果外来力量代表着野蛮的落后文化，那么这种压迫也不会产生财政立宪的结果。外来力量必须在压迫和剥削的同时向被压迫者传播先进的（其中就包括财政立宪的）思想、文化、观念和制度。

第二，压迫者与被压迫者的矛盾激化到一定程度并且被压迫者集聚了足够的力量。压迫者与被压迫者有可能在一段时间内和平共处，因为反抗是要付出成本的，只有当被压迫者认为反抗带来的收益大于反抗的成本时，被压迫者才会选择反抗。从另一个角度来看，就是压迫者与被压迫者的矛盾必须激化到一定程度才会导致革命的爆发。革命是否能够取得胜利取决于压迫者和被压迫者的力量对比，只有被压迫者集聚了足够的力量才能取得革命的胜利。

第三，经济的发展与制度的选择导致税收国家的产生。革命胜利以后的社会必须是以税收作为财政收入的主要形式才有进行财政立宪的必要性和紧迫性。如果这一社会以其他形式的收入，如国有企业利润、国有财产收益等，作为财政收入的主要形式，那么就没有进行财政立宪的必要性和紧迫性。

第四，财政立宪的观念和思想为新国家的建设者所接受。革命的领导者以及新国家的建设者往往都是先进文化的代表者，他们是否接受财政立宪的观念和思想是能否在革命后建立的国家中实现财政立宪的关键环节。

从财政立宪的制度性要素来看，压迫革命型财政立宪往往具备悠久的税收法定原则的传统或者已经深受这一思想的影响,从而能够在革命成功以后立即确立税收法定原则。从理论上讲,在这一模式下,可以同时确立预算法定原则,但现实中是否同时确立则要看国内是否有实行预算制度的必要。

从财政立宪的主体性要素来看,在压迫革命型财政立宪中,纳税人直接推动了革命的发生、胜利以及财政立宪的实现。处于纳税人对立面的压迫者及其代理人被推翻,新建立的议会和政府都是代表纳税人利益的,政府由于掌握巨大权力,仍然被视为假想的敌人而成为财政立宪制度所控制的对象。议会与政府之间的分歧和矛盾往往是部分纳税人之间的分歧和矛盾的反映或者是不同党派之间的分歧和矛盾的结果。

从财政立宪的环境性要素来看,在压迫革命型财政立宪中,税收国家在革命之前就已经形成,革命胜利以后继续作为税收国家而存在。在这些国家革命之前就已经有了悠久的民主传统或者已经深受这一思想影响,但压迫者拒不接受,革命之后所建立的国家很容易继续民主传统。纳税人意识如同民主思想一样具有悠久的历史,这种思想推动着纳税人积极投入革命之中,并在革命胜利以后促使本国迅速确立财政立宪制度。

(四) 促进变革型财政立宪

促进变革型财政立宪是在外来先进思想、文化、理念和制度的推动下,本国通过渐进式和平变革的方式实现财政立宪的模式。这一模式的代表国家是日本。

促进变革型财政立宪是在外来先进思想、文化、理念和制度的影响下进行的变革,因此,其实现财政立宪的时间往往比较晚,可以直接借鉴先进国家的成熟经验。通过渐进式和平变革方式实现的财政立宪,对社会造成的破坏比较小,能够实现制度建设与经济发展的双丰收。

促进变革型财政立宪的实现必须具备以下几个基本条件:

第一,已经存在比较成熟的财政立宪的理论、制度与实践。促进变革型财政立宪不是通过自身实践经验的积累而实现的,而是在其他国家成熟的财政立宪制度与理论的影响和指导之下实现的。成熟的财政立宪制度、理论,特别是取得了巨大效应的实践是吸引和指导其他国家走上财政立宪道路的重要前提条件。

第二,经济发展导致税收国家的出现。事物发展的关键是内因,一国经济的发展及其采取的社会制度是促进税收国家产生的最重要的因素。税收国家与财政立宪往往是相伴而生的,税收国家的产生必然呼唤财政立宪的实现。

第三,国内已经有了民主制度或者传统。财政立宪毕竟是在民主的大环境下的具体制度,如果国内尚未建立民主制度,或者没有这一传统,那么领导者是不会主动采取财政立宪制度的,也就不可能通过和平变革的方式来实现,或许只能通过革命的方式来实现。

从财政立宪的制度性要素来看,促进变革型财政立宪的实现需要同时确立税收法定原则和预算法定原则。自发变革型财政立宪在宪法或者宪法性文件中规定税收法定原则或者预算法定原则之时,就是他们的财政立宪实现之时。而促进变革型财政立宪在宪法中规定税收法定原则和预算法定原则往往是他们的财政立宪刚刚开始试行之时,要经过较长时间的实践积累才能最终实现。

从财政立宪的主体性要素来看,纳税人虽然在促进变革型财政立宪中起到了积极的推动作用,但是这种作用是通过处于统治地位的阶层来实现的,也是通过对议会和政府的改革而缓慢实现的。在改革中处于积极主动地位的往往是政府而非议会,是政府主动运用财政立宪的制度来约束自己,而不是纳税人及议会通过与政府的斗争而确立财政立宪。

从财政立宪的环境性要素来看,税收国家在进行变革之前就已经形成,民主思想和观念以及纳税人意识已经传入本国并拥有了较多的支持者,特别是被统治阶层接受。社会民众虽然并未普遍确立纳税人意识,但是拥有纳税人意识的社会民众已经占据绝大多数。

(五) 促进革命型财政立宪

促进革命型财政立宪是在外来先进思想、文化、理念和制度的推动下,本国通过武装革命的方式实现财政立宪的模式。这一模式的代表国家是德国。

促进革命型财政立宪是在先进的、革命的力量与落后的、保守的力量矛盾冲突发展到一定程度后而导致的结果。先进的力量已经接受了财政立宪的先进思想和理念,而且已经看到了财政立宪制度在国外的运行状况及所发挥的作用。但是居于统治地位的保守力量拒不接受这些先进的思想和理念,并且拼命压制先进的力量。由于促进革命型财政立宪是通过革命的方式实现财政立宪的,破坏性相对较大,革命后的重建工作也比较漫长,但是就财政立宪制度建立的过程本身来讲,相对比较迅速,然而这一制度能够真正运转,还是需要较长时间的。

促进革命型财政立宪的实现必须具备以下几个基本条件：

第一，已经存在比较成熟的财政立宪的理论、制度与实践。这一条件与促进变革型财政立宪的第一个条件是相同的。但是，在这一类型中，外来因素的作用显得更加重要，因为这种先进的思想并不为国内的统治阶层所接受，甚至被他们压制。因此，这种理论、制度与实践必须更加具有吸引力和说服力，才能促使国内的先进力量冒着被压制的风险接受、宣传并坚持财政立宪的思想。

第二，经济发展导致税收国家的出现。在非税收国家，进行财政立宪的意义并不是很大，纳税人往往也没有足够的动力去争取实现财政立宪。一旦进入了税收国家，纳税人要求财政立宪的积极性就立即高涨起来了，因为这牵涉到他们的切身利益。

第三，国内先进力量已经接受了民主的思想，但统治阶层拒不接受。先进力量往往是被压迫的阶层，他们承担沉重的税收负担，具有进行财政立宪的最高的积极性。国外民主思想很容易被他们接受、宣传和支持，因为这些思想都是符合他们利益的。民主的思想显然是不符合那些准备继续进行专制统治的阶层的利益的，如果他们拒不接受，那么，通过和平变革的方式进入财政立宪状态就已经不可能了。

第四，先进力量与保守力量的矛盾冲突发展到不可缓和的程度。先进力量总是从小变大、从弱变强的，随着先进力量的发展壮大，保守力量对其压制也会越来越严厉，二者的矛盾和冲突发展到不可缓和的程度时，革命的时机就成熟了。此时，先进力量必须具有足够的实力与统治阶层斗争，否则，革命难以取得胜利，财政立宪也就难以实现。

从财政立宪的制度性要素来看，促进革命型财政立宪可以同时实现税收法定原则和预算法定原则入宪，但同样存在制定相应的宪法容易，真正实现财政立宪难的问题。税收法定原则和预算法定原则入宪以后往往要经过较长时期的制度建设和意识培养，才能逐渐确立财政立宪。

从财政立宪的主体性要素来看，纳税人在其中起到了积极主动的作用，而且直接参与了革命以及革命胜利以后新制度的建设过程，议会和政府都是在纳税人的直接推动下而建立的，更容易受到纳税人意志的左右。政府同样因为拥有巨大的权力而被视为假想的敌人，成为财政立宪控制的对象。政府同样是代表纳税人利益的，因此，政府受到财政立宪的控制并不违背政府的意志。

  从财政立宪的环境性要素来看，税收国家在革命发生之前就已经形成，民主思想以及纳税人意识在革命之前就已经广为传播并且为先进分子所坚持和信仰，而统治阶层拒绝接受民主思想，他们本身也不具备纳税人意识。社会底层民众只有朦胧的或者简单的民主思想和纳税人意识，而这种思想和意识的成熟往往需要较长的时间。

下 编

财政法基本制度

第八章

财政法的体系

一、财政法的体系

财政法的体系是由财政法的部门法组成的多层次的、有机联系的统一整体。从形式上来看，财政法可以分为财政收入法、财政支出法和财政管理法。财政收入法包括税法、行政事业性收费法、政府性基金法、国债法、罚没收入法、捐赠收入法等；财政支出法包括政府采购法、财政转移支付法、财政投资法等；财政管理法包括预算法、国库法、财政信息公开法、社会保险法等。

苏联的学者认为，无论是集中性的国家财政，还是非集中性的部门财务（相当于我国的国有企事业单位财务），都属于国家财政。[1]如古尔维奇就认为："国家预算、税收、信贷、保险以及国营企业和组织的财务等结合起来构成统一的苏维埃社会主义财政体系，苏维埃国家利用这种财政体系进行财政活动。"根据这一观点，财政法的体系也就包括国家的财政活动（包括国家的财政体制和财政职权划分）、预算法、税法、国家信贷、国有保险、国家支出、信贷和结算、货币流通以及财政监督等。[2]

新中国成立后，我国学者一般认为，财政法的范围包括财政管理体制法、预算法、税法、国有企业财务、预算外资金管理、财政支出制度、基建投资制度、财政监督制度等。[3]目前比较有代表性的观点认为，财政法的体系包括财政法总则、财政管理体制法、国家预算法、国有资产管理法、国债法、

---

〔1〕 李建英编译：《苏联财政法》，中国财政经济出版社1985年版，第6页。

〔2〕 ［苏联］M. A. 古尔维奇：《苏维埃财政法》，刘家辉译，中国人民大学出版社1956年版，第13、40、41页。

〔3〕 参见西南政法学院经济法教研室1983年4月编印的《〈财政法概论〉教学大纲》；中国人民大学1987年8月编印的《〈财政金融法〉教学大纲》；罗玉珍主编：《财政法教程》，法律出版社1986年版。

税收法、政府采购法、转移支付法和财政监督法等。[1]

由于各国财政立法体系的不同，各国学者对财政法体系的观点也有所不同。例如：日本财政法学的奠基人杉村章三郎认为，财政法包括财政计划法、公会计法、公财产法、地方财政法、财政统治法；[2]日本著名财税法学者金子宏认为，财政法包括财政计划法（预算法、公债法、财政投融资法以及专卖法）、公会计法（会计法、补助金法）、公财产法（国有财产法、公营企业及其民营化法）、地方财政法（财政收支划分法、确保地方财源法）、财政统制法（审计法、决算法）等。[3]

目前，我国在狭义财政法领域的法律主要包括《中华人民共和国预算法》和《中华人民共和国政府采购法》；在税法领域的主要法律包括《中华人民共和国个人所得税法》《中华人民共和国企业所得税法》《中华人民共和国车船税法》《中华人民共和国烟叶税法》《中华人民共和国环境保护税法》《中华人民共和国船舶吨税法》《中华人民共和国车辆购置税法》《中华人民共和国耕地占用税法》《中华人民共和国资源税法》《中华人民共和国契税法》《中华人民共和国城市维护建设税法》和《中华人民共和国税收征收管理法》。

二、政府取得财政收入的主要形式

（一）财政收入的界定

财政收入是政府通过各种合法的手段在预算控制之下取得的用于提供公共物品的货币、实物和其他经济利益。学界对财政收入有不同的界定方式，如有学者认为，财政收入也称为"预算收入"，是国家运用税收、公债、国有企业上缴利润等财政手段，对社会产品进行分配，由此获得集中于国家预算的资金；[4]有学者认为，财政收入是指国家为了满足实现其职能的需要，依据政治和经济权力主要采取税收和国有资产权益收入形式所筹集的一部分社

---

[1] 参见潘静成、刘文华主编：《经济法》，中国人民大学出版社1999年版，第338页；杨紫烜主编：《经济法》，北京大学出版社、高等教育出版社1999年版，第381、382页；杨萍、靳万军、窦清红：《财政法新论》，法律出版社2000年版，第22、23页。

[2] [日]杉村章三郎：《财政法》，有斐阁1982年版。

[3] 转引自蔡茂寅："财政作用之权力性与公共性——兼论建立财政法学之必要性"，载《台大法学论丛》1996年第4期。

[4] 聂庆轶主编：《财政学教程》，立信会计出版社2002年版，第49页。

会产品或社会产品价值;[1]也有学者认为,财政收入是指国家为了满足全社会的公共需要,主要基于向社会公众提供公共物品和公共服务等合宪目的,凭借政治权力和经济权力依法取得的一切收入。[2]

(二) 财政收入的形式

亚当·斯密将财政收入分为国家资源收入和税收收入。道尔顿则根据收入的征收方式将财政收入分为三类:强制收入,如税收、罚金等;代价收入,如公产收入、公业收入、自由公债收入等;其他收入,包括专卖收入、发行货币收入、捐献收入等。印度学者西拉斯依据财政收入形式将财政收入分为两大类:税收收入,包括直接税和间接税;费税收入,指公产和公业收入、行政收入、公债收入等。[3]国际货币基金组织在《2001年政府财政统计手册》中将政府收入划分为税收、社会缴款、赠与、其他收入四类。

我国学界有学者认为,可按照收入的持续与否,将财政收入分为经常性收入和临时性收入。经常性收入是指在连续财政年度内可以获得的收入,包括税收、公共收费、公有财产收入和公共企业收入等;临时性收入是指在财政年度内不是经常地或不是很有规律地取得的财政收入,包括债务收入、出卖公产收入、罚款收入等。或按照收入来源渠道将财政收入划分为直接收入与派生收入。直接收入即政府凭借所有权取得的收入,派生收入即政府凭借政治权力取得的收入。还可以按照是否依据权力将财政收入划分为强制性收入和非强制性收入。[4]有学者认为,公共收入按照来源、作用和方式的不同,主要有以下分类:按收入取得的来源,将公共收入分为公产收入、主权收入、税收收入;按收入取得的连续性和作用,将公共收入分为经常收入和临时收入两类;按收入取得的方式或形式,将公共收入分为税收收入和非税收收入。[5]

我国1991年发布的《国家预算管理条例》将财政收入划分为六类:税收收入、企业上缴利润收入、基金收入、专款收入、事业收入、其他收入。1994年颁布的《中华人民共和国预算法》将财政收入划分为四类:税收收

---

[1] 胡乐亭主编:《财政学基础》(第五版),中国财政经济出版社2000年版,第216页。
[2] 刘剑文主编:《财政法学》,北京大学出版社2009年版,第148页。
[3] 许正中主编:《公共财政》,中共中央党校出版社2003年版,第164页。
[4] 储敏伟、杨君昌主编:《财政学》,高等教育出版社2000年版,第36页。
[5] 王德祥主编:《现代外国财政制度》,武汉大学出版社2005年版,第127页。

入、依照规定应当上缴的国有资产收益、专项收入、其他收入。财政部2004年发布的《关于加强政府非税收入管理的通知》将非税收入划分为如下种类：行政事业性收费、政府性基金、国有资源有偿使用收入、国有资产有偿使用收入、国有资本经营收益、彩票公益金、罚没收入、以政府名义接受的捐赠收入、主管部门集中收入以及政府财政资金产生的利息收入等。2014年修正后的《中华人民共和国预算法》将一般公共预算收入分为五类：各项税收收入、行政事业性收费收入、国有资源（资产）有偿使用收入、转移性收入和其他收入。

政府取得财政收入的形式可以分为显性形式和隐性形式。显性形式包括税收收入、行政事业性收费收入[1]、国有资源（资产）有偿使用收入[2]、罚没收入、国企上交利润收入、转移性收入[3]、其他收入（基本建设贷款归还收入、基本建设收入、捐赠收入、发行彩票收入等）。隐性形式包括垄断定价收入、通货膨胀收入、公共物品供应政策收入等。垄断定价虽然主要是部分国企的行为，但实际上政府也在垄断定价中获益。以中石化、中石油为例，他们每从消费者手中取得100元（按照每升汽油7元计算），需要向政府缴纳约14元的消费税、约5元的增值税与附加税、约5元的企业所得税、约1元的石油特别收益金[4]，合计约25元，除此以外，政府还可以以股东的身份取得部分税后利润。以工商银行为例，其每从消费者手中取得100元，需要向政府缴纳约6元的增值税与附加税、约10元企业所得税，合计约16元，除此以外，政府还可以以股东的身份取得部分税后利润。

通货膨胀是指在纸币流通条件下，因货币供给大于货币实际需求，也即现实购买力大于产出供给，导致货币贬值，从而引起的一段时间内物价普遍

---

[1] 行政事业性收费收入，是指国家机关、事业单位等依照法律法规规定，按照国务院规定的程序批准，在实施社会公共管理以及在向公民、法人和其他组织提供特定公共服务过程中，按照规定标准向特定对象收取费用形成的收入。

[2] 国有资源（资产）有偿使用收入，是指矿藏、水流、海域、无居民海岛以及法律规定属于国家所有的森林、草原等国有资源有偿使用收入，按照规定纳入一般公共预算管理的国有资产收入等。

[3] 转移性收入，是指上级税收返还和转移支付、下级上解收入、调入资金以及按照财政部规定列入转移性收入的无隶属关系政府的无偿援助。

[4] 根据《石油特别收益金征收管理办法》（财企〔2006〕72号）第2条规定："本办法所称石油特别收益金，是指国家对石油开采企业销售国产原油因价格超过一定水平所获得的超额收入按比例征收的收益金。"第4条规定："石油特别收益金属中央财政非税收入，纳入中央财政预算管理。"

持续上涨的现象。通货膨胀也可以称为纸币贬值,通俗来讲,就是老百姓手里的钱不值钱了。也就是假如你手里有 100 元钱,可以购买 20 斤鸡蛋,通货膨胀以后,你手里还是 100 元钱,却只能购买 15 斤鸡蛋。凡是手里持有纸币的人都是通货膨胀的受害者,那么受益人是谁?是政府和债务人。因为纸币最终是由政府发行的,如果社会增加了 100 元的产品,政府发行 100 元纸币,此时便不会有通货膨胀,如果政府发行 200 元纸币,在短期内仍不会有通货膨胀,因为我们不会把手里的纸币都拿出来买东西,大部分都储存在银行里,所以在一定时期内,政府多印钞票的后果不会体现出来。但是如果政府持续不断地超发纸币,每个人手里有用不完的纸币,社会产品没有随着纸币的增加而同等增加时,就会出现大家都拿纸币去购买产品,而市面上没有那么多产品,此时纸币就会贬值,从而引发通货膨胀。由于政府在发行 100 元纸币时,从社会中取走了 100 元产品,政府是通货膨胀的最大受益者。在经济学中,通常把政府从货币发行中所获得的收益称为铸币税,政府发行一张 100 元的钞票,印刷成本也许只有 1 元,但是却能购买 100 元的商品,其中的 99 元差价就是铸币税,它是政府财政的重要来源。

在债权人与债务人的关系中,债务人是通货膨胀的受益者,债权人是通货膨胀的受害者。因为债务人应当向债权人支付利息,这一利息被称为名义利息,实际利息是扣除了通货膨胀以后的利息。当名义利率等于通货膨胀率时,相当于债务人不需要向债权人支付利息,而当名义利率小于通货膨胀率时,相当于债权人需要向债务人支付利息。举例而言,你将 100 元(假设可以买到 100 斤粮食)借给张三,张三承诺按照 10%的利率支付利息,一年之后,张三给你 110 元,假设这一年的通货膨胀率为 20%,或者说一年前 100元能买到的东西,一年后要花费 120 元才能买到,此时你手里虽然有 110 元,但要想买到 100 斤粮食需要花费 120 元,你还要再拿出 10 元。相当于你把钱借给张三一年,什么都没有得到,还要自己倒贴 10 元,不如一年前就购买 100 斤粮食放在家里。

公共物品供应政策也会影响政府收入,由于公共物品和部分私人产品之间具有一定的替代性,政府提供公共物品多了,社会消耗具有替代性的私人产品就少了,此时就会减少政府收入。因为政府提供公共物品往往是不盈利或者微利的,而私人产品消耗减少会导致相关私人产品的消费额减少,从而也会导致政府税收收入的减少。例如,如果政府修建过多的免费公路,高速公路的使用率就会减少，高速公路的收费也就会减少，进而导致政府从中获得的税收也相应减少。如果政府建设过多的保障性住房，购买商品房的人就少了，商品房的价格人就会下降，政府从房地产业获得的税收就要减少。政府通过减少某种公共物品的供应量可以提高具有替代性的私人产品的需求量，从而促进该产品的消费，增加税收。

国债是由国家发行的债券，是政府为筹集财政资金而发行的一种政府债券，是政府向投资者出具的、承诺在一定时期支付利息和到期偿还本金的债权债务凭证。国债是政府取得财政收入的特殊形式，因为国债是需要还本付息的，所以从长远来看，国债并不是政府取得财政收入的形式，但在短期内，又是政府度过财政困境的重要手段。

三、政府取得财政收入遵循的基本原则

政府取得财政收入应当遵循四个原则：公开、民主、公平、适度。政府取得财政收入应当尽量采取显性形式，尽量避免隐性形式。财政收入的种类、数额应当向社会公众公开并允许监督和社会审计。政府取得财政收入应当事先征求民意，取得合法的依据，特定项目的收入应特别征求民意。政府在民意和法律允许的范围内取得财政收入应当公平，即按照收益原则、法定原则和负担能力原则筹集财政收入。政府在公开、民主和公平的前提下所征收的财政收入应当适度，按照藏富于民的原则，将最大限度的财富剩余置于老百姓的手中。

四、财政支出的含义与基本形式

财政支出是政府为了履行其公共服务的职能而从财政收入中所进行的资金支付行为。财政支出是与财政收入相对的财政行为，后者是从社会中获取财政资金的行为，前者是将财政资金用于社会的行为。与财政收入相比，财政支出显得更加重要。财政收入仅仅涉及社会资源在私人主体和政府之间的分配问题，而财政支出则涉及财政收入使用的方向和效率。在财政收入阶段，违法的收入分配方式仍有挽救的机会，但在财政支出阶段，违法的支出方式往往难以采取挽救的措施。如果财政支出制度能够确保财政收入取之于民、用之于民，即使收取得多一些，或者收取得不公平一些，仍不致引起社会的较大反对，但如果财政支出制度导致取之于民的财政收入大部分都没有用之

于民，那么，即使是非常少的财政支出也足够引起社会极大的不满。社会对于乱收费的现象之所以具有很大的抵制情绪，主要原因不在于其从自己身上取走了部分资源，而在于乱收费的收入往往并不是用于社会公共福利的。

财政支出的形式是指财政支出的外在表现形式。根据不同的标准，可以将财政支出进行不同的划分。国外财政支出的形式，一般由宪法或其他相关法律、财政支出惯例以及市场缺陷决定，因而各国具体的财政支出项目不尽相同。在理论和实践中具有较大价值的分类方法有五种：

第一，根据财政支出能否直接产生经济效益，可以将其划分为生产性支出和非生产性支出。生产性支出是指与社会物质生产直接相关、能够直接产生经济效益的支出，如支持农村生产支出、农业部门基金支出、企业挖潜改造支出等。非生产性支出是指与社会物质生产无直接关系、不能直接产生经济效益的支出，如国防支出、武装警察部队支出、文教卫生事业支出、抚恤和社会福利救济支出等。

第二，根据财政支出是否遵循等价交换的原则，可以将其划分为购买性支出和转移性支出。购买性支出又称消耗性支出，是指政府遵循等价交换原则购买商品和劳务，包括购买进行日常行政管理活动所需要的或者进行财政投资所需要的各种物品和劳务的支出。购买性支出由社会消费性支出和财政投资支出组成。转移性支出是指政府不遵循等价交换原则，将财政资金无偿地、单方面转移给其他政府、居民或者其他受益者。转移性支出主要由财政转移支付支出、社会保障支出和财政补贴组成。

第三，根据财政支出最终用于积累还是消费，可以将其划分为积累性支出和消费性支出。积累性支出是指最终用于社会扩大再生产和增加社会储备的支出，如基本建设支出、工业交通部门基金支出、国家物资储备支出等，这部分支出是社会扩大再生产的保证。消费性支出是指用于行政管理、社会福利救济等的支出，这部分支出对提高整个社会的物质文化生活水平起着重大的作用。

第四，根据国家预算收支科目，可以将财政支出划分为一般预算支出、基金预算支出、专用基金支出、资金调拨支出和财政周转金支出。其中，一般预算支出包括基本建设支出、科技三项费用、农林气象等部门事业费、工业交通等部门事业费、商业部门事业费、城市维护费、文教事业费、科学事业费、抚恤和社会福利救济费、国防支出、行政管理费、武装警察部队支出、公检法支出、政策性补贴支出、卫生经费等。基金预算支出包括工业交通部门基金支出、商贸部门基金支出、文教部门基金支出、农业部门基金支出、土地有偿使用支出、其他部门基金支出、地方财政税费附加支出、基金预算调拨支出。专用基金支出是财政部门用专用基金收入安排的相应支出，如粮食风险基金支出等。资金调拨支出是按财政管理体制规定在中央与地方、地方各级财政之间因共享收入的分配、体制结算和转移支付等原因引起上下级财政资金调拨，以及同级财政因平衡预算收支而引起资金调拨事项所产生的支出，包括补助支出、上解支出、调出资金。财政周转金支出是因有偿使用周转金而发生的支出，具体包括周转使用过程中支付资金占用费、手续费及管理机构的费用。

第五，根据财政支出与国家履行职能的关系，可以将财政支出划分为经济建设费支出、社会文教费支出、行政管理费支出以及其他支出。其中，经济建设费支出包括基本建设支出、流动资金支出、地质勘探支出、国家物资储备支出、工业交通部门基金支出、商贸部门基金支出等。社会文教费支出包括科学事业费和卫生事业费支出等。行政管理费支出包括公检法支出、武警部队支出等。其他支出包括国防支出、债务支出、政策性补贴支出等。

五、我国财政支出的现状与完善

财政支出政策是财政政策的重要组成部分，也是国家宏观调控的重要手段。我国财政支出正逐渐走向规范，各项基本制度建设正在得到加强，但目前仍基本处于不太规范和无法可依的状况。目前我国财政支出最大的问题有两个：一是取之于民的财政收入并未完全"用之于民"，二是财政支出的社会监督缺位。

关于财政支出"用之于民"的问题主要体现在各类公款的消费上，如公款吃喝、旅游、出国等。最近几年，各地政府纷纷出台政策规范政府各类公款消费和政府办公楼建设等社会关注度较高的政府财政支出不规范问题。

关于财政支出的监督问题，主要表现在财政支出不透明、社会缺乏监督途径，即使发现一些违反规定的财政支出现象，普通公民也无法通过法律途径来维护。我国三部诉讼法都并未明确授予普通纳税人对政府财政支出行为进行监督的权利。纳税人只享有向相关部门，如人大、监察部门、纪检部门、财政部门进行举报和检举的权利，这种举报和检举行为并不会必然引起相关部门的监督检查，因此，这种权利往往流于形式，难以发挥实效。

第九章

财政收入的法律规制

财政收入的合法性是财政收入高质量的前提与基础，掺杂着大量非法收入的财政收入是无法衡量质量好坏的。因此，提高财政收入质量的前提与基础是加强对财政收入的法律规制。

一、财政收入总量的法律规制

（一）对财政收入总量进行法律规制的理论依据

对人民的财产权进行保障，不仅是世界各国公认的人权保障的重要组成部分，也是我国《宪法》明确规定的制度，即第13条第1款明确规定："公民的合法的私有财产不受侵犯。"政府取得的财政收入直接或者间接来源于人民的财产，因此，财政收入是对人民财产权的限制与剥夺。[1]为确保人民的财产权不受过分限制，对财政收入进行法律规制是必要的。

政府总有收入冲动，如不加以法律规制，财政收入的总量将超过政府实际所需的数额。根据现代市场经济理论，市场与政府对经济的调节均有一定的界限，超越一定界限将导致政府失灵，降低政府提供公共物品的效率。财政收入是政府调节市场的经济基础，一旦财政收入失控，政府的经济调节必然越界，由此会大大降低市场经济的整体效率。因此，对财政收入总量进行法律规制是市场经济健康发展的内在必然要求。

（二）对财政收入总量进行法律规制的方法

财政收入与国内生产总值（GDP）之比是衡量财政收入总量是否合理的重要指标，对该指标的控制也是各国对财政收入总量进行法律规制的基本方法。目前，各国法律并未明确规定该比例的上限，但从各国实践来看，该比例一般在30%—40%，尚未有达到50%的情况，德国联邦宪法法院也曾经有税负过半即为违宪的判决，因此，可以将该比例的上限定为50%。宪法也可

---

[1] 王锴："我国国家公法责任体系的构建"，载《清华法学》2015年第3期。

以明确规定，财政收入超过 GDP 的 50% 即为违宪，不仅这样的预算无法在议会获得通过，即使通过，法院也可以宣布该预算案因违宪而无效。

财政收入的增速与 GDP 增速之比是衡量财政收入总量的增长速度是否合理的重要指标，对该指标的控制也是各国对财政收入总量进行法律规制的另一种基本方法。影响财政收入增速的因素是多方面的，如执法状况、税制改革等，不仅限于 GDP 的增速。因此，在短期内，财政收入的增长速度大于 GDP 的增速是应当被允许的，但从长期来看，财政收入的增速应与 GDP 的增速基本一致，否则，财政收入最终会超过 GDP 的 50%。参照财政收入与 GDP 占比的违宪标准，可以将五年期或十年期财政收入增速与 GDP 增速之比的违宪标准定为 2 倍。从全球来看，很少有国家五年期或者十年期财政收入增速达到 GDP 增速的 2 倍的情况，可见这一标准在实践中是被遵守的。

（三）我国现行规制财政收入总量法律制度的完善

我国现行法律并未对财政收入总量进行明确的规制，仅在《中华人民共和国预算法》第 36 条第 1 款进行了原则性规定："各级预算收入的编制，应当与经济社会发展水平相适应，与财政政策相衔接。"对财政收入与 GDP 之比以及财政收入增速与 GDP 增速之间的关系只字未提。

在财政收入增速与 GDP 增速的关系上，进行法律规制的必要性更加急迫。自 1994 年实行分税制改革以来，我国财政收入增速一直高于 GDP 增速，甚至有较长时期，前者达到了后者的 2 倍。如 2008 年发生国际金融危机时，我国财政收入的增速仍然高达 19.5%，而同期 GDP 的增速仅为 9%。过高的财政收入增速将大大压缩企业与个人用于投资与消费的财富，不利于保持政府与市场调节界限的稳定，有必要在法律上予以严格限制。

二、财政收入类型及其相对比例的法律规制

（一）财政收入类型的法律规制

目前世界各国均以税收作为财政收入的主要类型，税收作为财政收入类型的合法地位也得到了宪法以及法律的确认，如我国《宪法》第 56 条规定："中华人民共和国公民有依照法律纳税的义务。"除税收以外，财政收入可以包括哪些类型、不能包括哪些类型，目前各国法律尚未予以明确规定。1994 年颁布的《中华人民共和国预算法》确认了除税收入以外的三项收入：依照规定应当上缴的国有资产收益、专项收入、其他收入。除国有资产收益相

对比较明确以外，专项收入和其他收入的表述都比较宽泛。2014年修正后的《中华人民共和国预算法》确认了除税收收入以外的四项收入：行政事业性收费收入、国有资源（资产）有偿使用收入、转移性收入和其他收入。除行政事业性收费收入、国有资源（资产）有偿使用收入比较明确外，转移性收入和其他收入的表述也比较宽泛。财政部印发的《2018年政府收支分类科目》《2022年政府收支分类科目》确认的财政收入类型如下：

表 9-1 财政收入类型

一般公共预算收入科目		
101		税收收入
103		非税收入
	02	专项收入
	04	行政事业性收费收入
	05	罚没收入
	06	国有资本经营收入
	07	国有资源（资产）有偿使用收入
	08	捐赠收入
	09	政府住房基金收入
	99	其他收入
105		债务收入
110		转移性收入
	01	返还性收入
	02	一般性转移支付收入
	03	专项转移支付收入
	06	上解收入
	08	上年结余收入
	09	调入资金
	11	债务转贷收入
	13	接受其他地区援助收入

续表

政府性基金预算收入科目		
103		非税收入
	01	政府性基金收入
	10	专项债券对应项目专项收入
105		债务收入
110		转移性收入
	04	政府性基金转移收入
	08	上年结余收入
	09	调入资金
	11	债务转贷收入
国有资本经营预算收入科目		
103		非税收入
	06	国有资本经营收入
110		转移性收入
	05	国有资本经营预算转移支付收入
社会保险基金预算收入科目		
102		社会保险基金收入
110		转移性收入
	08	上年结余收入
	14	社会保险基金上解下拨收入

我国现行法律并未对各类财政收入进行明确界定，导致一些收入的性质不够明确，如地方政府的土地出让收入，可以列入非税收入中的政府性基金收入，也可以列入专项收入或者国有资源（资产）有偿使用收入，甚至可以列入社会保险基金收入。对此，法律应作出明确规定，以明晰各类收入类型之间的界限。

2016年全国人大常委会通过《中华人民共和国环境保护税法》，将排污费改为环境保护税。由于排污费属于政府性基金收入，而环境保护税属于税收收入，这一性质的转化虽有法律作为依据，但转化的理论依据并不清楚。根据2004年财政部、国家发展和改革委员会发布的《行政事业性收费项目审批管理暂行办法》的规定，行政事业性收费是指国家机关、事业单位、代行政府职能的社会团体及其他组织根据法律、行政法规、地方性法规等有关规定，依照国务院规定程序批准，在向公民、法人提供特定服务的过程中，按照成本补偿和非盈利原则向特定服务对象收取的费用。也就是说，行政事业性收费是具有直接对价关系的收入，而税收是不具有直接对价关系的收入。现行环境保护税的制度设计为排污者纳税，少排少纳税、多排多纳税，纳税者直接获取了排污的权利与便利，其本质上更符合行政事业性收费的特征。由此可见，环境保护费改税的理论依据并不牢固。

（二）各类财政收入相对比例的法律规制

目前世界各国的税收收入一般均占财政收入的80%以上，是财政收入的最主要类型，因此，现代国家也被称为税收国家。[1]由于各国国情不同，各类财政收入的相对比例会有一定幅度的差异。如实行私有制的国家，基本没有国有土地出让收入，国有资源（资产）有偿使用收入和国有资本经营收入所占比例也比较小。在以公有制为主体的国家，上述收入的比例相对较高，也是合理的，但应有一定的限度。一旦超越合理的限度则会导致某类型的财政收入过分挤占其他类型的财政收入，不仅会导致财政收入结构的不合理，还会导致社会财富分配的扭曲，进而影响到市场与政府对资源的配置。

我国拥有庞大的国有企业资产，国有企业也在获取巨额利润，但这些利润大部分都用于国有企业自身的积累，较少用于一般公共服务。如2012年，中央国有资本经营收入调入公共财政预算用于社保等民生支出的仅50亿元。2014年印发的《国务院关于深化预算管理制度改革的决定》明确提出"加大国有资本经营预算资金调入一般公共预算的力度。"这一要求必须转化为法律才能对财政收入的结构进行持续、稳定的规制。目前，这一现状已经有所改善。如2018年国有资本经营预算调入一般公共预算321.54亿元，调入比例提高至25%。[2]调入一般公共预算用于保障和改善民生。

在地方财政收入中，不少地方以财政转移支付收入为主，而其中又以专

---

[1] 张富强："论税收国家的基础"，载《中国法学》2016年第2期。
[2] 参见"关于2018年中央和地方预算执行情况与2019年中央和地方预算草案的报告（2）"，载 https://baijiahao.baidu.com/s? id=1628229841672701400&wfr=spider&for=pc，最后访问日期：2019年5月10日。

项转移支付收入为主,这种现象的长期存在不仅大大降低了地方政府财政自主的能力,还不利于我国民主化的进程,并且容易滋生腐败。近些年,这一现象略有改善,但转移支付收入所占比例仍较大。《国务院关于深化预算管理制度改革的决定》虽明确提出"逐步将一般性转移支付占比提高到60%以上",但并未就财政转移支付收入占地方财政收入比例过大的问题提出改进。因此建议通过法律对该问题作出明确规定,原则上,财政转移支付收入占地方财政收入的比例不能超过40%。

三、税收收入的法律规制

(一)税收法定原则的落实

税收法定原则是世界各国公认的国家征税的基本原则,其对保护纳税人财产权、规制政府征税权具有重要意义。[1]目前,我国已经在《宪法》《立法法》和《税收征收管理法》中明确规定税收法定原则。特别是2015年全国人大修改我国《立法法》时,将2000年我国《立法法》第8条增加一项,作为第6项:"(六)税种的设立、税率的确定和税收征收管理等税收基本制度",足见国家对税收法定原则的重视。

关于税收法定原则,在我国的核心问题是如何落实。目前,我国现行有效的18个税种中,除企业所得税和个人所得税在20世纪80年代就已经实现法定以外,其余16个税种在落实税收法定原则方面进行缓慢,2011年实现了车船税的法定;2016年实现了环境保护税的法定;2017年实现了烟叶税和船舶吨税的法定;2018年实现了耕地占用税和车辆购置税的法定;2020年实现了契税和城市维护建设税的法定;2021年实现了印花税的法定。从税种数量上看,只有30%左右的税种未实现法定,包括增值税、消费税、关税、房产税、土地增值税、城镇土地使用税。

从税收法定的程度上看,我国主要税种仅仅实现了形式上的法定,很多重要的制度仍然通过财政部和国家税务总局的规章以及其他规范性文件来规定。以个人所得税为例,我国全国人大常委会制定的《个人所得税法》仅有22个条款,不足5000字。世界主要国家的个人所得税法字数普遍在10万字以上,如《美国税法典》中涉及个人所得税的制度字数在20万字以上。而我

---

[1] 张守文:"论税收法定主义",载《法学研究》1996年第6期。

国国务院制定的《个人所得税法实施条例》也仅有 36 个条款，5000 余字。财政部和国家税务总局制定的现行有效的涉及个人所得税的规章以及其他规范性文件却超过 200 份，总字数超过 10 万字。实务中，税务机关执行的主要是财政部和国家税务总局制定的文件，而非法律和行政法规。由此导致税收法定原则对税收的控制仅仅停留在表面形式，大量的税收收入仍然依靠行政法规和部门规章来征收。

我国未来的税收立法，不仅要实现形式法定，还应实现实质法定，即基本税收制度均由法律明确规定，行政法规可以在授权范围内作出补充性规定，部门规章仅能解释法律和行政法规，无权确立新的税收制度。

（二）税收收入结构的合理化

目前我国共开征 18 个税种，税种之间的结构较为不合理。以 2016 年为例，税收收入总额为 13.04 万亿元，作为第一大税种的国内增值税就占了 31.21%，"一税独大"的现象比较严重。国内增值税、营业税和国内消费税三大间接税占税收收入的 47.85%，而企业所得税和个人所得税两大直接税占税收收入的比例仅为 29.91%。这与发达国家以直接税为主体的税收收入结构形成了明显反差。间接税虽然具有效率高的优点，但其公平性、民主性差也是公认的缺点。为此，党的十八届三中全会通过的《中共中央关于全面深化改革若干重大问题的决定》明确提出"逐步提高直接税比重"的目标。由于当前全球都在进行降税改革，提高直接税比重不能通过提高直接税税率来实现，必须通过降低间接税税率来完成。2017 年，我国全面取消营业税，全年国内增值税收入达到 5.64 万亿元，国内消费税收入达到 1.02 万亿元，二者合计占税收收入的比例为 46.12%，企业所得税和个人所得税占税收收入的比例为 30.54%。与 2016 年相比略有改善，但改善效果不明显。

四、非税收入的法律规制

（一）财政收入法定原则的实现

财政收入法定是一个比税收法定更高的原则，也是实现难度更大的原则。[1] 由于我国尚未完全实现税收法定，谈论财政收入法定似乎是一个遥远的话题。当然，财政收入法定中的"法"与税收法定中的"法"具有不同的标准，前

---

[1] 张守文："税制变迁与税收法治现代化"，载《中国社会科学》2015 年第 2 期。

者强调狭义的法律，后者则包括行政法规和地方性法规。如果按照这一理解，我国完全可以在落实税收法定原则的同时，将财政收入法定确立为短期实现的目标。

目前，我国的多数财政收入已经实现广义的法定，即由法律、行政法规和地方性法规来规范，但仍有相当一部分财政收入是由部门规章、地方政府规章以及效力更低的规范性文件来规范的。对这部分财政收入应加紧通过立法，或者由国务院制定行政法规、由省级人大制定地方性法规进行规范。

（二）非税收入的严格执法

我国的非税收入虽然尚未全部实现法定，但是均具有规范性文件的依据，其缴纳与征管也有具体明确的标准，在实际执法过程中，部分非税收入的随意性比较大，选择性执法的现象比较普遍。以交警罚款为例，有严管路段和非严管路段之分，严管路段执法相对严格，而非严管路段执法相对宽松。地方政府对非税收入的追求是选择性执法最主要的原因之一，因此，解决选择性执法的问题还应从规范非税收入着手。

（三）非税收入的公开透明

提高非税收入的质量必须调动整个社会的力量，而非税收入的公开透明是社会监督的基础与前提。目前我国在税收收入的公开方面已经比较完善，各级政府往往会在第一时间发布各类税收收入的信息，但非税收入的公开工作还有待加强。我国《预算法》第14条第1款和第2款对预决算的公开作出了明确规定："经本级人民代表大会或者本级人民代表大会常务委员会批准的预算、预算调整、决算、预算执行情况的报告及报表，应当在批准后二十日内由本级政府财政部门向社会公开，并对本级政府财政转移支付安排、执行的情况以及举借债务的情况等重要事项作出说明。经本级政府财政部门批复的部门预算、决算及报表，应当在批复后二十日内由各部门向社会公开，并对部门预算、决算中机关运行经费的安排、使用情况等重要事项作出说明。" 2007年的《中华人民共和国政府信息公开条例》对相关信息的公开也作出了明确规定，如第10条规定了国民经济和社会发展统计信息，财政预算、决算报告的公开，第11条规定了征收或者征用土地、房屋拆迁及其补偿、补助费用的发放、使用情况，抢险救灾、优抚、救济、社会捐助等款物的管理、使用和分配情况的公开，第12条规定了乡（镇）的债权债务、筹资筹劳情况，执行计划生育政策的情况的公开。因此，非税收入的公开透明已经有了明确的法律和行政法规依据，未来主要是如何落实的问题。

就非税收入的公开工作而言，未来社会监督的重点应放在地方政府，特别是市县级政府非税收入的公开透明上。《中华人民共和国政府信息公开条例》中涉及了一些非税收入的条款，但仍不完整，建议在其中增加一条原则性的规定，即政府的各项财政收入的具体数额均属于政府主动公开的信息，必须定期公开，接受社会监督。

第十章 财政收支划分制度

一、财政收支划分的概念与模式

(一) 财政收支划分的概念

现代国家大多是由多层次政府组成的,不同层次的政府担负着不同的职能,为完成其所担负的职能,各级政府必须具备一定的财政收入。合理确定各层次政府的职能并相应划分各层次政府的财政收入范围是现代财政管理体制所要解决的核心问题,也是充分发挥现代财政职能的基础性环节。

财政收支划分是为了充分发挥各级财政的职能而对国家的中央政府与地方政府以及地方各级政府之间在财政收入和财政支出等方面所享有的职责和权限进行的划分。财政收支划分的主体是中央政府和地方各级政府;财政收支划分的对象是在财政收入和财政支出等方面所享有的职责和权限,简称财政收支权;财政收支划分的目的是充分发挥各级财政的职能;财政收支划分的基本依据是中央与地方各级政府财政的事权划分。

财政收支划分是财政管理体制中的一项重要内容,但不同于财政管理体制。财政管理体制是国家在中央和地方以及地方各级政府之间划分财政收支范围和财政管理职责与权限的基本制度,包括财政收支划分、财政转移支付和财政管理等基本内容。[1]因此,不能把财政管理体制等同于财政收支划分的制度。[2]

(二) 财政收支划分的模式

财政收支划分的模式是根据在财政收支划分中中央政府和地方政府之间

---

[1] 邓子基主编:《财政学》,中国人民大学出版社2001年版,第316页。

[2] 有学者认为,财政体制是"划分各类、各级国家机关之间财政权的制度",并认为"财政法就是财政分权法"。这里所谓的"财政权"的外延大于本书所述的"财政收支权",财政收支权只是财政权的一部分。参见刘剑文:"试论我国分税制立法",载《武汉大学学报(哲学社会科学版)》1998年第4期。

权限对比关系的特点而归纳和概括出的相对稳定的标准形式。根据各国实践，大体可以概括为三种财政收支划分模式：集权型财政收支划分模式、分权型财政收支划分模式、混合型财政收支划分模式。

1. 集权型财政收支划分模式

集权型财政收支划分模式是指一国在划分财政收支权限时把绝大部分财政职能都划归中央政府，把绝大部分财政收入都划归中央政府，地方政府只承担很少的财政职能、只享受很少的财政收入权限，或地方政府的大部分财政职能均由中央政府指定，其所需财政资金大部分由中央政府通过转移支付来承担的财政收支划分类型。集权型模式的特点是全部或绝大部分财政收入划归中央政府，全部或绝大部分财政支出由中央政府承担，相应的财政收支立法权和管理权也归属中央政府。地方政府完全依赖中央政府，其实质是中央政府在地方的分支机构，执行中央政府的职能。

集权型模式适合于规模非常小的国家和一些政治经济高度集中统一的国家。例如新加坡，人口总数只有500万左右，中央政府完全有能力直接管理国家全部事务，没有必要进行多层次的分权。再比如，新中国成立初期，政治经济高度集中统一，要求事权高度统一于中央政府，因此，采取集权型模式是完全必要的。[1]

集权型模式的优点是可以集中力量解决社会经济发展的重大问题，便于统筹规划，便于树立中央政府的权威，有利于国家的统一。缺点是容易造成决策失误和管理效益低下，不利于根据各地的不同特点采取相应的财政政策，从而难以适应各地经济发展的实际需要。

2. 分权型财政收支划分模式

分权型财政收支划分模式是指一国在划分财政收支权限时把绝大部分财政职能和财政收入划归地方政府，仅把一小部分财政职能和财政收入划归中央政府的财政收支划分类型。分权型财政收支划分模式的特点是地方政府承担大部分财政职能，享有大部分财政收入，地方政府具有相对独立的财政收支立法权和管理权，具有相对独立的财政收支范围。

分权型模式适合于地方政府独立性较强的联邦制国家或地方自治较完善的分权制国家。例如荷兰正推行权力分散制度，把许多任务和责任由中央转

---

〔1〕 杨萍、靳万军、窦清红：《财政法新论》，法律出版社2000年版，第30页。

移到了地方政府，正朝着分权型模式迈进。[1]

分权型模式有利于地方政府根据本地实际情况采取相应的财政政策，更好地满足当地居民对公共物品的偏好，也有利于提高财政资金使用的效益。缺点是难以解决公共物品的"外部效应"问题，难以完成某些需要巨大资金的项目，对于具有较大规模效应的项目，也很难提高财政资金的使用效益，另外，也不利于国家的集中统一和综合国力的提高。

3. 混合型财政收支划分模式

混合型财政收支划分模式是指一国根据国情合理划分中央政府和地方政府的事权，并在事权划分的基础上对财政收支权予以适当划分的类型。混合型模式是介于集权型模式和分权型模式之间的一种模式，其特点是在财政收支权相对集中于中央的同时，赋予地方一定的财政收支权，根据中央和地方的事权划分来划分中央与地方的财政收支范围，通过转移支付制度来平衡中央与地方之间的财政收支。

混合型模式克服了集权型模式过度集中和分权型模式过度分散的缺陷，并汲取了二者的优点，因此，是一种相对科学合理的财政收支划分模式，被绝大多数现代市场经济国家采用。由于不同国家在政治体制、经济发展水平和社会传统等方面存在较大差异，同是采取混合型模式的国家，具体分权与集权的程度也是大不相同的，有的偏重集权，有的偏重分权，但均属于混合型的财政收支划分模式。

二、财政收支划分法的概念、地位与体系

(一) 财政收支划分法的概念

财政收支划分法是调整中央与地方以及地方各级政府之间在财政收支权限划分的过程中所发生的社会关系的法律规范的总称。

财政收支划分法是从部门法意义上来讲的，而不是从规范性文件的意义上来讲的。目前，我国已经有关于财政收支划分的法律规范，但尚没有一部财政收支划分法。世界上制定财政收支划分法的国家并不多，但大多都具有较完善的关于财政收支划分的法律规范，这些法律规范散见于宪法、宪法性

---

[1] 财政部财政制度国际比较课题组编著：《荷兰王国财政制度》，中国财政经济出版社1998年版，第11页。

法律文件或者一些基本法之中。我国目前的财政收支划分散见于《中华人民共和国预算法》和《国务院关于实行分税制财政管理体制的决定》之中。

（二）财政收支划分法的地位

财政收支划分法的地位是指财政收支划分法在财政法体系中所处的位置及其重要性。财政收支划分法是财政法中的重要部门法。财政法由财政收支法和财政管理法两大部门法组成，其中，财政收支法处于基础性的地位，是财政法的核心内容。财政收支划分法是财政收支法中的组成部分，是财政收支法的基础性部门法，财政收支法首先要解决的就是财政收支的权限如何在各级政府之间合理划分的问题，而规范这一划分问题的法律规范就是财政收支划分法。

财政收支划分不仅关涉各级政府的财政收支权的大小，而且关涉各级政府在整个国家政权机关体系中的地位，甚至关涉地方自治与国家结构和国家体制等根本性的宪法问题，因此，财政收支划分制度常常被规定于宪法或宪法性法律文件之中，如《德意志联邦共和国基本法》（1949年）明确规定了联邦、州和地方三级政府的事权划分，美国宪法中也有关于财政收支划分的规定，更多的国家或地区则是以基本法的形式来规定财政收支划分的相关制度，如韩国的《地方财政法》《地方税法》，日本的《地方税法》等。

（三）财政收支划分法的体系

财政收支划分法的体系是把财政收支划分法律规范分类组合为不同的部门法而组成的有机联系的统一体。财政收支划分法的体系是由财政收支划分法的调整对象——财政收支划分关系的结构与体系决定的。

根据财政收支划分关系的结构与体系，可以把财政收支划分法分为财政级次划分法、财政收入划分法和财政支出划分法。财政级次划分法是调整一国在进行财政级次划分的过程中所发生的社会关系的法律规范的总称，它要解决的是财政收支划分的前提性问题和基础性问题。财政收入划分法是调整各个财政级次的政府之间在各种财政收入的划分过程中所发生的社会关系的法律规范的总称，它规范的是各财政级次的财政收入权，是财政收支划分法的核心内容。财政支出划分法是调整各财政级次政府之间在各项财政支出的划分过程中所发生的社会关系的法律规范的总称，它规范的是各财政级次在事权划分基础上的财政支出权。

三、财政收支划分法的基本原则

财政收支划分法的基本原则是指贯穿于财政收支划分法的始终，对财政收支划分法的立法、执法、司法、守法和法律监督整个过程具有指导作用的基本准则。财政收支划分法作为财政法的一个部门法，财政法的基本原则当然也是财政收支划分法所必须遵循的基本原则，但财政收支划分法也有自己独特的基本原则。财政收支划分法的基本原则包括适度分权原则、事权与财权相结合原则、兼顾效率与公平原则。

（一）适度分权原则

适度分权原则是指在财政收支权的划分上应兼顾中央和地方的利益，在保证中央财政收支权的前提下，适度下放给地方一定财政收支权。适度分权原则是一国分为中央和地方多级政府，各级政府分别承担相应的提供公共物品职能的要求。有些公共物品适合于中央政府提供，则相应的财政收支权就应当集中于中央，有些公共物品适合于地方政府提供，则相应的财政收支权就应当下放给地方。适度分权原则可以调动中央和地方的积极性，是现代各国财政收支划分法所遵循的基本原则。

适度分权的标准要根据各级政府提供公共物品效率的高低，以及国家的政治体制和经济发展整体战略的要求而决定。我国实行的是中央集权的单一政治体制，目前正在集中力量全面建设社会主义现代化国家，许多重大经济发展任务全部或主要由中央政府来承担，因此，财政收支权相对集中于中央是必然且合理的。但由于我国地域辽阔，各地经济发展水平相差较大，各地所需公共物品的数量和质量也有很大差别，各地需要根据本地经济发展的要求和居民的需求偏好提供相应的公共物品。因此，也就需要享有相应的财政收支权。我国目前的状况是财政收支权高度集中于中央，适度下放财政收支权应当是我国财政收支划分制度改革的主要方向。

（二）事权与财权相结合原则

事权与财权相结合原则是指在划分财政收支权时必须以各级政府的事权为基础，根据事权的大小来划分财政收支权。事权是指各级政府基于其自身的地位和职能所享有的提供公共物品、管理公共事务的权力。财权是指各级政府所享有的组织财政收入、安排财政支出的权力。

事权与财权相结合的原则是权力与义务相统一、权责相统一等法律基本原则的具体化。事权是享有财权的基础,财权是履行事权的保障。只有事权与财权相结合、相统一,才能保证各级政府最大效率地完成其各自的职能,才能避免人浮于事或财力不足的现象,才能最大限度地提高财政收支的效益。

我国的现状是事权与财权没有很好地结合在一起,主要表现在地方的财权与其承担的事权相比相对较少,使得地方很难充分行使其职责。这种事权与财权相分离的现象不利于充分调动地方的积极性,不利于充分发挥财政收支的效益,因此,在我国的财政收支划分制度改革中,迫切需要贯彻事权与财权相结合的原则。

(三) 兼顾效率与公平原则

兼顾效率与公平原则是指在财政收支划分时不能一味强调效率,也不能一味强调公平,而应妥善处理二者之间的比例关系,达到效率与公平的完美结合。效率与公平是一对矛盾,二者之间是对立统一的关系。妥善处理好二者的关系,可以达到效率、公平双丰收的效果,否则就有可能既损害了效率,也得不到公平。

在财政收支划分的问题上,效率与公平问题更加突出,它是财政配置资源、分配收入和稳定经济等基本职能在财政收支划分问题上的具体体现,妥善处理好效率与公平的关系,是充分发挥财政职能的前提。一般来讲,效率问题多由地方政府来承担,而公平问题则主要依靠中央政府来承担。当效率与公平相冲突时,要全面权衡二者之间的利弊关系,在需要效率优先时,公平就应该让道,在需要公平优先时,效率就应该让道。总之,最优化的结果是对二者进行取舍的最终标准,一概遵循"效率优先,兼顾公平"的原则是不妥当的。

目前,我国在财政收支划分问题上效率原则体现得较多,而公平原则体现得不够,在我国全面建设社会主义现代化国家的新征程上,应该向公平适当倾斜,以达到效率与公平的最优配置状态,从而更加迅速地推动我国经济的健康发展。

以上三个基本原则是相互联系、相互统一的,因此,在财政收支划分的立法、执法、司法、守法和法律监督的整个过程中必须综合把握这三个基本原则,以切实发挥各基本原则对财政收支划分法制度运行过程的指导作用。

四、我国财政收支划分法的基本制度

(一) 财政级次划分制度

财政级次划分制度是关于一国是否设立多级财政级次、设立几级财政级次以及如何设置各级财政级次的制度。财政级次划分制度是由一国的政权结构决定的，基本原则是"一级政权，一级财政"。财政级次划分制度要依据宪法或根据宪法制定的财政收支划分法、财政法、预算法等基本法律来确定。

我国《宪法》规定了五级政府结构：中央人民政府（国务院）；省、自治区、直辖市人民政府；设区的市、自治州人民政府；县、自治县、不设区的市、市辖区人民政府；乡、民族乡、镇人民政府。

我国《预算法》根据"一级政府一级预算"的原则，相应设立了五级预算，由此，可以认为我国的财政级次为五级：中央财政；省、自治区、直辖市财政；设区的市、自治州财政；县、自治县、不设区的市、市辖区财政；乡、民族乡、镇财政。

在制定有财政收支划分法的国家和地区，财政级次划分的制度一般在财政收支划分法的总则中予以规定。

（二）财政支出划分制度

财政支出划分要依据各级政府事权的大小，即按照各级政府提供公共物品的数量和质量来确定，而各级政府所能提供和应当提供的公共物品的数量和质量是与各级政府本身的地位和职责紧密相联的。一般来讲，财政的收入分配职能和稳定经济职能应当由中央政府来承担，而财政的资源配置职能则应由中央政府和地方政府共同承担。根据公共物品的受益范围，可以把公共物品分为全国性公共物品和区域性公共物品，全国性公共物品应当由中央政府来提供，而区域性公共物品则应当由地方政府来提供。

中央政府所应履行的职责一般包括：提供国防安全以及全国性的维持社会秩序服务；实现全国范围内资源的有效配置，弥补市场缺陷；实现公平、合理的收入分配；实现全国经济的稳定和增长。地方政府所承担的职能一般包括：提供本地区内的社会秩序服务；提供本地区内的基础设施和公共事业服务；在本地区内有效配置资源，实现地区经济的稳定与发展。[1]

1993年底发布的《国务院关于实行分税制财政管理体制的决定》对中央与地方事权和财政支出的划分作了明确区分。根据这一决定，中央财政主要承担国家安全、外交和中央国家机关运转所需经费，调整国民经济结构、协

---

[1] 刘剑文主编：《财政税收法》（第三版），法律出版社2001年版，第59—61页。

调地区发展、实施宏观调控所必需的支出以及由中央直接管理的事业发展支出。具体包括：国防费，武警经费，外交和援外支出，中央级行政管理费，中央统管的基本建设投资，中央直属企业的技术改造和新产品试制费，地质勘探费，由中央财政安排的支农支出，由中央负担的国内外债务的还本付息支出，以及中央本级负担的公检法支出和文化、教育、卫生、科学等各项事业费支出。地方财政主要承担本地区政权机关运转所需支出以及本地区经济、事业发展所需支出。具体包括：地方行政管理费，公检法支出，部分武警经费，民兵事业费，地方统筹的基本建设投资，地方企业的技术改造和新产品试制经费，支农支出，城市维护和建设经费，地方文化、教育、卫生等各项事业费，价格补贴支出以及其他支出。

2013年11月12日，党的十八届三中全会通过的《中共中央关于全面深化改革若干重大问题的决定》提出：适度加强中央事权和支出责任，国防、外交、国家安全、关系全国统一市场规则和管理等作为中央事权；部分社会保障、跨区域重大项目建设维护等作为中央和地方共同事权，逐步理顺事权关系；区域性公共服务作为地方事权。中央和地方按照事权划分相应承担和分担支出责任。中央可通过安排转移支付将部分事权支出责任委托地方承担。对于跨区域且对其他地区影响较大的公共服务，中央通过转移支付承担一部分地方事权支出责任。

(三) 财政收入划分制度

在确定了财政支出划分制度以后，就要依据事权与财权相结合的原则，合理确定各级政府的财政收入权，这一任务是由财政收入划分制度来完成的。财政收入划分的依据是各级政府的财政支出范围，原则是事权与财权相结合，确保各级政府能充分完成其财政支出的任务。财政收入划分的对象是财政收入权，财政收入权是各级政府在财政收入方面所享有的权力的总称，包括财政收入设立权、财政收入征收权和财政收入享用权。现代国家，财政收入的形式主要是税收。[1]因此，划分财政收入权主要是划分税收收入权。税收收入权一般包括税收收入的设立权，即税收立法权、税收征收权和税收享用权。

---

[1] 一般把税收收入占财政收入一半以上的国家称为"租税国家"或"税收国家"。[日]北野弘久：《税法学原论》（第四版），陈刚等译，中国检察出版社2001年版，第2页。

为确保地方政府能获得充足的财政收入，各国一般均规定地方政府享有税收征收权和税收享用权，但关于税收设立权即税收立法权，各国一般均采取审慎态度，这主要是因为税收事关人民的基本财产权，没有人民代表的同意，不能任意征收税收。另外，税率也是国家财政政策的重要杠杆，为确保税收公平的实现和国家宏观调控能力的增强，必须把税收立法权或基本的税收立法权划归中央。由于各国政治经济体制的不同，在税收立法权的分配问题上也有不同的制度。一般来讲，各国关于税收收入权划分的基本方法包括以下几种：其一，税额分割法。即先统一征税，然后再将税额按照一定的比例在中央与地方政府之间予以分割。其二，税率分割法。即各级财政对于同一税基分别采用各自税率予以征税的方法。具体征收方法有三种：一是由各级财政根据其各自分享的税率分别征收；二是先由上级财政按照其分享的税率予以征税，再由下级财政按照上级财政所征收的税额的一定比率予以征收；三是上级财政在征税时对下级财政所享有的税率一并征收，然后再按下级财政所分享的比例划归下级财政。其三，税种分割法。即在税收立法权基本上集中于中央的前提下，把各税种按照其自身的特点在中央与地方财政之间予以分割的方法。各级财政根据自己所分享的税收，分别征收、分别使用。其四，税权分割法。即税收立法权在中央与地方之间予以适当划分，由中央与地方分别立法，分别设定本级财政的税收收入的种类和范围，并分别征收和使用。以上四种基本方法可以结合使用，从而组合成多种混合方法，如在税权分割法的基础上实行税率分割法或税种分割法。不同方法均有其自身的优缺点，因此，各国在划分税收收入时，一般会综合采用以上各种方法，趋利避害，以达到税收收入划分的最佳状态。

我国实行中央和地方分税制，即在划分中央与地方事权的基础上，确定中央与地方财政支出范围，并按税种划分中央与地方预算收入的财政管理体制。《国务院关于实行分税制财政管理体制的决定》根据事权与财权相结合的原则，采用税种分割法，按税种划分中央与地方的收入。将维护国家权益、实施宏观调控所必需的税种划为中央税；将同经济发展直接相关的主要税种划为中央与地方共享税；将适合地方征管的税种划为地方税，并充实地方税税种，增加地方税收入。具体划分如下：

中央固定收入包括：关税，海关代征消费税和增值税，消费税，中央企业所得税，地方银行和外资银行及非银行金融企业所得税[1]，铁道部门、各银行总行、各保险总公司等集中交纳的收入（包括营业税、所得税、利润和城市维护建设税），中央企业上交利润等。

地方固定收入包括：营业税（不含铁道部门、各银行总行、各保险总公司集中交纳的营业税），地方企业所得税（不含上述地方银行和外资银行及非银行金融企业所得税），地方企业上交利润，个人所得税[2]，城镇土地使用税，固定资产投资方向调节税[3]，城市维护建设税（不含铁道部门、各银行总行、各保险总公司集中交纳的部分）[4]，房产税，车船使用税[5]，印花税，屠宰费，农牧业税，对农业特产收入征收的农业税（简称农业特产税）[6]，耕地占用税，契税，遗产或赠与税，土地增值税，国有土地有偿使用收入[7]等。

中央与地方共享收入包括：增值税、资源税、证券交易税。其中，增值税中央分享75%，地方分享25%；资源税按不同的资源品种划分，大部分资

---

[1] 2001年12月31日，国务院发布《所得税收入分享改革方案》，改革按企业隶属关系划分所得税收入的办法，对企业所得税和个人所得税收入实行中央和地方按比例分享。主要内容为：除少数特殊行业或企业外，对其他企业所得税和个人所得税收入实行中央与地方按比例分享。中央保证各地区2001年地方实际的所得税收入基数，实施增量分成。除铁路运输、国家邮政、中国工商银行、中国农业银行、中国银行、中国建设银行、国家开发银行、中国农业发展银行、中国进出口银行以及海洋石油天然气企业缴纳的所得税继续作为中央收入外，其他企业所得税和个人所得税收入由中央与地方按比例分享。2002年所得税收入中央分享50%，地方分享50%；2003年所得税收入中央分享60%，地方分享40%；2003年以后年份的分享比例根据实际收入情况再行考虑。为了保证改革的顺利实施，防止所得税征管脱节，改革方案出台后，国家税务总局、地方税务局征管企业所得税、个人所得税（包括储蓄存款利息所得个人所得税）的范围暂不作变动。自改革方案实施之日（2002年1月1日）起新登记注册的企事业单位的所得税，由国家税务总局征收管理。

[2] 根据1999年11月1日实施的《对储蓄存款利息所得征收个人所得税的实施办法》（国务院发布）的规定，对储蓄存款利息所征收的个人所得税应缴入中央国库。

[3] 根据财政部、国家税务总局、国家发展和改革委员会1999年12月17日发布的《关于暂停征收固定资产投资方向调节税的通知》，固定资产投资方向调节税自2000年1月1日起暂停征收。

[4] 自2021年9月1日起开始实施《中华人民共和国城市维护建设税法》。

[5] 我国自2001年1月1日起开始征收车辆购置税，目前，车船使用税已经改为车船税。

[6] 农业税废除后，仅保留烟叶税，目前，烟叶税属于地方收入。

[7] 《中华人民共和国土地管理法》第55条第2款规定："自本法施行之日起，新增建设用地的土地有偿使用费，百分之三十上缴中央财政，百分之七十留给有关地方人民政府。具体使用管理办法由国务院财政部门会同有关部门制定，并报国务院批准。"

源税作为地方收入，海洋石油资源税作为中央收入；证券交易税中央与地方各分享50%。[1]

国务院印发的《全面推开营改增试点后调整中央与地方增值税收入划分过渡方案》（国发〔2016〕26号）规定："全面推开营改增试点将于2016年5月1日实施。按照党的十八届三中全会关于'保持现有中央和地方财力格局总体稳定，结合税制改革，考虑税种属性，进一步理顺中央和地方收入划分'的要求，同时考虑到税制改革未完全到位，推进中央与地方事权和支出责任划分改革还有一个过程，国务院决定，制定全面推开营改增试点后调整中央与地方增值税收入划分的过渡方案。"

中央与地方增值税收入划分过渡方案的基本原则如下：

第一，保持现有财力格局不变。既要保障地方既有财力，不影响地方财政平稳运行，又要保持目前中央和地方财力大体"五五"格局。

第二，注重调动地方积极性。适当提高地方按税收缴纳地分享增值税的比例，有利于调动地方发展经济和培植财源的积极性，缓解当前经济下行压力。

第三，兼顾好东中西部利益关系。以2014年为基数，将中央从地方上划收入通过税收返还方式给地方，确保既有财力不变。调整后，收入增量分配向中西部地区倾斜，重点加大对欠发达地区的支持力度，推进基本公共服务均等化。

同时，在加快地方税体系建设、推进中央与地方事权和支出责任划分改革过程中，做好过渡方案与下一步财税体制改革的衔接。

中央与地方增值税收入划分过渡方案的主要内容包括：①以2014年为基数核定中央返还和地方上缴基数；②所有行业企业缴纳的增值税均纳入中央和地方共享范围；③中央分享增值税的50%；④地方按税收缴纳地分享增值税的50%；⑤中央上划收入通过税收返还方式给地方，确保地方既有财力不变；⑥中央集中的收入增量通过均衡性转移支付分配给地方，主要用于加大

---

[1] 目前，对股票交易征收证券（股票）交易印花税。自1997年1月1日起，将证券（股票）交易印花税分享比例调整为中央80%，地方20%。1998年6月改为中央88%、地方12%。2000年改为中央91%、地方9%。2001年改为中央94%、地方6%。从2002年起改为中央97%、地方3%。《国务院关于调整证券交易印花税中央与地方分享比例的通知》（国发明电〔2015〕3号）规定：从2016年1月1日起，将证券交易印花税由现行按中央97%、地方3%比例分享全部调整为中央收入。

对中西部地区的支持力度。

《国务院关于实行中央对地方增值税定额返还的通知》（国发〔2016〕71号）规定：为进一步完善分税制财政体制，落实全面推开营改增试点后调整中央与地方增值税收入划分过渡方案，国务院决定，从2016年起，调整中央对地方原体制增值税返还办法，由1994年实行分税制财政体制改革时确定的增值税返还，改为以2015年为基数实行定额返还，对增值税增长或下降地区不再实行增量返还或扣减。返还基数的具体数额，由财政部核定。

五、中央与地方财政事权和支出责任划分改革

合理划分中央与地方财政事权和支出责任是政府有效提供基本公共服务的前提和保障，是建立现代财政制度的重要内容，是推进国家治理体系和治理能力现代化的客观需要。根据党的十八大和十八届三中、四中、五中全会提出的建立事权和支出责任相适应的制度、适度加强中央事权和支出责任、推进各级政府事权规范化法律化的要求，按照党中央、国务院决策部署，《国务院关于推进中央与地方财政事权和支出责任划分改革的指导意见》（国发〔2016〕49号）就推进中央与地方财政事权和支出责任划分改革提出如下指导意见。

（一）推进财政事权和支出责任划分改革的必要性

财政事权是一级政府应承担的运用财政资金提供基本公共服务的任务和职责，支出责任是政府履行财政事权的支出义务和保障。改革开放以来，中央与地方财政关系经历了从高度集中的统收统支到"分灶吃饭"、包干制，再到分税制财政体制的变化，财政事权和支出责任划分逐渐明确，特别是1994年实施的分税制改革，初步构建了中国特色社会主义制度下中央与地方财政事权和支出责任划分的体系框架，为我国建立现代财政制度奠定了良好基础。总体来看，我国财政事权和支出责任划分为坚持党的领导、人民主体地位、依法治国提供了有效保障，调动了各方面的积极性，对完善社会主义市场经济体制、保障和改善民生、促进社会公平正义，以及解决经济社会发展中的突出矛盾和问题发挥了重要作用。

但也要看到，新的形势下，现行的中央与地方财政事权和支出责任划分还不同程度存在不清晰、不合理、不规范等问题，主要表现在：政府职能定位不清，一些本可由市场调节或社会提供的事务，财政包揽过多，同时一些

本应由政府承担的基本公共服务，财政承担不够；中央与地方财政事权和支出责任划分不尽合理，一些本应由中央直接负责的事务交给地方承担，而一些宜由地方负责的事务中央承担过多，地方没有担负起相应的支出责任；不少中央和地方提供基本公共服务的职责交叉重叠，共同承担的事项较多；省以下财政事权和支出责任划分不尽规范；有的财政事权和支出责任划分缺乏法律依据，法治化、规范化程度不高。

这种状况不利于充分发挥市场在资源配置中的决定性作用，不利于政府有效提供基本公共服务，与建立健全现代财政制度、推动国家治理体系和治理能力现代化的要求不相适应，因此必须积极推进中央与地方财政事权和支出责任划分改革。

(二) 指导思想、总体要求和划分原则

1. 指导思想

高举中国特色社会主义伟大旗帜，全面贯彻党的十八大和十八届三中、四中、五中全会精神，深入贯彻习近平总书记系列重要讲话精神，适应、把握和引领经济发展新常态，坚持"五位一体"总体布局和"四个全面"战略布局，牢固树立和贯彻落实创新、协调、绿色、开放、共享的新发展理念，遵循宪法和政府组织法的相关规定，按照完善社会主义市场经济体制总体要求和深化财税体制改革总体方案，立足全局、着眼长远、统筹规划、分步实施，科学合理划分中央与地方财政事权和支出责任，形成中央领导、合理授权、依法规范、运转高效的财政事权和支出责任划分模式，落实基本公共服务提供责任，提高基本公共服务供给效率，促进各级政府更好履职尽责。

2. 总体要求

第一，坚持中国特色社会主义道路和党的领导。通过合理划分中央与地方在基本公共服务提供方面的任务和职责，形成科学合理、职责明确的财政事权和支出责任划分体系，充分发挥中国特色社会主义制度在维护社会公平正义和促进共同富裕方面的优势，确保党的路线、方针、政策得到贯彻落实，为加强和改善党的领导提供更好保障。

第二，坚持财政事权由中央决定。在完善中央决策、地方执行的机制基础上，明确中央在财政事权确认和划分上的决定权，适度加强中央政府承担基本公共服务的职责和能力，维护中央权威。要切实落实地方政府在中央授权范围内履行财政事权的责任，最大限度减少中央对微观事务的直接管理，发挥地方政府因地制宜加强区域内事务管理的优势,调动和保护地方干事创业的积极性和主动性。

第三,坚持有利于健全社会主义市场经济体制。要正确处理政府与市场、政府与社会的关系,合理确定政府提供基本公共服务的范围和方式,将应由市场或社会承担的事务,交由市场主体或社会力量承担;对应由政府提供的基本公共服务,要明确承担财政事权和支出责任的相应政府层级,促进社会主义市场经济体制不断完善,使市场在资源配置中的决定性作用得到充分发挥。

第四,坚持法治化规范化道路。要将中央与地方财政事权和支出责任划分基本规范以法律和行政法规的形式规定,将地方各级政府间的财政事权和支出责任划分相关制度以地方性法规、政府规章的形式规定,逐步实现政府间财政事权和支出责任划分法治化、规范化,让行政权力在法律和制度的框架内运行,加快推进依法治国、依法行政。

第五,坚持积极稳妥统筹推进。要从积极稳妥推进中央与地方事权和支出责任划分改革的全局出发,先在财政事权和支出责任划分上突破,为建立科学规范的政府间关系创造基础性条件。要处理好改革与稳定发展、总体设计与分步实施、当前与长远的关系,准确把握各项改革措施出台的时机、力度和节奏,加强中央与地方之间以及各部门之间的协同合作,形成合力,确保改革扎实推进,务求实效。

3. 划分原则

第一,体现基本公共服务受益范围。体现国家主权、维护统一市场以及受益范围覆盖全国的基本公共服务由中央负责,地区性基本公共服务由地方负责,跨省(区、市)的基本公共服务由中央与地方共同负责。

第二,兼顾政府职能和行政效率。结合我国现有中央与地方政府职能配置和机构设置,更多、更好发挥地方政府尤其是县级政府组织能力强、贴近基层、获取信息便利的优势,将所需信息量大、信息复杂且获取困难的基本公共服务优先作为地方的财政事权,提高行政效率,降低行政成本。信息比较容易获取和甄别的全国性基本公共服务宜作为中央的财政事权。

第三,实现权、责、利相统一。在中央统一领导下,适宜由中央承担的财政事权执行权要上划,加强中央的财政事权执行能力;适宜由地方承担的财政事权决策权要下放,减少中央部门代地方决策事项,保证地方有效管理区域内事务。要明确共同财政事权中央与地方各自承担的职责,将财政事权履行涉及的战略规划、政策决定、执行实施、监督评价等各环节在中央与地方间作出合理安排,做到财政事权履行权责明确和全过程覆盖。

第四,激励地方政府主动作为。通过有效授权,合理确定地方财政事权,使基本公共服务受益范围与政府管辖区域保持一致,激励地方各级政府尽力做好辖区范围内的基本公共服务提供和保障,避免出现地方政府不作为或因追求局部利益而损害其他地区利益或整体利益的行为。

第五,做到支出责任与财政事权相适应。按照"谁的财政事权谁承担支出责任"的原则,确定各级政府支出责任。对属于中央并由中央组织实施的财政事权,原则上由中央承担支出责任;对属于地方并由地方组织实施的财政事权,原则上由地方承担支出责任;对属于中央与地方共同财政事权,根据基本公共服务的受益范围、影响程度,区分情况确定中央和地方的支出责任以及承担方式。

(三) 改革的主要内容

1. 推进中央与地方财政事权划分

第一,适度加强中央的财政事权。坚持基本公共服务的普惠性、保基本、均等化方向,加强中央在保障国家安全、维护全国统一市场、体现社会公平正义、推动区域协调发展等方面的财政事权。强化中央的财政事权履行责任,中央的财政事权原则上由中央直接行使。中央的财政事权确需委托地方行使的,报经党中央、国务院批准后,由有关职能部门委托地方行使,并制定相应的法律法规予以明确。对中央委托地方行使的财政事权,受委托地方在委托范围内,以委托单位的名义行使职权,承担相应的法律责任,并接受委托单位的监督。要逐步将国防、外交、国家安全、出入境管理、国防公路、国界河湖治理、全国性重大传染病防治、全国性大通道、全国性战略性自然资源使用和保护等基本公共服务确定或上划为中央的财政事权。

第二,保障地方履行财政事权。加强地方政府公共服务、社会管理等职责。将直接面向基层、量大面广、与当地居民密切相关、由地方提供更方便有效的基本公共服务确定为地方的财政事权,赋予地方政府充分自主权,依法保障地方的财政事权履行,更好地满足地方基本公共服务需求。地方的财政事权由地方行使,中央对地方的财政事权履行提出规范性要求,并通过法律法规的形式予以明确。要逐步将社会治安、市政交通、农村公路、城乡社区事务等受益范围地域性强、信息较为复杂且主要与当地居民密切相关的基本公共服务确定为地方的财政事权。

第三，减少并规范中央与地方共同财政事权。考虑到我国人口和民族众多、幅员辽阔、发展不平衡的国情和经济社会发展的阶段性要求，需要更多发挥中央在保障公民基本权利、提供基本公共服务方面的作用，因此应保有比成熟市场经济国家相对多一些的中央与地方共同财政事权。但在现阶段，针对中央与地方共同财政事权过多且不规范的情况，必须逐步减少并规范中央与地方共同财政事权，并根据基本公共服务的受益范围、影响程度，按事权构成要素、实施环节，分解细化各级政府承担的职责，避免由于职责不清造成互相推诿。要逐步将义务教育、高等教育、科技研发、公共文化、基本养老保险、基本医疗和公共卫生、城乡居民基本医疗保险、就业、粮食安全、跨省（区、市）重大基础设施项目建设和环境保护与治理等体现中央战略意图、跨省（区、市）且具有地域管理信息优势的基本公共服务确定为中央与地方共同财政事权，并明确各承担主体的职责。

第四，建立财政事权划分动态调整机制。财政事权划分要根据客观条件变化进行动态调整。在条件成熟时，将全国范围内环境质量监测和对全国生态具有基础性、战略性作用的生态环境保护等基本公共服务，逐步上划为中央的财政事权。对新增及尚未明确划分的基本公共服务，要根据社会主义市场经济体制改革进展、经济社会发展需求以及各级政府财力增长情况，将应由市场或社会承担的事务交由市场主体或社会力量承担，将应由政府提供的基本公共服务统筹研究划分为中央财政事权、地方财政事权或中央与地方共同财政事权。

2. 完善中央与地方支出责任划分

第一，中央的财政事权由中央承担支出责任。属于中央的财政事权，应当由中央财政安排经费，中央各职能部门和直属机构不得要求地方安排配套资金。中央的财政事权如委托地方行使，要通过中央专项转移支付安排相应经费。

第二，地方的财政事权由地方承担支出责任。属于地方的财政事权原则上由地方通过自有财力安排。对地方政府履行财政事权、落实支出责任存在的收支缺口，除部分资本性支出通过依法发行政府性债券等方式安排外，主要通过上级政府给予的一般性转移支付弥补。地方的财政事权如委托中央机构行使，地方政府应负担相应经费。

第三，中央与地方共同财政事权区分情况划分支出责任。根据基本公共服务的属性，体现国民待遇和公民权利、涉及全国统一市场和要素自由流动的财政事权，如基本养老保险、基本公共卫生服务、义务教育等，可以研究制定全国统一标准，并由中央与地方按比例或以中央为主承担支出责任；对受益范围较广、信息相对复杂的财政事权，如跨省（区、市）重大基础设施项目建设、环境保护与治理、公共文化等，根据财政事权外溢程度，由中央和地方按比例或中央给予适当补助方式承担支出责任；对中央和地方有各自机构承担相应职责的财政事权，如科技研发、高等教育等，中央和地方各自承担相应支出责任；对中央承担监督管理、出台规划、制定标准等职责，地方承担具体执行等职责的财政事权，中央与地方各自承担相应支出责任。

3. 加快省以下财政事权和支出责任划分

省级政府要参照中央做法，结合当地实际，按照财政事权划分原则合理确定省以下政府间财政事权。将部分适宜由更高一级政府承担的基本公共服务职能上移，明确省级政府在保持区域内经济社会稳定、促进经济协调发展、推进区域内基本公共服务均等化等方面的职责。将有关居民生活、社会治安、城乡建设、公共设施管理等适宜由基层政府发挥信息、管理优势的基本公共服务职能下移，强化基层政府贯彻执行国家政策和上级政府政策的责任。

省级政府要根据省以下财政事权划分、财政体制及基层政府财力状况，合理确定省以下各级政府的支出责任，避免将过多支出责任交给基层政府承担。

（四）保障和配套措施

第一，加强与相关改革的协同配套。财政事权和支出责任划分与教育、社会保障、医疗卫生等各项改革紧密相连、不可分割。要将财政事权和支出责任划分改革与加快推进相关领域改革相结合，既通过相关领域改革为推进财政事权和支出责任划分创造条件，又将财政事权和支出责任划分改革体现和充实到各领域改革中，形成良性互动、协同推进的局面。

第二，明确政府间财政事权划分争议的处理。中央与地方财政事权划分争议由中央裁定，已明确属于省以下的财政事权划分争议由省级政府裁定。明确中央与地方共同财政事权和中央委托地方行使的财政事权设置的原则、程序、范围和责任，减少划分中的争议。

第三，完善中央与地方收入划分和对地方转移支付制度。加快研究制定中央与地方收入划分总体方案，推动进一步理顺中央与地方的财政分配关系，形成财力与事权相匹配的财政体制。进一步完善中央对地方转移支付制度，清理整合与财政事权划分不相匹配的中央对地方转移支付，增强财力薄弱地区尤其是老少边穷地区的财力。严格控制引导类、救济类、应急类专项转移支付，对保留的专项转移支付进行甄别，属于地方财政事权的划入一般性转移支付。

第四，及时推动相关部门职责调整。按照一项财政事权归口一个部门牵头负责的原则，合理划分部门职责，理顺部门分工，妥善解决跨部门财政事权划分不清晰和重复交叉问题，处理好中央和省级政府垂直管理机构与地方政府的职责关系，为更好履行政府公共服务职能提供保障。

第五，督促地方切实履行财政事权。随着中央与地方财政事权和支出责任划分改革的推进，地方的财政事权将逐渐明确。对属于地方的财政事权，地方政府必须履行到位，确保基本公共服务的有效提供。中央要在法律法规的框架下加强监督考核和绩效评价，强化地方政府履行财政事权的责任。

六、国外财政收支划分法的比较与借鉴

（一）美国财政收支划分法

1. 财政级次划分制度

美国是典型的联邦制国家，在政权体系上分为联邦、州和地方三级，相应地，在财政级次上也划分为联邦财政、州财政和地方财政三级。美国的三级政府在事权划分上遵从联邦主义原则，即联邦宪法明确列举联邦政府的事权范围，给予州和地方政府以保留的事权。三级政府间税权的大小则建立在事权划分的基础上，力求做到税权与事权相匹配；在税权的用税权内涵中，美国各级政府则呈现出更侧重于公共服务和管理，较少涉足基础设施建设等特点；只有在州和地方政府财政收入不足以弥补财政支出的空缺时，联邦政府才会通过政府间转移支付制度来寻求达到各级政府间的财政均衡的目的。正是以上诸种制度的有机结合，促使各级政府各司其职、各负其责，但又相互配合、相互补充。美国政府在事权与税权的划分、用税权方面呈现出的财政支出与财政转移立法等立法与实践，对我国平衡央地关系和地区间统筹发展，从而解决我国政府因事权与税权不匹配而反复出现的政府职能"越位"

"缺位""空位"等问题具有重要启示。[1]

2. 财政支出划分制度

美国按照公共物品的层次性、外溢性等特征分别由联邦政府、州政府或地方政府提供。联邦政府的支出项目包括国防、人力资源、物质资源、净利息、其他用途和未分配冲减性收入六大项。其中,"人力资源"项目分为教育(包括培训、就业与社会服务)、卫生、收入保障、社会保障、退伍军人福利与服务、医疗保险六项内容;"物质资源"项目分为能源、自然资源与环境、商务与住宅信贷、交通和地区发展四项;"其他用途"项目分为国际事务、一般科技、农业、司法管理和一般政府支出五项。州和地方政府财政支出主要包括教育、公路建设、公共福利、卫生保健、公共基础设施等。

国防、邮政服务、社会保障和医疗保险全部资金由联邦财政承担。退伍军人福利基本由联邦财政承担,州财政承担很少一部分。自然资源大部分由联邦财政承担,州和地方财政只承担小部分。失业救济由州财政承担。高速公路和监狱项目基本由州财政和地方财政承担,联邦财政承担很小一部分。公共福利基本上由州财政承担。火灾消防由地方财政承担。排水几乎全部由地方财政承担,警察服务和教育大部分由地方财政承担。[2]

3. 财政收入划分制度

在财政收入划分上,美国采取的是税权分割法,即联邦、州和地方均享有财政收入的设定权、征收权和享用权,从而形成了联邦税制体系、州税制体系和地方税制体系。

目前,联邦政府开征的税种包括个人所得税、社会保障税、公司所得税、遗产与赠与税、消费税和关税。州政府开征的税种包括销售税、个人所得税、公司所得税、消费税、财产税、遗产与赠与税、资源税和社会保障税。地方政府开征的税种包括财产税、销售税、消费税、个人所得税、公司所得税和社会保障税。各级政府之间税收收入所占比重一般保持在58%、22%和20%左右。联邦政府的税收收入以个人所得税和社会保障税等所得税为主,州政

---

[1] 刘丽、张彬:"美国政府间事权、税权的划分及法律平衡机制",载《湘潭大学学报(哲学社会科学版)》2012年第6期。

[2] 财政部财政制度国际比较课题组编著:《美国财政制度》,中国财政经济出版社1998年版,第29—39页。

府的税收收入以销售税为主，地方政府的税收收入则以财产税为主。[1]

(二) 法国财政收支划分法

1. 财政级次划分制度

法国是一个具有深厚中央集权传统的国家。政权体系分为中央、大区、省、市镇四级。国家财政由中央财政（国家财政）和包括大区、省、市镇的地方财政组成。

2. 财政支出划分制度

政府的经济管理职能主要包括：运用宏观政策手段调节社会总需求和总供给；制定国民经济长期发展目标和战略，对经济结构和地区布局进行引导和不同程度的调整；提供基础设施、生态保护及其他公共物品与服务；建立和制定法律法规，规范市场运行秩序；运用税收、福利政策和行政手段对国民收入进行再分配和调节；有效管理国有资产等。

中央政府主要负责宏观管理与战略发展规划。大区政府主要负责经济结构布局的调整，制定地区发展的五年计划，提出有关基础设施等战略性项目的规划，经与中央政府有关部门进行谈判，以法律的形式确定下来。省级政府负责社会保险和社会问题，如就业问题。市镇政府只负责本市的市政规划和建设，并提供最基本的公共物品和服务。有些市镇政府也可以给企业提供一些力所能及的帮助。

3. 财政收入划分制度

法国的财政收入权基本上集中于中央，地方只有很有限的财政收入权。在财政收入设定权上，基本上是由中央来行使的。如法国宪法规定，税收立法权属于议会，税收条例和法令的制定权属于财政部，地方政府必须执行国家的税收法律和政策。地方政权仅享有一定程度的税收立法权，如制定地方税收的税率、决定开征必要的税收和对纳税人采取减免税措施等。

法国的财政收入包括税收收入和非税收入。非税收入包括国有企业的经营收入、国家垫款和贷款的利息收入、国家财产收入和国家行政部门的业务收入等。税收分为国家税收和地方税收。主体税种全部划归为中央税收。国家税收包括个人所得税、公司所得税、增值税、消费税、印花税、交易税、

---

[1] 财政部税收制度国际比较课题组编著：《美国税制》，中国财政经济出版社2000年版，第262—263页。

遗产税和关税。地方税收包括建筑地产税、非建筑地产税、房地产税、专利税、工资税、财产转移税、娱乐税、电力税、海外领地海洋税等。中央财政收入占总财政收入的70%左右，地方财政收入占30%左右。

（三）日本财政收支划分法

1. 财政级次划分制度

日本是单一制国家，政权体系包括中央政府，都、道、府、县政府和市、町、村政府三级。财政也相应划分为三级：中央财政、都道府县财政和市町村财政。

2. 财政支出划分制度

中央政府的支出范围包括：关系国家全局利益的国防、外交、造币事务；需由中央统一规划办理的重大经济事务；与人民生活密切相关且需全国统一协调的事务。都、道、府、县政府的支出范围包括：跨区域性事务，即超过一个市町村辖区范围的事务；统一性事务，如本区域内的警察、交通运营、教育、社会福利以及各种营业许可等在都道府县内需要依照全国统一标准处理的必要事务；联络调整性事务，如对市町村组织、运作、管理需要提出合理性劝告、指导的事务；补充性事务，如高等院校、医疗保健设施的建设、产业振兴等超出市町村能力以外的事务。都、道、府、县政府职责范围以外的所有事务，均属于市、町、村政府财政支出的范围。在日本，地方政府提供了全国绝大部分公共物品和服务，其承担的公共事务远大于中央政府。[1]

3. 财政收入划分制度

日本实行中央集中领导下的地方自治制度，在财政收入划分上采取税权分割法，即中央与地方均享有财政收入的设定权、征收权和享用权。为确保全国税收政策的大致统一，日本通过地方税法对地方的税收立法权予以限制。地方的税收立法必须符合地方税法的有关规定，必须在中央授权范围内予以制定。

日本税收分为中央税（国税）、地方税和共享税（交付税）。中央税主要包括个人所得税、法人税、遗产税、消费税、酒税、关税和印花税等。地方税又分为都道府县税和市町村税。都道府县税主要包括都道府县民税、事业税、地方消费税、烟税、不动产购置税、汽车税、汽车购置税和汽油交易税

---

〔1〕 刘剑文主编：《财政税收法》（第三版），法律出版社2001年版，第78页。

等；市町村税主要包括市町村民税、固定资产税、烟税、事业所税和城市规划税等。

（四）俄罗斯联邦财政收支划分法

1. 财政级次划分制度

1993年通过的《俄罗斯联邦宪法》规定，俄罗斯联邦是一个具有共和国政体的民主制、联邦制国家。俄罗斯联邦财政分为三级：联邦财政、联邦主体财政（地区财政）、地方财政。

2. 财政支出划分制度

联邦财政主要承担的支出包括：①国家国防支出，即用于维持军队、购买武器装备、进行军事科研等方面的费用；②国民经济支出，即用于基础科学研究、工业、能源、建筑、农业、渔业、交通、邮电及其他基础部门的财政援助和投资，以及用于军工转产、环境保护、发展大众传媒工具等方面的费用等；③国家行政管理支出及护法机关和安全机关支出；④外交活动支出；⑤社会文化措施支出；⑥偿还到期国债本金及利息支出；⑦补充国家储备和后备支出；⑧联邦对地方的财政援助支出。

按照《俄罗斯联邦宪法》规定："在俄罗斯联邦的管辖范围之外，以及俄罗斯联邦对俄罗斯联邦和俄罗斯联邦主体共同管辖对象拥有的权限范围之外，俄罗斯联邦主体享有充分的完全的国家权力。"联邦主体即地区财政承担的职能包括：国民经济支出，即对住宅公用事业、农工综合体和交通运输业的支出；社会文化领域的支出；政权机关和管理机关的行政管理支出；基本建设投资支出；对地方预算的财政援助支出。

地方财政包括：没有市区划分的市财政、区财政、区属市财政和村、镇财政。市、区财政职能包括：国民经济支出；社会文化领域的支出；地方自治机关经费支出；对儿童的补助和补偿支出；基本建设投资支出；其他支出。村、镇财政的职能包括：地方自治机关经费支出、住宅与公用事业支出、体育支出、教育支出、文化支出、卫生支出、社会政策支出及其他支出。

3. 财政收入划分制度

俄罗斯联邦财政收入的主要形式是税收，除此以外，还包括非税收入，主要包括对外经济活动收入、国家财产私有化收入、推销国家债券的收入和其他收入。税收分为三级：联邦税、地区税（联邦主体税）和地方税。

俄罗斯联邦三级财政分别享有一定程度的财政收入权，联邦税和联邦税征收的共同原则由联邦立法规定，地区税和地方税的大部分税种由中央统一立法并在全国范围内统一征收，个别税种是否开征由各级政权机关决定，个别税种的税率在联邦法律规定的最高税率的限度内由各级政权机关决定。

目前，联邦税主要包括增值税、消费税、银行收入税、保险活动收入税、交易所经营收入税、有价证券业务税、关税、矿产原料基地再生产提成、自然资源使用费、企业所得税（利润税）、自然人所得税、道路基金税、印花税、国家规费、财产继承与赠与税、使用"俄罗斯"和"俄联邦"名称税、交通税等。地区税包括企业财产税、林业收入、水源付费和教育税。地方税包括自然人财产税、土地税、自然人从事经营活动注册捐、商业执照捐、广告税、经营酒类商品许可证捐、使用地方标准捐等共计23种税种。其中较重要的税种由联邦立法规定最高税率，由地区政权机关规定具体税率，其余税种是否开征由地方政权机关决定。[1]

（五）荷兰财政收支划分法

1. 财政级次划分制度

荷兰的政府分三个层次：中央政府、省级政府和市级政府。相应地，全国划分为三级财政：中央财政、省财政和市财政。

2. 财政支出划分制度

中央政府承担资源配置、收入分配和稳定经济增长的职能。

省级政府的事权范围包括：一般行政管理；民防系统（尤其是防空）与减灾；医院与疗养所；区域与空间计划；水源净化；垃圾处理；屠宰房；环境保护；公园和开放场所；道路；农业、林业、渔业与捕猎；商业；旅游。

市级政府的事权范围包括：一般行政管理、区域规划、公共住房、交通、环境、社会服务、教育、文化、福利。市财政支出占全国财政支出的16%，荷兰真正体现了财权在中央、事权在地方的财政模式。

3. 财政收入划分制度

各项税收几乎都由中央政府负责征收。省级政府的收入来源有三个：省级政府水资源管理部门征收的水资源税；省级政府征收的机动车税、地下水税和水污染税；来自中央政府的补助。市级政府也开征一些税收，但主要收

---

〔1〕 财政部财政制度国际比较课题组编著：《俄罗斯联邦财政制度》，中国财政经济出版社1998年版，第31—33、82—83页。

入依靠上级政府的补助,具体包括市基金的支付(占总收入的28%)、中央政府拨给的特别款项(占总收入的45%)、地方税、费退款、服务费、租费收入和市财产税。[1]

(六) 国外财政收支划分法的成功做法

从上述对国外财政收支划分法的概述中可以看出,国外财政收支划分法有许多共同点,也有许多值得我们借鉴的地方。归纳起来,这些优点主要包括以下几个方面:

1. 采取适合国情的财政收支划分模式

各个国家所采取的财政收支划分模式是不相同的,但共同点是均适合于各自国家的具体国情。财政收支划分法的各种模式并没有绝对优劣之分,各国也没有必要模仿甚至照搬其他国家的模式,具体采用哪种模式,需要根据本国的政治、经济、文化、社会传统等多种因素来确定。世界各国所采取的各不相同的财政收支划分模式本身就说明了这一点。[2]

2. 事权与财权相结合,具体内容清晰明确

事权与财权相结合也是国外财政收支划分制度的一个共同点,事权是享有财权的合理性基础,财权是完成事权的物质保障,只有实现二者的恰当结合才能充分实现各级政府的基本职能,才能充分提高各级政府提供公共物品的效率。事权与财权不仅要结合,而且要各自划分清晰。只有清晰地划分才能保证各级政府职责的明确,也才能真正实现事权与财权相结合的目标。国外在事权与财权的划分方面都是相当清晰明确的,而且都强调实现二者的恰当结合。

3. 采用法律的方式将财政收支划分制度予以固定

各国财政收支划分的具体制度是不尽相同的,但通过相应的法律形式将这种基本制度规定下来是各国的普遍做法。财政收支划分关系到中央与地方的基本制度安排,必须通过法律的形式将之固定下来才能保持国家各项基本制度的稳定,也才能实现中央与地方关系的和谐。

---

[1] 财政部财政制度国际比较课题组编著:《荷兰王国财政制度》,中国财政经济出版社1998年版,第11、30—32、138—144页。

[2] 王子立:"国外财政收支划分法律制度的探析与启示",载《税收经济研究》2013年第4期。

七、我国财政收支划分法的缺陷与完善

（一）我国财政收支划分法的缺陷

我国财政收支划分法的不足主要表现在以下几个方面：

1. 立法层次较低、立法体系尚不健全

财政收支划分法是财政法中的重要部门法，关系到各级政府在国家政权体系中的地位，关系到各级政府所承担的事权范围的大小和能否充分发挥其职能。财政收支划分法在一定程度上是一个国家政治体制、经济体制和立法体制的直接反映，也直接或间接地影响一国政治、经济和立法体制的未来走向。因此，财政收支划分法在一国的法律体系中居于十分重要的地位，许多国家的财政收支划分制度都是通过宪法或其他基本法律的形式来加以规定的。而我国的财政收支划分制度基本上是由国务院的"规定"或"决定"来规范的，其立法层次显然较低。立法层次低会导致一系列不良后果，如法律规定缺乏权威性、制度的稳定性较差、立法的科学性和民主性难以保证等，而且这些不良后果将严重影响到我国财政收支划分制度的完善以及经济体制改革的推进。

我国财政收支划分法的立法体系和立法内容尚不健全。首先，财政收支划分法不是通过严格意义上的行政法规来规范的。虽然国务院的规范性文件在效力上等同于行政法规，但是无论从名称、结构体系，还是语言表述上都与行政法规有较大的差距。其次，财政收支划分法的基本内容还有很大一部分没有法律规范予以明确规定。比如关于财政收入中的非税收入就基本上处于无法可依的空白状态，而这些非税收入在地方财政中所占的比重也是不能忽视的。最后，作为一个完善的立法体系，要有不同层次的法律形式予以规范，如法律、配套行政法规和部门规章等，而我国财政收支划分法只有一份国务院规定予以规范，显然离完善的财政收支划分法体系还有一段距离，而一个完善的财政收支划分法体系是市场经济发达国家的一个共同的前提条件。

2. 政府间事权划分不清，财政支出范围混乱

虽然对于政府间事权的划分，我国已经有原则上的规定，但在现实生活中，政府职能不清的现象依然十分普遍。

我国现行的分税制财政体制，主要是划分了中央和省一级的财权，对事权的界定还不够明晰，财权和事权不统一，并且省以下的财政体制改革也有

待完善。目前对省、市、县分别有哪些财权,应对哪些事情负责,还规定得不够明确。要想从根本上解决这些问题,必须进一步调整和完善财政分级管理体制。要进一步深化和完善分税制财政体制,合理界定各级政府的财权、事权范围和财政支出责任。属于省、市级政府承担的财政支出,省、市级财政应积极筹措资金予以保障,不得以任何形式转嫁给县、乡财政。同时,要根据各级政府的财政支出责任划分收入范围以及收入分布结构,合理划分省以下各级政府财政收入,凡是由县、乡政府承担的事权要有相应的财力保障。

3. 财政收入权划分不合理

在财政收入权划分上,我国实行的是高度集中的模式,财政收入权特别是其中最重要的税收立法权高度集中于中央,地方只享有有限的税收立法权。

赋予地方一定的财政收入权,特别是税收立法权,有利于调动地方的积极性和主动性,有利于地方因地制宜采取适当的财政收支政策,也是分税制财政体制的题中应有之义。

(二) 我国财政收支划分法的完善

针对以上我国财政收支划分法的不足,借鉴国外财政收支划分法的成功经验,完善我国财政收支划分法可以从以下几个方面入手:

1. 进一步明确中央与地方政府的事权划分

进一步划清各级政府的事权。首先,应按"政企分开""职能转换"的原则界定政府的经济事权。政府应逐步放弃直接从事个人、社会组织有能力承担且与公共服务、宏观调控无关的经济活动,放弃对国有企业经营管理活动的直接参与,集中力量从事个人、社会组织无力承担或与公共服务、宏观调控密切相关的经济活动。其次,应借鉴国外立法的成功经验,将政府经济事务与社会事务方面的事权在各级政府间合理划分,并以法律形式固定下来,使之各司其职。最后,可设定中央政府和地方政府共管事项,并由中央政府有偿委托地方政府单独办理。此外,国有企业利润、公债收入、事业性收费、罚没收入也应在财政收支划分法中进一步明确其财政收入级次。[1]

2. 合理划分中央与地方的财政收入权

为进一步扩大地方的财政收入规模,应该赋予地方一定的税收立法权,

---

[1] 刘剑文:"试论我国分税制立法",载《武汉大学学报(哲学社会科学版)》1998年第4期。

包括税种的开征权、停征权和调整权等。划分税收立法权，可以借鉴西方国家的做法，对于全国开征的基本税种及其基本税收要素如纳税人、征税对象、税率等由中央统一立法，对于地方税中对地区间经济影响较大的税种也应当由中央统一立法，但可以适当赋予地方一定的机动权力，如税率调整权、税收减免权等，对于地方税中对地区间经济影响较小的税种可以由地方（一般为省级政权机关）予以立法决定是否开征，结合本地区实际情况，地方也可以开征一些不对全国及地区间经济产生较大影响的地方性小税种。为保证全国税负的基本平衡，对于地方的税收立法权，中央应当享有一定的监督权。

3. 制定财政收支划分法并完善相关法律制度

在明确中央与地方的事权划分以及合理划分中央与地方的财政收入权后，就需要用法律的形式予以明确规定，以保证事权和财权划分的权威性和稳定性。财政收支划分法应该由全国人大常委会制定，其结构可以分为总则、收入、支出和附则四章：总则规定财政收支划分法的基本原则和财政级次划分基本制度；收入一章可以按财政收入的主要形式分为税收收入、国有企业上缴利润、国债收入、规费收入、罚没收入和其他收入几节，明确划分各种收入所属的财政级次；支出一章明确划分各级财政的支出范围以及在各级财政支出范围交叉时如何划分等基本的规则；附则规定该法的其他事项，如定义条款、说明条款和生效条款等。

完善的财政收支划分法体系还需要有与之配套的行政法规和部门规章，如实施条例和实施办法以及与之配合的其他相关法律制度，如预算法、财政转移支付法等。[1] 只有这些配套的法律规范和相关的法律制度都相应具备和逐渐完善，一个完善的财政收支划分法体系才能真正建立起来，也才能真正在现实生活中发挥作用。

---

[1] 徐阳光：“论建立事权与支出责任相适应的法律制度——理论基础与立法路径”，载《清华法学》2014年第5期。

第十一章

财政预算制度

一、预算基础理论

(一) 预算的概念

预算源自英语中的"budget"一词，原指财政大臣向议会报告时装财政计划书的皮囊，后来专指皮囊内的财政计划书。明治维新时期日本人将"budget"翻译为"预算"，意思是"预先算定"。有学者认为，从财政法的角度来看，预算是国家原则上在一个会计年度内以收入与支出为中心所确定的财政计划，经议会议决而成立，授权并赋予政府以执行义务的制度。[1]预算从形式来看，是政府对未来一个年度的财政收支计划，也是国家未来一个年度的经济、政治、文化、社会等方面的大政方针的账目表；从实质来看，是全体纳税人通过纳税人的代表及其代表机关控制政府收取和开支纳税人税款以及其他财政资金的制度。

(二) 我国预算立法

1951年8月19日政务院公布了《预算决算暂行条例》，1991年10月21日国务院令第90号发布了《国家预算管理条例》，1994年3月22日第八届全国人大第二次会议通过了《中华人民共和国预算法》（以下简称《预算法》），1995年11月2日国务院第三十七次常务会议通过了《中华人民共和国预算法实施条例》（以下简称《预算法实施条例》），2020年8月3日国务院令第729号发布了修订后的《预算法实施条例》。

2014年8月31日第十二届全国人大常委会第十次会议对《预算法》进行了第一次修正，2018年12月29日第十三届全国人大常委会第七次会议对《预算法》进行了第二次修正。

---

[1] 蔡茂寅：《预算法之原理》，元照出版有限公司2008年版，第3页。

(三) 预算的原则

根据我国《预算法》的规定，预算要遵循以下原则：

第一，复式预算原则。复式预算兴起于20世纪20年代至30年代，是在单式预算的基础上发展演变而来的。它是指在预算年度内将全部政府预算收支按经济性质归类，分别汇编成两个或两个以上的预算，以特定的预算收入来源保证特定的预算支出，并使两者具有相对稳定的对应关系。复式预算一般分为经常预算、资本预算和专项基金预算。《预算法》第5条规定："预算包括一般公共预算、政府性基金预算、国有资本经营预算、社会保险基金预算。一般公共预算、政府性基金预算、国有资本经营预算、社会保险基金预算应当保持完整、独立。政府性基金预算、国有资本经营预算、社会保险基金预算应当与一般公共预算相衔接。"

第二，收支平衡原则。收支平衡一般是指财政支出不能大于财政收入，但不同类别的预算往往有不同的要求。经常预算和专项基金预算严格要求收支平衡，不列赤字，资本预算可以适当举债。《预算法》第12条第2款规定："各级政府应当建立跨年度预算平衡机制。"[1]

第三，真实客观原则。这一原则要求预算的收入和支出必须真实准确、符合客观实际，必须与经济发展水平相适应。《预算法》第36条规定："各级预算收入的编制，应当与经济社会发展水平相适应，与财政政策相衔接。各级政府、各部门、各单位应当依照本法规定，将所有政府收入全部列入预算，不得隐瞒、少列。"

第四，统筹节约原则。这一原则要求预算的编制应当厉行节约、统筹兼

---

[1] 地方政府债券是政府债券的形式之一，在中华人民共和国成立初期就已经存在。如早在1950年，东北人民政府就发行过东北生产建设折实公债，但1981年恢复国债发行以来，从未发行过地方政府债券。由于我国《预算法》的限制，我国的政府债券长期限于中央政府债券。但地方政府在诸如桥梁、公路、隧道、供水、供气等基础设施的建设中又面临资金短缺的问题，于是形成了具有中国特色的地方政府债券，即以企业债券的形式发行地方政府债券。如1999年上海城市建设投资开发公司发行5亿元浦东建设债券，名义上是公司债券，但所筹资金实是用于上海地铁建设；济南自来水公司发行1.5亿元供水建设债券，名义上是公司债券，而所筹资金则用于济南自来水设施建设。2000年以后，国债发行总规模中有少量中央政府代地方政府发行的债券，其中，2001年为400亿元、2002年为250亿元、2003年为250亿元、2004年为150亿元、2005年为100亿元。2009年2月17日，在北京举行的第十一届全国人大常委会第十八次委员长会议听取了《国务院关于安排发行2009年地方政府债券的报告》有关情况的汇报，在法律上正式确立了财政部代理发行地方政府债券的制度。

顾各方利益。《预算法》第12条第1款规定："各级预算应当遵循统筹兼顾、勤俭节约、量力而行、讲求绩效和收支平衡的原则。"

第五，全口径预算原则。这一原则要求政府以及使用财政资金的其他单位的一切收入和支出均应纳入预算，在预算之外，不应存在预算外收支。《预算法》第4条规定："预算由预算收入和预算支出组成。政府的全部收入和支出都应当纳入预算。"

第六，预算法定原则。这一原则要求预算收入和预算支出均应具有法律依据，其中预算收入的法律依据主要为各类规范财政收入的法律，预算支出的法律依据为各级人大每年通过的预算。《预算法》第13条规定："经人民代表大会批准的预算，非经法定程序，不得调整。各级政府、各部门、各单位的支出必须以经批准的预算为依据，未列入预算的不得支出。"

第七，预算公开原则。这一原则要求预算的编制、审议、执行等整个程序都应当向社会公开，接受社会监督。《预算法》第14条规定："经本级人民代表大会或者本级人民代表大会常务委员会批准的预算、预算调整、决算、预算执行情况的报告及报表，应当在批准后二十日内由本级政府财政部门向社会公开，并对本级政府财政转移支付安排、执行的情况以及举借债务的情况等重要事项作出说明。经本级政府财政部门批复的部门预算、决算及报表，应当在批复后二十日内由各部门向社会公开，并对部门预算、决算中机关运行经费的安排、使用情况等重要事项作出说明。各级政府、各部门、各单位应当将政府采购的情况及时向社会公开。本条前三款规定的公开事项，涉及国家秘密的除外。"《预算法实施条例》第6条规定："一般性转移支付向社会公开应当细化到地区。专项转移支付向社会公开应当细化到地区和项目。政府债务、机关运行经费、政府采购、财政专户资金等情况，按照有关规定向社会公开。部门预算、决算应当公开基本支出和项目支出。部门预算、决算支出按其功能分类应当公开到项；按其经济性质分类，基本支出应当公开到款。各部门所属单位的预算、决算及报表，应当在部门批复后20日内由单位向社会公开。单位预算、决算应当公开基本支出和项目支出。单位预算、决算支出按其功能分类应当公开到项；按其经济性质分类，基本支出应当公开到款。"

（四）预算的级次

国家实行一级政府一级预算，设立中央，省、自治区、直辖市，设区的市、自治州，县、自治县、不设区的市、市辖区，乡、民族乡、镇五级预算。

全国预算由中央预算和地方预算组成。地方预算由各省、自治区、直辖市总预算组成。地方各级总预算由本级预算和汇总的下一级总预算组成；下一级只有本级预算的，下一级总预算即指下一级的本级预算。没有下一级预算的，总预算即指本级预算。

根据《预算法实施条例》第2条的规定："县级以上地方政府的派出机关根据本级政府授权进行预算管理活动，不作为一级预算，其收支纳入本级预算。"

(五) 预算的构成

1. 一般公共预算

一般公共预算是对以税收为主体的财政收入，安排用于保障和改善民生、推动经济社会发展、维护国家安全、维持国家机构正常运转等方面的收支预算。中央一般公共预算包括中央各部门（含直属单位，下同）的预算和中央对地方的税收返还、转移支付预算。中央一般公共预算收入包括中央本级收入和地方向中央的上解收入。中央一般公共预算支出包括中央本级支出、中央对地方的税收返还和转移支付。

地方各级一般公共预算包括本级各部门（含直属单位，下同）的预算和税收返还、转移支付预算。地方各级一般公共预算收入包括地方本级收入、上级政府对本级政府的税收返还和转移支付、下级政府的上解收入。地方各级一般公共预算支出包括地方本级支出、对上级政府的上解支出、对下级政府的税收返还和转移支付。

各部门预算由本部门及其所属各单位预算组成。各部门，是指与本级政府财政部门直接发生预算缴拨款关系的国家机关、军队、政党组织、事业单位、社会团体和其他单位。各部门预算应当反映一般公共预算、政府性基金预算、国有资本经营预算安排给本部门及其所属各单位的所有预算资金。各部门预算收入包括本级财政安排给本部门及其所属各单位的预算拨款收入和其他收入。各部门预算支出为与部门预算收入相对应的支出，包括基本支出和项目支出。基本支出，是指各部门、各单位为保障其机构正常运转、完成日常工作任务所发生的支出，包括人员经费和公用经费；项目支出，是指各部门、各单位为完成其特定的工作任务和事业发展目标所发生的支出。各部门及其所属各单位的本级预算拨款收入和其相对应的支出，应当在部门预算中单独反映。

2. 政府性基金预算

政府性基金预算是对依照法律、行政法规的规定在一定期限内向特定对象征收、收取或者以其他方式筹集的资金，专项用于特定公共事业发展的收支预算。政府性基金预算收入包括政府性基金各项目收入和转移性收入。政府性基金预算支出包括与政府性基金预算收入相对应的各项目支出和转移性支出。

转移性收入，是指上级税收返还和转移支付、下级上解收入、调入资金以及按照财政部规定列入转移性收入的无隶属关系政府的无偿援助。转移性支出包括上解上级支出、对下级的税收返还和转移支付、调出资金以及按照财政部规定列入转移性支出的给予无隶属关系政府的无偿援助。

政府性基金预算应当根据基金项目收入情况和实际支出需要，按基金项目编制，做到以收定支。

3. 国有资本经营预算

国有资本经营预算是对国有资本收益作出支出安排的收支预算。国有资本经营预算收入包括依照法律、行政法规和国务院规定应当纳入国有资本经营预算的国有独资企业和国有独资公司按照规定上缴国家的利润收入、从国有资本控股和参股公司获得的股息红利收入、国有产权转让收入、清算收入和其他收入。国有资本经营预算支出包括资本性支出、费用性支出、向一般公共预算调出资金等转移性支出和其他支出。

国有资本经营预算应当按照收支平衡的原则编制，不列赤字，并安排资金调入一般公共预算。

4. 社会保险基金预算

社会保险基金预算是对社会保险缴款、一般公共预算安排和其他方式筹集的资金，专项用于社会保险的收支预算。社会保险基金预算收入包括各项社会保险费收入、利息收入、投资收益、一般公共预算补助收入、集体补助收入、转移收入、上级补助收入、下级上解收入和其他收入。社会保险基金预算支出包括各项社会保险待遇支出、转移支出、补助下级支出、上解上级支出和其他支出。

社会保险基金预算应当按照统筹层次和社会保险项目分别编制，做到收支平衡。社会保险基金预算应当在精算平衡的基础上实现可持续运行，一般公共预算可以根据需要和财力适当安排资金补充社会保险基金预算。

(六) 预算年度

预算年度是政府预算所跨越的 12 个月的期限，国际上一般有历年制和跨年制两种。历年制是以公历 1 月 1 日至 12 月 31 日为一个预算年度。目前，世界上大多数国家实行历年制预算年度，如中国、朝鲜、德国、法国、意大利、奥地利、比利时、丹麦、芬兰、希腊、爱尔兰、冰岛、卢森堡、荷兰、西班牙、葡萄牙、瑞士、挪威、俄罗斯、波兰、匈牙利等。

跨年制是以跨越两个公历年度的 12 个月期间为一个预算年度，跨年制预算年度包括四种制度：其一，以公历 3 月 1 日至次年 2 月 28（29）日为一个预算年度（一般简称三月制），如土耳其；其二，以公历 4 月 1 日至次年 3 月 31 日为一个预算年度（一般简称四月制），如英国、加拿大、日本、印度等；其三，以公历 7 月 1 日至次年 6 月 30 日为一个预算年度（一般简称七月制），如孟加拉国、巴基斯坦、苏丹、科威特、澳大利亚等；其四，以公历 10 月 1 日至次年 9 月 30 日为一个预算年度（一般简称十月制），如美国、尼泊尔、泰国、海地。

各国预算年度并非一成不变，如瑞典在 20 世纪 90 年代将预算年度从七月制改为历年制，美国预算年度从 1844 年至 1975 年实行七月制，1976 年改为十月制。

北洋政府在 1914 年制定了我国历史上第一部《会计法》，其中所规定的会计年度和预算年度为公历 7 月 1 日至次年 6 月 30 日。1936 年国民政府决定自 1939 年起将预算年度改为历年制。新中国成立后，相关立法均规定预算年度自公历 1 月 1 日起，至 12 月 31 日止。《预算法》第 18 条规定："预算年度自公历一月一日起，至十二月三十一日止。"

(七) 预算的效力

预算的效力是指预算在法律上的约束力。预算的效力首先涉及预算的性质问题。关于这一问题，主要有预算行政说、预算法规范说（特殊法律形式说）以及预算法律说。预算行政说认为预算本质上是政府的行政行为，在民主体制下，无非是增加了一道议会承认或者认可的程序，但本质上仍然是对政府行政行为的承认和认可。如日本学者美浓部达吉认为，预算是国会对政府一年期的财政计划加以承认的意思表示，仅于国会与政府间有其效力。[1]

---

〔1〕 [日] 美浓部达吉：《日本国宪法原论》，有斐阁 1952 年版，第 344 页。

预算法规范说（特殊法律形式说）认为预算也是法律的形式之一，只不过与一般法律规范的形式不同而已。预算法律说则认为虽然预算具有与一般法律不同的形式，但预算就是法律，具有和法律相同的本质属性。[1]

法国 1826 年 3 月 31 日的政令第 5 条是这样定义预算的：它是一个法案，通过这个法案对国家年度收入和国家年度开支或其他公用事业开支进行预先安排。《德意志联邦共和国基本法》规定："联邦之一切收支应编入预算案，联邦企业及特别财产仅需列其收入或支出，预算案应收支平衡。预算案应为一会计年度或依年别分数会计年度，于第一会计年度开始前以预算法订定之。"1814 年的《荷兰王国宪法》第 105 条规定："国家财政收支预算由议会法令规定。"德国 1919 年的《魏玛宪法》第 85 条第 1 款规定："联邦之收支，应于每会计年度预先估计，并编入预算案。预算于会计年度之前，以法律定之。"1919 年《芬兰共和国宪法》第 66 条第 1 款规定："每一财政年度的全部收支项目应列入年度预算，年度预算由议会通过后，按照颁布法律的方式予以颁布。"

我国《宪法》和《预算法》虽然未明确规定预算的性质，但《预算法》第 13 条明确规定："经人民代表大会批准的预算，非经法定程序，不得调整。各级政府、各部门、各单位的支出必须以经批准的预算为依据，未列入预算的不得支出。"因此，无论预算在我国现行法律体系中属于什么性质，其对政府的约束力都是不容置疑的。

预算的法律效力在收入、支出等方面具有不同的要求。在预算收入方面，政府取得任何预算收入都应当具有实体法的依据，不能仅依据预算而取得相应的财政收入。当然，政府在编制预算收入时，也应当根据现行有效的法律法规来编制，不能将无法律法规依据的收入列入预算。政府取得财政收入的数额应当根据法律法规所规定的条件来确定，而不能为完成预算所规定的收入任务而违反相关法律法规的规定。预算在收入方面对政府的约束是软约束，即无论政府实际取得的财政收入是低于还是高于预算收入，都不能仅凭此就断定政府违反预算。预算在支出方面对政府的约束是单向硬约束，即政府开支不能超过预算的数额，但是可以低于预算数额。当政府开支低于预算数额时，应当根据政府实际履行职责的状况来判断政府的行为是否合法，其判断

---

[1] 蔡茂寅：《预算法之原理》，元照出版有限公司 2008 年版，第 45—51 页。

依据是具体规定政府职责的法律法规,而非预算和《预算法》。

二、预算管理职权

(一) 全国人大及其常委会的职权

全国人大审查中央和地方预算草案[1]及中央和地方预算执行情况的报告;批准中央预算和中央预算执行情况的报告;改变或者撤销全国人大常委会关于预算、决算的不适当的决议。

全国人大常委会监督中央和地方预算的执行;审查和批准中央预算的调整方案;审查和批准中央决算;撤销国务院制定的同宪法、法律相抵触的关于预算、决算的行政法规、决定和命令;撤销省、自治区、直辖市人大及其常委会制定的同宪法、法律和行政法规相抵触的关于预算、决算的地方性法规和决议。

(二) 地方人大及其常委会的职权

县级以上地方各级人大审查本级总预算草案及本级总预算执行情况的报告;批准本级预算和本级预算执行情况的报告;改变或者撤销本级人大常委会关于预算、决算的不适当的决议;撤销本级政府关于预算、决算的不适当的决定和命令。

县级以上地方各级人大常委会监督本级总预算的执行;审查和批准本级预算的调整方案;审查和批准本级决算;撤销本级政府和下一级人大及其常委会关于预算、决算的不适当的决定、命令和决议。

乡、民族乡、镇的人大审查和批准本级预算和本级预算执行情况的报告;监督本级预算的执行;审查和批准本级预算的调整方案;审查和批准本级决算;撤销本级政府关于预算、决算的不适当的决定和命令。

(三) 各级人大内设部门的职权

全国人大财政经济委员会对中央预算草案初步方案及上一年预算执行情况、中央预算调整初步方案和中央决算草案进行初步审查,提出初步审查意见。

省、自治区、直辖市人大有关专门委员会对本级预算草案初步方案及上一年预算执行情况、本级预算调整初步方案和本级决算草案进行初步审查,

---

[1] 预算草案,是指各级政府、各部门、各单位编制的未经法定程序审查和批准的预算。

提出初步审查意见。

设区的市、自治州人大有关专门委员会对本级预算草案初步方案及上一年预算执行情况、本级预算调整初步方案和本级决算草案进行初步审查，提出初步审查意见，未设立专门委员会的，由本级人大常委会有关工作机构研究提出意见。

县、自治县、不设区的市、市辖区人大常委会对本级预算草案初步方案及上一年预算执行情况进行初步审查，提出初步审查意见。县、自治县、不设区的市、市辖区人大常委会有关工作机构对本级预算调整初步方案和本级决算草案研究提出意见。

设区的市、自治州以上各级人大有关专门委员会进行初步审查、常委会有关工作机构研究提出意见时，应当邀请本级人大代表参加。

对依照上述规定提出的意见，本级政府财政部门应当将处理情况及时反馈。依照上述规定提出的意见以及本级政府财政部门反馈的处理情况报告，应当印发本级人大代表。

全国人大常委会和省、自治区、直辖市、设区的市、自治州人大常委会有关工作机构，依照本级人大常委会的决定，协助本级人大财政经济委员会或者有关专门委员会承担审查预算草案、预算调整方案、决算草案和监督预算执行等方面的具体工作。

(四) 国务院的职权

国务院编制中央预算、决算草案；向全国人大作关于中央和地方预算草案的报告；将省、自治区、直辖市政府报送备案的预算汇总后报全国人大常委会备案；组织中央和地方预算的执行；决定中央预算预备费的动用；编制中央预算调整方案；监督中央各部门和地方政府的预算执行；改变或者撤销中央各部门和地方政府关于预算、决算的不适当的决定、命令；向全国人大、全国人大常委会报告中央和地方预算的执行情况。

(五) 地方人民政府的职权

县级以上地方各级政府编制本级预算、决算草案；向本级人大作关于本级总预算草案的报告；将下一级政府报送备案的预算汇总后报本级人大常委会备案；组织本级总预算的执行；决定本级预算预备费的动用；编制本级预算的调整方案；监督本级各部门和下级政府的预算执行；改变或者撤销本级各部门和下级政府关于预算、决算的不适当的决定、命令；向本级人大、本级人大常委会报告本级总预算的执行情况。

乡、民族乡、镇政府编制本级预算、决算草案；向本级人大作关于本级预算草案的报告；组织本级预算的执行；决定本级预算预备费的动用；编制本级预算的调整方案；向本级人大报告本级预算的执行情况。

经省、自治区、直辖市政府批准，乡、民族乡、镇本级预算草案、预算调整方案、决算草案，可以由上一级政府代编，并依照规定报乡、民族乡、镇的人大审查和批准。

(六) 财政部门的职权

国务院财政部门具体编制中央预算、决算草案；具体组织中央和地方预算的执行；提出中央预算预备费动用方案；具体编制中央预算的调整方案；定期向国务院报告中央和地方预算的执行情况。

地方各级政府财政部门具体编制本级预算、决算草案；具体组织本级总预算的执行；提出本级预算预备费动用方案；具体编制本级预算的调整方案；定期向本级政府和上一级政府财政部门报告本级总预算的执行情况。

(七) 部门和单位的职权

各部门编制本部门预算、决算草案；组织和监督本部门预算的执行；定期向本级政府财政部门报告预算的执行情况。

各单位编制本单位预算、决算草案；按照国家规定上缴预算收入，安排预算支出，并接受国家有关部门的监督。

三、预算收支范围

(一) 一般公共预算的收支范围

一般公共预算收入包括各项税收收入、行政事业性收费收入、国有资源（资产）有偿使用收入、转移性收入和其他收入。

一般公共预算支出按照其功能分类，包括一般公共服务支出，外交、公共安全、国防支出，农业、环境保护支出，教育、科技、文化、卫生、体育支出，社会保障及就业支出和其他支出。

一般公共预算支出按照其经济性质分类，包括工资福利支出、商品和服务支出、资本性支出和其他支出。

(二) 其他预算收支范围

政府性基金预算、国有资本经营预算和社会保险基金预算的收支范围，按照法律、行政法规和国务院的规定执行。

中央预算与地方预算有关收入和支出项目的划分、地方向中央上解收入、中央对地方税收返还或者转移支付的具体办法，由国务院规定，报全国人大常委会备案。

上级政府不得在预算之外调用下级政府预算的资金。下级政府不得挤占或者截留属于上级政府预算的资金。

四、预算编制程序

（一）预算编制的主体与时间

国务院应当及时下达关于编制下一年度预算草案的通知。编制预算草案的具体事项由国务院财政部门部署。各级政府、各部门、各单位应当按照国务院规定的时间编制预算草案。财政部于每年 6 月 15 日前部署编制下一年度预算草案的具体事项，规定报表格式、编报方法、报送期限等。

省、自治区、直辖市政府应当按照国务院规定的时间，将本级总预算草案报国务院审核汇总。县级以上地方各级政府财政部门应当于每年 6 月 30 日前部署本行政区域编制下一年度预算草案的具体事项，规定有关报表格式、编报方法、报送期限等。省、自治区、直辖市政府财政部门汇总的本级总预算草案或者本级总预算，应当于下一年度 1 月 10 日前报财政部。

（二）预算编制的依据和方法

各级预算应当根据年度经济社会发展目标、国家宏观调控总体要求和跨年度预算平衡的需要，参考上一年预算执行情况、有关支出绩效评价结果和本年度收支预测，按照规定程序征求各方面意见后，进行编制。[1]

各级政府依据法定权限作出决定或者制定行政措施，凡涉及增加或者减少财政收入或者支出的，应当在预算批准前提出并在预算草案中作出相应安排。

各部门、各单位应当按照国务院财政部门制定的政府收支分类科目、预

---

[1] 绩效评价，是指根据设定的绩效目标，依据规范的程序，对预算资金的投入、使用过程、产出与效果进行系统和客观的评价。绩效评价结果应当按照规定作为改进管理和编制以后年度预算的依据。

算支出标准[1]和要求，以及绩效目标管理等预算编制规定，根据其依法履行职能和事业发展的需要以及存量资产情况，编制本部门、本单位预算草案。

上述所称政府收支分类科目，收入分为类、款、项、目；支出按其功能分为类、款、项，按其经济性质分为类、款。

（三）中央预算的编制

中央一般公共预算中必需的部分资金，可以通过举借国内和国外债务等方式筹措，举借债务应当控制适当的规模，保持合理的结构。对中央一般公共预算中举借的债务实行余额管理，余额的规模不得超过全国人大批准的限额。[2]国务院财政部门具体负责对中央政府债务的统一管理。

中央一般公共预算收入编制内容包括本级一般公共预算收入、从国有资本经营预算调入资金、地方上解收入、从预算稳定调节基金调入资金、其他调入资金。中央一般公共预算支出编制内容包括本级一般公共预算支出、对地方的税收返还和转移支付、补充预算稳定调节基金。中央政府债务余额的限额应当在本级预算中单独列示。

中央政府性基金预算收入编制内容包括本级政府性基金各项目收入、上一年度结余、地方上解收入。中央政府性基金预算支出编制内容包括本级政府性基金各项目支出、对地方的转移支付、调出资金。

中央国有资本经营预算收入编制内容包括本级收入、上一年度结余、地方上解收入。中央国有资本经营预算支出编制内容包括本级支出、向一般公共预算调出资金、对地方特定事项的转移支付。

（四）地方预算的编制

地方各级预算按照量入为出、收支平衡的原则编制，除《预算法》另有规定外，不列赤字。经国务院批准的省、自治区、直辖市的预算中必需的建设投资的部分资金，可以在国务院确定的限额内，通过发行地方政府债券举借债务的方式筹措。举借债务的规模，由国务院报全国人大或者全国人大常

---

[1] 预算支出标准，是指对预算事项合理分类并分别规定的支出预算编制标准，包括基本支出标准和项目支出标准。地方各级政府财政部门应当根据财政部制定的预算支出标准，结合本地区经济社会发展水平、财力状况等，制定本地区或者本级的预算支出标准。

[2] 余额管理，是指国务院在全国人大批准的中央一般公共预算债务的余额限额内，决定发债规模、品种、期限和时点的管理方式；余额，是指中央一般公共预算中举借债务未偿还的本金。

委会批准。[1]省、自治区、直辖市依照国务院下达的限额举借的债务，列入本级预算调整方案，报本级人大常委会批准。举借的债务应当有偿还计划和稳定的偿还资金来源，只能用于公益性资本支出，不得用于经常性支出。除上述规定外，地方政府及其所属部门不得以任何方式举借债务。除法律另有规定外，地方政府及其所属部门不得为任何单位和个人的债务以任何方式提供担保。国务院建立地方政府债务风险评估和预警机制、应急处置机制以及责任追究制度。国务院财政部门对地方政府债务实施监督。

地方各级一般公共预算收入编制内容包括本级一般公共预算收入、从国有资本经营预算调入资金、上级税收返还和转移支付、下级上解收入、从预算稳定调节基金调入资金、其他调入资金。地方各级一般公共预算支出编制内容包括本级一般公共预算支出、上解上级支出、对下级的税收返还和转移支付、补充预算稳定调节基金。

地方政府性基金预算收入编制内容包括本级政府性基金各项目收入、上一年度结余、下级上解收入、上级转移支付。地方政府性基金预算支出编制内容包括本级政府性基金各项目支出、上解上级支出、对下级的转移支付、调出资金。

地方国有资本经营预算收入编制内容包括本级收入、上一年度结余、上级对特定事项的转移支付、下级上解收入。地方国有资本经营预算支出编制内容包括本级支出、向一般公共预算调出资金、对下级特定事项的转移支付、上解上级支出。

（五）预算收入的编制要求

各级预算收入的编制，应当与经济社会发展水平相适应，与财政政策相衔接。各级政府、各部门、各单位应当依照《预算法》规定，将所有政府收入全部列入预算，不得隐瞒、少列。

（六）预算支出的编制要求

各级预算支出应当依照《预算法》规定，按其功能和经济性质分类编制。

---

[1] 举借债务的规模，是指各地方政府债务余额限额的总和，包括一般债务限额和专项债务限额。一般债务是指列入一般公共预算用于公益性事业发展的一般债券、地方政府负有偿还责任的外国政府和国际经济组织贷款转贷债务；专项债务是指列入政府性基金预算用于有收益的公益性事业发展的专项债券。

各级预算支出的编制,应当贯彻勤俭节约的原则,严格控制各部门、各单位的机关运行经费和楼堂馆所等基本建设支出。

各级一般公共预算支出的编制,应当统筹兼顾,在保证基本公共服务合理需要的前提下,优先安排国家确定的重点支出。

(七) 转移支付的编制

一般性转移支付应当按照国务院规定的基本标准和计算方法编制。专项转移支付应当分地区、分项目编制。

县级以上各级政府应当将对下级政府的转移支付预计数提前下达至下级政府。县级以上各级政府应当按照本年度转移支付预计执行数的一定比例将下一年度转移支付预计数提前下达至下一级政府,具体下达事宜由本级政府财政部门办理。除据实结算等特殊项目的转移支付外,提前下达的一般性转移支付预计数的比例一般不低于90%;提前下达的专项转移支付预计数的比例一般不低于70%。其中,按照项目法管理分配的专项转移支付,应当一并明确下一年度组织实施的项目。

地方各级政府应当将上级政府提前下达的转移支付预计数编入本级预算。

中央预算和有关地方预算中应当安排必要的资金,用于扶助革命老区、民族地区、边疆地区、贫困地区发展经济社会建设事业。

(八) 预备费的编制

各级一般公共预算应当按照本级一般公共预算支出额的1%—3%设置预备费,用于当年预算执行中的自然灾害等突发事件处理增加的支出及其他难以预见的开支。

(九) 周转金与调节基金的编制

各级一般公共预算按照国务院的规定可以设置预算周转金,用于本级政府调剂预算年度内季节性收支差额。经本级政府批准,各级政府财政部门可以设置预算周转金,额度不得超过本级一般公共预算支出总额的1%。年度终了时,各级政府财政部门可以将预算周转金收回并用于补充预算稳定调节基金。

各级一般公共预算按照国务院的规定可以设置预算稳定调节基金,用于弥补以后年度预算资金的不足。

第十一章 财政预算制度

（十）年度结余的处理

各级政府上一年度预算的结转资金，应当在下一年度用于结转项目的支出；[1]连续两年未用完的结转资金，应当作为结余资金管理。[2]各部门、各单位上一年度预算的结转、结余资金按照国务院财政部门的规定办理。

五、预算审查和批准

（一）各级预算审查和批准的主体

中央预算由全国人大审查和批准。

地方各级预算由本级人大审查和批准。

（二）财政部门提交预算草案

国务院财政部门应当在每年全国人大会议举行的 45 日前，将中央预算草案的初步方案提交全国人大财政经济委员会进行初步审查。

省、自治区、直辖市政府财政部门应当在本级人大会议举行的 30 日前，将本级预算草案的初步方案提交本级人大有关专门委员会进行初步审查。

设区的市、自治州政府财政部门应当在本级人大会议举行的 30 日前，将本级预算草案的初步方案提交本级人大有关专门委员会进行初步审查，或者送交本级人大常委会有关工作机构征求意见。

县、自治县、不设区的市、市辖区政府应当在本级人大会议举行的 30 日前，将本级预算草案的初步方案提交本级人大常委会进行初步审查。

（三）听取意见与预算草案的细化

县、自治县、不设区的市、市辖区、乡、民族乡、镇的人大举行会议审查预算草案前，应当采用多种形式，组织本级人大代表，听取选民和社会各界的意见。

报送各级人大审查和批准的预算草案应当细化。本级一般公共预算支出，按其功能分类应当编列到项；按其经济性质分类，基本支出应当编列到款。本级政府性基金预算、国有资本经营预算、社会保险基金预算支出，按其功

---

[1] 结转资金，是指预算安排项目的支出年度终了时尚未执行完毕，或者因故未执行但下一年度需要按原用途继续使用的资金；连续两年未用完的结转资金，是指预算安排项目的支出在下一年度终了时仍未用完的资金。

[2] 结余资金，是指年度预算执行终了时，预算收入实际完成数扣除预算支出实际完成数和结转资金后剩余的资金。

能分类应当编列到项。

（四）政府向人大作预算报告

国务院在全国人大举行会议时，向大会作关于中央和地方预算草案以及中央和地方预算执行情况的报告。

地方各级政府在本级人大举行会议时，向大会作关于总预算草案和总预算执行情况的报告。

（五）各级人大审查要点

全国人大和地方各级人大对预算草案及其报告、预算执行情况的报告重点审查下列内容：

①上一年度预算执行情况是否符合本级人大预算决议的要求；

②预算安排是否符合《预算法》的规定；

③预算安排是否贯彻国民经济和社会发展的方针政策，收支政策是否切实可行；

④重点支出和重大投资项目的预算安排是否适当；

⑤预算的编制是否完整，是否符合《预算法》的规定；

⑥对下级政府的转移性支出预算是否规范、适当；

⑦预算安排举借的债务是否合法、合理，是否有偿还计划和稳定的偿还资金来源；

⑧与预算有关重要事项的说明是否清晰。

（六）预算初审结果报告

全国人大财政经济委员会向全国人大主席团提出关于中央和地方预算草案及中央和地方预算执行情况的审查结果报告。

省、自治区、直辖市、设区的市、自治州人大有关专门委员会，县、自治县、不设区的市、市辖区人大常委会，向本级人大主席团提出关于总预算草案及上一年度总预算执行情况的审查结果报告。

审查结果报告应当包括下列内容：

①对上一年度预算执行和落实本级人大预算决议的情况作出评价；

②对本年度预算草案是否符合《预算法》的规定，是否可行作出评价；

③对本级人大批准预算草案和预算报告提出建议；

④对执行年度预算、改进预算管理、提高预算绩效、加强预算监督等提出意见和建议。

（七）下级预算的备案与审查

乡、民族乡、镇政府应当及时将经本级人大批准的本级预算报上一级政府备案。县级以上地方各级政府应当及时将经本级人大批准的本级预算及下一级政府报送备案的预算汇总，报上一级政府备案。

县级以上地方各级政府将下一级政府依照上述规定报送备案的预算汇总后，报本级人大常委会备案。国务院将省、自治区、直辖市政府依照前款规定报送备案的预算汇总后，报全国人大常委会备案。

国务院和县级以上地方各级政府对下一级政府依照上述规定报送备案的预算，认为有同法律、行政法规相抵触或者有其他不适当之处，需要撤销批准预算的决议的，应当提请本级人大常委会审议决定。

（八）预算的批复

各级预算经本级人大批准后，本级政府财政部门应当在 20 日内向本级各部门批复预算。各部门应当在接到本级政府财政部门批复的本部门预算后 15 日内向所属各单位批复预算。

中央对地方的一般性转移支付应当在全国人大批准预算后 30 日内正式下达。中央对地方的专项转移支付应当在全国人大批准预算后 90 日内正式下达。

省、自治区、直辖市政府接到中央一般性转移支付和专项转移支付后，应当在 30 日内正式下达到本行政区域县级以上各级政府。

县级以上地方各级预算安排对下级政府的一般性转移支付和专项转移支付，应当分别在本级人大批准预算后的 30 日和 60 日内正式下达。

对自然灾害等突发事件处理的转移支付，应当及时下达预算；对据实结算等特殊项目的转移支付，可以分期下达预算，或者先预付后结算。

县级以上各级政府财政部门应当将批复本级各部门的预算和批复下级政府的转移支付预算，抄送本级人大财政经济委员会、有关专门委员会和常务委员会有关工作机构。

六、预算执行制度

（一）预算执行主体

各级预算由本级政府组织执行，具体工作由本级政府财政部门负责。

各部门、各单位是本部门、本单位的预算执行主体，负责本部门、本单位的预算执行,并对执行结果负责。

(二) 预算生效前的执行

预算年度开始后,各级预算草案在本级人大批准前,可以安排下列支出:

①上一年度结转的支出;

②参照上一年同期的预算支出数额安排必须支付的本年度部门基本支出、项目支出,以及对下级政府的转移性支出;

③法律规定必须履行支付义务的支出,以及用于自然灾害等突发事件处理的支出。

根据上述规定安排支出的情况,应当在预算草案的报告中作出说明。

预算经本级人大批准后,按照批准的预算执行。

(三) 预算收入的执行

预算收入征收部门和单位,必须依照法律、行政法规的规定,及时、足额征收应征的预算收入。不得违反法律、行政法规规定,多征、提前征收或者减征、免征、缓征应征的预算收入,不得截留、占用或者挪用预算收入。各级政府不得向预算收入征收部门和单位下达收入指标。

政府的全部收入应当上缴国家金库(简称国库),任何部门、单位和个人不得截留、占用、挪用或者拖欠。对于法律有明确规定或者经国务院批准的特定专用资金,可以依照国务院的规定设立财政专户。[1]

(四) 预算支出的执行

各级政府财政部门必须依照法律、行政法规和国务院财政部门的规定,及时、足额地拨付预算支出资金,加强对预算支出的管理和监督。

各级政府、各部门、各单位的支出必须按照预算执行,不得虚假列支。各级政府财政部门应当加强对预算资金拨付的管理,并遵循下列原则:

---

[1] 财政专户,是指财政部门为履行财政管理职能,根据法律规定或者经国务院批准开设的用于管理核算特定专用资金的银行结算账户;特定专用资金,包括法律规定可以设立财政专户的资金,外国政府和国际经济组织的贷款、赠款,按照规定存储的人民币以外的货币,财政部会同有关部门报国务院批准的其他特定专用资金。开设、变更财政专户应当经财政部核准,撤销财政专户应当报财政部备案,中国人民银行应当加强对银行业金融机构开户的核准、管理和监督工作。财政专户资金由本级政府财政部门管理。除法律另有规定外,未经本级政府财政部门同意,任何部门、单位和个人都无权冻结、动用财政专户资金。财政专户资金应当由本级政府财政部门纳入统一的会计核算,并在预算执行情况、决算和政府综合财务报告中单独反映。

第十一章 财政预算制度

按照预算拨付，即按照批准的年度预算和用款计划拨付资金。除《预算法》第 54 条规定的在预算草案批准前可以安排支出的情形外，不得办理无预算、无用款计划、超预算或者超计划的资金拨付，不得擅自改变支出用途。

按照规定的预算级次和程序拨付，即根据用款单位的申请，按照用款单位的预算级次、审定的用款计划和财政部门规定的预算资金拨付程序拨付资金。

按照进度拨付，即根据用款单位的实际用款进度拨付资金。

各级政府、各部门、各单位应当对预算支出情况开展绩效评价。

（五）预算收支的核算准则

各级预算的收入和支出实行收付实现制。

特定事项按照国务院的规定实行权责发生制的有关情况，应当向本级人大常委会报告。

各级政府财政部门应当按年度编制以权责发生制为基础的政府综合财务报告，报告政府整体财务状况、运行情况和财政中长期可持续性，报本级人大常委会备案。[1]

（六）国库制度

国库是办理预算收入的收纳、划分、留解、退付和库款支拨的专门机构。国库分为中央国库和地方国库。县级以上各级预算必须设立国库；具备条件的乡、民族乡、镇也应当设立国库。

中央国库业务由中国人民银行经理，地方国库业务依照国务院的有关规定办理。各级国库应当按照国家有关规定，及时准确地办理预算收入的收纳、划分、留解、退付和预算支出的拨付。各级国库库款的支配权属于本级政府财政部门。除法律、行政法规另有规定外，未经本级政府财政部门同意，任何部门、单位和个人都无权冻结、动用国库库款或者以其他方式支配已入国库的库款。各级国库必须凭本级政府财政部门签发的拨款凭证或者支付清算指令于当日办理资金拨付，并及时将款项转入收款单位的账户或者清算资金。各级政府应当加强对本级国库的管理和监督，按照国务院的规定完善国库现

---

[1] 政府综合财务报告，是指以权责发生制为基础编制的反映各级政府整体财务状况、运行情况和财政中长期可持续性的报告。政府综合财务报告包括政府资产负债表、收入费用表等财务报表和报表附注，以及以此为基础进行的综合分析等。

金管理，合理调节国库资金余额。

已经缴入国库的资金，依照法律、行政法规的规定或者国务院的决定需要退付的，各级政府财政部门或者其授权的机构应当及时办理退付。按照规定应当由财政支出安排的事项，不得用退库处理。

国家实行国库集中收缴和集中支付制度，对政府全部收入和支出实行国库集中收付管理。各级国库应当及时向本级政府财政部门编报预算收入入库、解库、库款拨付以及库款余额情况的日报、旬报、月报和年报。

（七）预算执行的管理

各级政府应当加强对预算执行的领导，支持政府财政、税务、海关等预算收入的征收部门依法组织预算收入，支持政府财政部门严格管理预算支出。财政、税务、海关等部门在预算执行中，应当加强对预算执行的分析；发现问题时应当及时建议本级政府采取措施予以解决。

各部门、各单位应当加强对预算收入和支出的管理，不得截留或者动用应当上缴的预算收入，不得擅自改变预算支出的用途。

（八）预备费与周转金的使用

各级预算预备费的动用方案，由本级政府财政部门提出，报本级政府决定。

各级预算周转金由本级政府财政部门管理，不得挪作他用。

（九）超收、结余与短收的处理

各级一般公共预算年度执行中有超收收入的，只能用于冲减赤字或者补充预算稳定调节基金。[1]

各级一般公共预算的结余资金，应当补充预算稳定调节基金。

省、自治区、直辖市一般公共预算年度执行中出现短收，通过调入预算稳定调节基金、减少支出等方式仍不能实现收支平衡的，省、自治区、直辖市政府报本级人大或者其常委会批准，可以增列赤字，报国务院财政部门备案，并应当在下一年度预算中予以弥补。[2]设区的市、自治州以下各级一般

---

[1] 超收收入，是指年度本级一般公共预算收入的实际完成数超过经本级人大或者其常委会批准的预算收入数的部分。实际完成数和预算收入数，不包括转移性收入和政府债务收入。

[2] 短收，是指年度本级一般公共预算收入的实际完成数小于经本级人大或者其常委会批准的预算收入数的情形。实际完成数和预算收入数，不包括转移性收入和政府债务收入。

公共预算年度执行中出现短收的,应当通过调入预算稳定调节基金或者其他预算资金、减少支出等方式实现收支平衡;采取上述措施仍不能实现收支平衡的,可以通过申请上级政府临时救助平衡当年预算,并在下一年度预算中安排资金归还。

七、预算调整制度

(一) 预算调整的情形

预算调整是指经全国人大批准的中央预算和经地方各级人大批准的本级预算,在执行中因特殊情况需要增加支出或者减少收入,使原批准的收支平衡的预算的总支出超过总收入,或者使原批准的预算中举借债务的数额增加的部分变更。[1]

经全国人大批准的中央预算和经地方各级人大批准的地方各级预算,在执行中出现下列情况之一的,应当进行预算调整:

①需要增加或者减少预算总支出的;
②需要调入预算稳定调节基金的;
③需要调减预算安排的重点支出数额的;
④需要增加举借债务数额的。

在预算执行中,各级政府一般不制定新的增加财政收入或者支出的政策和措施,也不制定减少财政收入的政策和措施;必须作出并需要进行预算调整的,应当在预算调整方案中作出安排。

(二) 预算调整的程序

在预算执行中,各级政府对于必须进行的预算调整,应当编制预算调整方案。预算调整方案应当说明预算调整的理由、项目和数额。

在预算执行中,由于发生自然灾害等突发事件,必须及时增加预算支出的,应当先动支预备费;预备费不足支出的,各级政府可以先安排支出,属于预算调整的,列入预算调整方案。

国务院财政部门应当在全国人大常委会举行会议审查和批准预算调整方案的30日前,将预算调整初步方案送交全国人大财政经济委员会进行初步

---

[1] 各级一般公共预算年度执行中厉行节约、节约开支,造成本级预算支出实际执行数小于预算总支出的,不属于预算调整的情形。

审查。

省、自治区、直辖市政府财政部门应当在本级人大常委会举行会议审查和批准预算调整方案的 30 日前，将预算调整初步方案送交本级人大有关专门委员会进行初步审查。

设区的市、自治州政府财政部门应当在本级人大常委会举行会议审查和批准预算调整方案的 30 日前，将预算调整初步方案送交本级人大有关专门委员会进行初步审查，或者送交本级人大常委会有关工作机构征求意见。

县、自治县、不设区的市、市辖区政府财政部门应当在本级人大常委会举行会议审查和批准预算调整方案的 30 日前，将预算调整初步方案送交本级人大常委会有关工作机构征求意见。

中央预算的调整方案应当提请全国人大常委会审查和批准。县级以上地方各级预算的调整方案应当提请本级人大常委会审查和批准；乡、民族乡、镇预算的调整方案应当提请本级人大审查和批准。未经批准，不得调整预算。

地方各级预算的调整方案经批准后，由本级政府报上一级政府备案。

（三）预算调整后的执行

经批准的预算调整方案，各级政府应当严格执行。未经《预算法》第 69 条规定的程序，各级政府不得作出预算调整的决定。

对违反上述规定作出的决定，本级人大、本级人大常委会或者上级政府应当责令其改变或者撤销。

（四）专项转移支付的处理

在预算执行中，地方各级政府因上级政府增加不需要本级政府提供配套资金的专项转移支付而引起的预算支出变化，不属于预算调整。

接受增加专项转移支付的县级以上地方各级政府应当向本级人大常委会报告有关情况；接受增加专项转移支付的乡、民族乡、镇政府应当向本级人大报告有关情况。

（五）预算科目间的调剂

各部门、各单位的预算支出应当按照预算科目执行。严格控制不同预算科目、预算级次或者项目间的预算资金的调剂，确需调剂使用的，按照国务院财政部门的规定办理。

八、决算制度

(一) 决算草案的编制

决算草案由各级政府、各部门、各单位,在每一预算年度终了后按照国务院规定的时间编制。[1]编制决算草案的具体事项,由国务院财政部门部署。财政部应当在每年第四季度部署编制决算草案的原则、要求、方法和报送期限,制发中央各部门决算、地方决算以及其他有关决算的报表格式。

编制决算草案,必须符合法律、行政法规,做到收支真实、数额准确、内容完整、报送及时。决算草案应当与预算相对应,按照预算数、调整预算数、决算数分别列出。一般公共预算支出应当按照其功能分类编列到项,按照其经济性质分类编列到款。

各级政府财政部门、各部门、各单位在每一预算年度终了时,应当清理核实全年预算收入、支出数据和往来款项,做好决算数据对账工作。决算各项数据应当以经核实的各级政府、各部门、各单位会计数据为准,不得以估计数据替代,不得弄虚作假。各部门、各单位决算应当列示结转、结余资金。

各部门对所属各单位的决算草案,应当审核并汇总编制本部门的决算草案,在规定的期限内报本级政府财政部门审核。各级政府财政部门对本级各部门决算草案审核后发现有不符合法律、行政法规规定的,有权予以纠正。

(二) 提请审查决算草案

国务院财政部门编制中央决算草案,经国务院审计部门审计后,报国务院审定,由国务院提请全国人大常委会审查和批准。

县级以上地方各级政府财政部门编制本级决算草案,经本级政府审计部门审计后,报本级政府审定,由本级政府提请本级人大常委会审查和批准。

乡、民族乡、镇政府编制本级决算草案,提请本级人大审查和批准。

(三) 决算草案的初审

国务院财政部门应当在全国人大常委会举行会议审查和批准中央决算草案的30日前,将上一年度中央决算草案提交全国人大财政经济委员会进行初步审查。

---

[1] 决算草案,是指各级政府、各部门、各单位编制的未经法定程序审查和批准的预算收支和结余的年度执行结果。

省、自治区、直辖市政府财政部门应当在本级人大常委会举行会议审查和批准本级决算草案的 30 日前，将上一年度本级决算草案提交本级人大有关专门委员会进行初步审查。

设区的市、自治州政府财政部门应当在本级人大常委会举行会议审查和批准本级决算草案的 30 日前，将上一年度本级决算草案提交本级人大有关专门委员会进行初步审查，或者送交本级人大常委会有关工作机构征求意见。

县、自治县、不设区的市、市辖区政府财政部门应当在本级人大常委会举行会议审查和批准本级决算草案的 30 日前，将上一年度本级决算草案送交本级人大常委会有关工作机构征求意见。

全国人大财政经济委员会和省、自治区、直辖市、设区的市、自治州人大有关专门委员会，向本级人大常委会提出关于本级决算草案的审查结果报告。

(四) 人大常委会审查的重点

县级以上各级人大常委会和乡、民族乡、镇人大对本级决算草案，重点审查下列内容：

①预算收入情况；

②支出政策实施情况和重点支出、重大投资项目资金的使用及绩效情况；

③结转资金的使用情况；

④资金结余情况；

⑤本级预算调整及执行情况；

⑥财政转移支付安排执行情况；

⑦经批准举借债务的规模、结构、使用、偿还等情况；

⑧本级预算周转金规模和使用情况；

⑨本级预备费使用情况；

⑩超收收入安排情况，预算稳定调节基金的规模和使用情况；

⑪本级人大批准的预算决议落实情况；

⑫其他与决算有关的重要情况。

县级以上各级人大常委会应当结合本级政府提出的上一年度预算执行和其他财政收支的审计工作报告，对本级决算草案进行审查。

(五) 决算的批复与备案

各级决算经批准后，财政部门应当在 20 日内向本级各部门批复决算。各部门应当在接到本级政府财政部门批复的本部门决算后 15 日内向所属单位批复决算。

地方各级政府应当将经批准的决算及下一级政府上报备案的决算汇总，报上一级政府备案。县级以上各级政府应当将下一级政府报送备案的决算汇总后，报本级人大常委会备案。

（六）上级政府对下级政府决算的监督

国务院和县级以上地方各级政府对下一级政府依照《预算法》规定报送备案的决算，认为有同法律、行政法规相抵触或者有其他不适当之处，需要撤销批准该项决算的决议的，应当提请本级人大常委会审议决定；经审议决定撤销的，该下级人大常委会应当责成本级政府依照《预算法》规定重新编制决算草案，提请本级人大常委会审查和批准。

九、预算监督制度

（一）预算监督的主体

全国人大及其常委会对中央和地方预算、决算进行监督。

县级以上地方各级人大及其常委会对本级和下级预算、决算进行监督。

乡、民族乡、镇人大对本级预算、决算进行监督。

（二）人大及其常委会的监督职权

各级人大和县级以上各级人大常委会有权就预算、决算中的重大事项或者特定问题组织调查，有关的政府、部门、单位和个人应当如实反映情况和提供必要的材料。

各级人大和县级以上各级人大常委会举行会议时，人大代表或者常委会组成人员，依照法律规定程序就预算、决算中的有关问题提出询问或者质询，受询问或者受质询的有关的政府或者财政部门必须及时给予答复。

国务院和县级以上地方各级政府应当在每年六月至九月期间向本级人大常委会报告预算执行情况。

（三）政府的监督

各级政府监督下级政府的预算执行；下级政府应当定期向上一级政府报告预算执行情况。

各级政府财政部门负责监督本级各部门及其所属各单位预算管理有关工作，并向本级政府和上一级政府财政部门报告预算执行情况。

县级以上政府审计部门依法对预算执行、决算实行审计监督。对预算执行和其他财政收支的审计工作报告应当向社会公开。

政府各部门负责监督检查所属各单位的预算执行，及时向本级政府财政部门反映本部门预算执行情况，依法纠正违反预算的行为。

(四) 社会监督

公民、法人或者其他组织发现有违反《预算法》的行为，可以依法向有关国家机关进行检举、控告。

接受检举、控告的国家机关应当依法进行处理，并为检举人、控告人保密。任何单位或者个人不得压制和打击报复检举人、控告人。

十、预算法律责任

(一) 政府及其部门预算制度违法的责任

各级政府及有关部门有下列行为之一的，责令改正，对负有直接责任的主管人员和其他直接责任人员追究行政责任：

①未依照《预算法》规定，编制、报送预算草案、预算调整方案、决算草案和部门预算、决算以及批复预算、决算的；

②违反《预算法》规定，进行预算调整的；

③未依照《预算法》规定对有关预算事项进行公开和说明的；

④违反规定设立政府性基金项目和其他财政收入项目的；

⑤违反法律、法规规定使用预算预备费、预算周转金、预算稳定调节基金、超收收入的；

⑥违反《预算法》规定开设财政专户的。

(二) 政府、部门及单位预算资金违法责任

各级政府及有关部门、单位有下列行为之一的，责令改正，对负有直接责任的主管人员和其他直接责任人员依法给予降级、撤职、开除的处分：

①未将所有政府收入和支出列入预算或者虚列收入和支出的；

②违反法律、行政法规的规定，多征、提前征收或者减征、免征、缓征应征预算收入的；

③截留、占用、挪用或者拖欠应当上缴国库的预算收入的；

④违反《预算法》规定，改变预算支出用途的；

⑤擅自改变上级政府专项转移支付资金用途的；

⑥违反《预算法》规定拨付预算支出资金,办理预算收入收纳、划分、留解、退付,或者违反《预算法》规定冻结、动用国库库款或者以其他方式支配已入国库库款的。[1]

(三) 违法举借债务及超预算的法律责任

各级政府、各部门、各单位违反《预算法》规定举借债务或者为他人债务提供担保,或者挪用重点支出资金,或者在预算之外及超预算标准建设楼堂馆所的,责令改正,对负有直接责任的主管人员和其他直接责任人员给予撤职、开除的处分。

(四) 违反财政资金管理制度的法律责任

各级政府有关部门、单位及其工作人员有下列行为之一的,责令改正,追回骗取、使用的资金,有违法所得的没收违法所得,对单位给予警告或者通报批评;对负有直接责任的主管人员和其他直接责任人员依法给予处分:

①违反法律、法规的规定,改变预算收入上缴方式的;

②以虚报、冒领等手段骗取预算资金的;

③违反规定扩大开支范围、提高开支标准的;

④其他违反财政管理规定的行为。

(五) 与其他法律的协调及刑事责任的追究

上述所列违法行为,其他法律对其处理、处罚另有规定的,依照其规定。

违反《预算法》规定,构成犯罪的,依法追究刑事责任。

---

[1] 违反《预算法》规定冻结、动用国库库款或者以其他方式支配已入国库库款,是指:①未经有关政府财政部门同意,冻结、动用国库库款;②预算收入征收部门和单位违反规定将所收税款和其他预算收入存入国库之外的其他账户;③未经有关政府财政部门或者财政部门授权的机构同意,办理资金拨付和退付;④将国库库款挪作他用;⑤延解、占压国库库款;⑥占压政府财政部门拨付的预算资金。

第十二章

地方政府债务风险的法律规制

一、地方政府债务风险的现状

只有清醒地认识地方政府债务风险的现状,针对现状分析其原因,才能设计出有效的法律规制方法。

(一)地方政府债务的界定

狭义的地方政府债务是指以地方政府的名义举债或者提供担保,未来由地方政府负直接偿还义务的债务。[1]广义的地方政府债务还包括以地方政府融资平台的名义举债或者提供担保,未来由地方政府负间接偿还义务的债务。[2]前者一般被称为"显性地方政府债务",后者一般被称为"隐性地方政府债务"。

从法律的角度来看,在显性债务中,地方政府是债务人,一旦出现违约,地方政府将成为被告,地方政府拥有或者控制的资产将成为法院强制执行的标的。显性债务的违约将给地方政府带来直接的法律责任。在隐性债务中,地方融资平台是债务人,一旦出现违约,融资平台将成为被告,融资平台拥有或者控制的资产将成为法院强制执行的标的。隐性债务的违约不会给地方政府带来直接的法律责任,融资平台的破产可以在法律层面彻底解决隐性债务的风险,并不会牵涉到地方政府。但由于融资平台是地方政府投资设立的,融资平台的破产将严重影响地方政府的声誉与形象,因此地方政府往往会替融资平台偿还债务,这样融资平台的债务就转化为地方政府的债务。未来,地方政府有可能成为直接债务人和被执行人,这种债务应当列入狭义地方政府债务之中。

研究地方政府债务风险,仅仅研究显性债务风险是远远不够的,必须将

---

[1] 毛捷、徐军伟:"中国地方政府债务问题研究的现实基础——制度变迁、统计方法与重要事实",载《财政研究》2019年第1期。

[2] 范剑勇、莫家伟:"地方债务、土地市场与地区工业增长",载《经济研究》2014年第1期。

隐性债务风险纳入研究视野。规制显性债务的法律制度比较完善，其带来的风险都在可控范围之内，隐性债务由于缺乏明确的法律规制，其带来的风险往往是巨大的。因此，研究地方债务风险的重点是隐性债务带来的风险。

(二) 地方政府债务的总量风险

地方政府债务的风险是地方政府债务违约可能带来的不利后果。由于目前法律并未明确规定地方政府债务违约的后果有哪些，研究地方政府债务风险往往将研究对象提前到地方政府可能出现债务违约本身，即出现违约本身即是风险，本书研究的重点也是地方政府债务是否可能出现违约的风险。

地方政府债务是否有违约的风险，重点在地方政府债务的总量及其占未来地方政府收入的比例。地方政府显性债务的统计比较容易，但隐性债务的统计就比较困难了。根据公开的数据，截至 2017 年末，全国地方政府债务余额 16.47 万亿元，尚未达到 18.82 万亿元的限额。[1] 也就是说，根据国际通行标准，我国地方政府的显性债务总量仍在可控范围之内，发生违约的风险不大。关于地方政府隐性债务的总量，综合多数学者的研究结论，大约在 40 万亿元至 50 万亿元之间。如果将显性和隐性债务综合在一起，地方政府的负债率（债务总额/GDP）已经超过 60% 的国际警戒线，发生违约的风险非常大。目前，全国已经有多起地方政府融资平台债务违约的事件发生，地方政府直接债务违约的事件也时有发生，据统计，目前已经有数百家地方政府被地方法院列入黑名单。大量地方政府被列入黑名单将进一步降低地方政府的信用值，增加债权人对地方政府债务违约的预期。

(三) 地方政府债务的结构风险

除地方政府债务巨大的总量所带来的违约风险以外，地方政府债务结构不合理所带来的违约风险也不容忽视。就同一个地方而言，地方政府债务结构中可能影响违约风险的主要包括债务期限结构以及债务投资结构。例如，地方政府债务中短期债务所占比重较高，则短期出现违约的风险就比较高，地方政府化解债务危机可用的时间也比较短；再如，地方政府债务中用于长期基础设施的比例较高，则资金回流的周期将比较长，短期偿债能力就比较弱，短期出现违约的风险就比较高。就全国范围而言，地方政府债务的结构

---

[1] 李升：“地方政府投融资方式的选择与地方政府债务风险”，载《中央财经大学学报》2019 年第 2 期。

还包括不同地区债务的总量及其偿债能力的分布问题。如经济发达地区偿债能力较强，即使短期债务总量较大也不会产生违约风险，但偿债能力较弱的经济欠发达地区即使面临小额短期债务也可能出现违约风险。

目前，个别地方出现的显性债务违约和隐性债务违约现象主要是地方政府债务结构不合理所导致的，如能予以妥善处理，尚不致地方债务违约风险的全面爆发。妥善处理地方政府债务的结构风险应具体问题具体分析。经济发达省份的部分县市也可能存在因债务结构不合理而导致违约风险的情况，对此，应给予足够的重视。特别是已经出现了违约情形的地方，应想方设法筹措资金，尽快偿还债务。同时应对未来的债务结构进行认真分析，制定科学的应对方案，避免再次出现债务违约的情形。

地方政府债务出现违约风险的大小与地方政府未来的财政收入息息相关，而地方政府的财政收入主要依靠税收和土地出让。因此，从长期来看，保持地方经济与地方房地产市场持续稳定发展才是降低地方政府债务风险的重要保证。[1]

二、地方政府债务风险的法律成因

导致地方政府债务风险的因素比较多，从法律制度的角度来看，地方政府债务风险的成因主要有财政收支划分制度、财政转移支付制度和国债制度的不完善。

（一）财政收支划分制度不完善

关于财政收入划分制度，在法律层面，目前只有《预算法》第15条的原则性规定："国家实行中央和地方分税制。"具体的分税方法目前是由国务院的文件来规定的。财政收入划分制度的位阶过低导致财政收入划分制度一直处于变动之中，且逐渐向着有利于加强中央财政宏观调控能力的方向发展。1993年底发布的《国务院关于实行分税制财政管理体制的决定》是现行财政收入划分制度的基础性文件。其中规定，证券交易印花税为共享税，中央分享50%，但自1997年起，中央分享比例就提高至80%，自2002年起，中央分享比例提高至97%，自2016年起，该税变为中央税，地方不再分享。根据

---

[1] 田新民、夏诗园："地方政府债务风险影响研究——基于土地财政和房地产价格的视角"，载《山西财经大学学报》2017年第6期。

该决定,个人所得税属于地方收入,但1999年11月1日我国对储蓄存款利息开征个人所得税以后,该部分个人所得税归属中央。2002年以后,个人所得税完全变为共享税,中央分享50%,2003年起,中央分享比例又提高至60%。该决定规定,农业税、屠宰税、遗产税均属于地方收入,但农业税和屠宰税于2006年被取消,遗产税一直未开征。

财政收入划分制度的改革在有利于加强中央财政宏观调控能力的同时,也给地方财政收入带来了较大压力。地方财政入不敷出只能通过增加负债的方式来解决,这是导致地方政府债务风险的重要因素。

在财政支出划分制度方面,目前尚未有法律对各级政府事权支出责任进行明确规定,虽然该《国务院关于实行分税制财政管理体制的决定》是现行财政支出划分制度的基础性文件,但其仅仅作出了原则性规定,实务操作中很难根据其中的规定明确划分中央与地方政府的支出责任。财政支出划分不清也会导致地方政府的财政压力不断提高,为了完成上级政府交办的事项,地方政府也会不断提高债务的总量。

(二) 财政转移支付制度不完善

中央政府不断提高财政宏观调控的能力并不会直接导致地方政府财政压力的提高,只要合理设置财政转移支付制度,就可以更好地调剂不同地区的财政资源,从而更好地防范地方政府的债务风险。但问题是,我国的财政转移支付制度本身也不够完善。

长期以来,我国的财政转移支付以专项转移支付为主,以一般转移支付为辅。[1]一般转移支付主要针对贫困地区,发达地区基本得不到一般转移支付。专项转移支付是以具体项目为载体的,发达地区比较容易争取到项目,因此,可以得到较多专项转移支付。为充分调动地方的积极性,中央在拨付专项转移支付资金时往往要求地方提供配套资金。贫困地区因无力提供配套资金,只能放弃很多专项转移支付项目。部分地方在无法争取到足够财政转移支付资金的情形下,只能通过增加负债来弥补财政支出的缺口,因此为债务风险埋下了隐患。

(三) 国债制度的不完善

我国尚未制定国债法,有关国债事项的最高规范性文件是《预算法》。

---

[1] 李万慧:"中国财政转移支付结构辨析及改革方向展望",载《地方财政研究》2016年第11期。

1994年颁布的《预算法》第28条规定:"地方各级预算按照量入为出、收支平衡的原则编制,不列赤字。除法律和国务院另有规定外,地方政府不得发行地方政府债券。"这一规定使地方政府原则上无法直接举债,因此也导致各地纷纷采取融资平台的方式举债,使得地方政府的债务由显性变为隐性,在某种程度上大大增加了地方债务的风险。

三、地方政府债务风险的法律规制

对地方政府债务风险的法律规制应从其原因入手,针对财政收支划分、财政转移支付和国债制度的缺陷进行有针对性的完善。

(一)财政收支划分制度的完善

完善财政收支划分制度应从两个方面入手:一是提高立法的位阶,二是明确各级政府的收支范围。

从全球来看,各国财政收支划分法的立法模式主要有三种:一是通过具有最高法律效力的宪法来进行财政收支的划分,同时辅以具体法律予以细化,这种模式以美国为代表,实行联邦制的国家大多如此,如德国、加拿大、俄罗斯、印度等;二是通过财政法、预算法等综合性的法律来进行财政收支划分,这种模式以日本为代表,实行单一制的国家大多如此,如英国、法国、韩国等;三是制定专门的财政收支划分法。根据我国目前的立法实践,比较适宜采取第三种模式。我国在《预算法》中原则性地规定了中央与地方财政收支划分的基本制度。但正因为其原则性,可操作性不强,无法胜任财政收支划分基本法的重任。建议未来制定专门的财政收支划分法。

目前中央与地方财政支出的划分是原则性的,因此,首先要确立一个明确的划分标准。在明确标准的前提下进一步研究该标准的科学性以及如何将其上升到法律的层面。

中央与地方以及地方各级政府之间财政收支划分制度的完善是化解地方政府债务风险的基础与前提,这一问题不解决,地方政府的债务风险问题就始终无法得到彻底解决。

(二)财政转移支付制度的完善

2014年修改后的《预算法》基本解决了我国财政转移支付制度的两大缺陷,在第16条规定:"国家实行财政转移支付制度。财政转移支付应当规范、公平、公开,以推进地区间基本公共服务均等化为主要目标。财政转移支付包括中央对地方的转移支付和地方上级政府对下级政府的转移支付,以为均衡地区间基本财力、由下级政府统筹安排使用的一般性转移支付为主体。按照法律、行政法规和国务院的规定可以设立专项转移支付,用于办理特定事项。建立健全专项转移支付定期评估和退出机制。市场竞争机制能够有效调节的事项不得设立专项转移支付。上级政府在安排专项转移支付时,不得要求下级政府承担配套资金。但是,按照国务院的规定应当由上下级政府共同承担的事项除外。"这一规定既确立了财政转移支付的主要目标和一般性转移支付的主体地位,又废除了对贫困地区非常不利的专项转移支付的配套资金制度。

未来需要进一步完善的就是确立财政转移支付的具体标准,对一般性转移支付原则上应按照标准公式来计算,以减少或者杜绝人为因素的影响。对专项转移支付也应规定明确的标准,可以考虑引入专家评审机制。在条件成熟时,应制定一部专门的财政转移支付法。[1]

(三) 国债制度的完善

2018年修改后的《预算法》对我国实行多年的国债制度进行了完善,该法第35条规定:"地方各级预算按照量入为出、收支平衡的原则编制,除本法另有规定外,不列赤字。经国务院批准的省、自治区、直辖市的预算中必需的建设投资的部分资金,可以在国务院确定的限额内,通过发行地方政府债券举借债务的方式筹措。举借债务的规模,由国务院报全国人民代表大会或者全国人民代表大会常务委员会批准。省、自治区、直辖市依照国务院下达的限额举借的债务,列入本级预算调整方案,报本级人民代表大会常务委员会批准。举借的债务应当有偿还计划和稳定的偿还资金来源,只能用于公益性资本支出,不得用于经常性支出。除前款规定外,地方政府及其所属部门不得以任何方式举借债务。除法律另有规定外,地方政府及其所属部门不得为任何单位和个人的债务以任何方式提供担保。国务院建立地方政府债务风险评估和预警机制、应急处置机制以及责任追究制度。国务院财政部门对地方政府债务实施监督。"上述规定原则上允许地方发债,将隐性债务转化为显性债务,同时对债务的总量进行了控制,这样就杜绝了地方融资平台新债务的产生。

---

[1] 刘剑文、胡瑞琪:"财政转移支付制度的法治逻辑",载《中国财政》2015年第16期。

由于我国目前尚未制定国债法，地方发行债务的条件、规模、用途和归还等方面尚无具体法律予以规定，仅仅依靠《预算法》第 35 条的原则性规定无法防范地方政府的债务风险。而且，《预算法》仅仅规范了省级政府债务的管理，对省以下地方债务的管理并没有作出原则性规定，各地做法也不尽相同，对目前已经存在的地方债务风险如何采取切实有效的控制措施也没有明确的法律政策，这样的现状无法在短期解决地方债务风险的问题。建议在《国务院关于加强地方政府性债务管理的意见》的基础上尽快制定地方政府债券条例，落实《预算法》的原则性规定，尽快实现地方政府债券发行与管理的有法可依。

地方政府债务风险的防控与化解需要多种措施的共同努力，法律规制是其中的基础性措施，也是最重要的环节之一。完善法律规制是应对地方政府债务风险的长久之计。当然，应对眼前债务风险最为重要的措施，仍然是保持地方经济持续稳定的发展。

第十三章

政府采购制度

一、政府采购法的概念与体系

（一）政府采购的概念

政府采购，是指各级国家机关、事业单位和团体组织，使用财政性资金采购依法制定的集中采购目录以内的或者采购限额标准以上的货物、工程和服务的行为。

采购，是指以合同方式有偿取得货物、工程和服务的行为，包括购买、租赁、委托、雇用等。货物，是指各种形态和种类的物品，包括原材料、燃料、设备、产品等。工程，是指建设工程，包括建筑物和构筑物的新建、改建、扩建、装修、拆除、修缮等。服务，是指除货物和工程以外的其他政府采购对象，包括政府自身需要的服务和政府向社会公众提供的公共服务。

财政性资金是指纳入预算管理的资金。以财政性资金作为还款来源的借贷资金，视同财政性资金。国家机关、事业单位和团体组织的采购项目既使用财政性资金又使用非财政性资金的，使用财政性资金采购的部分，适用政府采购法；财政性资金与非财政性资金无法分割采购的，统一适用政府采购法。

政府采购概念中有两个核心要素：其一，政府采购的主体是政府以及类似政府的组织机构（包括全部或者主要依靠财政拨款的事业单位和团体组织）；其二，政府采购使用的经费是财政资金，财政资金主要是指来自国库的资金。

（二）政府采购法的概念与适用范围

1. 政府采购法的概念

政府采购法是调整采购人、供应商、采购代理机构以及相关监督主体在政府采购活动中所形成的社会关系的法律规范的总称。政府采购法对于规范政府采购行为、提高政府采购资金的使用效益、维护国家利益和社会公共利益、保护政府采购当事人的合法权益、促进廉政建设都具有非常重要的意义。

我国目前规范政府采购的基本法律是1999年8月30日第九届全国人大常委会第十一次会议通过，2017年12月27日第十二届全国人大常委会第三十一次会议修改的《中华人民共和国招标投标法》（以下简称《招标投标法》），以及2002年6月29日第九届全国人大常委会第二十八次会议通过，2014年8月31日第十二届全国人大常委会第十次会议修改的《中华人民共和国政府采购法》（以下简称《政府采购法》）。除此以外，还有财政部制定的政府采购规章以及国务院制定的政府采购行政法规，如财政部2007年12月27日发布的《政府采购进口产品管理办法》、2019年11月27日发布的《政府采购信息发布管理办法》、国务院2015年1月30日发布的《中华人民共和国政府采购法实施条例》等。

2. 政府采购法的适用范围

根据《政府采购法》的规定，在中华人民共和国境内进行的政府采购都适用该法。对因严重自然灾害和其他不可抗力事件所实施的紧急采购和涉及国家安全和秘密的采购，不适用该法。军事采购法规由中央军事委员会另行制定，可以参照政府采购法，但政府采购法对军事采购无约束力。政府采购工程进行招标投标的，适用招标投标法，但仍然要遵守政府采购法的相关规定。

3. 招标投标法的适用范围

根据《招标投标法》的规定，在中华人民共和国境内进行招标投标活动，适用该法。在中华人民共和国境内进行下列工程建设项目包括项目的勘察、设计、施工、监理以及与工程建设有关的重要设备、材料等的采购，必须进行招标：①大型基础设施、公用事业等关系社会公共利益、公众安全的项目；②全部或者部分使用国有资金投资或者国家融资的项目；③使用国际组织或者外国政府贷款、援助资金的项目。上述所列项目的具体范围和规模标准，由国务院发展计划部门会同国务院有关部门制订，报国务院批准。法律或者国务院对必须进行招标的其他项目的范围有规定的，依照其规定。任何单位和个人不得将依法必须进行招标的项目化整为零或者以其他任何方式规避招标。

4. 我国政府采购法的现状

政府采购制度改革是财政支出管理改革的重要内容，对提高财政资金使用效益、支持国内企业发展、从源头上防止和治理腐败，具有十分重要的意义。近年来，政府采购制度改革工作取得了较大进展，但也存在一些问题，主要是一些地区和部门对政府采购制度改革还存在观望态度、采购行为不够规范透明、采购程序不够科学严密、管理体制尚不健全、采购管理人员和执行人员素质有待进一步提高等。

政府采购是国家公共财政的一项重要内容。中国加入WTO（世界贸易组织）后，政府采购面临着诸多严峻挑战。我国的政府采购工作应从我国国情出发，建立与国际法及国际通行做法要求相衔接、符合市场经济规范和公共财政框架要求的政府采购制度，逐步建立政府采购的法律体系，依法管理、监督政府采购行为。[1]

（三）政府采购法的体系与基本原则

1. 政府采购法的体系

政府采购法的体系是指按照一定的标准将关于政府采购关系的法律规范分类组合形成的多层次、有机联系的统一体。以政府采购的流程为标准，可以将政府采购法划分为政府采购主体法、政府采购程序法和政府采购监督法。政府采购主体法是规范政府采购主体的种类、资格、基本权利义务的法律规范的总称。政府采购程序法是规范政府采购基本程序的法律规范的总称。政府采购监督法是规范相关监督主体对政府采购的整个流程进行监督检查以及政府采购各类主体违法行为及其法律责任的法律规范的总称。

有学者提出，在立法理念与原则现代化、"放管服"改革深入推进、现代财政制度初步建立以及我国加入WTO《政府采购协定》步伐加快的今天，顶层设计政府采购法制应当走法律体系化路径，以《政府采购法》为基本法，遵循法的体系性要求，将招标投标定位于采购方式，采单一立法模式。[2]

2. 政府采购法的基本原则

政府采购法的基本原则是对政府采购的整个过程和所有参与主体具有指导性的一般性规范，是对政府采购的一般制度和具体规范所体现出的具有共同性的指导思想的概括和总结。政府采购法的基本原则包括公开透明原则、公平竞争原则、社会政策原则、公正原则和诚实信用原则。

公开透明原则是指政府采购的整个过程，包括参与主体、采购信息、采

---

[1] 杨惠芳："应对入世挑战完善我国政府采购制度"，载《当代财经》2003年第3期。

[2] 肖北庚："政府采购法律现代演进应走体系化路径"，载《中国政府采购》2020年第10期。

购过程以及事后的监督都应当采取公开的方式进行，向社会公开，允许社会公众参与和监督。为保障公开透明原则的实现，《政府采购法》第11条规定："政府采购的信息应当在政府采购监督管理部门指定的媒体上及时向社会公开发布，但涉及商业秘密的除外。"

公平竞争原则是指政府采购的供应商应当在公平的环境中进行竞争，任何主体都不能歧视部分供应商，不应当给他们参与政府采购施加障碍。为保障公平竞争原则的实现，《政府采购法》第5条规定："任何单位和个人不得采用任何方式，阻挠和限制供应商自由进入本地区和本行业的政府采购市场。"

社会政策原则是指政府采购应当有利于国家相关社会政策的执行，应当为国家的相关社会政策服务。在社会政策允许的范围内，可以适当偏离公平竞争原则。为保障社会政策原则的实现，《政府采购法》规定，政府采购应当有助于实现国家的经济和社会发展政策目标，包括保护环境、扶持不发达地区和少数民族地区、促进中小企业发展等。《政府采购法》还规定，政府包括应当采购本国货物、工程和服务，但有下列情形之一的除外：①需要采购的货物、工程或者服务在中国境内无法获取或者无法以合理的商业条件获取的；②为在中国境外使用而进行采购的；③其他法律、行政法规另有规定的。在这里，本国货物、工程和服务的界定，依照国务院有关规定执行。

公正原则是指政府采购的整个过程应当以公平和公正为准则，全面保障政府采购各方主体的权利，不偏向任何一方，不从事任何违背公平正义的行为。为了保障公正原则的实现，《政府采购法》规定，在政府采购活动中，采购人员及相关人员与供应商有利害关系的，必须回避。供应商认为采购人员及相关人员与其他供应商有利害关系的，可以申请其回避。这里的相关人员，包括招标采购中评标委员会的组成人员、竞争性谈判采购中谈判小组的组成人员、询价采购中询价小组的组成人员等。在政府采购活动中，采购人员及相关人员与供应商有下列利害关系之一的，应当回避：①参加采购活动前3年内与供应商存在劳动关系；②参加采购活动前3年内担任供应商的董事、监事；③参加采购活动前3年内是供应商的控股股东或者实际控制人；④与供应商的法定代表人或者负责人有夫妻、直系血亲、三代以内旁系血亲或者近姻亲关系；⑤与供应商有其他可能影响政府采购活动公平、公正进行的关系。供应商认为采购人员及相关人员与其他供应商有利害关系的，可以向采购人或者采购代理机构书面提出回避申请，并说明理由。采购人或者采购代理机构应当及时询问被申请回避人员，有利害关系的被申请回避人员应当回避。

诚实信用原则是指政府采购活动的当事人在政府采购活动中应讲信用，恪守诺言，诚实不欺，在追求自己利益的同时不损害他人和社会利益，要求各方当事人在政府采购活动中维持双方的利益以及当事人利益与社会利益的平衡。为了保障诚实信用原则的实现，《政府采购法》规定，政府采购当事人不得相互串通损害国家利益、社会公共利益和其他当事人的合法权益；不得以任何手段排斥其他供应商参与竞争。

二、政府采购的主体

政府采购的主体也称为政府采购当事人，是指在政府采购活动中享有权利和承担义务的各类主体，包括采购人、供应商和采购代理机构等。

(一) 采购人

采购人是指依法进行政府采购的国家机关、事业单位和团体组织，简单地说，也就是政府采购中的购买方。在招标投标程序中，采购人也称为招标人，招标人是依照《招标投标法》的规定提出招标项目、进行招标的法人或者其他组织。

《政府采购法》虽然并未对采购人的资格作出明确限制，但对采购人的采购能力作出了明确规定：采购人采购纳入集中采购目录的政府采购项目，必须委托集中采购机构代理采购；采购未纳入集中采购目录的政府采购项目，可以自行采购，也可以委托集中采购机构在委托的范围内代理采购。纳入集中采购目录属于通用的政府采购项目的，应当委托集中采购机构代理采购；属于本部门、本系统有特殊要求的项目，应当实行部门集中采购；属于本单位有特殊要求的项目，经省级以上人民政府批准，可以自行采购。采购人可以委托集中采购机构以外的采购代理机构，在委托的范围内办理政府采购事宜。采购人有权自行选择采购代理机构，任何单位和个人不得以任何方式为采购人指定采购代理机构。采购人依法委托采购代理机构办理采购事宜的，应当由采购人与采购代理机构签订委托代理协议，依法确定委托代理的事项，约定双方的权利义务。

《招标投标法》对于招标人的招标能力也进行了规范：招标项目按照国家有关规定需要履行项目审批手续的，应当先履行审批手续，取得批准。招标人应当有进行招标项目的相应资金或者资金来源已经落实，并应当在招标文件中如实载明。

(二) 供应商

供应商是指向采购人提供货物、工程或者服务的法人、其他组织或者自然人。供应商参加政府采购活动应当具备下列条件：①具有独立承担民事责任的能力；②具有良好的商业信誉和健全的财务会计制度；③具有履行合同所必需的设备和专业技术能力；④有依法缴纳税收和社会保障资金的良好记录；⑤参加政府采购活动前三年内，在经营活动中没有重大违法记录；⑥法律、行政法规规定的其他条件。采购人可以根据采购项目的特殊要求，规定供应商的特定条件，但不得以不合理的条件对供应商实行差别待遇或者歧视待遇。采购人可以要求参加政府采购的供应商提供有关资质证明文件和业绩情况，并根据《政府采购法》规定的供应商条件和采购项目对供应商的特定要求，对供应商的资格进行审查。

采购人或者采购代理机构有下列情形之一的，属于以不合理的条件对供应商实行差别待遇或者歧视待遇：①就同一采购项目向供应商提供有差别的项目信息；②设定的资格、技术、商务条件与采购项目的具体特点和实际需要不相适应或者与合同履行无关；③采购需求中的技术、服务等要求指向特定供应商、特定产品；④以特定行政区域或者特定行业的业绩、奖项作为加分条件或者中标、成交条件；⑤对供应商采取不同的资格审查或者评审标准；⑥限定或者指定特定的专利、商标、品牌或者供应商；⑦非法限定供应商的所有制形式、组织形式或者所在地；⑧以其他不合理条件限制或者排斥潜在供应商。

两个以上的自然人、法人或者其他组织可以组成一个联合体，以一个供应商的身份共同参加政府采购。以联合体形式进行政府采购的，参加联合体的供应商均应当具备《政府采购法》对供应商所规定的条件，并应当向采购人提交联合协议，载明联合体各方承担的工作和义务。联合体各方应当共同与采购人签订采购合同，就采购合同约定的事项对采购人承担连带责任。供应商不得以向采购人、采购代理机构、评标委员会的组成人员、竞争性谈判小组的组成人员、询价小组的组成人员行贿或者采取其他不正当手段谋取中标或者成交。

在招标投标程序中，供应商也被称为投标人，他是响应招标、参加投标竞争的法人或者其他组织。依法招标的科研项目允许个人参加投标的，投标的个人适用有关投标人的规定。投标人应当具备承担招标项目的能力；国家有关规定对投标人资格条件或者招标文件对投标人资格条件有规定的，投标人应当具备规定的资格条件。

(三) 采购代理机构

采购代理机构是接受采购人的委托，代理采购人从事政府采购活动的主体。集中采购机构为采购代理机构。设区的市、自治州以上人民政府根据本级政府采购项目组织集中采购的需要设立集中采购机构。集中采购机构是非营利事业法人，根据采购人的委托办理采购事宜。集中采购机构进行政府采购活动，应当符合采购价格低于市场平均价格、采购效率更高、采购质量优良和服务良好的要求。采购代理机构不得向采购人行贿或者采取其他不正当手段谋取非法利益。

在招标投标程序中，招标代理机构是依法设立、从事招标代理业务并提供相关服务的社会中介组织。招标人有权自行选择招标代理机构，委托其办理招标事宜。任何单位和个人不得以任何方式为招标人指定招标代理机构。招标人具有编制招标文件和组织评标能力的，可以自行办理招标事宜。任何单位和个人不得强制其委托招标代理机构办理招标事宜。依法必须进行招标的项目，招标人自行办理招标事宜的，应当向有关行政监督部门备案。招标代理机构应当具备下列条件：①有从事招标代理业务的营业场所和相应资金；②有能够编制招标文件和组织评标的相应专业力量；③有符合《招标投标法》规定的条件，可以作为评标委员会成员人选的技术、经济等方面的专家库。

从事工程建设项目招标代理业务的招标代理机构，其资格由国务院或者省、自治区、直辖市人民政府的建设行政主管部门认定。具体办法由国务院建设行政主管部门会同国务院有关部门制定。从事其他招标代理业务的招标代理机构，其资格认定的主管部门由国务院规定。招标代理机构与行政机关和其他国家机关不得存在隶属关系或者其他利益关系。招标代理机构应当在招标人委托的范围内办理招标事宜，并遵守《招标投标法》关于招标人的规定。

三、政府采购方式

政府采购方式是指政府采购所采取的基本步骤、程序、形式和方法的总称。政府采购使用的是财政资金，应当通过政府采购方式来确保政府采购的公平、公正和公开。因此，政府采购的方式应具备公平、公正和公开的特征。根据《政府采购法》的规定，我国政府采购采用以下方式：公开招标；邀请招标；竞争性谈判；单一来源采购；询价；国务院政府采购监督管理部门认定的其他采购方式。

（一）公开招标

公开招标是招标的基本形式之一，是指招标人以招标公告的方式邀请不特定的法人或者其他组织投标。由于公开招标最能体现公平、公正和公开的特征，《政府采购法》规定，公开招标应作为政府采购的主要采购方式。

公开招标虽然具有公平、公正和公开的特征，但是也需要耗费较大的人力、财力以及较长的时间，一般只适用于采购数额较大的商品。《政府采购法》规定，采购人采购货物或者服务应当采用公开招标方式的，其具体数额标准，属于中央预算的政府采购项目，由国务院规定；属于地方预算的政府采购项目，由省、自治区、直辖市人民政府规定；因特殊情况需要采用公开招标以外的采购方式的，应当在采购活动开始前获得设区的市、自治州以上人民政府采购监督管理部门的批准。

设定标准是确保公开招标发挥最大效能的重要方法，但也容易为采购人规避公开招标方式提供渠道。为此，《政府采购法》规定，采购人不得将应当以公开招标方式采购的货物或者服务化整为零或者以其他任何方式规避公开招标采购。为真正确保这一制度的实施，还需要制定更加具体的标准，规定哪些货物或者服务不能化整为零以及规避公开招标的其他方式具体包括哪些。

（二）邀请招标

邀请招标是指招标人以投标邀请书的方式邀请特定的法人或者其他组织投标。邀请招标的公开性、公正性和公平性比公开招标稍逊，但也有其特定的适用范围。国务院发展计划部门确定的国家重点项目和省、自治区、直辖市人民政府确定的地方重点项目不适宜公开招标的，经国务院发展计划部门或者省、自治区、直辖市人民政府批准，可以进行邀请招标。符合下列情形之一的货物或者服务，可以采用邀请招标方式采购：一是具有特殊性，只能从有限范围的供应商处采购的；二是采用公开招标方式的费用占政府采购项目总价值的比例过大的。一般而言，只有在公开招标方式无法使用的情况下才选择邀请招标方式。

还有一些比较特殊的情况，不宜公开，或者不宜耗费较长时间，公开招标和邀请招标都无法满足这些特殊政府采购的需要，可以依法不采取招标的方式进行采购。涉及国家安全、国家秘密、抢险救灾或者属于利用扶贫资金实行以工代赈、需要使用农民工等特殊情况，不适宜进行招标的项目，按照国家有关规定可以不进行招标。

(三) 竞争性谈判

竞争性谈判是指采购人或者采购代理机构直接邀请三家以上的供应商就采购事宜进行谈判的方式。竞争性谈判作为一种独立的采购方式，已经被各地广泛应用于政府采购项目中，这种方式是除招标方式之外最能体现采购竞争性原则、经济效益原则和公平性原则的一种方式，同时也是政府采购的国际规则所确认的、各国普遍采用的方式。

竞争性谈判也具有特定的适用范围，不能普遍采用。根据《政府采购法》的规定，符合下列情形之一的货物或者服务，可以依法采用竞争性谈判方式采购：①招标后没有供应商投标或者没有合格标的或者重新招标未能成立的；②技术复杂或者性质特殊，不能确定详细规格或者具体要求的；③采用招标所需时间不能满足用户紧急需要的；④不能事先计算出价格总额的。

(四) 单一来源采购

单一来源采购是一种没有竞争的采购方式。采购实体在适当的条件下向单一的供应商、承包商或服务提供者征求建议或报价来采购货物、工程或服务。单一来源采购，也称直接采购，是指达到了限额标准和公开招标数额标准，但所购商品的来源渠道单一，或属专利、首次创造、合同追加、原有采购项目的后续扩充以及发生了不可预见的紧急情况不能从其他供应商处采购等情况。

单一来源采购的局限性导致了其适用条件更加苛刻，不具有普遍适用性。根据《政府采购法》的规定，符合下列情形之一的货物或者服务，可以依法采用单一来源方式采购：①只能从唯一供应商处采购的；②发生了不可预见的紧急情况不能从其他供应商处采购的；③必须保证原有采购项目一致性或者服务配套的要求，需要继续从原供应商处添购，且添购资金总额不超过原合同采购金额10%的。

(五) 询价

询价又称询盘，是指交易的一方为购买或出售某种商品，向对方口头或书面发出的探询交易条件的过程。其内容可繁可简，可只询问价格，也可询问其他有关的交易条件。询价对买卖双方均无约束力，接受询价的一方可给予答复，亦可不作回答。但作为交易磋商的起点，在商业习惯上，收到询价的一方应迅速作出答复。

询价的局限性导致其适用条件也非常苛刻，不具有普遍适用性。根据《政府采购法》的规定，采购的货物规格、标准统一、现货货源充足且价格变化幅度小的政府采购项目，可以依法采用询价方式采购。

四、政府采购程序

（一）集中政府采购的一般程序

集中政府采购一般包括五个程序：编制政府采购预算、制定政府采购计划、组织采购、履行合同、支付采购资金。

1. 编制政府采购预算

各部门编制政府采购预算，列明采购项目及资金预算，并按照预算管理权限汇总上报财政部（或者其他各级政府财政主管部门，下同）审核。

2. 制定政府采购计划

财政部依据批复的部门预算，汇总编制各部门当年政府采购计划（主要包括政府采购项目和实施要求），下达给各部门执行，并抄送中央国家机关政府采购中心（或者其他各级政府设立的政府采购中心，下同）。

3. 组织采购

各部门根据财政部下达的政府采购计划，一般于一个月内将列入集中采购目录的采购项目向中央国家机关政府采购中心报送，其主要内容包括采购项目名称、技术规格、数量、使用要求、配送单位名单和交货时间等。中央国家机关政府采购中心根据各部门报送的采购清单制定具体操作方案并报财政部备案。各部门与中央国家机关政府采购中心应当签订委托代理协议，确定委托代理事项，约定双方的权利和义务。中央国家机关政府采购中心实施公开招标采购的，应当在有关部门指定媒体上公布招标信息，随机确定评标专家，按程序进行评标、签订合同。

4. 履行合同

采购合同签订后，当事人应当按照合同规定履行各自的权利和义务。中央国家机关政府采购中心或采购部门负责验收，需要时应请质检部门或其他有关单位参加验收。

5. 支付采购资金

根据政府采购计划，属于财政直接支付资金的采购项目，采购部门应按照签订的合同和财政部有关规定，填报采购资金支付申请书并报财政部。财政部审核无误后，按合同约定将资金支付给供应商；不属于财政直接支付的采购项目，由采购部门按现行资金管理渠道和合同规定付款。

（二）预算编制与采购方式的确定

政府采购是执行预算的方式之一，因此，负有编制部门预算职责的部门在编制下一财政年度部门预算时，应当将该财政年度政府采购的项目及资金预算列出，报本级财政部门汇总。部门预算的审批，按预算管理权限和程序进行。

政府采购应当严格按照批准的预算执行。政府采购实行集中采购和分散采购相结合的方式。集中采购的范围由省级以上人民政府公布的集中采购目录确定。属于中央预算的政府采购项目，其集中采购目录由国务院确定并公布；属于地方预算的政府采购项目，其集中采购目录由省、自治区、直辖市人民政府或者其授权的机构确定并公布。纳入集中采购目录的政府采购项目，应当实行集中采购。政府采购限额标准，属于中央预算的政府采购项目，由国务院确定并公布；属于地方预算的政府采购项目，由省、自治区、直辖市人民政府或者其授权的机构确定并公布。

（三）公开招标采购程序

公开招标是最具备公开、公正和公平的程序，因此，也是最复杂的一套程序。一个完整的公开招标采购程序包括招标、投标、开标、评标和中标。

1. 发布招标公告

招标人采用公开招标方式的，应当发布招标公告。依法必须进行招标的项目的招标公告，应当通过国家指定的报刊、信息网络或者其他媒介发布。招标公告应当载明招标人的名称和地址、招标项目的性质、数量、实施地点和时间以及获取招标文件的办法等事项。货物和服务项目实行招标方式采购的，自招标文件开始发出之日起至投标人提交投标文件截止之日止，最短不得少于20日。

招标人可以根据招标项目本身的要求，在招标公告或者投标邀请书中，要求潜在投标人提供有关资质证明文件和业绩情况，并对潜在投标人进行资格审查；国家对投标人的资格条件有规定的，依照其规定。招标人不得以不合理的条件限制或者排斥潜在投标人，不得对潜在投标人实行歧视待遇。招标人应当根据招标项目的特点和需要编制招标文件。招标文件应当包括招标项目的技术要求、对投标人资格审查的标准、投标报价要求和评标标准等所有实质性要求和条件以及拟签订合同的主要条款。国家对招标项目的技术、标准有规定的，招标人应当按照其规定在招标文件中提出相应要求。招标项目需要划分标段、确定工期的，招标人应当合理划分标段、确定工期，并在招标文件中载明。

招标文件不得要求或者标明特定的生产供应者以及含有倾向或者排斥潜在投标人的其他内容。招标人根据招标项目的具体情况，可以组织潜在投标人踏勘项目现场。招标人不得向他人透露已获取招标文件的潜在投标人的名称、数量以及可能影响公平竞争的有关招标投标的其他情况。招标人设有标底的，标底必须保密。

招标人对已发出的招标文件进行必要的澄清或者修改的，应当在招标文件要求提交投标文件截止时间至少15日前，以书面形式通知所有招标文件收受人。该澄清或者修改的内容为招标文件的组成部分。招标人应当确定投标人编制投标文件所需要的合理时间；但是，依法必须进行招标的项目，自招标文件开始发出之日起至投标人提交投标文件截止之日止，最短不得少于20日。

2. 投标

投标人应当按照招标文件的要求编制投标文件。投标文件应当对招标文件提出的实质性要求和条件作出响应。招标项目属于建设施工的，投标文件的内容应当包括拟派出的项目负责人与主要技术人员的简历、业绩和拟用于完成招标项目的机械设备等。

投标人应当在招标文件要求提交投标文件的截止时间前，将投标文件送达投标地点。招标人收到投标文件后，应当签收保存，不得开启。投标人少于3个的，招标人应当依法重新招标。在招标文件要求提交投标文件的截止时间后送达的投标文件，招标人应当拒收。

投标人在招标文件要求提交投标文件的截止时间前，可以补充、修改或者撤回已提交的投标文件，并书面通知招标人。补充、修改的内容为投标文件的组成部分。

投标人根据招标文件载明的项目实际情况，拟在中标后将中标项目的部分非主体、非关键性工作进行分包的，应当在投标文件中载明。

两个以上法人或者其他组织可以组成一个联合体，以一个投标人的身份共同投标。联合体各方均应当具备承担招标项目的相应能力；国家有关规定或者招标文件对投标人资格条件有规定的，联合体各方均应当具备规定的相应资格条件。由同一专业的单位组成的联合体，按照资质等级较低的单位确定资质等级。联合体各方应当签订共同投标协议，明确约定各方拟承担的工作和责任，并将共同投标协议连同投标文件一并提交招标人。联合体中标的，联合体各方应当共同与招标人签订合同，就中标项目向招标人承担连带责任。招标人不得强制投标人组成联合体共同投标，不得限制投标人之间的竞争。

投标人不得相互串通投标报价，不得排挤其他投标人的公平竞争，损害招标人或者其他投标人的合法权益。投标人不得与招标人串通投标，损害国家利益、社会公共利益或者他人的合法权益。禁止投标人以向招标人或者评标委员会成员行贿的手段谋取中标。投标人不得以低于成本的报价竞标，也不得以他人名义投标或者以其他方式弄虚作假，骗取中标。

招标文件要求投标人提交投标保证金的，投标保证金不得超过采购项目预算金额的2%。投标保证金应当以支票、汇票、本票或者金融机构、担保机构出具的保函等非现金形式提交。投标人未按照招标文件要求提交投标保证金的，投标无效。采购人或者采购代理机构应当自中标通知书发出之日起5个工作日内退还未中标供应商的投标保证金，自政府采购合同签订之日起5个工作日内退还中标供应商的投标保证金。

3. 废标与重新组织招标

在招标采购中，出现下列情形之一的，应予以废标：①符合专业条件的供应商或者对招标文件作实质响应的供应商不足3家的；②出现影响采购公正的违法、违规行为的；③投标人的报价均超过了采购预算，采购人不能支付的；④因重大变故，采购任务取消的。

废标后，采购人应当将废标理由通知所有投标人。废标后，除采购任务取消情形外，应当重新组织招标；需要采取其他方式采购的，应当在采购活动开始前获得设区的市、自治州以上人民政府采购监督管理部门或者政府有关部门批准。

4. 开标

开标应当在招标文件确定的提交投标文件截止时间的同一时间公开进行；开标地点应当为招标文件中预先确定的地点。开标由招标人主持，邀请所有投标人参加。开标时，由投标人或者其推选的代表检查投标文件的密封情况，也可以由招标人委托的公证机构检查并公证；经确认无误后，由工作人员当众拆封，宣读投标人名称、投标价格和投标文件的其他主要内容。招标人在招标文件要求提交投标文件的截止时间前收到的所有投标文件，开标时都应当当众予以拆封、宣读。开标过程应当记录，并存档备查。

5. 评标

评标由招标人依法组建的评标委员会负责。依法必须进行招标的项目，其评标委员会由招标人的代表和有关技术、经济等方面的专家组成，成员人数为 5 人以上单数，其中技术、经济等方面的专家不得少于成员总数的 2/3。上述专家应当从事相关领域工作满 8 年并具有高级职称或者具有同等专业水平，由招标人从国务院有关部门或者省、自治区、直辖市人民政府有关部门提供的专家名册或者招标代理机构的专家库内的相关专业的专家名单中确定；一般招标项目可以采取随机抽取方式，特殊招标项目可以由招标人直接确定。与投标人有利害关系的人不得进入相关项目的评标委员会；已经进入的应当更换。评标委员会成员的名单在中标结果确定前应当保密。

招标人应当采取必要的措施，保证评标在严格保密的情况下进行。任何单位和个人不得非法干预、影响评标的过程和结果。评标委员会可以要求投标人对投标文件中含义不明确的内容作必要的澄清或者说明，但是澄清或者说明不得超出投标文件的范围或者改变投标文件的实质性内容。

评标委员会应当按照招标文件确定的评标标准和方法，对投标文件进行评审和比较；设有标底的，应当参考标底。评标委员会完成评标后，应当向招标人提出书面评标报告，并推荐合格的中标候选人。招标人根据评标委员会提出的书面评标报告和推荐的中标候选人确定中标人。招标人也可以授权评标委员会直接确定中标人。国务院对特定招标项目的评标有特别规定的，从其规定。

6. 中标

中标人的投标应当符合下列条件之一：一是能够最大限度地满足招标文件中规定的各项综合评价标准；二是能够满足招标文件的实质性要求，并且经评审的投标价格最低，但是投标价格低于成本的除外。评标委员会经评审，认为所有投标都不符合招标文件要求的，可以否决所有投标。依法必须进行招标的项目的所有投标都被否决的，招标人应当依法重新招标。

政府采购招标评标方法分为最低评标价法和综合评分法。最低评标价法，是指投标文件满足招标文件全部实质性要求且投标报价最低的供应商为中标候选人的评标方法。综合评分法，是指投标文件满足招标文件全部实质性要求且按照评审因素的量化指标评审得分最高的供应商为中标候选人的评标方法。技术、服务等标准统一的货物和服务项目，应当采用最低评标价法。采用综合评分法的，评审标准中的分值设置应当与评审因素的量化指标相对应。招标文件中没有规定的评标标准不得作为评审的依据。

在确定中标人前，招标人不得与投标人就投标价格、投标方案等实质性内容进行谈判。评标委员会成员应当客观、公正地履行职务，遵守职业道德，对所提出的评审意见承担个人责任。评标委员会成员不得私下接触投标人，不得收受投标人的财物或者其他好处。评标委员会成员和参与评标的有关工作人员不得透露对投标文件的评审和比较、中标候选人的推荐情况以及与评标有关的其他情况。

中标人确定后，招标人应当向中标人发出中标通知书，并同时将中标结果通知所有未中标的投标人。中标通知书对招标人和中标人具有法律效力。中标通知书发出后，招标人改变中标结果的，或者中标人放弃中标项目的，应当依法承担法律责任。

招标人和中标人应当自中标通知书发出之日起30日内，按照招标文件和中标人的投标文件订立书面合同。招标人和中标人不得再行订立背离合同实质性内容的其他协议。招标文件要求中标人提交履约保证金的，中标人应当提交。依法必须进行招标的项目，招标人应当自确定中标人之日起15日内，向有关行政监督部门提交招标投标情况的书面报告。

中标人应当按照合同约定履行义务，完成中标项目。中标人不得向他人转让中标项目，也不得将中标项目肢解后分别向他人转让。中标人按照合同约定或者经招标人同意，可以将中标项目的部分非主体、非关键性工作分包给他人完成。接受分包的人应当具备相应的资格条件，并不得再次分包。中标人应当就分包项目向招标人负责，接受分包的人就分包项目承担连带责任。

（四）邀请招标采购程序

邀请招标的程序仅次于公开招标，邀请招标的基本程序与公开招标基本相同，也包括招标、开标、评标和中标几个阶段。在招标阶段的要求相对简化一些，在其他阶段与公开招标基本相当。

招标人采用邀请招标方式的，应当向 3 个以上具备承担招标项目的能力、资信良好的特定的法人或者其他组织发出投标邀请书。投标邀请书应当载明招标人的名称和地址、招标项目的性质、数量、实施地点和时间以及获取招标文件的办法等事项。

根据《政府采购法》的规定，货物或者服务项目采取邀请招标方式采购的，采购人应当从符合相应资格条件的供应商中，通过随机方式选择 3 家以上的供应商，并向其发出投标邀请书。

（五）其他采购方式的基本程序

其他采购方式程序相对比较简单，特别是单一来源采购，比较类似于普通消费者到特定厂家或者商家采购货物的程序。询价采购在三种方式中相对复杂一些，比较类似于普通消费者到市场上货比三家以后再采购货物的程序。竞争性谈判采购是三种方式中最复杂的一种，比较类似于大中型企业按照比较正规的方式采购大宗货物的程序。

1. 竞争性谈判采购程序

采用竞争性谈判方式采购的，应当遵循下列程序：

（1）成立谈判小组

谈判小组由采购人的代表和有关专家共 3 人以上的单数组成，其中专家的人数不得少于成员总数的 2/3。

（2）制定谈判文件

谈判文件应当明确谈判程序、谈判内容、合同草案的条款以及评定成交的标准等事项。

（3）确定邀请参加谈判的供应商名单

谈判小组从符合相应资格条件的供应商名单中确定不少于三家的供应商参加谈判，并向其提供谈判文件。

（4）谈判

谈判小组所有成员集中与单一供应商分别进行谈判。在谈判中，谈判的任何一方不得透露与谈判有关的其他供应商的技术资料、价格和其他信息。谈判文件有实质性变动的，谈判小组应当以书面形式通知所有参加谈判的供应商。

（5）确定成交供应商

谈判结束后，谈判小组应当要求所有参加谈判的供应商在规定时间内进行最后报价，采购人从谈判小组提出的成交候选人中根据符合采购需求、质量和服务相等且报价最低的原则确定成交供应商，并将结果通知所有参加谈判的未成交的供应商。

2. 单一来源采购程序

采取单一来源方式采购的，采购人与供应商应当遵循《政府采购法》规定的原则，在保证采购项目质量和双方商定合理价格的基础上进行采购。

3. 询价采购程序

采取询价方式采购的，应当遵循下列程序：

（1）成立询价小组

询价小组由采购人的代表和有关专家共3人以上的单数组成，其中专家的人数不得少于成员总数的2/3。询价小组应当对采购项目的价格构成和评定成交的标准等事项作出规定。

（2）确定被询价的供应商名单

询价小组根据采购需求，从符合相应资格条件的供应商名单中确定不少于3家的供应商，并向其发出询价通知书让其报价。

（3）询价

询价小组要求被询价的供应商一次报出不得更改的价格。

（4）确定成交供应商

采购人根据符合采购需求、质量和服务相等且报价最低的原则确定成交供应商，并将结果通知所有被询价的未成交的供应商。

（六）验收与资料保存

无论采取哪种采购方式，都少不了两个必要的程序：验收与资料保存。验收是为了确保供应商提供的商品符合采购人的要求；资料保存是为了确保政府采购的公平、公开和公正而对必要的事后监督所保存的证据。通过对政府采购各个阶段相关资料的审查，可以在一定程度上判断该采购是否遵循了公平、公开和公正的原则。

采购人或者其委托的采购代理机构应当组织对供应商履约的验收。大型或者复杂的政府采购项目，应当邀请国家认可的质量检测机构参加验收工作。验收方成员应当在验收书上签字，并承担相应的法律责任。

采购人、采购代理机构对政府采购项目每项采购活动的采购文件应当妥善保存，不得伪造、变造、隐匿或者销毁。采购文件的保存期限为从采购结束之日起至少保存15年。采购文件包括采购活动记录、采购预算、招标文件、投标文件、评标标准、评估报告、定标文件、合同文本、验收证明、质疑答复、投诉处理决定及其他有关文件、资料。采购活动记录至少应当包括下列内容：采购项目类别、名称；采购项目预算、资金构成和合同价格；采购方式，采用公开招标以外的采购方式的，应当载明原因；邀请和选择供应商的条件及原因；评标标准及确定中标人的原因；废标的原因；采用招标以外采购方式的相应记载。

五、政府采购合同

政府采购合同是指在政府采购中，采购人和供应商所签订的规定双方在政府采购中权利义务的协议。政府采购合同是政府采购中的一项重要制度，是保证政府采购顺利完成的核心制度之一。有学者认为，明晰合同责任，有利于政府采购人切实承担起主体责任。法律上采购人与其他政府采购当事人的责任划分、采购人的民事责任与其他责任之间的界限并不清晰。在适用合同法确定采购人的一般违约责任、缔约过失责任和免责事由之余，代理合同和政府采购合同下采购人的合同责任需要特别予以关注。强化采购人主体地位，要求建立采购当事人权责明晰的现代政府采购法律制度。[1]

（一）政府采购合同的法律适用

政府采购合同虽然是政府采购过程中所签订的协议，但政府采购合同也适用合同法。采购人和供应商之间的权利和义务，应当按照平等、自愿的原则以合同方式约定。采购人可以委托采购代理机构代表其与供应商签订政府采购合同。由采购代理机构以采购人名义签订合同的，应当提交采购人的授权委托书，作为合同附件。就政府采购合同的性质来看，公共工程采购合同及由行政机关决定执行特定经济社会政策目标的货物采购合同、服务采购合同和其他工程采购合同类似行政合同，其余则为民事合同。从发展趋势来看，作为民事合同的政府采购合同占较大比重。[2]

---

[1] 王梦楠：“政府采购人合同责任研究”，载《中国政府采购》2020年第12期。
[2] 王文英：“试论政府采购合同的性质”，载《行政法学研究》2003年第3期。

第十三章 政府采购制度

（二）政府采购合同的形式与条款

政府采购合同应当采用书面形式。国务院政府采购监督管理部门应当会同国务院有关部门，规定政府采购合同必须具备的条款。使用国际组织和外国政府贷款进行的政府采购，贷款方、资金提供方与中方达成的协议对采购的具体条件另有规定的，可以适用其规定，但不得损害国家利益和社会公共利益。使用国际组织或者外国政府贷款、援助资金的项目进行招标，贷款方、资金提供方对招标投标的具体条件和程序有不同规定的，可以适用其规定，但违背中华人民共和国社会公共利益的除外。

采购文件要求中标或者成交供应商提交履约保证金的，供应商应当以支票、汇票、本票或者金融机构、担保机构出具的保函等非现金形式提交。履约保证金的数额不得超过政府采购合同金额的 10%。

（三）政府采购合同的签订与备案

采购人与中标、成交供应商应当在中标、成交通知书发出之日起 30 日内，按照采购文件确定的事项签订政府采购合同。

中标、成交通知书对采购人和中标、成交供应商均具有法律效力。中标、成交通知书发出后，采购人改变中标、成交结果的，或者中标、成交供应商放弃中标、成交项目的，应当依法承担法律责任。中标或者成交供应商拒绝与采购人签订合同的，采购人可以按照评审报告推荐的中标或者成交候选人名单排序，确定下一候选人为中标或者成交供应商，也可以重新开展政府采购活动。

采购人应当自政府采购合同签订之日起 2 个工作日内，将政府采购合同在省级以上人民政府财政部门指定的媒体上公告，但政府采购合同中涉及国家秘密、商业秘密的内容除外。政府采购项目的采购合同自签订之日起 7 个工作日内，采购人应当将合同副本报同级政府采购监督管理部门和有关部门备案。

（四）政府采购合同的履行与变更、终止

经采购人同意，中标、成交供应商可以依法采取分包方式履行合同。政府采购合同分包履行的，中标、成交供应商就采购项目和分包项目向采购人负责，分包供应商就分包项目承担责任。政府采购合同履行中，采购人需追加与合同标的相同的货物、工程或者服务的，在不改变合同其他条款的前提下，可以与供应商协商签订补充合同，但所有补充合同的采购金额不得超过原合同采购金额的 10%。政府采购合同的双方当事人不得擅自变更、中止或者终止合同。政府采购合同继续履行将损害国家利益和社会公共利益的，双方当事人应当变更、中止或者终止合同。有过错的一方应当承担赔偿责任，双方都有过错的，各自承担相应的责任。

六、政府采购质疑与投诉

（一）询问与质疑

供应商对政府采购活动事项有疑问的，可以向采购人提出询问，采购人应当及时作出答复，但答复的内容不得涉及商业秘密。供应商认为采购文件、采购过程和中标、成交结果使自己的权益受到损害的，可以在知道或者应知其权益受到损害之日起 7 个工作日内，以书面形式向采购人提出质疑。供应商应知其权益受到损害之日，是指：①对可以质疑的采购文件提出质疑的，为收到采购文件之日或者采购文件公告期限届满之日；②对采购过程提出质疑的，为各采购程序环节结束之日；③对中标或者成交结果提出质疑的，为中标或者成交结果公告期限届满之日。

采购人应当在收到供应商的书面质疑后 7 个工作日内作出答复，并以书面形式通知质疑供应商和其他有关供应商，但答复的内容不得涉及商业秘密。采购人委托采购代理机构采购的，供应商可以向采购代理机构提出询问或者质疑，采购代理机构应当就采购人委托授权范围内的事项作出答复。投标人和其他利害关系人认为招标投标活动不符合《招标投标法》有关规定的，有权向招标人提出异议或者依法向有关行政监督部门投诉。

（二）投诉与复议、诉讼

质疑供应商对采购人、采购代理机构的答复不满意或者采购人、采购代理机构未在规定的时间内作出答复的，可以在答复期满后 15 个工作日内向同级政府采购监督管理部门投诉。政府采购监督管理部门应当在收到投诉后 30 个工作日内对投诉事项作出处理决定，并以书面形式通知投诉人和与投诉事项有关的当事人。政府采购监督管理部门在处理投诉事项期间，可以视具体情况书面通知采购人暂停采购活动，但暂停时间最长不得超过 30 日。投诉人对政府采购监督管理部门的投诉处理决定不服或者政府采购监督管理部门逾期未作处理的，可以依法申请行政复议或者向人民法院提起行政诉讼。

七、政府采购监督检查与法律责任

（一）政府采购监督检查

各级人民政府财政部门是负责政府采购监督管理的部门，依法履行对政府采购活动的监督管理职责。各级人民政府其他有关部门依法履行与政府采购活动有关的监督管理职责。财政部是中央国家机关政府采购工作的监督管理部门，主要履行下列职责：制定中央国家机关政府采购管理规章制度；编制政府采购计划；拟定政府集中采购目录、集中采购限额标准和公开招标数额标准（不包括工程公开招标），报国务院批准公布；负责集中采购资金的缴拨管理；负责从事中央国家机关政府采购业务的社会招标代理机构的登记备案；负责集中采购机构的业绩考核；管理政府采购信息的统计和发布工作；负责政府采购管理人员的培训；按法律规定权限受理政府采购活动中的投诉事项；办理其他有关政府采购管理事务。

政府采购监督管理部门应当加强对政府采购活动及集中采购机构的监督检查。监督检查的主要内容包括：有关政府采购的法律、行政法规和规章的执行情况；采购范围、采购方式和采购程序的执行情况；政府采购人员的职业素质和专业技能。

政府采购监督管理部门不得设置集中采购机构，不得参与政府采购项目的采购活动。采购代理机构与行政机关不得存在隶属关系或者其他利益关系。集中采购机构应当建立健全内部监督管理制度。采购活动的决策和执行程序应当明确，并相互监督、相互制约。经办采购的人员与负责采购合同审核、验收人员的职责权限应当明确，并相互分离。集中采购机构的采购人员应当具有相关职业素质和专业技能，符合政府采购监督管理部门规定的专业岗位任职要求。集中采购机构对其工作人员应当加强教育和培训，对采购人员的专业水平、工作实绩和职业道德状况进行定期考核。采购人员经考核不合格的，不得继续任职。

政府采购项目的采购标准应当公开。采用《政府采购法》规定的采购方式的，采购人在采购活动完成后，应当将采购结果予以公布。采购人必须按照规定的采购方式和采购程序进行采购。任何单位和个人不得违反《政府采购法》规定，要求采购人或者采购工作人员向其指定的供应商进行采购。

政府采购监督管理部门应当对政府采购项目的采购活动进行检查，政府采购当事人应当如实反映情况，提供有关材料。政府采购监督管理部门应当对集中采购机构的采购价格、节约资金效果、服务质量、信誉状况、有无违法行为等事项进行考核，并定期如实公布考核结果。依照法律、行政法规的规定对政府采购负有行政监督职责的政府有关部门，应当按照其职责分工，加强对政府采购活动的监督。

审计机关应当对政府采购进行审计监督。政府采购监督管理部门、政府采购各当事人有关政府采购活动，应当接受审计机关的审计监督。监察机关应当加强对参与政府采购活动的国家机关、国家公务员和国家行政机关任命的其他人员实施监察。任何单位和个人对政府采购活动中的违法行为，有权控告和检举，有关部门、机关应当依照各自职责及时处理。

(二) 政府采购法律责任

1. 采购人、采购代理机构及其工作人员违法行为的法律责任

采购人、采购代理机构有下列情形之一的，责令限期改正，给予警告，可以并处罚款，对直接负责的主管人员和其他直接责任人员，由其行政主管部门或者有关机关给予处分，并予通报：①应当采用公开招标方式而擅自采用其他方式采购的；②擅自提高采购标准的；③以不合理的条件对供应商实行差别待遇或者歧视待遇的；④在招标采购过程中与投标人进行协商谈判的；⑤中标、成交通知书发出后不与中标、成交供应商签订采购合同的；⑥拒绝有关部门依法实施监督检查的。

采购人、采购代理机构及其工作人员有下列情形之一，构成犯罪的，依法追究刑事责任；尚不构成犯罪的，处以罚款，有违法所得的，并处没收违法所得，属于国家机关工作人员的，依法给予行政处分：①与供应商或者采购代理机构恶意串通的；②在采购过程中接受贿赂或者获取其他不正当利益的；③在有关部门依法实施的监督检查中提供虚假情况的；④开标前泄露标底的。

有上述违法行为之一影响中标、成交结果或者可能影响中标、成交结果的，按下列情况分别处理：①未确定中标、成交供应商的，终止采购活动；②中标、成交供应商已经确定但采购合同尚未履行的，撤销合同，从合格的中标、成交候选人中另行确定中标、成交供应商；③采购合同已经履行的，给采购人、供应商造成损失的，由责任人承担赔偿责任。

采购人对应当实行集中采购的政府采购项目，不委托集中采购机构实行

集中采购的，由政府采购监督管理部门责令改正；拒不改正的，停止按预算向其支付资金，由其上级行政主管部门或者有关机关依法给予其直接负责的主管人员和其他直接责任人员处分。采购人未依法公布政府采购项目的采购标准和采购结果的，责令改正，对直接负责的主管人员依法给予处分。

采购人、采购代理机构违反《政府采购法》规定隐匿、销毁应当保存的采购文件或者伪造、变造采购文件的，由政府采购监督管理部门处以二万元以上十万元以下的罚款，对其直接负责的主管人员和其他直接责任人员依法给予处分；构成犯罪的，依法追究刑事责任。采购代理机构在代理政府采购业务中有违法行为的，按照有关法律规定处以罚款，可以在一至三年内禁止其代理政府采购业务，构成犯罪的，依法追究刑事责任。

政府采购当事人有上述违法行为之一，给他人造成损失的，并应依照有关民事法律规定承担民事责任。

2. 供应商违法行为的法律责任

供应商有下列情形之一的，处以采购金额千分之五以上千分之十以下的罚款，列入不良行为记录名单，在一至三年内禁止参加政府采购活动，有违法所得的，并处没收违法所得，情节严重的，由工商行政管理机关吊销营业执照；构成犯罪的，依法追究刑事责任：①提供虚假材料谋取中标、成交的；②采取不正当手段诋毁、排挤其他供应商的；③与采购人、其他供应商或者采购代理机构恶意串通的；④向采购人、采购代理机构行贿或者提供其他不正当利益的；⑤在招标采购过程中与采购人进行协商谈判的；⑥拒绝有关部门监督检查或者提供虚假情况的。供应商有上述前几项情形之一的，中标、成交无效。

政府采购当事人有上述违法行为之一，给他人造成损失的，并应依照有关民事法律规定承担民事责任。

3. 监督管理部门及其工作人员违法行为的法律责任

政府采购监督管理部门的工作人员在实施监督检查中违反《政府采购法》规定，滥用职权，玩忽职守，徇私舞弊的，依法给予行政处分；构成犯罪的，依法追究刑事责任。

政府采购监督管理部门对供应商的投诉逾期未作处理的，给予直接负责的主管人员和其他直接责任人员行政处分。

政府采购监督管理部门对集中采购机构业绩的考核，有虚假陈述，隐瞒真实情况的，或者不作定期考核和公布考核结果的，应当及时纠正，由其上级机关或者监察机关对其负责人进行通报，并对直接负责的人员依法给予行政处分。集中采购机构在政府采购监督管理部门考核中，虚报业绩，隐瞒真实情况的，处以二万元以上二十万元以下的罚款，并予以通报；情节严重的，取消其代理采购的资格。

4. 各类主体禁止公平竞争的法律责任

任何单位或者个人阻挠和限制供应商进入本地区或者本行业政府采购市场的，责令限期改正；拒不改正的，由该单位、个人的上级行政主管部门或者有关机关给予单位责任人或者个人处分。

第十四章
财政转移支付制度

一、财政转移支付的概念与基本模式

财政转移支付是政府间财政运作的主要形式，它在平衡各级政府的财政支付能力、确保各地纳税人获得大体相同的公共物品以及促进地区经济发展等方面具有巨大的作用。在现代税收国家，财政转移支付在整个财政支出中所占的比重不断上升，成为很多国家中央政府财政支出的主要形式。正因如此，大多数国家通过宪法、基本法和法律的形式来规范财政转移支付，我国在这方面尚无立法，急需对财政转移支付立法的相关问题进行研讨。

政府间财政转移支付是指各级政府之间财政资金的相互转移或财政资金在各级政府之间的再分配。支持政府进行转移支付的理论基础是市场经济决定的收入分配结果的不公平，这是政府介入收入分配领域的一个重要前提条件。转移支付实质上是对政府收入的一种再分配，它是政府行使收入再分配职能所采取的主要形式和手段，其社会道义上的目标是公平，经济上的目标是社会效用最大化。

财政转移支付有两种基本模式：单一纵向模式和纵横交错模式。单一纵向模式是指上级政府通过特定的财政体制把各地区所创造的财力数量不等地集中起来，再根据各地区财政收支平衡状况和实施宏观调控政策的需要，将集中起来的部分财政收入以不等的数量分配给各地区，以实现各地区间财力配置的相对均衡。美国、日本、加拿大等国实行这一模式。

在纵横交错模式下，纵向的转移支付侧重于实现国家的宏观调控政策目标；横向的转移支付则主要用于解决财政经济落后地区公共开支不足的问题。德国的财政转移支付制度是这种模式的典型代表。

有学者认为，在现代财政框架下，从制度设计的整体逻辑来看，现代财政制度运行遵循"分事—分税—分转—分管"的内在机理。随着财政事权与支出责任划分改革试点工作的不断推进，作为促进区域财力均衡的重要手段，财政转移支付被频繁和常规化地运作，财政转移支付的领域和范围也呈现急剧扩张化的态势。从立法层面来看，提升地区间基本公共服务均等化水平作为财政转移支付制度设立的目标，应当成为具体制度建构中的价值导向予以具体贯彻。立法设计应妥切回应地方利益诉求，按照公平公正、公开透明、规范合理、注重绩效的原则来设定具体规则，更好地规范财政转移支付行为。[1]

二、财政转移支付立法的基本原则

财政转移支付法是指调整在财政转移支付过程中发生的经济关系的法律规范的总称，是财政法制度的重要组成部分。立法的基本原则决定了一部法律的基本价值取向和制度安排，因此，研究财政转移支付立法问题必须首先解决立法的基本原则问题。

（一）财政民主原则

财政从词源上看，就是国家为了完成其职能而动员起来的一切基金的总称。[2]而从现实制度上来看，财政不过就是国家参与国民收入分配，管理和运用公共资金的一种活动、关系或者制度。从经济角度看，财政资金全部来源于人民的劳动；从法律角度看，财政资金主要来源于纳税人所缴纳的税款。财政转移支付所支配的是财政资金，因此，财政转移支付及其立法首先应当遵循财政民主原则。

财政民主原则在财政转移支付立法中的基本要求是财政转移支付的立法过程及其所形成的基本法律制度应当最大限度地体现纳税人的意志。纳税人应当在财政转移支付立法的过程中处于支配地位。财政转移支付立法之所以应当遵循民主原则，一方面是因为财政转移支付的资金主要来源于纳税人所缴纳的税款，另一方面是因为财政转移支付主要是为纳税人服务，解决纳税人享受基本公共物品不均衡的问题。

财政民主原则在财政转移支付立法中的具体要求包括以下几个方面：

第一，立法草案的起草应当充分听取纳税人的建议。具体到我国就要求财政转移支付立法草案的起草应当由全国人大及其常委会负责，可以由专门委员会或者工作委员会起草，也可以在专门委员会或者工作委员会的组织领

---

[1] 杨磊："我国财政转移支付制度立法改革研究"，载《公共财政研究》2019年第6期。

[2] 李建英编译：《苏联财政法》，中国财政经济出版社1985年版，第43页。

导下，委托科研机构、高等院校起草。在起草过程中应当广开言路，设立专门工作组负责收集、整理和反馈纳税人的立法建议以及对草案的修改建议。

第二，立法草案的起草过程应当是透明的。应当及时将立法草案的起草进度及草案的具体内容通过网络、媒体等方式公之于众，让纳税人可以亲历立法草案的起草过程，为纳税人表达自己的意愿提供基本的前提条件。

第三，立法草案中的焦点问题和争议较大的问题应当举行立法听证会。立法听证会是比较正式的表达纳税人意愿的方式，根据我国个人所得税法修改过程中举办的首次立法听证会的经验，目前广泛召开立法听证会的时机已经成熟。举行立法听证会更能体现纳税人的意志，也更能让纳税人感到立法充分听取和尊重了自己的意志。

第四，立法草案中设计的基本制度应当充分体现纳税人的意志。财政转移支付立法完成以后，其基本制度的运作过程同样应当给予纳税人充分的发言权，使得纳税人有权对财政转移支付的规模、方式方法及其具体的程序提出自己的建议并能够被相关机关重视。

对于上述内容，很多国家的宪法中都有明确规定，例如，《日本国宪法》第 16 条规定："任何人对损害的救济，公务员的罢免，法律、命令以及规章的制定、废止和修订以及其他有关事项，都有和平请愿的权利，任何人都不得因进行此种请愿而受到歧视。"财政转移支付的立法过程显然也适用这一规定。

（二）财政法定原则

财政涉及纳税人的基本财产权以及国家职能的实现，现代各国都强调通过宪法和法律来规范财政，大部分国家在宪法上都确立了财政法定原则。例如，《日本国宪法》第 84 条规定："新课租税，或变更现行租税，必须有法律或法律规定之条件作依据。"第 85 条规定："国家费用的支出，或国家负担债务，必须根据国会决议。"《斯里兰卡民主社会主义共和国宪法》第 148 条规定："议会对国家财政实行全面控制。任何地方当局或其他公用当局非经议会通过的法律或现行法律授权不得征收任何税、捐、费。"第 152 条规定："凡涉及授权动用共和国的统一基金或其他基金或从中拨付款项的法案或动议，规定征收任何税或取消、增减任何现行税的法案或动议，非由部长提出并经内阁批准或授权批准，不得提交议会审议。"

财政法定原则是财政民主原则的要求和体现，也是财政民主原则实现的保障，当然也在某种程度上限制了财政民主原则。财政法定原则偏重形式，而财政民主原则偏重内容。在现代代议民主制下，法定是民主的实现方式，但因为其是间接民主，有时候并不能完全体现民主，所以，有必要将财政民主和财政法定作为两个单独的原则体现在财政转移支付的立法之中。

财政法定原则要求财政转移支付的基本制度应当通过立法机关的立法予以规范，在财政转移支付制度的运作过程中，基本的财政转移支付也应当首先经过立法机关的批准。具体说来，主要是两个方面的要求：

第一，财政转移支付制度的运作过程，应当由全国人大或者全国人大常委会制定财政转移支付法，而不是由国务院通过行政法规或由财政部通过部门规章进行规范。[1]当然，在全国人大及其常委会立法的基础上，国务院可以制定实施细则，财政部可以制定具体操作规范。

第二，在财政转移支付制度的运作过程中，应当充分发挥全国人大及其常委会事前批准、事后监督的作用。每年财政转移支付的数额应当列入当年的预算并经过全国人大及其常委会的审批，而财政转移支付的运作过程及其结果应当通过审计署的审计并由全国人大及其常委会负责监督。[2]

（三）财政公平原则

财政转移支付制度的一个基本功能是为了保证全国各地的纳税人能够享

---

[1] 我国的现状是：财政转移支付制度基本上由财政部的部门规章来规范。例如，2000 年 11 月 29 日财政部发布了《2000 年实施天然林保护工程后中央对地方财政减收转移支付办法》（财预〔2000〕368 号），2002 年 7 月 26 日财政部发布了《农村税费改革中央对地方转移支付暂行办法》（财预〔2002〕468 号），2002 年 12 月 26 日财政部发布了《关于 2002 年一般性转移支付办法》（财预〔2002〕616 号），2003 年 7 月 17 日财政部发布了《2003 年农村税费改革中央对地方转移支付办法》（财预〔2003〕355 号），2003 年 10 月 23 日财政部发布了《关于加强农村税费改革转移支付资金管理的通知》（财预〔2003〕485 号），2019 年 3 月 29 日财政部发布了《农村综合改革转移支付管理办法》（财农〔2019〕17 号），2019 年 5 月 29 日财政部、农业农村部发布了《农业相关转移支付资金绩效管理办法》（财农〔2019〕48 号），2021 年 4 月 29 日发布修订后的《农村综合改革转移支付管理办法》（财农〔2021〕36 号）、2022 年 4 月 13 日发布修订后的《中央对地方均衡性转移支付办法》（财预〔2022〕58 号）。

[2] 《德意志联邦共和国基本法》（1949 年）第 114 条的规定值得借鉴："①联邦财政部长必须在下一决算年度中为政府决算得到批准，而向联邦议会两院提案所有收入和支出以及资产和债务方面的决算报告。②联邦审计院审计预算的执行和非预算资金的管理，经济效益性和合法合规性，其成员拥有与法官相同的独立性。联邦审计院每年要向联邦政府、联邦议会两院提交报告。联邦审计院的其他权限由联邦法律加以规定。"

受大体相同水平的基本公共物品。因此,财政转移支付制度特别强调"杀富济贫",即财政资金由富裕地区向贫困地区流动。美国的无条件拨款、加拿大的财政均等化补助、德国的财政平等化横向转移支付、日本的地方交付税制度以及韩国的一般地方交付税制度都是为了确保全国各地区的财力保持大体平衡而采取的财政转移支付制度。[1] 上述制度的理论依据以及所遵循的基本准则就是财政公平原则。

财政公平原则所强调的核心是全国各地的纳税人在基本公共物品的享受上,应当保持大体相同的水平。这既是基本人权保障的要求,也是保持全国经济均衡发展,保证社会秩序稳定和民族、地区团结统一的要求。

财政公平原则一方面要通过财政民主原则和财政法定原则来实现,另一方面也是对财政民主原则和财政法定原则的约束与限制。一般来讲,充分发扬民主,通过严格立法程序确定的财政转移支付制度是公平的制度,但是,民主和法定也有可能出现"多数人的暴政",因此,财政公平原则是宪法层面对财政民主和财政法定原则的约束和限制,即多数人不能通过民主程序来剥夺少数人的基本人权,不能通过立法来违反基本的财政公平原则,否则,这种立法即是无效的。

财政公平原则在财政转移支付立法中的具体要求包括两个方面:

第一,财政转移支付的标准应当统一。这种统一应当是全国性的,在标准问题上不应当存在地区差异。以地区差异为借口而谋求标准的特殊,其本身就是对财政公平原则的背离。

第二,财政转移支付的标准应当能够真正反映各地区纳税人所享受的基本公共物品的水平。如果这一标准不能达到这一目的,那么,严格按照这一标准进行财政转移支付不仅不会缩小地区享受基本公共物品的差距,而且会拉大这种差距。

(四) 财政效率原则

财政转移支付除平衡各地财力的基本功能以外,还具有一个重要的功能,即提高财政资金使用的效率。公共物品理论认为,公共物品可以按照不同的

---

[1] 关于上述各国财政转移支付制度的基本内容,可以参见钟守英主编:《转移支付制度比较与借鉴》,武汉工业大学出版社1996年版;刘小明:《财政转移支付制度研究》,中国财政经济出版社2001年版;刘剑文主编:《财税法学》,高等教育出版社2004年版,第136—143页。

层次，分为全国性公共物品和地方性公共物品。当全国性公共物品由中央政府提供、地方性公共物品由地方政府提供时，效率较高。当财政收入的划分与各级政府提供公共物品的划分不一致时，就需要进行财政转移支付。另外，公共物品具有外溢性，邻近地区有可能享受了其他地区提供的公共物品，这时也需要在邻近地区之间进行财政转移支付，以平衡各地提供公共物品的成本和收益。各国财政转移支付除上述平衡各地财力的目的以外，也有很多是为了实现公共物品的提供与财政收入之间的大体平衡，如美国的配套拨款、加拿大的教育卫生项目固定补助、德国的纵向税收协调、日本的地方让与税制度以及国库支出金制度、韩国的国库补助金制度等。财政转移支付在履行上述职能时应当遵循财政效率原则。

财政效率原则在财政转移支付立法中的具体要求主要表现在两个方面：其一，财政资金本身的使用应当符合收益最大化原则；其二，财政资金的使用应当最大限度地促进经济的发展。前者能够在短期内通过项目建设资金使用的经济效益予以衡量，后者一般要经过一段时期的经济发展才能做出判断。

财政效率原则与财政公平原则是财政转移支付制度在追求不同的价值目标时所应分别遵循的基本原则，二者就其所适用的财政转移支付的具体制度而言是不矛盾的。但一段时期内财政资金的总量是一定的，用于某方面的财政支出多了，用于其他方面的就少了，就这一点而言，二者是存在矛盾的。至于在特定历史时期，财政转移支付应当考虑效率多一点还是公平多一点，是通过民主立法程序来确定的。如果把财政民主原则和财政法定原则定位为财政转移支付立法所应遵循的两大形式原则，那么，财政公平原则和财政效率原则就是财政转移支付立法所应遵循的两大实质原则。

在财政转移支付立法中还应当遵循很多具体原则，但都可以为上述四个基本原则所概括。当然，为了真正遵循上述四个基本原则，还应该继续探讨财政转移支付立法中所应当遵循的具体原则并将这些原则转化为可以操作的具体制度，只有这样，我们所制定出来的财政转移支付法才能是既符合民意，又能够充分实现其所追求的财政公平与财政效率两大目标的良法。

三、改革和完善中央对地方转移支付制度

财政转移支付制度是现代财政制度的重要内容，是政府管理的重要手段。根据党的十八届三中全会精神和《国务院关于深化预算管理制度改革的决定》

（国发〔2014〕45号）要求，《国务院关于改革和完善中央对地方转移支付制度的意见》（国发〔2014〕71号）对改革和完善中央对地方转移支付制度提出了相关指导意见。

（一）改革和完善中央对地方转移支付制度的必要性

1994年实行分税制财政管理体制以来，我国逐步建立了符合社会主义市场经济体制基本要求的财政转移支付制度。中央财政集中的财力主要用于增加对地方特别是中西部地区的转移支付，转移支付规模不断扩大，有力促进了地区间基本公共服务的均等化，推动了国家宏观调控政策目标的贯彻落实，保障和改善了民生，支持了经济社会持续健康发展。但与建立现代财政制度的要求相比，现行中央对地方转移支付制度存在的问题和不足也日益凸显，突出表现在：受中央和地方事权和支出责任划分不清晰的影响，转移支付结构不够合理；一般性转移支付项目种类多、目标多元，均等化功能弱化；专项转移支付涉及领域过宽，分配使用不够科学；一些项目行政审批色彩较重，与简政放权改革的要求不符；地方配套压力较大，财政统筹能力较弱；转移支付管理漏洞较多、信息不够公开透明等。对上述问题，有必要通过深化改革和完善制度，尽快加以解决。

（二）改革和完善中央对地方转移支付制度的指导思想

全面贯彻落实党的十八大和十八届二中、三中、四中全会精神，按照党中央、国务院的决策部署和新修正的预算法有关规定，围绕建立现代财政制度，以推进地区间基本公共服务均等化为主要目标，以一般性转移支付为主体，完善一般性转移支付增长机制，清理、整合、规范专项转移支付，严肃财经纪律，加强转移支付管理，充分发挥中央和地方两个积极性，促进经济社会持续健康发展。

（三）改革和完善中央对地方转移支付制度的基本原则

加强顶层设计，做好分步实施。坚持问题导向，借鉴国际经验，注重顶层设计，使转移支付制度与事权和支出责任划分相衔接，增强改革的整体性和系统性。同时充分考虑实际情况，逐步推进转移支付制度改革，先行解决紧迫问题和有关方面认识比较一致的问题。

合理划分事权，明确支出责任。合理划分中央事权、中央地方共同事权和地方事权，强化中央在国防、外交、国家安全、全国统一市场等领域的职责，强化省级政府统筹推进区域内基本公共服务均等化的职责，建立事权与支出责任相适应的制度。

清理整合规范，增强统筹能力。在完善一般性转移支付制度的同时，着力清理、整合、规范专项转移支付，严格控制专项转移支付项目和资金规模，增强地方财政的统筹能力。

市场调节为主，促进公平竞争。妥善处理政府与市场的关系，使市场在资源配置中起决定性作用，逐步减少竞争性领域投入专项，市场竞争机制能够有效调节的事项原则上不得新设专项转移支付，维护公平竞争的市场环境。

规范资金管理，提高资金效率。既要严格转移支付资金管理，规范分配使用，加强指导和监督，做到公平、公开、公正，又要加快资金拨付，避免大量结转结余，注重提高资金使用效率。

(四) 优化转移支付结构

合理划分中央和地方事权与支出责任，逐步推进转移支付制度改革，形成以均衡地区间基本财力、由地方政府统筹安排使用的一般性转移支付为主体，一般性转移支付[1]和专项转移支付[2]相结合的转移支付制度。属于中央事权的，由中央全额承担支出责任，原则上应通过中央本级支出安排，由中央直接实施；随着中央委托事权和支出责任的上收，应提高中央直接履行事权安排支出的比重，相应减少委托地方实施的专项转移支付。属于中央地方共同事权的，由中央和地方共同分担支出责任，中央分担部分通过专项转移支付委托地方实施。属于地方事权的，由地方承担支出责任，中央主要通过一般性转移支付给予支持，少量的引导类、救济类、应急类事务通过专项转移支付予以支持，以实现特定政策目标。

(五) 完善一般性转移支付制度

第一，清理整合一般性转移支付。逐步将一般性转移支付中属于中央委托事权或中央地方共同事权的项目转列专项转移支付，属于地方事权的项目归并到均衡性转移支付，建立以均衡性转移支付为主体、以老少边穷地区转移支付为补充并辅以少量体制结算补助的一般性转移支付体系。

---

[1] 一般性转移支付包括：①均衡性转移支付；②对革命老区、民族地区、边疆地区、贫困地区的财力补助；③其他一般性转移支付。

[2] 专项转移支付，是指上级政府为了实现特定的经济和社会发展目标给予下级政府，并由下级政府按照上级政府规定的用途安排使用的预算资金。

第二，建立一般性转移支付稳定增长机制。增加一般性转移支付规模和比例，逐步将一般性转移支付占比提高到60%以上。改变均衡性转移支付与所得税增量挂钩的方式，确保均衡性转移支付增幅高于转移支付的总体增幅。大幅度增加对老少边穷地区的转移支付。中央出台增支政策形成的地方财力缺口，原则上通过一般性转移支付调节。

第三，加强一般性转移支付管理。一般性转移支付按照国务院规定的基本标准和计算方法编制。科学设置均衡性转移支付测算因素、权重，充分考虑老少边穷地区底子薄、发展慢的特殊情况，真实反映各地的支出成本差异，建立财政转移支付同农业转移人口市民化挂钩机制，促进地区间基本公共服务均等化。规范老少边穷地区转移支付分配，促进区域协调发展。建立激励约束机制，采取适当奖惩等方式，引导地方将一般性转移支付资金投入民生等中央确定的重点领域。

(六) 从严控制专项转移支付

第一，清理整合专项转移支付。清理整合要充分考虑公共服务提供的有效性、受益范围的外部性、信息获取的及时性和便利性，以及地方自主性、积极性等因素。取消专项转移支付中政策到期、政策调整、绩效低下等已无必要继续实施的项目。属于中央委托事权的项目，可由中央直接实施的，原则上调整列入中央本级支出。属于地方事权的项目，划入一般性转移支付。确需保留的中央地方共同事权项目，以及少量的中央委托事权项目及引导类、救济类、应急类项目，要建立健全定期评估和退出机制，对其中目标接近、资金投入方向类同、资金管理方式相近的项目予以整合，严格控制同一方向或领域的专项数量。[1]

第二，逐步改变以收定支专项管理办法。结合税费制度改革，完善相关法律法规，逐步取消城市维护建设税、排污费、探矿权和采矿权价款、矿产资源补偿费等专款专用的规定，统筹安排这些领域的经费。

第三，严格控制新设专项。专项转移支付项目应当依据法律、行政法规

---

[1] 根据《预算法实施条例》第10条第2款的规定，县级以上各级政府财政部门应当会同有关部门建立健全专项转移支付定期评估和退出机制。对评估后的专项转移支付，按照下列情形分别予以处理：①符合法律、行政法规和国务院规定，有必要继续执行的，可以继续执行；②设立的有关要求变更，或者实际绩效与目标差距较大、管理不够完善的，应当予以调整；③设立依据失效或者废止的，应当予以取消。

和国务院的规定设立。新设立的专项应有明确的政策依据、政策目标、资金需求、资金用途、主管部门和职责分工。

第四，规范专项资金管理办法。做到每一个专项转移支付都有且只有一个资金管理办法。对一个专项有多个资金管理办法的，要进行整合归并，不得变相增设专项。资金管理办法要明确政策目标、部门职责分工、资金补助对象、资金使用范围、资金分配办法等内容，逐步达到分配主体统一、分配办法一致、申报审批程序唯一等要求。需要发布项目申报指南的，应在资金管理办法中进行明确。补助对象应按照政策目标设定，并按政府机构、事业单位、个人、企业等进行分类，便于监督检查和绩效评价。

（七）规范专项转移支付分配和使用

第一，规范资金分配。专项转移支付应当分地区、分项目编制。严格资金分配主体，明确部门职责，社会团体、行业协会、企事业单位等非行政机关不得负责资金分配。专项转移支付可以采取项目法或因素法进行分配。对用于国家重大工程、跨地区跨流域的投资项目以及外部性强的重点项目，主要采取项目法分配，实施项目库管理，明确项目申报主体、申报范围和申报条件，规范项目申报流程，发挥专业组织和专家的作用，完善监督制衡机制。对具有地域管理信息优势的项目，主要采取因素法分配，选取客观因素，确定合理权重，按照科学规范的分配公式切块下达省级财政，并指导其制定资金管理办法实施细则，按规定层层分解下达到补助对象，做到既要调动地方积极性，又要保证项目顺利实施。对关系群众切身利益的专项，可改变行政性分配方式，逐步推动建立政府引导、社会组织评价、群众参与的分配机制。

第二，取消地方资金配套要求。除按照国务院规定应当由中央和地方共同承担的事项外，中央在安排专项转移支付时，不得要求地方政府承担配套资金。由中央和地方共同承担的事项，要依据公益性、外部性等因素明确分担标准或比例。在此基础上，根据各地财政状况，同一专项对不同地区可采取有区别的分担比例，但不同专项对同一地区的分担比例应逐步统一规范。

第三，严格资金使用。除中央委托事项外，专项转移支付一律不得用于财政补助单位人员经费和运转经费，以及楼堂馆所等国务院明令禁止的相关项目建设。加强对专项资金分配使用的全过程监控和检查力度，建立健全信息反馈、责任追究和奖惩机制，重点解决资金管理"最后一公里"问题。

（八）逐步取消竞争性领域专项转移支付

第一，取消部分竞争性领域专项。凡属"小、散、乱"，效用不明显以及市场竞争机制能够有效调节的专项应坚决取消；对因价格改革、宏观调控等而配套出台的竞争性领域专项，应明确执行期限，并在后期逐步退出，到期取消。

第二，研究用税收优惠政策替代部分竞争性领域专项。加强竞争性领域专项与税收优惠政策的协调，可以通过税收优惠政策取得类似或更好政策效果的，应尽量采用税收优惠政策，相应取消竞争性领域专项。税收优惠政策应由专门税收法律法规或国务院规定。

第三，探索实行基金管理等市场化运作模式。对保留的具有一定外部性的竞争性领域专项，应控制资金规模，突出保障重点，逐步改变行政性分配方式，主要采取基金管理等市场化运作模式，逐步与金融资本相结合，发挥撬动社会资本的杠杆作用。基金可以采取中央直接设立的方式，也可以采取中央安排专项转移支付支持地方设立的方式；可以新设基金，也可以扶持已有的对市场有重大影响的基金。基金主要采取创业投资引导基金、产业投资基金等模式。基金设立应报经同级人民政府批准，应有章程、目标、期限及指定投资领域，委托市场化运作的专业团队管理，重在引导、培育和发展市场，鼓励创新创业。基金应设定规模上限，达到上限时，根据政策评估决定是否进一步增资。少数不适合实行基金管理模式的，也应在事前明确补助机制的前提下，事中或事后采取贴息、先建后补、以奖代补、保险保费补贴、担保补贴等补助方式，防止出现补助机制模糊、难以落实或套取补助资金等问题。

（九）强化转移支付预算管理

第一，及时下达预算。加强与地方预算管理的衔接，中央应当将对地方的转移支付预计数提前下达地方，地方应当将其编入本级预算。除据实结算等特殊项目可以分期下达预算或者先预付后结算外，中央对地方一般性转移支付在全国人大批准预算后 30 日内下达，专项转移支付在 90 日内下达。省级政府接到中央转移支付后，应在 30 日内正式下达到本行政区域县级以上各级政府。中央下达的财政转移支付必须纳入地方政府预算管理，按规定向同级人大或其常委会报告。

第二，推进信息公开。中央对地方转移支付预算安排及执行情况在全国人大批准后 20 日内由财政部向社会公开,并对重要事项作出说明。主动向社会公开一般性转移支付和专项转移支付的具体项目、规模、管理办法和分配结果等。

第三,做好绩效评价。完善转移支付绩效评价制度,科学设置绩效评价机制,合理确定绩效目标,有效开展绩效评价,提高绩效评价结果的可信度,并将绩效评价结果同预算安排有机结合。逐步创造条件向社会公开绩效评价结果。

第四,加强政府性基金预算和一般公共预算的统筹力度。政府性基金预算安排支出的项目,一般公共预算可不再安排或减少安排。政府性基金预算和一般公共预算同时安排的专项转移支付,在具体管理中应作为一个专项,制定统一的资金管理办法,实行统一的资金分配方式。

第五,将一般性转移支付纳入重点支出统计范围。大幅度增加一般性转移支付后,中央财政对相关重点领域的直接投入相应减少。由于中央对地方税收返还和转移支付最终形成地方财政支出,为满足统计需要,可将其按地方财政支出情况分解为对相关重点领域的投入。

(十) 调整优化中央基建投资专项

在保持中央基建投资合理规模的基础上,划清中央基建投资专项和其他财政专项转移支付的边界,合理划定主管部门职责权限,优化中央基建投资专项支出结构。逐步退出竞争性领域投入,对确需保留的投资专项,调整优化安排方向,探索采取基金管理等市场化运作模式,规范投资安排管理;规范安排对地方基本公共服务领域的投资补助,逐步减少对地方的小、散投资补助;逐步加大属于中央事权的项目投资,主要用于国家重大工程、跨地区跨流域的投资项目以及外部性强的重点项目。

(十一) 完善省以下转移支付制度

省以下各级政府要比照中央对地方转移支付制度,改革和完善省以下转移支付制度。与省以下各级政府事权和支出责任划分相适应,优化各级政府转移支付结构。对上级政府下达的一般性转移支付,下级政府应采取有效措施,确保统筹用于相关重点支出;对上级政府下达的专项转移支付,下级政府可在不改变资金用途的基础上,发挥贴近基层的优势,结合本级安排的相关专项情况,加大整合力度,将支持方向相同、扶持领域相关的专项转移支付整合使用。

（十二）加快转移支付立法和制度建设

为增强转移支付制度的规范性和权威性，为改革提供法律保障，需要加快转移支付立法，尽快研究制定转移支付条例，条件成熟时推动上升为法律。相关文件中涉及转移支付的规定，应当按照本意见进行修改完善。

四、中央对地方专项转移支付管理制度

（一）基本制度

为进一步加强中央对地方专项转移支付管理，提高财政资金使用的规范性、安全性和有效性，促进经济社会协调发展，财政部制定了《中央对地方专项转移支付管理办法》（财预〔2015〕230号）。

该办法所称中央对地方专项转移支付（简称"专项转移支付"），是指中央政府为实现特定的经济和社会发展目标无偿给予地方政府，由接受转移支付的政府按照中央政府规定的用途安排使用的预算资金。专项转移支付预算资金来源包括一般公共预算、政府性基金预算和国有资本经营预算。

按照事权和支出责任划分，专项转移支付分为委托类、共担类、引导类、救济类、应急类五类。委托类专项是指按照事权和支出责任划分属于中央事权，中央委托地方实施而相应设立的专项转移支付。共担类专项是指按照事权和支出责任划分属于中央与地方共同事权，中央将应分担部分委托地方实施而设立的专项转移支付。引导类专项是指按照事权和支出责任划分属于地方事权，中央为鼓励和引导地方按照中央的政策意图办理事务而设立的专项转移支付。救济类专项是指按照事权和支出责任划分属于地方事权，中央为帮助地方应对因自然灾害等发生的增支而设立的专项转移支付。应急类专项是指按照事权和支出责任划分属于地方事权，中央为帮助地方应对和处理影响区域大、影响面广的突发事件而设立的专项转移支付。

财政部是专项转移支付的归口管理部门，中央主管部门和地方政府按照职责分工共同做好专项转移支付管理工作。财政部负责拟定专项转移支付总体管理制度，制定或者会同中央主管部门制定具体专项转移支付的资金管理办法；审核专项转移支付设立、调整事项；组织实施专项转移支付预算编制及执行；组织开展专项转移支付绩效管理和监督检查等工作。财政部驻各地财政监察专员办事处（简称"专员办"）按照工作职责和财政部要求，开展专项转移支付有关预算监管工作。中央主管部门协同财政部制定具体专项转

移支付的资金管理办法；协同财政部具体管理专项转移支付。地方政府有关部门根据需要制定实施细则，并做好组织实施工作。

专项转移支付管理应当遵循规范、公平、公开、公正的原则。

（二）设立和调整

设立专项转移支付应当同时符合以下条件：①有明确的法律、行政法规或者国务院规定作为依据；②有明确的绩效目标、资金需求、资金用途、主管部门和职责分工；③有明确的实施期限，且实施期限一般不超过 5 年，拟长期实施的委托类和共担类专项除外；④不属于市场竞争机制能够有效调节的事项。从严控制设立引导类、救济类、应急类专项。不得重复设立绩效目标相近或资金用途类似的专项转移支付。

设立专项转移支付，应当由中央主管部门或者省级政府向财政部提出申请，由财政部审核后报国务院批准，或者由财政部直接提出申请，报国务院批准。列入中央本级支出的项目，执行中改由地方组织实施需新设专项转移支付项目的，应当符合《中央对地方专项转移支付管理办法》的规定。专项转移支付到期后自动终止。确需延续的，应当按照上述程序重新申请设立。

专项转移支付经批准设立后，财政部应当制定或者会同中央主管部门制定资金管理办法，做到每一个专项转移支付对应一个资金管理办法。中央基建投资专项应当根据具体项目制定资金管理办法。资金管理办法应当明确规定政策目标，部门职责分工，资金用途，补助对象，分配方法，资金申报条件，资金申报、审批和下达程序，实施期限，绩效管理，监督检查等内容，做到政策目标明确、分配主体统一、分配办法一致、审批程序唯一、资金投向协调。需要发布申报指南或者其他与资金申报有关文件的，应当在资金管理办法中予以明确。除涉及国家秘密的内容外，资金管理办法、申报指南等文件应当及时公开。未制定资金管理办法的专项转移支付，不得分配资金，并限期制定。逾期未制定的，对应项目予以取消。

建立健全专项转移支付定期评估机制。财政部每年编制年度预算前，会同中央主管部门对专项转移支付项目进行评估。评估重点事项主要包括：①是否符合法律、行政法规和国务院有关规定；②政策是否到期或者调整；③绩效目标是否已经实现或需要调整、取消；④资金用途是否合理，是否用于市场竞争机制能够有效调节的领域；⑤是否按要求制定资金管理办法。

建立健全专项转移支付项目退出机制。财政部根据专项转移支付评估结果，区分情形分别处理：①不符合法律、行政法规和国务院有关规定的，予以取消；②因政策到期、政策调整、客观条件发生变化等已无必要继续实施的，予以取消；③市场竞争机制能够有效调节的，予以取消，可由市场竞争机制逐步调节的，规定一定实施期限实行退坡政策，到期予以取消；④绩效目标已经实现、绩效低下、绩效目标发生变动或者实际绩效与目标差距较大的，予以取消或者调整；⑤委托类专项具备由中央直接实施条件的，调整列入中央本级支出；⑥属于地方事权的专项转移支付，可以列入一般性转移支付，由地方统筹安排的，适时调整列入中央一般性转移支付；⑦政策目标接近、资金投入方向类同、资金管理方式相近的，予以整合。

（三）预算编制

财政部于每年 6 月 15 日前部署编制下一年度中央对地方转移支付预算草案的具体事项，规定具体要求和报送期限等。

专项转移支付实行中期财政规划管理。财政部会同中央主管部门根据中长期经济社会发展目标、国家宏观调控总体要求和跨年度预算平衡的需要，编制专项转移支付三年滚动规划。

专项转移支付预算应当分地区、分项目编制，并遵循统筹兼顾、量力而行、保障重点、讲求绩效的原则。属于委托类专项的，中央应当足额安排预算，不得要求地方安排配套资金。属于共担类专项的，应当依据公益性、外部性等因素明确分担标准或者比例，由中央和地方按各自应分担数额安排资金。根据各地财政状况，同一专项转移支付对不同地区可以采取有区别的分担比例，但不同专项转移支付对同一地区的分担比例应当逐步统一规范。属于引导类、救济类、应急类专项的，应当严格控制资金规模。

专项转移支付预算总体增长幅度应当低于中央对地方一般性转移支付预算总体增长幅度。

中央基建投资安排的专项转移支付，应当主要用于国家重点项目、跨省（区、市）项目以及外部性强的重点项目。负责中央基建投资分配的部门应当将中央基建投资专项分地区、分项目安排情况按规定时间报财政部。

专项转移支付预算一般不编列属于中央本级的支出。需要由中央单位直接实施的项目，应当在年初编制预算时列入中央本级支出。

财政部应当在每年 10 月 31 日前将下一年度专项转移支付预计数提前下达省级政府财政部门，并抄送中央主管部门和当地专员办。省级政府财政部门应当在接到预计数后 30 日内下达本行政区域县级以上各级政府财政部门，同时将下达文件报财政部备案，并抄送当地专员办。县级以上地方各级政府财政部门应当将上级政府财政部门提前下达的专项转移支付预计数编入本级政府预算。

提前下达的专项转移支付预计数与其前一年度执行数之比原则上不低于70%。其中：按照项目法分配的专项转移支付，应当一并明确下一年度组织实施的项目；按因素法分配且金额相对固定的专项转移支付预计数与其前一年度执行数之比应当不低于 90%。

专员办应当按照财政部要求，监督驻地财政部门做好提前下达专项转移支付的分解、落实工作，并及时将有关情况报告财政部。

负责中央基建投资分配的部门应当于每年 10 月 15 日前，将中央基建投资专项转移支付预计数分地区、分项目安排情况报财政部。

财政部应当在全国人大批准年度预算草案后 20 日内向社会公开专项转移支付分地区、分项目情况，涉及国家秘密的内容除外。

（四）资金申报、审核和分配

财政部会同中央主管部门按照规定组织专项转移支付资金申报、审核和分配工作。需要发布申报指南或其他与资金申报有关文件的，应当及时发布，确保申报对象有充足的时间申报资金。

专项转移支付资金依照有关规定应当经地方政府有关部门审核上报的，应当逐级审核上报，并由省级政府财政部门联合省级主管部门在规定时限内将有关材料报送财政部和中央主管部门，同时抄送当地专员办。专员办应当按照工作职责和财政部要求，审核驻地省级财政部门报送的申报材料，并提出审核意见和建议报送财政部。

专项转移支付资金的申报单位和个人应当保证申报材料的真实性、准确性、完整性；申报项目应当具备实施条件，短期内无法实施的项目不得申报。以同一项目申报多项专项转移支付资金（含地方安排的专项资金）的，应当在申报材料中明确说明已申报的其他专项转移支付资金或者专项资金情况。依托同一核心内容或同一关键技术编制的不同项目视为同一项目。

地方政府财政部门和主管部门应当加强项目申报环节的信息公开工作，加大申报材料审查力度。基层政府有关部门应当公平对待申报单位和个人，实行竞争性分配的，应当明确筛选标准，公示筛选结果，并加强现场核查和评审结果实地核查。

专项转移支付资金分配可以采取因素法、项目法、因素法与项目法相结合等方法。因素法是指根据与支出相关的因素并赋予相应的权重或标准，对专项转移支付资金进行分配的方法。项目法是指根据相关规划、竞争性评审等方式将专项转移支付资金分配到特定项目的方法。中央向省级分配专项转移支付资金应当以因素法为主，涉及国家重大工程、跨地区跨流域的投资项目以及外部性强的重点项目除外。

财政部应当会同中央主管部门及时开展项目审核，按程序提出资金分配方案。专项转移支付资金分配采取因素法的，应当主要选取自然、经济、社会、绩效等客观因素，并在资金管理办法中明确相应的权重或标准。专项转移支付资金分配采取项目法的，应当主要采取竞争性评审的方式，通过发布公告、第三方评审、集体决策等程序择优分配资金。采取第三方评审的，要在资金管理办法中对第三方进行规范，明确第三方应当具备的资质、选择程序、评审内容等。第三方应当遵循公正诚信原则，独立客观发表意见。除委托类专项有明确规定外，各地区、各部门不得从专项转移支付资金中提取工作经费。

对分配到企业的专项转移支付资金，还应当遵循以下规定：①各级政府财政部门应当在事前明确补助机制的前提下，事中或事后采取贴息、先建后补、以奖代补、保险费补贴、担保补贴等补助方式；②负责分配到企业的财政部门和主管部门应当在资金下达前将分配方案通过互联网等媒介向社会公示，公示期一般不少于7日，涉及国家秘密的内容除外；③创新专项转移支付支持企业发展的方式，逐步减少无偿补助，采取投资基金管理等市场化运作模式，鼓励与金融资本相结合，发挥撬动社会资本的杠杆作用。

(五) 资金下达、拨付和使用

财政部应当在全国人大审查批准中央预算后90日内印发下达专项转移支付预算文件，下达省级政府财政部门，同时抄送中央主管部门和当地专员办。对自然灾害等突发事件处理的专项转移支付，应当及时下达预算。对据实结算等特殊项目的专项转移支付，一般采取先预拨后清算的方式。当年难以清算的，可以下年清算。确需实行分期下达预算的，应当合理设定分期下达数，最后一期的下达时间一般不迟于9月30日。

财政部应当将专项转移支付资金分配结果在下达专项转移支付预算文件

印发后 20 日内向社会公开，涉及国家秘密的内容除外。

省级政府财政部门接到专项转移支付后，应当在 30 日内正式分解下达本级有关部门和本行政区域县级以上各级政府财政部门，同时将资金分配结果报财政部备案并抄送当地专员办。财政部及中央主管部门不得要求省级政府财政部门分解下达转移支付时再报其审批。

基层政府财政部门接到专项转移支付后，应当及时分解下达资金。对上级政府有关部门分配时已明确具体补助对象及补助金额的，基层政府财政部门应当在 7 个工作日内下达本级有关部门。不必下达本级有关部门的，应当及时履行告知义务。对上级政府有关部门分配时尚未明确具体补助对象或补助金额的，基层政府财政部门原则上应当在接到专项转移支付后 30 日内分解下达到位，同时将资金分配结果及时报送上级政府财政部门备案。对于补助到企业的专项转移支付资金，基层政府财政部门应当按照具体企业进行统计归集。

地方政府财政部门分配专项转移支付资金时，应当执行《中央对地方专项转移支付管理办法》第四章有关规定。

专项转移支付应当按照下达预算的科目和项目执行，不得截留、挤占、挪用或擅自调整。地方政府财政部门可以在不改变资金类级科目用途的基础上，结合本级资金安排情况，加大整合力度，将支持方向相同、扶持领域相关的专项转移支付整合使用，报同级政府批准，并逐级上报后由省级政府财政部门会同省级主管部门及时上报财政部和中央主管部门备案，同时抄送当地专员办。对于使用专项转移支付资金实施的项目，在专项转移支付资金到位前地方政府财政部门先行垫付资金启动实施的，待专项转移支付资金到位后，允许其将有关资金用于归垫，同时将资金归垫情况上报财政部和中央主管部门备案。

专项转移支付应当通过本级政府财政部门下达。除本级政府财政部门外，各部门、各单位不得直接向下级政府部门和单位下达专项转移支付资金。

专项转移支付的资金支付按照国库集中支付制度有关规定执行。严禁违规将专项转移支付资金从国库转入财政专户，或将专项转移支付资金支付到预算单位实有资金银行账户。

预算单位应当加快项目实施，及时拨付资金。对因情况发生变化导致短期内无法继续实施的项目，预算单位应当及时向同级政府财政部门报告，由同级政府财政部门按规定收回统筹使用或者上交中央财政。

各级政府财政部门应当加强专项转移支付的执行管理，逐步做到动态监控专项转移支付的分配下达和使用情况。对未按规定及时分配下达或者闲置沉淀的专项转移支付，财政部可以采取调整用途、收回资金等方式，统筹用于经济社会发展亟需资金支持的领域。专员办应当按照工作职责和财政部要求，对专项转移支付的预算执行情况进行全面监管，并按照财政部要求对部分专项开展重点监管，定期形成监管报告并及时报送财政部。

各级政府财政部门应当及时清理盘活专项转移支付结转结余资金。对结余资金和连续两年未用完的结转资金，预算尚未分配到部门（含企业）和下级政府财政部门的，由同级政府财政部门在办理上下级财政结算时向上级政府财政部门报告，上级政府财政部门在收到报告后30日内办理发文收回结转结余资金；已分配到部门（或企业）的，由该部门（或企业）同级政府财政部门在年度终了后90日内收回统筹使用。

专项转移支付项目依法应当实行政府采购的，原则上由项目实施单位组织采购。确因法律法规有明确规定或情况特殊需要上级主管部门集中采购的，应当按照有关规定履行报批手续。

（六）预算绩效管理

各级政府财政部门和主管部门应当加强专项转移支付预算绩效管理，建立健全全过程预算绩效管理机制，提高财政资金使用效益。

各级政府财政部门和主管部门应当加强专项转移支付绩效目标管理，逐步推动绩效目标信息公开，接受社会公众监督。有关部门、单位申请使用专项转移支付时，应当按要求提交明确、具体、一定时期可实现的绩效目标，并以细化、量化的绩效指标予以描述。各级政府财政部门和主管部门应当加强对绩效目标的审核，将其作为预算编制和资金分配的重要依据，并将审核确认后的绩效目标予以下达，同时抄送当地专员办。

各级政府财政部门和主管部门应当加强专项转移支付预算执行中的绩效监控，重点监控是否符合既定的绩效目标。预算支出绩效运行与既定绩效目标发生偏离的，应当及时采取措施予以纠正；情况严重的，调整、暂缓或者停止该项目的执行。

各级政府财政部门和主管部门应当按照要求及时开展专项转移支付绩效评价工作，积极推进中期绩效评价，并加强对绩效评价过程和绩效评价结果的监督，客观公正地评价绩效目标的实现程度。

各级政府财政部门和主管部门应当加强对专项转移支付绩效评价结果的运用。及时将绩效评价结果反馈给被评价单位，对发现的问题督促整改；将绩效评价结果作为完善财政政策、预算安排和分配的参考因素；将重点绩效评价结果向本级政府报告；推进绩效评价结果信息公开，逐步建立绩效问责机制。

专员办应当按照工作职责和财政部要求，审核省级财政部门报送的专项转移支付绩效目标并提出审核意见，实施预算执行绩效监控，开展绩效评价并形成绩效评价报告和评价结果应用建议，督促相关部门落实财政部确定的绩效评价结果应用意见和有关问效整改要求，并对相关后续政策和问题的落实、整改进行跟踪。

（七）监督检查和责任追究

各级政府财政部门和主管部门应当加强对专项转移支付资金使用的监督检查，建立健全专项转移支付监督检查和信息共享机制。

分配管理专项转移支付资金的部门以及使用专项转移支付资金的部门、单位及个人，应当依法接受审计部门的监督，对审计部门审计发现的问题，应当及时制定整改措施并落实。

各级政府财政部门和主管部门及其工作人员、申报使用专项转移支付资金的部门、单位及个人有下列行为之一的，依照预算法等有关法律法规予以处理、处罚，并视情况提请同级政府进行行政问责：①专项转移支付资金分配方案制定和复核过程中，有关部门及其工作人员违反规定，擅自改变分配方法、随意调整分配因素以及向不符合条件单位（或项目）分配资金的；②以虚报冒领、重复申报、多头申报、报大建小等手段骗取专项转移支付资金的；③滞留、截留、挤占、挪用专项转移支付资金的；④擅自超出规定的范围或者标准分配或使用专项转移支付资金的；⑤未履行管理和监督职责，致使专项转移支付资金被骗取、截留、挤占、挪用，或资金闲置沉淀的；⑥拒绝、干扰或者不予配合有关专项转移支付的预算监管、绩效评价、监督检查等工作的；⑦对提出意见建议的单位和个人、举报人、控告人打击报复的；⑧其他违反专项转移支付管理的行为。涉嫌犯罪的，移送司法机关处理。

对被骗取的专项转移支付资金，由地方政府有关部门自行查出的，由同级政府财政部门收回。由中央有关部门组织查出的，由省级政府财政部门负责追回并及时上缴中央财政。

对未能独立客观地发表意见，在专项转移支付评审等有关工作中存在虚假、伪造行为的第三方，按照有关法律法规的规定进行处理。

五、支持农业转移人口市民化财政政策

（一）总体要求

加快农业转移人口市民化，是推进以人为核心的新型城镇化的首要任务，是破解城乡二元结构的根本途径，是扩内需、调结构的重要抓手。根据党中央、国务院决策部署，国务院印发了《关于实施支持农业转移人口市民化若干财政政策的通知》（国发〔2016〕44号）。

全面贯彻落实党的十八大和十八届三中、四中、五中全会以及中央经济工作会议、中央城镇化工作会议、中央城市工作会议精神，深入贯彻习近平总书记系列重要讲话精神，适应、把握和引领经济发展新常态，按照"五位一体"总体布局和"四个全面"战略布局，牢固树立和贯彻落实创新、协调、绿色、开放、共享的新发展理念，强化地方政府尤其是人口流入地政府的主体责任，建立健全支持农业转移人口市民化的财政政策体系，将持有居住证人口纳入基本公共服务保障范围，创造条件加快实现基本公共服务常住人口全覆盖。加大对吸纳农业转移人口地区尤其是中西部地区中小城镇的支持力度，维护进城落户农民土地承包权、宅基地使用权、集体收益分配权，支持引导其依法自愿有偿转让上述权益，促进有能力在城镇稳定就业和生活的常住人口有序实现市民化，并与城镇居民享有同等权利。

（二）基本原则

第一，创新机制、扩大覆盖。创新公共资源配置的体制机制，将持有居住证人口纳入义务教育、基本医疗、基本养老、就业服务等基本公共服务保障范围，使其逐步享受与当地户籍人口同等的基本公共服务。

第二，精准施策、促进均衡。强化经济发达地区为农业转移人口提供与当地户籍人口同等基本公共服务的职责；综合考虑户籍人口、持有居住证人口和常住人口等因素，完善转移支付制度，确保中西部财政困难地区财力不因政策调整而减少，促进基本公共服务均等化。

第三，强化激励、推动落户。建立中央和省级财政农业转移人口市民化奖励机制，调动地方政府推动农业转移人口市民化的积极性，有序推动有能

力在城镇稳定就业和生活的农业转移人口举家进城落户。

第四，维护权益、消除顾虑。充分尊重农民意愿和自主定居权利，依法维护进城落户农民在农村享有的既有权益，消除农民进城落户的后顾之忧。为进城落户农民在农村合法权益的流转创造条件，实现其权益的保值增值。

（三）政策措施

第一，保障农业转移人口子女平等享有受教育权利。地方政府要将农业转移人口及其他常住人口随迁子女义务教育纳入公共财政保障范围，逐步完善并落实中等职业教育免学杂费和普惠性学前教育的政策。中央和省级财政部门要按在校学生人数及相关标准核定义务教育和职业教育中涉及学生政策的转移支付，统一城乡义务教育经费保障机制，实现"两免一补"资金和生均公用经费基准定额资金随学生流动可携带，落实好中等职业教育国家助学政策。

第二，支持创新城乡基本医疗保险管理制度。加快落实医疗保险关系转移接续办法和异地就医结算办法，整合城乡居民基本医疗保险制度，加快实施统一的城乡医疗救助制度。对于居住证持有人选择参加城镇居民医保的，个人按城镇居民相同标准缴费，各级财政按照参保城镇居民相同标准给予补助，避免重复参保、重复补助。加快实现基本医疗保险参保人跨制度、跨地区转移接续。

第三，支持完善统筹城乡的社会保障体系。加快实施统一规范的城乡社会保障制度，中央和省级财政部门要配合人力资源社会保障等有关部门做好将持有居住证人口纳入城镇社会保障体系和城乡社会保障制度衔接等工作。

第四，加大对农业转移人口就业的支持力度。中央和省级财政部门在安排就业专项资金时，要充分考虑农业转移人口就业问题，将城镇常住人口和城镇新增就业人数作为分配因素，并赋予适当权重。县级财政部门要统筹上级转移支付和自有财力，支持进城落户农业转移人口中的失业人员进行失业登记，并享受职业指导、介绍、培训及技能鉴定等公共就业服务和扶持政策。

第五，建立农业转移人口市民化奖励机制。中央财政建立农业转移人口市民化奖励机制，奖励资金根据农业转移人口实际进城落户以及地方提供基本公共服务情况，并适当考虑农业转移人口流动、城市规模等因素进行测算分配，向吸纳跨省（区、市）流动农业转移人口较多地区和中西部中小城镇倾斜。省级财政要安排资金，建立省（区、市）对下农业转移人口市民化奖励机制。县级财政部门要将上级奖励资金统筹用于提供基本公共服务。

第六，均衡性转移支付适当考虑为持有居住证人口提供基本公共服务增支因素。中央财政在根据户籍人口测算分配均衡性转移支付的基础上，充分考虑各地区向持有居住证人口提供基本公共服务的支出需求，并根据基本公共服务水平提高和规模增长情况进行动态调整，确保对中西部财政困难地区转移支付规模和力度不减。省级财政要参照中央做法，在对下分配均衡性转移支付资金时考虑为持有居住证人口提供基本公共服务等增支因素，增强县级政府财政保障能力，鼓励中西部地区农业转移人口就近城镇化。

第七，县级基本财力保障机制考虑持有居住证人口因素。完善县级基本财力保障机制奖补资金分配办法，中央和省级财政在测算县级相关民生支出时，要适当考虑持有居住证人口因素，加强对吸纳农业转移人口较多且民生支出缺口较大的中西部县级政府的财力保障。县级政府要统筹用好资金，切实将农业转移人口纳入基本公共服务保障范围，使农业转移人口与当地户籍人口享受同等基本公共服务。

第八，支持提升城市功能，增强城市承载能力。地方政府要将农业转移人口市民化工作纳入本地区经济社会发展规划、城乡规划和城市基础设施建设规划。要多渠道筹集建设资金，通过发行地方政府债券等多种方式拓宽城市建设融资渠道。要推广政府和社会资本合作（PPP）模式，吸引社会资本参与城市基础设施建设和运营。按照市场配置资源和政府保障相结合的原则，鼓励农业转移人口通过市场购买或租赁住房，采取多种方式解决农业转移人口居住问题。中央财政在安排城市基础设施建设和运行维护、保障性住房等相关专项资金时，对吸纳农业转移人口较多的地区给予适当支持。

第九，维护进城落户农民土地承包权、宅基地使用权、集体收益分配权。地方政府不得强行要求进城落户农民转让在农村的土地承包权、宅基地使用权、集体收益分配权，或将其作为进城落户条件。要通过健全农村产权流转交易市场，逐步建立进城落户农民在农村的相关权益退出机制，积极引导和支持进城落户农民依法自愿有偿转让相关权益，促进相关权益的实现和维护，但现阶段要严格限定在本集体经济组织内部。要多渠道筹集资金，支持进城落户农民在城镇居住、创业、投资。

第十，加大对农业转移人口市民化的财政支持力度，并建立动态调整机制。中央和地方各级财政部门要根据不同时期农业转移人口数量规模、不同地区和城乡之间农业转移人口流动变化、大中小城市农业转移人口市民化成本差异等,对转移支付规模和结构进行动态调整。落实东部发达地区和大型、特大型城市的主体责任,引导其加大支出结构调整力度,依靠自有财力为农业转移人口提供与当地户籍人口同等的基本公共服务,中央财政根据其吸纳农业转移人口进城落户人数等因素适当给予奖励。

(四)组织实施

建立健全支持农业转移人口市民化的财政政策是党中央、国务院部署的重点改革任务之一,各级政府及其财政部门要高度重视、提高认识、尽快部署、狠抓落实。

中央财政要加快调整完善相关政策,加大转移支付支持力度,建立绩效考核机制,督促地方财政部门尽快制定有关支持农业转移人口市民化的财政政策措施。

省级财政部门要按照《国务院关于实施支持农业转移人口市民化若干财政政策的通知》要求,结合本地区实际制定支持农业转移人口市民化的政策措施,并报财政部备案;要完善省对下转移支付制度,引导农业转移人口就近城镇化,增强省以下各级政府落实农业转移人口市民化政策的财政保障能力。

人口流入地政府尤其是东部发达地区政府要履行为农业转移人口提供基本公共服务的义务,把推动本地区新型城镇化、加快推进户籍制度改革、促进已进城农业转移人口在城镇定居落户与提供基本公共服务结合起来,通过加强预算管理,统筹使用自有财力和上级政府转移支付资金,合理安排预算,优化支出结构,切实保障农业转移人口基本公共服务需求。

六、农村综合改革转移支付管理制度

为规范农村综合改革转移支付管理,提高资金使用效益,推动落实党中央、国务院有关农村综合改革发展重大决策部署,财政部制定了《农村综合改革转移支付管理办法》(财农〔2021〕36号)。

农村综合改革转移支付是指中央财政安排用于支持农村综合改革发展工作的专项转移支付,对地方开展相关工作给予适当补助。农村综合改革转移支付实施期限至2023年,届时根据法律、行政法规、国务院有关规定和农村综合改革情况评估确定是否继续实施和延续期限。

财政部负责编制农村综合改革转移支付预算，分配下达预算和工作任务，组织开展预算绩效管理工作，指导地方加强资金管理等相关工作。省级财政部门负责农村综合改革转移支付预算的分解下达、审核拨付、使用监督、预算绩效管理以及项目组织实施等工作，并对资金使用的合规性和有效性负责。

各地应创新农村综合改革转移支付投入和使用方式，积极采用以奖代补、民办公助、先建后补、政府与社会资本合作等方式，引导社会资金参与农村综合改革发展有关事项，放大财政资金使用效能。

财政部于每年全国人大批准预算后90日内，将当年农村综合改革转移支付预算下达省级财政部门；于每年10月31日前将下一年度农村综合改革转移支付预计数提前下达省级财政部门。相关转移支付预算下达文件抄送财政部当地监督局。财政部在下达转移支付预算时一并下达各省农村综合改革年度重点任务和绩效目标。

省级财政部门接到农村综合改革转移支付预算后，应当在30日内将预算分解下达本行政区域县级以上各级政府财政部门，将转移支付分配结果抄送财政部当地监督局。农村综合改革转移支付的支付应当按照国库集中支付制度有关规定执行。

财政部各地监管局应按照工作职责和财政部有关要求，对农村综合改革转移支付进行监管。地方各级财政部门应加强农村综合改革转移支付管理，自觉依法接受审计监督和财政监督。

省级财政部门督促资金使用单位对照绩效目标做好绩效监控，并于次年3月底前，按照规范要求开展绩效自评，将绩效自评结果上报财政部并抄送财政部当地监管局，并对自评中发现的问题及时组织整改。

省级财政部门应在资金分配、竞争立项等工作中加强绩效评价结果运用，督促省以下各级财政部门切实加强资金项目管理。

各级财政部门应当加快预算执行进度，提高资金使用效益。结转结余资金按照财政部关于结转结余资金管理的规定执行。

各级财政部门、有关管理部门及其工作人员在资金分配、项目安排工作中，存在违反规定分配资金、向不符合条件的单位（或项目）分配资金或擅自超出规定的范围或标准分配资金，弄虚作假或挤占、挪用、滞留资金，以及其他滥用职权、玩忽职守、徇私舞弊等违法违纪行为的，按照《预算法》《预算法实施条例》等有关规定追究相应责任；涉嫌犯罪的，依法移送司法机关处理。

七、中央对地方重点生态功能区转移支付制度

为深入贯彻习近平生态文明思想，加快生态文明制度体系建设，深化生态保护补偿制度改革，加强重点生态功能区转移支付管理，根据《预算法》及其实施条例，财政部制定了《中央对地方重点生态功能区转移支付办法》（财预〔2022〕59号）。

（一）重点生态功能区转移支付支持范围

1. 重点补助范围：

（1）重点生态县域，包括限制开发的国家重点生态功能区所属县（含县级市、市辖区、旗等，下同）以及新疆生产建设兵团相关团场。

（2）生态功能重要地区，包括未纳入限制开发区的京津冀有关县、海南省有关县、雄安新区和白洋淀周边县。

（3）长江经济带地区，包括长江经济带沿线11省。

（4）巩固拓展脱贫攻坚成果同乡村振兴衔接地区，包括国家乡村振兴重点帮扶县及原"三区三州"等深度贫困地区。

2. 禁止开发补助范围：

相关省所辖国家级禁止开发区域。

3. 引导性补助范围：

南水北调工程相关地区（东线水源地、工程沿线部分地区和汉江中下游地区）以及其他生态功能重要的县。

（二）重点生态功能区转移支付资金按照以下原则进行分配

1. 公平公正，公开透明。选取客观因素进行公式化分配，转移支付办法和分配结果公开。

2. 分类处理，突出重点。根据生态功能重要性、财力水平等因素对转移支付对象实施差异化补助，体现差别、突出重点。

3. 注重激励，强化约束。健全生态环境监测评价和奖惩机制，激励地方加大生态环境保护力度，提高资金使用效率。

（三）重点生态功能区转移支付资金选取影响财政收支的客观因素测算

具体计算公式为：

某省转移支付应补助额=重点补助+禁止开发补助+引导性补助±考核评价

奖惩资金

测算的转移支付应补助额（不含考核评价奖惩资金）少于该省上一年转移支付预算执行数的，按照上一年转移支付预算执行数安排。

重点补助测算：

重点生态县域和生态功能重要地区补助按照标准财政收支缺口并考虑补助系数测算。其中，标准财政收支缺口参照均衡性转移支付办法测算，结合中央与地方生态环境领域财政事权和支出责任划分，将各地生态环境保护方面的减收增支情况作为转移支付测算的重要因素；补助系数根据标准财政收支缺口、生态保护红线、产业发展受限对财力的影响情况等因素测算，并向西藏和四省涉藏州县、南水北调中线工程水源地倾斜。

重点生态县域和生态功能重要地区补助参照均衡性转移支付办法设置增幅控制机制。对倾斜支持地区、以前年度补助水平较低的地区，适当放宽增幅控制。

长江经济带补助根据生态保护红线、森林面积、人口等因素测算。

巩固拓展脱贫攻坚成果同乡村振兴衔接地区补助根据脱贫人口数、标准财政支出水平等因素测算，并结合脱贫人口占比、人均转移支付水平进行适当调节。

禁止开发补助根据各省禁止开发区域的面积和个数等因素测算，根据生态功能重要性适当提高国家自然保护区和国家森林公园权重，并向西藏和四省涉藏州县倾斜。

引导性补助中，南水北调工程相关地区（东线水源地、工程沿线部分地区和汉江中下游地区）按照相关规定予以补助；其他生态功能重要的县按照标准财政收支缺口并考虑补助系数测算。

考核评价奖惩资金根据生态环境质量监测评价情况实施奖惩，对评价结果为明显变好和一般变好的地区予以适当奖励；对评价结果为明显变差和一般变差的地区，适当扣减转移支付资金。

财政部于每年10月31日前，提前向省级财政部门下达下一年度重点生态功能区转移支付预计数。省级财政部门收到财政部提前下达重点生态功能区转移支付预计数30日内，提前向下级财政部门下达下一年度重点生态功能区转移支付预计数。

省级财政部门应当根据本地实际情况，制定省对下重点生态功能区转移支付办法，规范资金分配，加强资金管理，将各项补助资金落实到位。各省应当加大重点生态功能区转移支付力度。省级财政部门分配重点生态功能区转移支付资金，应重点支持中央财政补助范围内的地区。

享受重点生态功能区转移支付的地区应当切实增强生态环境保护意识，将转移支付资金用于保护生态环境和改善民生，不得用于楼堂馆所及形象工程建设和竞争性领域，同时加强对生态环境质量的考核和资金的绩效管理。

各级财政部门及其工作人员在资金分配、下达和管理工作中存在违反本办法行为，以及其他滥用职权、玩忽职守、徇私舞弊等违法违纪行为的，依法追究相应责任。资金使用部门和个人存在弄虚作假或挤占、挪用、滞留资金等行为的，依照《预算法》及其实施条例、《财政违法行为处罚处分条例》等国家有关规定追究相应责任。

第十五章

政府信息公开制度

一、政府信息公开的原则与组织机构

(一) 立法目的与适用范围

政府信息,是指行政机关在履行行政管理职能过程中制作或者获取的,以一定形式记录、保存的信息。为了保障公民、法人和其他组织依法获取政府信息,提高政府工作的透明度,建设法治政府,充分发挥政府信息对人民群众生产、生活和经济社会活动的服务作用,2007年4月5日,国务院发布了《中华人民共和国政府信息公开条例》(以下简称《政府信息公开条例》),并于2019年4月3日对该条例进行了修订。[1]

教育、卫生健康、供水、供电、供气、供热、环境保护、公共交通等与人民群众利益密切相关的公共企事业单位,应该依照相关法律、法规和国务院有关主管部门或者机构的规定,公开在提供社会公共服务过程中制作、获取的信息。全国政府信息公开工作主管部门根据实际需要可以制定专门的规定。

上述公共企事业单位未依照相关法律、法规和国务院有关主管部门或者机构的规定公开在提供社会公共服务过程中制作、获取的信息,公民、法人或者其他组织可以向有关主管部门或者机构申诉,接受申诉的部门或者机构应当及时调查处理并将处理结果告知申诉人。

(二) 政府信息公开的组织机构

各级人民政府应当加强对政府信息公开工作的组织领导。国务院办公厅是全国政府信息公开工作的主管部门,负责推进、指导、协调、监督全国的政府信息公开工作。县级以上地方人民政府办公厅(室)是本行政区域的政府信息公开工作主管部门,负责推进、指导、协调、监督本行政区域的政府

---

[1] 杨伟东:"我国政府信息公开制度的新发展",载《中国司法》2019年第9期。

信息公开工作。实行垂直领导的部门的办公厅（室）主管本系统的政府信息公开工作。

各级人民政府及县级以上人民政府部门应当建立健全本行政机关的政府信息公开工作制度，并指定机构（以下统称政府信息公开工作机构）负责本行政机关政府信息公开的日常工作。政府信息公开工作机构的具体职能是：①办理本行政机关的政府信息公开事宜；②维护和更新本行政机关公开的政府信息；③组织编制本行政机关的政府信息公开指南、政府信息公开目录和政府信息公开工作年度报告；④组织开展对拟公开政府信息的审查；⑤本行政机关规定的与政府信息公开有关的其他职能。

（三）政府信息公开的原则

行政机关公开政府信息，应当坚持以公开为常态、不公开为例外，遵循公正、公平、合法、便民的原则。[1]行政机关应当及时、准确地公开政府信息。行政机关发现影响或者可能影响社会稳定、扰乱社会和经济管理秩序的虚假或者不完整信息的，应当发布准确的政府信息予以澄清。

各级人民政府应当积极推进政府信息公开工作，逐步增加政府信息公开的内容。各级人民政府应当加强政府信息资源的规范化、标准化、信息化管理，加强互联网政府信息公开平台建设，推进政府信息公开平台与政务服务平台融合，提高政府信息公开在线办理水平。公民、法人和其他组织有权对行政机关的政府信息公开工作进行监督，并提出批评和建议。

二、政府信息公开的主体与范围

（一）政府信息公开的主体

行政机关制作的政府信息，由制作该政府信息的行政机关负责公开。行政机关从公民、法人和其他组织获取的政府信息，由保存该政府信息的行政机关负责公开；行政机关获取的其他行政机关的政府信息，由制作或者最初获取该政府信息的行政机关负责公开。法律、法规对政府信息公开的权限另有规定的，从其规定。

行政机关设立的派出机构、内设机构依照法律、法规对外以自己名义履行行政管理职能的，可以由该派出机构、内设机构负责与所履行行政管理职

---

[1] 姚坚："政府信息公开原则与公开限制"，载《广东社会科学》2017年第6期。

能有关的政府信息公开工作。两个以上行政机关共同制作的政府信息，由牵头制作的行政机关负责公开。

（二）政府信息公开协调机制

行政机关应当建立健全政府信息公开协调机制。行政机关公开政府信息涉及其他机关的，应当与有关机关协商、确认，保证行政机关公开的政府信息准确一致。行政机关公开政府信息依照法律、行政法规和国家有关规定需要批准的，经批准予以公开。

（三）政府信息公开指南和目录

行政机关编制、公布的政府信息公开指南和政府信息公开目录应当及时更新。政府信息公开指南包括政府信息的分类、编排体系、获取方式和政府信息公开工作机构的名称、办公地址、办公时间、联系电话、传真号码、互联网联系方式等内容。政府信息公开目录包括政府信息的索引、名称、内容概述、生成日期等内容。

（四）政府信息公开的范围与方式

除《政府信息公开条例》规定禁止公开的政府信息外，政府信息应当公开。行政机关公开政府信息，采取主动公开和依申请公开的方式。

（五）禁止公开的信息

依法确定为国家秘密的政府信息，法律、行政法规禁止公开的政府信息，以及公开后可能危及国家安全、公共安全、经济安全、社会稳定的政府信息，不予公开。

涉及商业秘密、个人隐私等公开会对第三方合法权益造成损害的政府信息，行政机关不得公开。但是，第三方同意公开或者行政机关认为不公开会对公共利益造成重大影响的，予以公开。

行政机关的内部事务信息，包括人事管理、后勤管理、内部工作流程等方面的信息，可以不予公开。行政机关在履行行政管理职能过程中形成的讨论记录、过程稿、磋商信函、请示报告等过程性信息以及行政执法案卷信息，可以不予公开。法律、法规、规章规定上述信息应当公开的，从其规定。

（六）政府信息公开审查机制与动态调整机制

行政机关应当建立健全政府信息公开审查机制，明确审查的程序和责任。

行政机关应当依照《中华人民共和国保守国家秘密法》以及其他法律、法规和国家有关规定对拟公开的政府信息进行审查。

行政机关不能确定政府信息是否可以公开的,应当依照法律、法规和国家有关规定报有关主管部门或者保密行政管理部门确定。

行政机关应当建立健全政府信息管理动态调整机制,对本行政机关不予公开的政府信息进行定期评估审查,对因情势变化可以公开的政府信息应当公开。

三、政府信息的主动公开

(一) 原则性规定

对涉及公众利益调整、需要公众广泛知晓或者需要公众参与决策的政府信息,行政机关应当主动公开。[1]

(二) 主动公开的政府信息

行政机关应当主动公开本行政机关的下列政府信息:①行政法规、规章和规范性文件;②机关职能、机构设置、办公地址、办公时间、联系方式、负责人姓名;③国民经济和社会发展规划、专项规划、区域规划及相关政策;④国民经济和社会发展统计信息;⑤办理行政许可和其他对外管理服务事项的依据、条件、程序以及办理结果;⑥实施行政处罚、行政强制的依据、条件、程序以及本行政机关认为具有一定社会影响的行政处罚决定;⑦财政预算、决算信息;⑧行政事业性收费项目及其依据、标准;⑨政府集中采购项目的目录、标准及实施情况;⑩重大建设项目的批准和实施情况;⑪扶贫、教育、医疗、社会保障、促进就业等方面的政策、措施及其实施情况;⑫突发公共事件的应急预案、预警信息及应对情况;⑬环境保护、公共卫生、安全生产、食品药品、产品质量的监督检查情况;⑭公务员招考的职位、名额、报考条件等事项以及录用结果;⑮法律、法规、规章和国家有关规定应当主动公开的其他政府信息。

除上述政府信息外,设区的市级、县级人民政府及其部门还应当根据本地方的具体情况,主动公开涉及市政建设、公共服务、公益事业、土地征收、房屋征收、治安管理、社会救助等方面的政府信息;乡(镇)人民政府还应当根据本地方的具体情况,主动公开贯彻落实农业农村政策、农田水利工程建设运营、农村土地承包经营权流转、宅基地使用情况审核、土地征收、房

---

[1] 杨小军:"论政府信息公开范围",载《天津行政学院学报》2011年第2期。

屋征收、筹资筹劳、社会救助等方面的政府信息。

行政机关应当依照规定，确定主动公开政府信息的具体内容，并按照上级行政机关的部署，不断增加主动公开的内容。

（三）健全政府信息发布机制

行政机关应当建立健全政府信息发布机制，将主动公开的政府信息通过政府公报、政府网站或者其他互联网政务媒体、新闻发布会以及报刊、广播、电视等途径予以公开。

各级人民政府应当加强依托政府门户网站公开政府信息的工作，利用统一的政府信息公开平台集中发布主动公开的政府信息。政府信息公开平台应当具备信息检索、查阅、下载等功能。

各级人民政府应当在国家档案馆、公共图书馆、政务服务场所设置政府信息查阅场所，并配备相应的设施、设备，为公民、法人和其他组织获取政府信息提供便利。行政机关可以根据需要设立公共查阅室、资料索取点、信息公告栏、电子信息屏等场所、设施，公开政府信息。行政机关应当及时向国家档案馆、公共图书馆提供主动公开的政府信息。

属于主动公开范围的政府信息，应当自该政府信息形成或者变更之日起20个工作日内及时公开。法律、法规对政府信息公开的期限另有规定的，从其规定。

四、政府信息的依申请公开

（一）依申请公开的一般规定

除行政机关主动公开的政府信息外，公民、法人或者其他组织可以向地方各级人民政府、对外以自己名义履行行政管理职能的县级以上人民政府部门（含派出机构、内设机构）申请获取相关政府信息。

上述行政机关应当建立完善政府信息公开申请渠道，为申请人依法申请获取政府信息提供便利。

（二）提出申请

公民、法人或者其他组织申请获取政府信息的，应当向行政机关的政府信息公开工作机构提出，并采用包括信件、数据电文在内的书面形式；采用书面形式确有困难的，申请人可以口头提出，由受理该申请的政府信息公开工作机构代为填写政府信息公开申请。

政府信息公开申请应当包括下列内容：①申请人的姓名或者名称、身份证明、联系方式；②申请公开的政府信息的名称、文号或者便于行政机关查询的其他特征性描述；③申请公开的政府信息的形式要求，包括获取信息的方式、途径。

（三）行政机关确认收到申请

政府信息公开申请内容不明确的，行政机关应当给予指导和释明，并自收到申请之日起 7 个工作日内一次性告知申请人作出补正，说明需要补正的事项和合理的补正期限。答复期限自行政机关收到补正的申请之日起计算。申请人无正当理由逾期不补正的，视为放弃申请，行政机关不再处理该政府信息公开申请。

行政机关收到政府信息公开申请的时间，按照下列规定确定：①申请人当面提交政府信息公开申请的，以提交之日为收到申请之日；②申请人以邮寄方式提交政府信息公开申请的，以行政机关签收之日为收到申请之日，以平常信函等无需签收的邮寄方式提交政府信息公开申请的，政府信息公开工作机构应当于收到申请的当日与申请人确认，确认之日为收到申请之日；③申请人通过互联网渠道或者政府信息公开工作机构的传真提交政府信息公开申请的，以双方确认之日为收到申请之日。

（四）征求第三方意见与答复期限

依申请公开的政府信息公开会损害第三方合法权益的，行政机关应当书面征求第三方的意见。第三方应当自收到征求意见书之日起 15 个工作日内提出意见。第三方逾期未提出意见的，由行政机关依照相关规定决定是否公开。第三方不同意公开且有合理理由的，行政机关不予公开。行政机关认为不公开可能对公共利益造成重大影响的，可以决定予以公开，并将决定公开的政府信息内容和理由书面告知第三方。

行政机关收到政府信息公开申请，能够当场答复的，应当当场予以答复。行政机关不能当场答复的，应当自收到申请之日起 20 个工作日内予以答复；需要延长答复期限的，应当经政府信息公开工作机构负责人同意并告知申请人，延长的期限最长不得超过 20 个工作日。行政机关征求第三方和其他机关意见所需时间不计算在上述期限内。

申请公开的政府信息由两个以上行政机关共同制作的，牵头制作的行政机关收到政府信息公开申请后可以征求相关行政机关的意见，被征求意见机关应当自收到征求意见书之日起15个工作日内提出意见，逾期未提出意见的视为同意公开。

申请人申请公开政府信息的数量、频次明显超过合理范围，行政机关可以要求申请人说明理由。行政机关认为申请理由不合理的，告知申请人不予处理；行政机关认为申请理由合理，但是无法在规定的期限内答复申请人的，可以确定延迟答复的合理期限并告知申请人。

（五）行政机关答复的作出

对政府信息公开申请，行政机关根据下列情况分别作出答复：①所申请公开信息已经主动公开的，告知申请人获取该政府信息的方式、途径；②所申请公开信息可以公开的，向申请人提供该政府信息，或者告知申请人获取该政府信息的方式、途径和时间；③行政机关依据规定决定不予公开的，告知申请人不予公开并说明理由；④经检索没有所申请公开信息的，告知申请人该政府信息不存在；⑤所申请公开信息不属于本行政机关负责公开的，告知申请人并说明理由，能够确定负责公开该政府信息的行政机关的，告知申请人该行政机关的名称、联系方式；⑥行政机关已就申请人提出的政府信息公开申请作出答复、申请人重复申请公开相同政府信息的，告知申请人不予重复处理；⑦所申请公开信息属于工商、不动产登记资料等信息，有关法律、行政法规对信息的获取有特别规定的，告知申请人依照有关法律、行政法规的规定办理。

申请公开的信息中含有不应当公开或者不属于政府信息的内容，但是能够作区分处理的，行政机关应当向申请人提供可以公开的政府信息内容，并对不予公开的内容说明理由。

行政机关向申请人提供的信息，应当是已制作或者获取的政府信息。除依照规定能够作区分处理的外，需要行政机关对现有政府信息进行加工、分析的，行政机关可以不予提供。

申请人以政府信息公开申请的形式进行信访、投诉、举报等活动，行政机关应当告知申请人不作为政府信息公开申请处理并可以告知通过相应渠道提出。申请人提出的申请内容为要求行政机关提供政府公报、报刊、书籍等公开出版物的，行政机关可以告知获取的途径。

行政机关依申请公开政府信息，应当根据申请人的要求及行政机关保存政府信息的实际情况，确定提供政府信息的具体形式；按照申请人要求的形式提供政府信息，可能危及政府信息载体安全或者公开成本过高的，可以通过电子数据以及其他适当形式提供，或者安排申请人查阅、抄录相关政府信息。

（六）更正政府信息

公民、法人或者其他组织有证据证明行政机关提供的与其自身相关的政府信息记录不准确的，可以要求行政机关更正。有权更正的行政机关审核属实的，应当予以更正并告知申请人；不属于本行政机关职能范围的，行政机关可以转送有权更正的行政机关处理并告知申请人，或者告知申请人向有权更正的行政机关提出。

（七）费用收取

行政机关依申请提供政府信息，不收取费用。但是，申请人申请公开政府信息的数量、频次明显超过合理范围的，行政机关可以收取信息处理费。

行政机关收取信息处理费的具体办法由国务院价格主管部门会同国务院财政部门、全国政府信息公开工作主管部门制定。

（八）其他规定

申请公开政府信息的公民存在阅读困难或者视听障碍的，行政机关应当为其提供必要的帮助。

多个申请人就相同政府信息向同一行政机关提出公开申请，且该政府信息属于可以公开的，行政机关可以纳入主动公开的范围。对行政机关依申请公开的政府信息，申请人认为涉及公众利益调整、需要公众广泛知晓或者需要公众参与决策的，可以建议行政机关将该信息纳入主动公开的范围。行政机关经审核认为属于主动公开范围的，应当及时主动公开。

行政机关应当建立健全政府信息公开申请登记、审核、办理、答复、归档的工作制度，加强工作规范。

五、监督和保障制度

（一）各级政府的职责

各级人民政府应当建立健全政府信息公开工作考核制度、社会评议制度和责任追究制度，定期对政府信息公开工作进行考核、评议。

（二）政府信息公开工作主管部门的职责

政府信息公开工作主管部门应当加强对政府信息公开工作的日常指导和

监督检查，对行政机关未按照要求开展政府信息公开工作的，予以督促整改或者通报批评；需要对负有责任的领导人员和直接责任人员追究责任的，依法向有权机关提出处理建议。

公民、法人或者其他组织认为行政机关未按照要求主动公开政府信息或者对政府信息公开申请不依法答复处理的，可以向政府信息公开工作主管部门提出。政府信息公开工作主管部门查证属实的，应当予以督促整改或者通报批评。

政府信息公开工作主管部门应当对行政机关的政府信息公开工作人员定期进行培训。

（三）政府信息公开工作年度报告

县级以上人民政府部门应当在每年1月31日前向本级政府信息公开工作主管部门提交本行政机关上一年度政府信息公开工作年度报告并向社会公布。县级以上地方人民政府的政府信息公开工作主管部门应当在每年3月31日前向社会公布本级政府上一年度政府信息公开工作年度报告。

政府信息公开工作年度报告应当包括下列内容：①行政机关主动公开政府信息的情况；②行政机关收到和处理政府信息公开申请的情况；③因政府信息公开工作被申请行政复议、提起行政诉讼的情况；④政府信息公开工作存在的主要问题及改进情况，各级人民政府的政府信息公开工作年度报告还应当包括工作考核、社会评议和责任追究结果情况；⑤其他需要报告的事项。全国政府信息公开工作主管部门应当公布政府信息公开工作年度报告统一格式，并适时更新。

（四）权利救济

公民、法人或者其他组织认为行政机关在政府信息公开工作中侵犯其合法权益的，可以向上一级行政机关或者政府信息公开工作主管部门投诉、举报，也可以依法申请行政复议或者提起行政诉讼。[1]

（五）法律责任

行政机关违反规定，未建立健全政府信息公开有关制度、机制的，由上一级行政机关责令改正；情节严重的，对负有责任的领导人员和直接责任人

---

[1] 黄学贤、杨红："政府信息公开诉讼理论研究与实践发展的学术梳理"，载《江苏社会科学》2018年第3期。

员依法给予处分。

行政机关违反规定，有下列情形之一的，由上一级行政机关责令改正；情节严重的，对负有责任的领导人员和直接责任人员依法给予处分；构成犯罪的，依法追究刑事责任：①不依法履行政府信息公开职能；②不及时更新公开的政府信息内容、政府信息公开指南和政府信息公开目录；③违反《政府信息公开条例》规定的其他情形。

六、政府信息公开司法解释

《最高人民法院关于审理政府信息公开行政案件若干问题的规定》（法释〔2011〕17号）规定了以下制度：

公民、法人或者其他组织认为下列政府信息公开工作中的具体行政行为侵犯其合法权益，依法提起行政诉讼的，人民法院应当受理：①向行政机关申请获取政府信息，行政机关拒绝提供或者逾期不予答复的；②认为行政机关提供的政府信息不符合其在申请中要求的内容或者法律、法规规定的适当形式的；③认为行政机关主动公开或者依他人申请公开政府信息侵犯其商业秘密、个人隐私的；④认为行政机关提供的与其自身相关的政府信息记录不准确，要求该行政机关予以更正，该行政机关拒绝更正、逾期不予答复或者不予转送有权机关处理的；⑤认为行政机关在政府信息公开工作中的其他具体行政行为侵犯其合法权益的。公民、法人或者其他组织认为政府信息公开行政行为侵犯其合法权益造成损害的，可以一并或单独提起行政赔偿诉讼。

公民、法人或者其他组织对下列行为不服提起行政诉讼的，人民法院不予受理：①因申请内容不明确，行政机关要求申请人作出更改、补充且对申请人权利义务不产生实际影响的告知行为；②要求行政机关提供政府公报、报纸、杂志、书籍等公开出版物，行政机关予以拒绝的；③要求行政机关为其制作、搜集政府信息，或者对若干政府信息进行汇总、分析、加工，行政机关予以拒绝的；④行政程序中的当事人、利害关系人以政府信息公开名义申请查阅案卷材料，行政机关告知其应当按照相关法律、法规的规定办理的。

公民、法人或者其他组织认为行政机关不依法履行主动公开政府信息义务，直接向人民法院提起诉讼的，应当告知其先向行政机关申请获取相关政府信息。对行政机关的答复或者逾期不予答复不服的，可以向人民法院提起诉讼。

公民、法人或者其他组织对国务院部门、地方各级人民政府及县级以上地方人民政府部门依申请公开政府信息行政行为不服提起诉讼的，以作出答复的机关为被告；逾期未作出答复的，以受理申请的机关为被告。公民、法人或者其他组织对主动公开政府信息行政行为不服提起诉讼的，以公开该政府信息的机关为被告。公民、法人或者其他组织对法律、法规授权的具有管理公共事务职能的组织公开政府信息的行为不服提起诉讼的，以该组织为被告。有下列情形之一的，应当以在对外发生法律效力的文书上署名的机关为被告：①政府信息公开与否的答复依法报经有权机关批准的；②政府信息是否可以公开系由国家保密行政管理部门或者省、自治区、直辖市保密行政管理部门确定的；③行政机关在公开政府信息前与有关行政机关进行沟通、确认的。

被告拒绝向原告提供政府信息的，应当对拒绝的根据以及履行法定告知和说明理由义务的情况举证。因公共利益决定公开涉及商业秘密、个人隐私政府信息的，被告应当对认定公共利益以及不公开可能对公共利益造成重大影响的理由进行举证和说明。被告拒绝更正与原告相关的政府信息记录的，应当对拒绝的理由进行举证和说明。被告能够证明政府信息涉及国家秘密，请求在诉讼中不予提交的，人民法院应当准许。被告主张政府信息不存在，原告能够提供该政府信息系由被告制作或者保存的相关线索的，可以申请人民法院调取证据。被告以政府信息与申请人自身生产、生活、科研等特殊需要无关为由不予提供的，人民法院可以要求原告对特殊需要事由作出说明。原告起诉被告拒绝更正政府信息记录的，应当提供其向被告提出过更正申请以及政府信息与其自身相关且记录不准确的事实根据。

人民法院审理政府信息公开行政案件，应当视情采取适当的审理方式，以避免泄露涉及国家秘密、商业秘密、个人隐私或者法律规定的其他应当保密的政府信息。

政府信息由被告的档案机构或者档案工作人员保管的，适用《政府信息公开条例》的规定。政府信息已经移交各级国家档案馆的，依照有关档案管理的法律、行政法规和国家有关规定执行。

政府信息涉及国家秘密、商业秘密、个人隐私的，人民法院应当认定属于不予公开范围。政府信息涉及商业秘密、个人隐私，但权利人同意公开，或者不公开可能对公共利益造成重大影响的，不受上述规定的限制。

被告对依法应当公开的政府信息拒绝或者部分拒绝公开的，人民法院应当撤销或者部分撤销被诉不予公开决定，并判决被告在一定期限内公开。尚需被告调查、裁量的，判决其在一定期限内重新答复。被告提供的政府信息不符合申请人要求的内容或者法律、法规规定的适当形式的，人民法院应当判决被告按照申请人要求的内容或者法律、法规规定的适当形式提供。人民法院经审理认为被告不予公开的政府信息内容可以作区分处理的，应当判决被告限期公开可以公开的内容。被告依法应当更正而不更正与原告相关的政府信息记录的，人民法院应当判决被告在一定期限内更正。尚需被告调查、裁量的，判决其在一定期限内重新答复。被告无权更正的，判决其转送有权更正的行政机关处理。

被告对原告要求公开或者更正政府信息的申请无正当理由逾期不予答复的，人民法院应当判决被告在一定期限内答复。原告一并请求判决被告公开或者更正政府信息且理由成立的，参照上述规定处理。

被告公开政府信息涉及原告商业秘密、个人隐私且不存在公共利益等法定事由的，人民法院应当判决确认公开政府信息的行为违法，并可以责令被告采取相应的补救措施；造成损害的，根据原告请求依法判决被告承担赔偿责任。政府信息尚未公开的，应当判决行政机关不得公开。诉讼期间，原告申请停止公开涉及其商业秘密、个人隐私的政府信息，人民法院经审查认为公开该政府信息会造成难以弥补的损失，并且停止公开不损害公共利益的，可以依照《中华人民共和国行政诉讼法》规定，裁定暂时停止公开。

有下列情形之一，被告已经履行法定告知或者说明理由义务的，人民法院应当判决驳回原告的诉讼请求：①不属于政府信息、政府信息不存在、依法属于不予公开范围或者依法不属于被告公开的；②申请公开的政府信息已经向公众公开，被告已经告知申请人获取该政府信息的方式和途径的；③起诉被告逾期不予答复，理由不成立的；④以政府信息侵犯其商业秘密、个人隐私为由反对公开，理由不成立的；⑤要求被告更正与其自身相关的政府信息记录，理由不成立的；⑥不能合理说明申请获取政府信息系根据自身生产、生活、科研等特殊需要，且被告据此不予提供的；⑦无法按照申请人要求的形式提供政府信息，且被告已通过安排申请人查阅相关资料、提供复制件或者其他适当形式提供的；⑧其他应当判决驳回诉讼请求的情形。

七、政府信息公开十大典型案例

(一) 余某珠诉海南省三亚市国土环境资源局案

余某珠在紧邻三亚金冕混凝土有限公司海棠湾混凝土搅拌站旁种有30亩龙眼果树。为掌握搅拌站产生的烟尘对周围龙眼树开花结果的环境影响情况，余某珠于2013年6月8日请求三亚市国土环境资源局（以下简称"三亚国土局"）公开搅拌站相关环境资料，包括：三土环资察函〔2011〕50号《关于建设项目环评审批文件执法监察查验情况的函》、三土环资察函〔2011〕23号《关于行政许可事项执法监察查验情况的函》、三土环资监〔2011〕422号《关于三亚金冕混凝土有限公司海棠湾混凝土搅拌站项目环评影响报告表的批复》《三亚金冕混凝土有限公司海棠湾混凝土搅拌站项目环评影响报告表》。7月4日，三亚国土局作出《政府信息部分公开告知书》，同意公开422号文，但认为23号、50号文系该局内部事务形成的信息，不宜公开；项目环评影响报告表是企业文件资料，不属政府信息，也不予公开。原告提起行政诉讼，请求判令三亚国土局将信息全部予以公开。

海南省三亚市城郊人民法院经审理认为，原告请求公开之信息包括了政府环境信息和企业环境信息。对此，应遵循的原则是：不存在法律法规规定不予公开的情形并确系申请人自身之生产、生活和科研特殊需要的，一般应予公开。本案原告申请公开的相关文件资料，是被告在履行职责过程中制作或者获取的，以一定形式记录、保存的信息，当然属于政府信息。被告未能证明申请公开之信息存在法定不予公开的情形而答复不予公开，属于适用法律法规错误。据此，判决撤销被告《政府信息部分公开告知书》中关于不予公开部分的第二项答复内容，限其依法按程序进行审查后重新作出答复。一审判决后，余某珠不服，提出上诉，二审期间主动撤回上诉。

本案的典型意义表现在三个方面：其一，对外获取的信息也是政府信息。本案涉及两类信息，一是行政机关获取的企业环境信息；二是行政机关制作的具有内部特征的信息。关于前者，根据2007年发布的《政府信息公开条例》的规定，政府信息不仅包括行政机关制作的信息，同样包括行政机关从公民、法人或者其他组织获取的信息。因此，本案中行政机关在履行职责过程中获取的企业环境信息同样属于政府信息。关于后者，本案行政机关决定不予公开的23号函和50号函，虽然文件形式表现为内部报告，但实质仍是行政管理职能的延伸，不属于内部管理信息。其二，例外法定。政府信息不公开是例外，例外情形应由法律法规明确规定。本案判决强调，凡属于政府信息，如不存在法定不予公开的事由，均应予以公开。被告未能证明申请公开的信息存在法定不予公开的情形，简单以政府内部信息和企业环境信息为由答复不予公开，属于适用法律错误。其三，行政机关先行判断。考虑到行政机关获取的企业环境信息可能存在涉及第三方商业秘密的情形，应当首先由行政机关在行政程序中作出判断，法院并未越俎代庖直接判决公开，而是责令行政机关重新作出是否公开的答复，体现了对行政机关首次判断权的尊重。

（二）奚某强诉中华人民共和国公安部案

2012年5月29日，奚某强向中华人民共和国公安部（以下简称"公安部"）申请公开《关于实行"破案追逃"新机制的通知》（公通字〔1999〕91号）、《关于完善"破案追逃"新机制有关工作的通知》（公刑〔2002〕351号）、《日常"网上追逃"工作考核评比办法（修订）》（公刑〔2005〕403号）三个文件中关于网上追逃措施适用条件的政府信息。2012年6月25日，公安部作出《政府信息公开答复书》，告知其申请获取的政府信息属于法律、法规、规章规定不予公开的其他情形。根据2007年发布的《政府信息公开条例》第14条第4款的规定，不予公开。奚某强不服，在行政复议决定维持该答复书后，提起行政诉讼。

北京市第二中级人民法院经审理认为，公安部受理奚某强的政府信息公开申请后，经调查核实后认定奚某强申请公开的《关于实行"破案追逃"新机制的通知》是秘密级文件；《关于完善"破案追逃"新机制有关工作的通知》《日常"网上追逃"工作考核评比办法（修订）》系根据前者的要求制定，内容密切关联。公安部经进一步鉴别，同时认定奚某强申请公开的信息是公安机关在履行刑事司法职能、侦查刑事犯罪中形成的信息，且申请公开的文件信息属于秘密事项，应当不予公开。判决驳回奚某强的诉讼请求。

奚某强不服，提出上诉。北京市高级人民法院经审理认为，根据《政府信息公开条例》第2条规定，政府信息是指行政机关在履行职责过程中制作或者获取的，以一定形式记录、保存的信息。本案中，奚某强向公安部申请公开的三个文件及其具体内容，是公安部作为刑事司法机关履行侦查犯罪职责时制作的信息，依法不属于2007年发布的《政府信息公开条例》第2条所规定的政府信息。因此，公安部受理奚某强的政府信息公开申请后，经审查作出不予公开的被诉答复书，并无不当。判决驳回上诉，维持一审判决。

本案的焦点集中在追查刑事犯罪中形成的秘密事项的公开问题。根据2007年发布的《政府信息公开条例》第14条的规定，行政机关不得公开涉及国家秘密的政府信息。《中华人民共和国保守国家秘密法》第9条第1款第6项规定："维护国家安全活动和追查刑事犯罪中的秘密事项"应当确定为国家秘密。本案中，一审法院认定原告申请公开的文件信息属于秘密事项，应当不予公开，符合前述法律规定。同时，公安机关具有行政机关和刑事司法机关的双重职能，其在履行刑事司法职能时制作的信息不属于2007年发布的《政府信息公开条例》第2条所规定的政府信息。本案二审法院在对公安机关的这两种职能进行区分的基础上，认定公安部作出不予公开答复并无不当，具有示范意义。

（三）王某利诉天津市和平区房地产管理局案

2011年10月10日，王某利向天津市和平区人民政府信息公开办公室（以下简称"和平区信息公开办"）提出申请，要求公开和平区金融街公司与和平区土地整理中心签订的委托拆迁协议和支付给土地整理中心的相关费用的信息。2011年10月11日，和平区信息公开办将王某利的申请转给和平区房地产管理局（以下简称"和平区房管局"），由和平区房管局负责答复王某利。2011年10月，和平区房管局给金融街公司发出《第三方意见征询书》，要求金融街公司予以答复。2011年10月24日，和平区房管局作出了《涉及第三方权益告知书》，告知王某利申请查询的内容涉及商业秘密，权利人未在规定期限内答复，不予公开。王某利提起行政诉讼，请求撤销该告知书，判决被告依法在15日内提供其所申请的政府信息。

天津市和平区人民法院经审理认为，和平区房管局审查王某利的政府信息公开申请后，只给金融街公司发了一份第三方意见征询书，没有对王某利申请公开的政府信息是否涉及商业秘密进行调查核实。在诉讼中，和平区房管局也未提供王某利所申请政府信息涉及商业秘密的任何证据，使法院无法判断王某利申请公开的政府信息是否涉及第三人的商业秘密。因此，和平区房管局作出的《涉及第三方权益告知书》证据不足，属明显不当。判决撤销被诉《涉及第三方权益告知书》，并要求和平区房管局在判决生效后30日内，重新作出政府信息公开答复。一审宣判后，当事人均未上诉，一审判决发生法律效力。

本案的焦点集中在涉及商业秘密的政府信息的公开问题以及征求第三方意见程序的适用。在政府信息公开实践中，行政机关经常会以申请的政府信息涉及商业秘密为理由不予公开，但有时会出现滥用。商业秘密的概念具有严格内涵，依据反不正当竞争法的规定，商业秘密是指不为公众知悉、能为权利人带来经济利益、具有实用性并经权利人采取保密措施的技术信息和经营信息。行政机关应当依此标准进行审查，而不应单纯以第三方是否同意公开作出决定。人民法院在合法性审查中，应当根据行政机关的举证作出是否构成商业秘密的判断。本案和平区房管局在行政程序中，未进行调查核实就直接主观认定申请公开的信息涉及商业秘密，在诉讼程序中，也没有向法院提供相关政府信息涉及商业秘密的证据和依据，导致法院无从对被诉告知书认定"涉及商业秘密"的事实证据进行审查，也就无法对该认定结论是否正确作出判断。基于此，最终判决行政机关败诉符合立法本意。该案例对于规范人民法院在政府信息公开行政案件中如何审查判断涉及商业秘密的政府信息具有典型示范意义。

（四）杨某权诉山东省肥城市房产管理局案

2013年3月，杨某权向山东省肥城市房产管理局等单位申请廉租住房，因其家庭人均居住面积不符合条件，未能获得批准。后杨某权申请公开经适房、廉租住房的分配信息并公开所有享受该住房住户的审查资料信息（包括户籍、家庭人均收入和家庭人均居住面积等）。肥城市房产管理局于2013年4月15日向杨某权出具了《关于申请公开经适房、廉租住房分配信息的书面答复》，答复了2008年以来经适房、廉租房、公租房建设、分配情况，并告知，其中三批保障性住房人信息已经在肥城政务信息网、肥城市房管局网站进行了公示。杨某权提起诉讼，要求一并公开所有享受保障性住房人员的审查材料信息。

泰安高新技术产业开发区人民法院经审理认为，杨某权要求公开的政府信息包含享受保障性住房人的户籍、家庭人均收入、家庭人均住房面积等内容，此类信息涉及公民的个人隐私，不应予以公开，判决驳回杨某权的诉讼请求。

杨某权不服，提起上诉。泰安市中级人民法院经审理认为，《廉租住房保障办法》《经济适用住房管理办法》均确立了保障性住房分配的公示制度，

《肥城市民政局、房产管理局关于经济适用住房、廉租住房和公共租赁住房申报的联合公告》亦规定,"社区(单位),对每位申请保障性住房人的家庭收入和实际生活状况进行调查核实并张榜公示,接受群众监督,时间不少于5日"。申请人据此申请保障性住房,应视为已经同意公开其前述个人信息。与此相关的政府信息的公开应适用2007年发布的《政府信息公开条例》第14条第4款经权利人同意公开的涉及个人隐私的政府信息可以予以公开的规定。另外,申请人申报的户籍、家庭人均收入、家庭人均住房面积等情况均是其能否享受保障性住房的基本条件,其必然要向主管部门提供符合相应条件的个人信息,以接受审核。当涉及公众利益的知情权和监督权与保障性住房申请人一定范围内的个人隐私相冲突时,应首先考量保障性住房的公共属性,使获得这一公共资源的公民让渡部分个人信息,既符合比例原则,又利于社会的监督和住房保障制度的良性发展。被告的答复未达到全面、具体的法定要求,因此判决撤销一审判决和被诉答复,责令被告自本判决发生法律效力之日起15个工作日内对杨某权的申请重新作出书面答复。

本案的焦点问题是享受保障性住房人的申请材料信息是否属于个人隐私而依法免于公开。该问题实质上涉及了保障公众知情权与保护公民隐私权两者发生冲突时的处理规则。保障性住房制度是政府为解决低收入家庭的住房问题而运用公共资源实施的一项社会福利制度,直接涉及公共资源和公共利益。在房屋供需存有较大缺口的现状下,某个申请人获得保障性住房,会直接减少可供应房屋的数量,对在其后欲获得保障性住房的轮候申请人而言,意味着机会利益的减损。为发挥制度效用、依法保障公平,利害关系方的知情权与监督权应该受到充分尊重,其公开相关政府信息的请求应当得到支持。因此,在保障性住房的分配过程中,当享受保障性住房人的隐私权直接与竞争权人的知情权、监督权发生冲突时,应根据比例原则,以享受保障性住房人让渡部分个人信息的方式优先保护较大利益的知情权、监督权,相关政府信息的公开不应也不必以权利人的同意为前提。本案二审判决确立的个人隐私与涉及公共利益的知情权相冲突时的处理原则,符合法律规定,具有标杆意义。

(五)姚某金、刘某水诉福建省永泰县国土资源局案

2013年3月20日,姚某金、刘某水通过特快专递,要求福建省永泰县国土资源局书面公开二申请人房屋所在区域地块拟建设项目的"一书四方案",

即建设用地项目呈报说明书、农用地转用方案、补充耕地方案、征收方案、供地方案。2013年5月28日，永泰县国土资源局作出《关于刘某水、姚某金申请信息公开的答复》（以下简称《答复》），称："你们所申请公开的第3项（拟建设项目的"一书四方案"），不属于公开的范畴。"并按申请表确定的通信地址将《答复》邮寄给申请人。2013年7月8日，姚某金、刘某水以永泰县国土资源局未就政府公开申请作出答复为由，提起行政诉讼。永泰县国土资源局答辩称："一书四方案"系被告制作的内部管理信息，处在审查中的过程性信息，不属于《政府信息公开条例》所指应公开的政府信息，被告没有公开的义务。

永泰县人民法院经审理认为，"一书四方案"系永泰县国土资源局在向上级有关部门报批过程中的材料，不属于信息公开的范围。虽然《答复》没有说明不予公开的理由，存在一定的瑕疵，但不足以否定具体行政行为的合法性。姚某金、刘某水要求被告公开"一书四方案"于法无据，判决驳回其诉讼请求。

姚某金、刘某水不服，提出上诉。福州市中级人民法院经审理认为，根据2011年《中华人民共和国土地管理法实施条例》第23条第1款第2项规定，永泰县国土资源局是"一书四方案"的制作机关，福建省人民政府作出征地批复后，有关"一书四方案"已经过批准并予以实施，不再属于过程性信息及内部材料，被上诉人不予公开没有法律依据。判决撤销一审判决，责令永泰县国土资源局限期向姚某金、刘某水公开"一书四方案"。

本案的焦点集中在过程性信息如何公开。《政府信息公开条例》确定的公开的例外仅限于国家秘密、商业秘密、个人隐私。《国务院办公厅关于做好政府信息依申请公开工作的意见》第2条第2款规定："……行政机关在日常工作中制作或者获取的内部管理信息以及处于讨论、研究或者审查中的过程性信息，一般不属于《条例》（《政府信息公开条例》，笔者注）所指应公开的政府信息。"过程性信息一般是指行政决定作出前行政机关内部或行政机关之间形成的研究、讨论、请示、汇报等信息，此类信息一律公开或过早公开，可能会妨害决策过程的完整性，妨害行政事务的有效处理。但过程性信息不应是绝对的例外，当决策、决定完成后，此前处于调查、讨论、处理中的信息即不再是过程性信息，如果公开的需要大于不公开的需要，就应当公开。本案福建省人民政府作出征地批复后，当事人申请的"一书四方案"即已处于确定的实施阶段，行政机关以该信息属于过程性信息、内部材料为由不予公开，对当事人行使知情权构成不当阻却。二审法院责令被告期限公开，为人民法院如何处理过程信息的公开问题确立了典范。

（六）张某军诉江苏省如皋市物价局案

2009年5月26日，江苏省如皋市物价局印发皋价发〔2009〕28号"市物价局关于印发《行政处罚自由裁量权实施办法》的通知"。该文件包含附件"如皋市物价局行政处罚自由裁量权实施办法"，该实施办法第10条内容为"对《价格违法行为行政处罚规定》自由裁量处罚幅度详见附件一（2）"。

2013年1月9日，张某军向如皋市物价局举报称，如皋市丁堰镇人民政府在信息公开事项中存在违规收费行为。该局接到举报后答复称，丁堰镇政府已决定将收取的31位农户的信息检索费、复印费共计480.5元予以主动退还，按照"如皋市物价局行政处罚自由裁量权实施办法"第9条第3项的规定，对其依法不予行政处罚。

2013年3月8日，张某军向如皋市物价局提出政府信息公开申请，要求其公开"皋价发〔2009〕28号"文件。如皋市物价局答复称，该文件系其内部信息，不属于应当公开的政府信息范围，向原告提供该文件主文及附件"如皋市物价局行政处罚自由裁量权实施办法"，但未提供该文件的附件一（2）。张某军不服，提起诉讼。

如东县人民法院认为，本案的争议焦点为涉诉信息应否公开。首先，行政机关进行行政管理活动所制作和获取的信息，属于政府信息。行政机关单纯履行内部管理职责时所产生的信息属于内部管理信息。如皋市物价局称其对丁堰镇政府作出不予处罚决定的依据即为"皋价发〔2009〕28号"文件，在相关法律法规对某些具体价格违法行为所规定的处罚幅度较宽时，该文件是该局量罚的参照依据。可见，涉诉信息会对行政相对人的权利义务产生影响，是被告行使行政管理职责过程中所制作的信息，不属于内部管理信息。其次，涉诉信息是如皋市物价局根据该市具体情况针对不同的价格违法行为所作的具体量化处罚规定，根据《国务院关于加强市县政府依法行政的决定》（国发〔2008〕17号）第18条的规定，针对行政裁量权所作的细化、量化标准应当予以公布，故涉诉信息属于应予公开的政府信息范畴。最后，如皋市物价局仅向张某军公开涉诉文件的主文及附件"如皋市物价局行政处罚自由裁量权实施办法"，而未公开该文件的附件一（2），其选择性公开涉诉信息的部分内容缺乏法律依据。如皋市物价局应当全面、准确、完整地履行政府信息公开职责。据此判决被告于本判决生效之日起15个工作日内向原告公开"皋价发〔2009〕28号"文件的附件一（2）。一审宣判后，当事人均未上诉，一审判决发生法律效力。

该案涉及内部信息的界定问题。所谓内部信息，就是对外部不产生直接约束力的普遍政策阐述或对个案的非终极性意见。之所以要免除公开内部信息，目的是保护机构内部或不同机构之间的交流，从而使官员能够畅所欲言，毫无顾忌地表达自己的真实想法。本案中，如东县人民法院通过三个方面的分析，确认涉诉政府信息是被告行使行政管理职责过程中所制作的信息，是对价格违法行为进行量化处罚的依据，会对行政相对人的权利义务产生影响，因而不应属于内部信息。同时，判决对行政机关公开政府信息的标准进行了严格审查，明确要求行政机关应当准确、完整、全面履行政府信息公开职责，不能随意地选择性公开。这些都具有较大的参考价值。

（七）彭某林诉湖南省长沙县国土资源局案

2012年10月6日，彭某林向长沙县国土资源局提出政府信息公开申请，申请获取本组村民高某贵建房用地审批信息。11月28日，长沙县国土资源局作出答复：根据1999年《中华人民共和国档案法实施办法》第25条的规定，集体和个人寄存于档案馆和其他单位的档案，任何单位和个人不得擅自公布，如需公布必须征得档案所有者的同意。故查询高某贵建房用地审批资料必须依照上述法律规定到本局档案室办理。同时建议如反映高某贵建房一户两证的问题，可以直接向局信访室和执法监察大队进行举报，由受理科、室负责依法办理。彭某林不服，提起诉讼，请求法院撤销被告作出的答复，并责令被告公开相关信息。

长沙县人民法院经审理认为，根据《最高人民法院关于审理政府信息公开行政案件若干问题的规定》第7条的规定，原告申请的政府信息系保存在被告的档案室，并未移交给专门的档案馆，被告长沙县国土资源局依法应适用《政府信息公开条例》的规定对原告申请公开的信息进行答复，而被告在答复中却适用《中华人民共和国档案法实施办法》的相关规定进行答复，属于适用法律、法规错误，依法应予撤销。原告申请公开的信息是否应当提供，尚需被告调查和裁量，故原告该项诉讼请求不予支持。判决撤销被诉答复，责令被告30个工作日内重新予以答复。长沙县国土资源局不服，提出上诉，长沙市中级人民法院判决驳回上诉、维持原判。

本案的焦点集中在档案信息的公开问题。政府信息与档案之间有一定的前后演变关系。对于已经移交各级国家档案馆或者存放在行政机关的档案机构的行政信息,是应当适用《政府信息公开条例》,还是适用档案管理的法规、行政法规和国家有关规定,存在一个法律适用的竞合问题。《最高人民法院关于审理政府信息公开行政案件若干问题的规定》第7条,将已经移交国家档案馆的信息与存放在行政机关档案机构的信息加以区分处理,有利于防止行政机关以适用档案管理法规为借口规避政府信息的公开。本案很好地适用了这一规则,认定被告在答复中适用《中华人民共和国档案法实施办法》不予公开政府信息,属于适用法律、法规错误。同时,法院考虑到涉案政府信息是否应当提供,尚需被告调查和裁量,因此判决其重新答复,亦属对行政机关首次判断权的尊重。

(八) 钱某伟诉浙江省慈溪市掌起镇人民政府案

钱某伟于2013年1月17日向慈溪市掌起镇人民政府邮寄政府信息公开申请书,申请公布柴家村2000年以来的村民宅基地使用的审核情况、村民宅基地分配的实际名单及宅基地面积和地段,柴家村的大桥拆迁户全部名单及分户面积,柴家村大桥征地拆迁户中货币安置户的全部名单及分户面积,在柴家村建房的外村人员的全部名单及实际住户名单,并注明其建房宅基地的来龙去脉。2013年4月10日,慈溪市掌起镇人民政府作出《信访事项答复意见书》,其中关于信息公开的内容为:"柴家村大桥拆迁涉及拆迁建筑共367处,其中,拆迁安置317户,货币安置16户。上述信息所涉及的相关事宜已通过相关程序办理,且已通过一定形式予以公布,被相关公众所知悉。"钱某伟对此答复不服,提起诉讼。认为该答复是"笼统的,不能说明任何问题的信息,与原告所要求公开的信息根本不符,实质上等于拒绝公开"。

慈溪市人民法院经审理认为,被诉答复内容仅对少量的政府信息公开申请作出了答复,对其他政府信息公开申请既没有答复,亦没有告知原告获取该政府信息的方式和途径,而且被告在诉讼中未向本院提供其作出上述答复的相应证据,故应认定被告作出的答复主要证据不足。被告辩称,《政府信息公开条例》于2008年5月1日起才实施,在此之前的政府信息不能公开。法院认为,原告申请公开政府信息时,该条例早已实施。针对原告的申请,被告应当依据该条例的相关规定作出答复。如原告申请公开的政府信息属于不予公开范围的，被告应当告知原告并说明理由。况且，被告认为该条例施行之前的政府信息不能公开，缺乏法律依据。故被告上述辩称意见，理由并不成立，不予采信。判决撤销被告慈溪市掌起镇人民政府作出的政府信息公开答复；责令其在判决生效之日起30日内对钱某伟提出的政府信息公开申请重新作出处理。一审宣判后，当事人均未上诉，一审判决发生法律效力。

本案的焦点集中在历史信息的公开问题。所谓历史信息，是指《政府信息公开条例》施行前已经形成的政府信息。虽然在立法过程中确有一些机关和官员希望能够将历史信息排除在适用范围之外，但《政府信息公开条例》对政府信息的定义并没有将信息的形成时间进行限定，亦未将历史信息排除在公开的范围之外。本案判决确认"被告认为该条例施行之前的政府信息不能公开，缺乏法律依据"，符合立法本意。至于"法不溯及既往"原则，指的是法律文件的规定仅适用于法律文件生效以后的事件和行为，对于法律文件生效以前的事件和行为不适用。就本案而言，所谓的事件和行为，也就是原告依照条例的规定申请公开政府信息，以及行政机关针对申请作出答复。本案判决指出，"原告申请公开政府信息时，该条例早已实施"，就是对"法不溯及既往"原则的正确理解。

（九）张某诉上海市规划和国土资源管理局案

2013年2月19日，张某向上海市规划和国土资源管理局申请获取"本市116地块项目土地出让金缴款凭证"政府信息。上海市规划和国土资源管理局经至其档案中心以"缴款凭证"为关键词进行手工查找，未找到名为"缴款凭证"的116地块土地出让金缴款凭证的政府信息，遂认定其未制作过原告申请获取的政府信息，根据2007年发布的《政府信息公开条例》第21条第3项答复张某，其申请公开的政府信息不存在。张某不服，提起诉讼，要求撤销该政府信息公开答复。

上海市黄浦区人民法院经审理认为：原告申请公开的相关缴款凭证，应泛指被告收取土地使用权受让人缴纳本市116地块国有土地使用权出让金后形成的书面凭证。在日常生活中，这种证明缴纳款项凭证的名称或许为缴款凭证，或许为收据、发票等，并不局限于缴款凭证的表述。原告作为普通公民，认为其无法知晓相关缴款凭证的规范名称，仅以此缴款凭证描述其申请获取的政府信息内容的主张具有合理性。而与之相对应，被告系本市土地行政管理部门，应知晓其收取土地使用权出让金后开具给土地使用权受让人的凭证的规范名称，但在未与原告确认的前提下，擅自认为原告仅要求获取名称为缴款凭证的相关政府信息，并仅以缴款凭证为关键词至其档案中心进行检索，显然检索方式失当，应为未能尽到检索义务，据此所认定的相关政府信息不存在的结论，也属认定事实不清，证据不足。判决撤销被诉政府信息公开答复，责令被告重新作出答复。一审宣判后，当事人均未上诉，一审判决发生法律效力。

本案涉及政府信息公开的两项重要制度：一是申请人在提交信息公开申请时应该尽可能详细地对政府信息的内容进行描述，以有利于行政机关进行检索。二是政府信息不存在的行政机关不予提供。本案在处理这两个问题时所采取的审查标准值得借鉴。也就是，行政机关以信息不存在为由拒绝提供政府信息的，应当证明其已经尽到了合理检索义务。申请人对于信息内容的描述，也不能苛刻其必须说出政府信息的规范名称甚至具体文号。如果行政机关仅以原告的描述为关键词进行检索，进而简单答复政府信息不存在，亦属未能尽到检索义务。

（十）如果爱婚姻服务有限公司诉中华人民共和国民政部案

2013年1月28日，石家庄市如果爱婚姻服务有限公司（以下简称"如果爱公司"）请求中华人民共和国民政部（以下简称"民政部"）向其书面公开中国婚姻家庭研究会的社会团体登记资料、年检资料、社会团体法人登记证书及对中国婚姻家庭研究会涉嫌欺诈行为的查处结果。民政部接到如果爱公司的申请后，未在法定的15日期限内作出答复。在行政复议期间，民政部于2013年4月26日向申请人作出《政府信息告知书》。如果爱公司不服，提起行政诉讼。

北京市第二中级人民法院经审理认为，民政部认为如果爱公司申请的该政府信息属于公开范围，遂答复如果爱公司获取该政府信息的方式和途径，即登录中国社会组织网查询并附上网址，并无不当。民政部在《政府信息告知书》中并未引用相关法律条款，导致该被诉具体行政行为适用法律错误，应予撤销。作出《政府信息告知书》超过法定答复期限，且没有依法延长答复的批准手续，属程序违法。此外，在作出对外发生法律效力的《政府信息告知书》时，应以民政部的名义作出，并加盖民政部公章。综上，判决撤销民政部所作《政府信息告知书》，并判决民政部应于本判决生效之日起60日内针对如果爱公司的政府信息公开申请重新作出具体行政行为。

民政部不服，提出上诉。北京市高级人民法院经审理认为，民政部认定中国婚姻家庭研究会的社会团体登记情况、历年年检情况属于公开信息，并告知如果爱公司登录中国社会组织网查询。但通过前述网址查询到的内容显然不能涵盖如果爱公司申请公开的中国婚姻家庭研究会的社会团体登记资料、年检资料所对应的信息。对于中国社会组织网查询结果以外的，中国婚姻家庭研究会的其他社会团体登记资料、年检资料信息，民政部未在被诉告知书中予以答复，亦未说明理由，其处理构成遗漏政府信息公开申请请求事项的情形。同时，尽管民政部不保留登记证书的原件及副本，但作为全国性社会团体的登记机关，民政部应当掌握中国婚姻家庭研究会登记证书上记载的相关信息。民政部在未要求如果爱公司对其申请事项予以进一步明确的情况下，仅告知其不保留登记证书原件及副本，未尽到审查答复义务。一审法院关于民政部答复内容并无不当的认定错误，本院予以纠正。民政部作出被诉告知书明显超过法定期限，且无依法延长答复期限的批准手续，民政部在复议程序中已经确认超期答复违法，本院予以确认。此外，被诉告知书有可援引的法律依据而未援引，应属适用法律错误。民政部作为政府信息公开义务主体，应以其自身名义对外作出政府信息公开答复。综上，判决驳回上诉，维持一审判决。

本案涉及主动公开和依申请公开的关系以及行政机关应当充分履行告知义务问题。政府信息公开的方式包括主动公开和依申请公开，两者相辅相成，互为补充。对于已经主动公开的政府信息，行政机关可以不重复公开，但应当告知申请人获取该政府信息的方式和途径。本案中，被告虽然在复议期间告知申请人可以查询信息的网址，但登录该网址仅能查询到部分信息，二审判决认定其遗漏了申请中未主动公开的相关信息，构成未完全尽到公开义务，是对《政府信息公开条例》的正确理解，从而对行政机关是否充分履行告知义务进而完全尽到公开义务确立了比较明确的司法审查标准。此外，行政机关不予公开政府信息，应当援引具体的法律条款并说明理由。本案判决认定被告有可援引的法律依据而未援引，属于适用法律错误，能够敦促行政机关规范政府信息公开的法律适用，增强政府信息公开的说理性。判决还针对行政机关超期答复和答复主体不当等问题作出确认，也有利于促进政府信息公开答复形式与程序的规范化。

八、政府信息公开制度的完善

目前,政府信息公开制度存在的主要问题是相关政府及其政府部门以"涉及国家秘密"为名拒绝公民公开部分信息的申请,因此,需要由国务院或者国务院办公厅出台具体的细则或者解释,明确规定哪些具体的项目属于不能公开的"涉及国家秘密"的信息。这一细则或者解释没有必要穷尽所有的项目,只需要就老百姓比较关心的一些项目予以解释和列举即可,例如,政府招待费、公务车的数量和耗油量、公款出国考察费、用于特定项目的财政费用等。不解决这一问题就难以将政府信息公开制度落到实处。

除此以外,还应当进一步保障赋予公民、法人或者其他组织的司法救济权,《政府信息公开条例》所规定的"政府信息公开工作中侵犯其合法权益的"没有细化的解释,特别是对于公民、法人或者其他组织申请政府公开相关信息,政府以"涉及国家秘密"不予公开这一情形能否提起复议和诉讼还不清晰。或者说,公民、法人或者其他组织申请公开信息的权利是不是这里所列举的"合法权益"?如果是,那么政府不公开信息的行为是否属于"侵犯"?如果属于,相关主体就可以提起复议和诉讼。当然在诉讼中还存在一个法院是否有足够的能力和胆量去审查相关信息是否真的"涉及国家秘密"的问题。[1]

总之,政府信息公开的道路还很漫长,《政府信息公开条例》的出台仅仅是指明了一个方向和目标,真正实现这一目标还需要解决很多难题并建立一系列相关保障制度。

财政民主原则的核心是纳税人在财政决策中处于核心地位,享有最终的决定权,同时附带享有知情权和监督权。财政透明原则是确保纳税人知情权的必备原则。财政民主原则的基本标准是纳税人享有充分的知情权、决策权和监督权。

为确保纳税人的知情权,对于一般性的财政收支信息应当通过新闻媒体、网站等进行公开,不需要纳税人申请,以最大限度降低纳税人行使知情权的成本。对于比较具体的财政收支信息,除根据法律规定需要保密的以外,均

---

[1] 袁名班、王广辉:"政府信息公开背景下国家秘密保护制度的完善",载《邵阳学院学报(社会科学版)》2020年第6期。

可以通过申请的方式向特定纳税人公开。对于根据法律规定需要保密的信息，在各级人大代表履行保密义务的前提下，可以通过申请的方式获取。只有极少数核心机密信息才能不向一般人大代表公开，仅供少数人决定，该少数人应当通过民选的方式取得纳税人的信任。

为确保纳税人的决策权，财政收入必须具备严格的法律依据，行政法规和地方性法规可以在法律授权范围内征收一定的行政规费。表决通过法律的人大代表应当真正代表纳税人，纳税人可以通过法定程序罢免人大代表。

为确保纳税人的监督权，纳税人可以通过诉讼的方式要求政府部门就特定财政收入和财政支出项目提供法律依据、事实依据以及相关专家意见、鉴定结论等。对于违法的财政收入，应当退还纳税人并加算银行同期存款利息，同时追究违法者的法律责任（刑事责任、政治责任、行政责任和经济责任）。对于违法的财政支出，应当立即采取补救措施，追回财政资金，同时追究违法者的法律责任（刑事责任、政治责任、行政责任和经济责任）。

第十六章

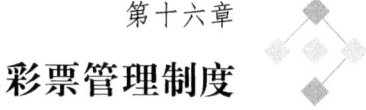

彩票管理制度

一、立法目的与管理体制

（一）立法目的与立法现状

为了加强彩票管理，规范彩票市场发展，维护彩票市场秩序，保护彩票参与者的合法权益，促进社会公益事业发展，国务院于2009年5月4日发布了《彩票管理条例》。2012年1月18日财政部、民政部、国家体育总局公布《彩票管理条例实施细则》，并于2018年8月16日进行了修订。

（二）彩票的含义、种类与发行原则

彩票，是指国家为筹集社会公益资金，促进社会公益事业发展而特许发行、依法销售，自然人自愿购买，并按照特定规则获得中奖机会的凭证。特定规则，是指经财政部批准的彩票游戏规则。凭证，是指证明彩票销售与购买关系成立的专门凭据，应当记载彩票游戏名称、购买数量和金额，数字、符号或者图案，开奖和兑奖等相关信息。彩票不返还本金、不计付利息。

国务院特许发行福利彩票、体育彩票。未经国务院特许，禁止发行其他彩票。禁止在中华人民共和国境内发行、销售境外彩票。彩票的发行、销售和开奖，应当遵循公开、公平、公正和诚实信用的原则。[1]

（三）彩票的管理体制

国务院财政部门负责全国的彩票监督管理工作。国务院民政部门、体育行政部门按照各自的职责分别负责全国的福利彩票、体育彩票管理工作。省、自治区、直辖市人民政府财政部门负责本行政区域的彩票监督管理工作。省、自治区、直辖市人民政府民政部门、体育行政部门按照各自的职责分别负责本行政区域的福利彩票、体育彩票管理工作。县级以上各级人民政府公安机

---

[1] 齐秀梅、战涛："论我国博彩业立法的理论基础与基本原则"，载《当代法学》2012年第1期。

关和县级以上工商行政管理机关，在各自的职责范围内，依法查处非法彩票，维护彩票市场秩序。

非法彩票，是指违反《彩票管理条例》规定以任何方式发行、销售以下形式的彩票：①未经国务院特许，擅自发行、销售福利彩票、体育彩票之外的其他彩票；②在中华人民共和国境内，擅自发行、销售的境外彩票；③未经财政部批准，擅自发行、销售的福利彩票、体育彩票品种和彩票游戏；④未经彩票发行机构、彩票销售机构委托，擅自销售的福利彩票、体育彩票；⑤擅自利用互联网销售的福利彩票、体育彩票。县级以上财政部门、民政部门、体育行政部门，以及彩票发行机构、彩票销售机构，应当积极配合公安机关和市场监督管理部门依法查处非法彩票，维护彩票市场秩序。

二、彩票发行和销售管理制度

（一）彩票发行机构的设立

国务院民政部门、体育行政部门依法设立的福利彩票发行机构、体育彩票发行机构（以下简称"彩票发行机构"），分别负责全国的福利彩票、体育彩票发行和组织销售工作。省、自治区、直辖市人民政府民政部门、体育行政部门依法设立的福利彩票销售机构、体育彩票销售机构（以下简称"彩票销售机构"），分别负责本行政区域的福利彩票、体育彩票销售工作。

（二）彩票品种的开设与变更

彩票发行机构申请开设、停止福利彩票、体育彩票的具体品种（以下简称"彩票品种"）或者申请变更彩票品种审批事项的，应当依照《彩票管理条例》规定的程序报国务院财政部门批准。彩票品种，是指按照彩票游戏机理和特征划分的彩票类型，包括乐透型、数字型、竞猜型、传统型、即开型、视频型、基诺型等。开设，是指在已发行销售的彩票品种之外，增加新的品种。变更，是指在已发行销售的彩票品种之内，对彩票游戏规则、发行方式、发行范围等事项进行调整。彩票发行机构申请停止彩票品种或者彩票游戏，应当向财政部报送拟停止彩票品种或者彩票游戏上市以来的销售情况、奖池和调节基金余额、停止发行销售的理由等相关材料。

国务院财政部门应当根据彩票市场健康发展的需要，按照合理规划彩票市场和彩票品种结构、严格控制彩票风险的原则，对彩票发行机构的申请进行审查。

彩票发行机构申请开设彩票品种，应当经国务院民政部门或者国务院体育行政部门审核同意，向国务院财政部门提交下列申请材料：申请书；彩票品种的规则；发行方式、发行范围；市场分析报告及技术可行性分析报告；开奖、兑奖操作规程；风险控制方案。国务院财政部门应当自受理申请之日起 90 个工作日内，通过专家评审、听证会等方式对开设彩票品种听取社会意见，对申请进行审查并作出书面决定。

彩票发行机构申请变更彩票品种的规则、发行方式、发行范围等审批事项的，应当经国务院民政部门或者国务院体育行政部门审核同意，向国务院财政部门提出申请并提交与变更事项有关的材料。国务院财政部门应当自受理申请之日起 45 个工作日内，对申请进行审查并作出书面决定。

彩票发行机构申请停止彩票品种的，应当经国务院民政部门或者国务院体育行政部门审核同意，向国务院财政部门提出书面申请并提交与停止彩票品种有关的材料。国务院财政部门应当自受理申请之日起 10 个工作日内，对申请进行审查并作出书面决定。

经批准开设、停止彩票品种或者变更彩票品种审批事项的，彩票发行机构应当在开设、变更、停止的 10 个自然日前，将有关信息向社会公告。因维护社会公共利益的需要，在紧急情况下，国务院财政部门可以采取必要措施，决定变更彩票品种审批事项或者停止彩票品种。

(三) 彩票销售管理制度

彩票发行机构、彩票销售机构应当依照政府采购法律、行政法规的规定，采购符合标准的彩票设备和技术服务。彩票设备和技术服务的标准，由国务院财政部门会同国务院民政部门、体育行政部门依照国家有关标准化法律、行政法规的规定制定。彩票设备和技术服务，根据彩票发行销售业务的专业性、市场性特点和彩票市场发展需要，分为专用的彩票设备和技术服务与通用的彩票设备和技术服务。专用的彩票设备和技术服务包括：彩票投注专用设备，彩票开奖设备和服务，彩票发行销售信息技术系统的开发、集成、测试、运营及维护，彩票印制、仓储和运输，彩票营销策划和广告宣传，以及彩票技术和管理咨询等。通用的彩票设备和技术服务包括：计算机、网络设备、打印机、复印机等通用硬件产品，数据库系统、软件工具等商业软件产品，以及工程建设等。

彩票发行机构、彩票销售机构采购彩票设备和技术服务，依照政府采购法及相关规定，以公开招标作为主要采购方式。经同级财政部门批准，彩票发行机构、彩票销售机构采购专用的彩票设备和技术服务，可以采用邀请招标、竞争性谈判、单一来源采购、询价或者国务院政府采购监督管理部门认定的其他采购方式。

彩票发行机构、彩票销售机构应当建立风险管理体系和可疑资金报告制度，保障彩票发行、销售的安全。彩票发行机构、彩票销售机构负责彩票销售系统的数据管理、开奖兑奖管理以及彩票资金的归集管理，不得委托他人管理。

彩票发行机构、彩票销售机构可以委托单位、个人代理销售彩票。彩票代销者应当具备以下条件：①年满18周岁且具有完全民事行为能力的个人，或者具有独立法人资格的单位；②有与从事彩票代销业务相适应的资金；③有满足彩票销售需要的场所；④近五年内无刑事处罚记录和不良商业信用记录；⑤彩票发行机构、彩票销售机构规定的其他条件。彩票发行机构、彩票销售机构向社会征召彩票代销者和设置彩票销售场所，应当遵循以下原则：一是统筹规划，合理布局；二是公开公正，规范透明；三是从优选择，兼顾公益。

彩票发行机构、彩票销售机构应当与接受委托的彩票代销者签订彩票代销合同。福利彩票、体育彩票的代销合同示范文本分别由国务院民政部门、体育行政部门制定。彩票发行机构、彩票销售机构应当根据民政部、国家体育总局制定的彩票代销合同示范文本，与彩票代销者签订彩票代销合同。彩票代销合同应当包括以下内容：①委托方与受托方的姓名或者名称、住所及法定代表人姓名；②合同订立时间、地点、生效时间和有效期限；③委托方与受托方的权利和义务；④彩票销售场所的设立、迁移、暂停销售、撤销；⑤彩票投注专用设备的提供与管理；⑥彩票资金的结算，以及销售费用、押金或者保证金的管理；⑦不得向未成年人销售彩票和兑奖的约定；⑧监督和违约责任；⑨其他内容。委托方与受托方应当遵守法律法规、规章制度和有关彩票管理政策，严格履行彩票代销合同。

签订彩票代销合同后，彩票发行机构、彩票销售机构应当向彩票代销者发放彩票代销证。福利彩票代销证、体育彩票代销证的格式分别由福利彩票发行机构、体育彩票发行机构制定。彩票代销证应当置于彩票销售场所的显著位置。彩票代销证是彩票代销者代理销售彩票的合法资格证明，不得转借、出租、出售。彩票代销证应当记载以下事项：①彩票代销证编号；②彩票代销者的姓名或者名称、住所及法定代表人姓名；③彩票销售场所地址；④彩票代销证的有效期限；⑤彩票发行机构规定的其他事项。

彩票代销者不得委托他人代销彩票。彩票销售机构应当为彩票代销者配置彩票投注专用设备。彩票投注专用设备属于彩票销售机构所有，彩票代销者不得转借、出租、出售。彩票销售机构应当在彩票发行机构的指导下，统筹规划彩票销售场所的布局。彩票销售场所应当按照彩票发行机构的统一要求，设置彩票销售标识，张贴警示标语。

彩票发行机构、彩票销售机构、彩票代销者不得有下列行为：进行虚假性、误导性宣传；以诋毁同业者等手段进行不正当竞争；向未成年人销售彩票；以赊销或者信用方式销售彩票。彩票发行机构、彩票销售机构、彩票代销者在难以判断彩票购买者或者兑奖者是否为未成年人的情况下，可以要求彩票购买者或兑奖者出示能够证明其年龄的有效身份证件。

需要销毁彩票的，由彩票发行机构报国务院财政部门批准后，在国务院民政部门或者国务院体育行政部门的监督下销毁。彩票市场实行休市制度。休市期间，停止彩票的销售、开奖和兑奖。休市的彩票品种和具体时间由财政部向社会公告。彩票发行机构、彩票销售机构应当及时将彩票发行、销售情况向社会全面公布，接受社会公众的监督。

三、彩票开奖和兑奖管理制度

（一）开奖管理制度

彩票发行机构、彩票销售机构应当按照批准的彩票品种的规则和开奖操作规程开奖。国务院民政部门、体育行政部门和省、自治区、直辖市人民政府民政部门、体育行政部门应当加强对彩票开奖活动的监督，确保彩票开奖的公开、公正。

彩票发行机构、彩票销售机构应当确保彩票销售数据的完整、准确和安全。当期彩票销售数据封存后至开奖活动结束前，不得查阅、变更或者删除销售数据。开奖活动结束，是指彩票游戏的开奖号码全部摇出或者开奖结果全部产生。通过专用摇奖设备确定开奖号码的，应当在当期彩票销售截止时封存彩票销售原始数据；通过专用电子摇奖设备或者根据体育比赛项目确定开奖号码的，应当定期封存彩票销售原始数据。彩票销售原始数据保存期限，自封存之日起不得少于 60 个月。

彩票发行机构、彩票销售机构应当加强对开奖设备的管理，确保开奖设备正常运行，并配置备用开奖设备。彩票发行机构、彩票销售机构使用专用摇奖设备或者专用电子摇奖设备开奖的，开始摇奖前，应当对摇奖设备进行检测。摇奖设备进入正式摇奖程序后，不得中途暂停或者停止运行。因设备、设施故障等造成摇奖中断的，已摇出的号码有效。未摇出的剩余号码，应当尽快排除故障后继续摇出；设备、设施故障等无法排除的，应当启用备用摇奖设备、设施继续摇奖。摇奖活动结束后，彩票发行机构、彩票销售机构负责摇奖的工作人员应当对摇奖结果进行签字确认。签字确认文件保存期限不得少于 60 个月。

根据体育比赛结果进行开奖的彩票游戏，体育比赛裁定的比赛结果经彩票发行机构或者彩票销售机构依据彩票游戏规则确认后，作为开奖结果。体育比赛因各种原因提前、推迟、中断、取消或者被认定为无效场次的，其开奖和兑奖按照经批准的彩票游戏规则执行。

未按照彩票游戏规则和开奖操作规程进行的开奖活动及开奖结果无效。因自然灾害等不可抗力事件导致不能按期开奖的，应当及时向社会公告后延期开奖；导致开奖中断的，已开出的号码有效，应当及时向社会公告后延期开出剩余号码。

彩票发行机构、彩票销售机构应当在每期彩票销售结束后，及时向社会公布当期彩票的销售情况和开奖结果。彩票发行机构、彩票销售机构应当及时、准确、完整地向社会公告当期彩票销售和开奖情况，公告内容包括：①彩票游戏名称，开奖日期或者期号；②当期彩票销售金额；③当期彩票开奖结果；④奖池资金余额；⑤兑奖期限。

彩票售出后出现下列情况的，不予兑奖：①彩票因受损、玷污等原因导致无法正确识别的；②纸质即开型彩票出现兑奖区覆盖层撕刮不开、无兑奖符号、保安区裸露等问题的。不予兑奖的彩票如果是因印制、运输、仓储、销售原因造成的，彩票发行机构、彩票销售机构应当予以收回，并按彩票购买者意愿退还其购买该彩票所支付的款项或者更换同等金额彩票。

（二）兑奖管理制度

彩票中奖者应当自开奖之日起 60 个自然日内，持中奖彩票到指定的地点兑奖，彩票品种的规则规定需要出示身份证件的，还应当出示本人身份证件。

最后一天为《全国年节及纪念日放假办法》规定的全体公民放假的节日或者彩票市场休市的，顺延至全体公民放假的节日后或者彩票市场休市结束后的第一个工作日。逾期不兑奖的视为弃奖。禁止使用伪造、变造的彩票兑奖。

彩票发行机构、彩票销售机构、彩票代销者应当按照彩票品种的规则和兑奖操作规程兑奖。彩票中奖奖金应当以人民币现金或者现金支票形式一次性兑付。彩票中奖奖金不得以人民币以外的其他货币兑付，不得以实物形式兑付，不得分期多次兑付。彩票发行机构、彩票销售机构、彩票代销者及其工作人员不得违背彩票中奖者本人意愿，以任何理由和方式要求彩票中奖者捐赠中奖奖金。不得向未成年人兑奖。彩票发行机构、彩票销售机构、彩票代销者以及其他因职务或者业务便利知悉彩票中奖者个人信息的人员，应当对彩票中奖者个人信息予以保密。

四、彩票资金管理制度

（一）彩票资金的种类

彩票资金包括彩票奖金、彩票发行费和彩票公益金。彩票资金构成比例由国务院决定。彩票品种中彩票资金的具体构成比例，由国务院财政部门按照国务院的决定确定。随着彩票发行规模的扩大和彩票品种的增加，可以降低彩票发行费比例。

（二）彩票资金账户的开设及其监管

彩票发行机构、彩票销售机构应当按照国务院财政部门的规定开设彩票资金账户，用于核算彩票资金。国务院财政部门和省、自治区、直辖市人民政府财政部门应当建立彩票发行、销售和资金管理信息系统，及时掌握彩票销售和资金流动情况。

（三）彩票资金的用途

彩票奖金用于支付彩票中奖者。彩票单注奖金的最高限额，由国务院财政部门根据彩票市场发展情况决定。逾期未兑奖的奖金，纳入彩票公益金。

彩票发行费专项用于彩票发行机构、彩票销售机构的业务费用支出以及彩票代销者的销售费用支出。彩票发行机构、彩票销售机构的业务费实行收支两条线管理，其支出应当符合彩票发行机构、彩票销售机构财务管理制度。

彩票公益金专项用于社会福利、体育等社会公益事业，不用于平衡财政一般预算。彩票公益金按照政府性基金管理办法纳入预算，实行收支两条线管理。

(四) 彩票资金的管理与监督

彩票发行机构、彩票销售机构应当按照国务院财政部门的规定，及时上缴彩票公益金和彩票发行费中的业务费，不得截留或者挪作他用。财政部门应当及时核拨彩票发行机构、彩票销售机构的业务费。彩票公益金的分配政策，由国务院财政部门会同国务院民政、体育行政等有关部门提出方案，报国务院批准后执行。

彩票发行费、彩票公益金的管理、使用单位，应当依法接受财政部门、审计机关和社会公众的监督。彩票公益金的管理、使用单位，应当每年向社会公告公益金的使用情况。国务院财政部门和省、自治区、直辖市人民政府财政部门应当每年向本级人民政府报告上年度彩票公益金的筹集、分配和使用情况，并向社会公告。

五、彩票管理制度相关法律责任

(一) 违法发行销售彩票的法律责任

违反《彩票管理条例》规定，擅自发行、销售彩票，或者在中华人民共和国境内发行、销售境外彩票构成犯罪的，依法追究刑事责任；尚不构成犯罪的，由公安机关依法给予治安管理处罚；有违法所得的，没收违法所得。

彩票发行机构、彩票销售机构有下列行为之一的，由财政部门责令停业整顿；有违法所得的，没收违法所得，并处违法所得3倍的罚款；对直接负责的主管人员和其他直接责任人员，依法给予处分；构成犯罪的，依法追究刑事责任：①未经批准开设、停止彩票品种或者未经批准变更彩票品种审批事项的；②未按批准的彩票品种的规则、发行方式、发行范围、开奖兑奖操作规程发行、销售彩票或者开奖兑奖的；③将彩票销售系统的数据管理、开奖兑奖管理或者彩票资金的归集管理委托他人管理的；④违反规定查阅、变更、删除彩票销售数据的；⑤以赊销或者信用方式销售彩票的；⑥未经批准销毁彩票的；⑦截留、挪用彩票资金的。

彩票发行机构、彩票销售机构有下列行为之一的，由财政部门责令改正；有违法所得的，没收违法所得；对直接负责的主管人员和其他直接责任人员，依法给予处分：①采购不符合标准的彩票设备或者技术服务的；②进行虚假性、误导性宣传的；③以诋毁同业者等手段进行不正当竞争的；④向未成年人销售彩票的；⑤泄露彩票中奖者个人信息的；⑥未将逾期未兑奖的奖金纳入彩票公益金的；⑦未按规定上缴彩票公益金、彩票发行费中的业务费的。

彩票代销者有下列行为之一的，由民政部门、体育行政部门责令改正，处2000元以上1万元以下罚款；有违法所得的，没收违法所得：①委托他人代销彩票或者转借、出租、出售彩票投注专用设备的；②进行虚假性、误导性宣传的；③以诋毁同业者等手段进行不正当竞争的；④向未成年人销售彩票的；⑤以赊销或者信用方式销售彩票的。彩票代销者有上述行为受到处罚的，彩票发行机构、彩票销售机构有权解除彩票代销合同。

(二) 伪造变造彩票的法律责任

伪造、变造彩票或使用伪造、变造的彩票兑奖的，依法给予治安管理处罚；构成犯罪的，依法追究刑事责任。

(三) 彩票公益金违法行为的法律责任

彩票公益金管理、使用单位违反彩票公益金管理、使用规定的，由财政部门责令限期改正；有违法所得的，没收违法所得；在规定期限内不改正的，没收已使用彩票公益金形成的资产，取消其彩票公益金使用资格。

(四) 监管部门工作人员渎职的法律责任

依照《彩票管理条例》的规定履行彩票管理职责的财政部门、民政部门、体育行政部门的工作人员，在彩票监督管理活动中滥用职权、玩忽职守、徇私舞弊，构成犯罪的，依法追究刑事责任；尚不构成犯罪的，依法给予处分。

六、彩票管理制度的完善

作为政府财政收入之一，彩票发行收入同样应当遵循财政收入的四个基本原则：公开、民主、公平、适度。彩票发行收入的数额、资金使用状况应当向社会公开。彩票发行的数额、金额、奖金的设置、资金使用应当征求民意，并经过全国人大常委会的批准，接受权力机关的监督、审计机关的审计监督、纪检监察机关的监督以及人民群众的监督。彩票发行和中奖的规则应当公平，彩票发行收入的使用方向应当公平，即用于履行政府职责最基本的福利事业和体育事业。彩票的发行规模、奖金规模都应当适度，避免引起其他不良的社会后果。[1]

---

[1] 王全兴、管斌："市场化政府经济行为的法律规制"，载《中国法学》2004年第1期。

第十七章

企业国有资产管理制度

一、企业国有资产管理基础制度

(一) 立法目的与适用范围

企业国有资产(以下简称"国有资产"),是指国家对企业各种形式的出资所形成的权益。为了维护国家基本经济制度,巩固和发展国有经济,加强对国有资产的保护,发挥国有经济在国民经济中的主导作用,促进社会主义市场经济发展,2008年10月28日第十一届全国人大常委会第五次会议通过了《中华人民共和国企业国有资产法》(以下简称《企业国有资产法》)。

《企业国有资产法》主要适用于非金融企业,金融企业可以参照适用。金融企业国有资产的管理与监督,法律、行政法规另有规定的,依照其规定。

(二) 国有资产的所有权与履行出资人职责的主体

国有资产属于国家所有即全民所有。国务院代表国家行使国有资产所有权。国务院和地方人民政府依照法律、行政法规的规定,分别代表国家对国家出资企业履行出资人职责,享有出资人权益。国务院确定的关系国民经济命脉和国家安全的大型国家出资企业[1],重要基础设施和重要自然资源等领域的国家出资企业,由国务院代表国家履行出资人职责。其他的国家出资企业,由地方人民政府代表国家履行出资人职责。

国务院和地方人民政府应当按照政企分开、社会公共管理职能与国有资产出资人职能分开、不干预企业依法自主经营的原则,依法履行出资人职责。[2]

(三) 国有资产管理的基础制度

国家采取措施,推动国有资本向关系国民经济命脉和国家安全的重要行

---

[1] 国家出资企业,是指国家出资的国有独资企业、国有独资公司,以及国有资本控股公司、国有资本参股公司。

[2] 郭金良:"契约视角下企业国有资产法律监管研究",载《法学论坛》2018年第2期。

业和关键领域集中，优化国有经济布局和结构，推进国有企业的改革和发展，提高国有经济的整体素质，增强国有经济的控制力、影响力。

国家建立健全与社会主义市场经济发展要求相适应的国有资产管理与监督体制，建立健全国有资产保值增值考核和责任追究制度，落实国有资产保值增值责任。国家建立健全国有资产基础管理制度。具体办法按照国务院的规定制定。国有资产受法律保护，任何单位和个人不得侵害。

二、履行出资人职责的机构

（一）履行出资人职责机构的确立

国务院国有资产监督管理机构和地方人民政府按照国务院的规定设立的国有资产监督管理机构，根据本级人民政府的授权，代表本级人民政府对国家出资企业履行出资人职责。国务院和地方人民政府根据需要，可以授权其他部门、机构代表本级人民政府对国家出资企业履行出资人职责。代表本级人民政府履行出资人职责的机构、部门，以下统称履行出资人职责的机构。

（二）履行出资人职责机构的权利

履行出资人职责的机构代表本级人民政府对国家出资企业依法享有资产收益、参与重大决策和选择管理者等出资人权利。履行出资人职责的机构依照法律、行政法规的规定，制定或者参与制定国家出资企业的章程。履行出资人职责的机构对法律、行政法规和本级人民政府规定须经本级人民政府批准的履行出资人职责的重大事项，应当报请本级人民政府批准。

履行出资人职责的机构委派的股东代表参加国有资本控股公司、国有资本参股公司召开的股东会会议、股东大会会议，应当按照委派机构的指示提出提案、发表意见、行使表决权，并将其履行职责的情况和结果及时报告委派机构。

（三）履行出资人职责机构的义务

履行出资人职责的机构应当依照法律、行政法规以及企业章程履行出资人职责，保障出资人权益，防止国有资产损失。履行出资人职责的机构应当维护企业作为市场主体依法享有的权利，除依法履行出资人职责外，不得干预企业经营活动。

履行出资人职责的机构对本级人民政府负责，向本级人民政府报告履行出资人职责的情况，接受本级人民政府的监督和考核，对国有资产的保值增值负责。履行出资人职责的机构应当按照国家有关规定，定期向本级人民政府报告有关国有资产总量、结构、变动、收益等汇总分析的情况。

三、国家出资企业的管理

(一) 国家出资企业的权利

国家出资企业对其动产、不动产和其他财产依照法律、行政法规以及企业章程享有占有、使用、收益和处分的权利。国家出资企业依法享有的经营自主权和其他合法权益受法律保护。

(二) 国家出资企业的义务

国家出资企业从事经营活动，应当遵守法律、行政法规，加强经营管理，提高经济效益，接受人民政府及其有关部门、机构依法实施的管理和监督，接受社会公众的监督，承担社会责任，对出资人负责。国家出资企业应当依法建立和完善法人治理结构，建立健全内部监督管理和风险控制制度。

国家出资企业应当依照法律、行政法规和国务院财政部门的规定，建立健全财务、会计制度，设置会计账簿，进行会计核算，依照法律、行政法规以及企业章程的规定向出资人提供真实、完整的财务、会计信息。国家出资企业应当依照法律、行政法规以及企业章程的规定，向出资人分配利润。

国有独资公司、国有资本控股公司和国有资本参股公司依照《中华人民共和国公司法》（以下简称《公司法》）的规定设立监事会。国有独资企业由履行出资人职责的机构按照国务院的规定委派监事组成监事会。国家出资企业的监事会依照法律、行政法规以及企业章程的规定，对董事、高级管理人员执行职务的行为进行监督，对企业财务进行监督检查。

国家出资企业依照法律规定，通过职工代表大会或者其他形式，实行民主管理。国家出资企业对其所出资企业依法享有资产收益、参与重大决策和选择管理者等出资人权利。国家出资企业对其所出资企业，应当依照法律、行政法规的规定，通过制定或者参与制定所出资企业的章程，建立权责明确、有效制衡的企业内部监督管理和风险控制制度，维护其出资人权益。

四、国家出资企业管理者的选择与考核

(一) 国家出资企业管理者的选择

履行出资人职责的机构依照法律、行政法规以及企业章程的规定，任免

或者建议任免国家出资企业的下列人员：①任免国有独资企业的经理、副经理、财务负责人和其他高级管理人员；②任免国有独资公司的董事长、副董事长、董事、监事会主席和监事；③向国有资本控股公司、国有资本参股公司的股东会、股东大会提出董事、监事人选。国家出资企业中应当由职工代表出任的董事、监事，依照有关法律、行政法规的规定由职工民主选举产生。

履行出资人职责的机构任命或者建议任命的董事、监事、高级管理人员，应当具备下列条件：①有良好的品行；②有符合职位要求的专业知识和工作能力；③有能够正常履行职责的身体条件；④法律、行政法规规定的其他条件。董事、监事、高级管理人员在任职期间出现不符合前款规定情形或者出现《公司法》规定的不得担任公司董事、监事、高级管理人员情形的，履行出资人职责的机构应当依法予以免职或者提出免职建议。[1]

履行出资人职责的机构对拟任命或者建议任命的董事、监事、高级管理人员的人选，应当按照规定的条件和程序进行考察。考察合格的，按照规定的权限和程序任命或者建议任命。

（二）国家出资企业管理者的义务

未经履行出资人职责的机构同意，国有独资企业、国有独资公司的董事、高级管理人员不得在其他企业兼职。未经股东会、股东大会同意，国有资本控股公司、国有资本参股公司的董事、高级管理人员不得在经营同类业务的其他企业兼职。未经履行出资人职责的机构同意，国有独资公司的董事长不得兼任经理。未经股东会、股东大会同意，国有资本控股公司的董事长不得兼任经理。董事、高级管理人员不得兼任监事。

国家出资企业的董事、监事、高级管理人员，应当遵守法律、行政法规以及企业章程，对企业负有忠实义务和勤勉义务，不得利用职权收受贿赂或者取得其他非法收入和不当利益，不得侵占、挪用企业资产，不得超越职权

---

[1] 根据《公司法》第146条第1款规定，有下列情形之一的，不得担任公司的董事、监事、高级管理人员：①无民事行为能力或者限制民事行为能力；②因贪污、贿赂、侵占财产、挪用财产或者破坏社会主义市场经济秩序，被判处刑罚，执行期满未逾五年，或者因犯罪被剥夺政治权利，执行期满未逾五年；③担任破产清算的公司、企业的董事或者厂长、经理，对该公司、企业的破产负有个人责任的，自该公司、企业破产清算完结之日起未逾三年；④担任因违法被吊销营业执照、责令关闭的公司、企业的法定代表人，并负有个人责任的，自该公司、企业被吊销营业执照之日起未逾三年；⑤个人所负数额较大的债务到期未清偿。

或者违反程序决定企业重大事项，不得有其他侵害国有资产出资人权益的行为。

(三) 国家出资企业管理者的考核

国家建立国家出资企业管理者经营业绩考核制度。履行出资人职责的机构应当对其任命的企业管理者进行年度和任期考核，并依据考核结果决定对企业管理者的奖惩。履行出资人职责的机构应当按照国家有关规定，确定其任命的国家出资企业管理者的薪酬标准。

国有独资企业、国有独资公司和国有资本控股公司的主要负责人，应当接受依法进行的任期经济责任审计。国有独资企业的经理、副经理、财务负责人和其他高级管理人员，国有独资公司的董事长、副董事长、董事、监事会主席和监事，国务院和地方人民政府规定由本级人民政府任免的，依照其规定。履行出资人职责的机构依照上述规定对上述企业管理者进行考核、奖惩并确定其薪酬标准。

五、关系国有资产出资人权益的重大事项

(一) 一般规定

国家出资企业合并、分立、改制、上市，增加或者减少注册资本，发行债券，进行重大投资，为他人提供大额担保，转让重大财产，进行大额捐赠，分配利润，以及解散、申请破产等重大事项，应当遵守法律、行政法规以及企业章程的规定，不得损害出资人和债权人的权益。

国有独资企业、国有独资公司合并、分立，增加或者减少注册资本，发行债券，分配利润，以及解散、申请破产，由履行出资人职责的机构决定。国有独资企业、国有独资公司有《企业国有资产法》所列事项的，除依照《企业国有资产法》和有关法律、行政法规以及企业章程的规定，由履行出资人职责的机构决定的以外，国有独资企业由企业负责人集体讨论决定，国有独资公司由董事会决定。

国有资本控股公司、国有资本参股公司有《企业国有资产法》所列事项的，依照法律、行政法规以及公司章程的规定，由公司股东会、股东大会或者董事会决定。由股东会、股东大会决定的，履行出资人职责的机构委派的股东代表应当依照《企业国有资产法》的规定行使权利。

重要的国有独资企业、国有独资公司、国有资本控股公司[1]的合并、分立、解散、申请破产以及法律、行政法规和本级人民政府规定应当由履行出资人职责的机构报经本级人民政府批准的重大事项，履行出资人职责的机构在作出决定或者向其委派参加国有资本控股公司股东会会议、股东大会会议的股东代表作出指示前，应当报请本级人民政府批准。

国家出资企业发行债券、投资等事项，有关法律、行政法规规定应当报经人民政府或者人民政府有关部门、机构批准、核准或者备案的，依照其规定。国家出资企业投资应当符合国家产业政策，并按照国家规定进行可行性研究；与他人交易应当公平、有偿，取得合理对价。

国家出资企业的合并、分立、改制、解散、申请破产等重大事项，应当听取企业工会的意见，并通过职工代表大会或者其他形式听取职工的意见和建议。国有独资企业、国有独资公司、国有资本控股公司对其所出资企业的重大事项参照上述规定履行出资人职责。

（二）企业改制

企业改制指的是以下三种情况：一是国有独资企业改为国有独资公司；二是国有独资企业、国有独资公司改为国有资本控股公司或者非国有资本控股公司；三是国有资本控股公司改为非国有资本控股公司。[2]

企业改制应当依照法定程序，由履行出资人职责的机构决定或者由公司股东会、股东大会决定。重要的国有独资企业、国有独资公司、国有资本控股公司的改制，履行出资人职责的机构在作出决定或者向其委派参加国有资本控股公司股东会会议、股东大会会议的股东代表作出指示前，应当将改制方案报请本级人民政府批准。

企业改制应当制定改制方案，载明改制后的企业组织形式、企业资产和债权债务处理方案、股权变动方案、改制的操作程序、资产评估和财务审计等中介机构的选聘等事项。企业改制涉及重新安置企业职工的，还应当制定职工安置方案，并经职工代表大会或者职工大会审议通过。

企业改制应当按照规定进行清产核资、财务审计、资产评估，准确界定和核实资产，客观、公正地确定资产的价值。企业改制涉及以企业的实物、

---

[1] 重要的国有独资企业、国有独资公司和国有资本控股公司，按照国务院的规定确定。
[2] 剧锦文："改革开放40年国有企业所有权改革探索及其成效"，载《改革》2018年第6期。

知识产权、土地使用权等非货币财产折算为国有资本出资或者股份的,应当按照规定对折价财产进行评估,以评估确认价格作为确定国有资本出资额或者股份数额的依据。不得将财产低价折股或者有其他损害出资人权益的行为。

(三) 与关联方的交易

国家出资企业的关联方[1]不得利用与国家出资企业之间的交易,谋取不当利益,损害国家出资企业利益。

国有独资企业、国有独资公司、国有资本控股公司不得无偿向关联方提供资金、商品、服务或者其他资产,不得以不公平的价格与关联方进行交易。

未经履行出资人职责的机构同意,国有独资企业、国有独资公司不得有下列行为:①与关联方订立财产转让、借款的协议;②为关联方提供担保;③与关联方共同出资设立企业,或者向董事、监事、高级管理人员或者其近亲属所有或者实际控制的企业投资。

国有资本控股公司、国有资本参股公司与关联方的交易,依照《公司法》和有关行政法规以及公司章程的规定,由公司股东会、股东大会或者董事会决定。由公司股东会、股东大会决定的,履行出资人职责的机构委派的股东代表,应当依照《企业国有资产法》的规定行使权利。公司董事会对公司与关联方的交易作出决议时,该交易涉及的董事不得行使表决权,也不得代理其他董事行使表决权。

(四) 资产评估

国有独资企业、国有独资公司和国有资本控股公司合并、分立、改制,转让重大财产,以非货币财产对外投资,清算或者有法律、行政法规以及企业章程规定应当进行资产评估的其他情形的,应当按照规定对有关资产进行评估。

国有独资企业、国有独资公司和国有资本控股公司应当委托依法设立的符合条件的资产评估机构进行资产评估;涉及应当报经履行出资人职责的机构决定的事项的,应当将委托资产评估机构的情况向履行出资人职责的机构报告。

国有独资企业、国有独资公司、国有资本控股公司及其董事、监事、高级管理人员应当向资产评估机构如实提供有关情况和资料,不得与资产评估机构串通评估作价。

---

[1] 关联方,是指本企业的董事、监事、高级管理人员及其近亲属,以及这些人员所有或者实际控制的企业。

资产评估机构及其工作人员受托评估有关资产,应当遵守法律、行政法规以及评估执业准则,独立、客观、公正地对受托评估的资产进行评估。资产评估机构应当对其出具的评估报告负责。

(五) 国有资产转让

国有资产转让,是指依法将国家对企业的出资所形成的权益转移给其他单位或者个人的行为;按照国家规定无偿划转国有资产的除外。国有资产转让应当有利于国有经济布局和结构的战略性调整,防止国有资产损失,不得损害交易各方的合法权益。[1]

国有资产转让由履行出资人职责的机构决定。履行出资人职责的机构决定转让全部国有资产的,或者转让部分国有资产致使国家对该企业不再具有控股地位的,应当报请本级人民政府批准。

国有资产转让应当遵循等价有偿和公开、公平、公正的原则。除按照国家规定可以直接协议转让的以外,国有资产转让应当在依法设立的产权交易场所公开进行。转让方应当如实披露有关信息,征集受让方;征集产生的受让方为两个以上的,转让应当采用公开竞价的交易方式。转让上市交易的股份依照《中华人民共和国证券法》的规定进行。

国有资产转让应当以依法评估的、经履行出资人职责的机构认可或者由履行出资人职责的机构报经本级人民政府核准的价格为依据,合理确定最低转让价格。

法律、行政法规或者国务院国有资产监督管理机构规定可以向本企业的董事、监事、高级管理人员或者其近亲属,或者这些人员所有或者实际控制的企业转让的国有资产,在转让时,上述人员或者企业参与受让的,应当与其他受让参与者平等竞买;转让方应当按照国家有关规定,如实披露有关信息;相关的董事、监事和高级管理人员不得参与转让方案的制定和组织实施的各项工作。

国有资产向境外投资者转让的,应当遵守国家有关规定,不得危害国家安全和社会公共利益。

---

[1] 程信和:"经济法通则原论",载《地方立法研究》2019 年第 1 期。

六、国有资本经营预算

（一）国有资本经营预算的范围

国家建立健全国有资本经营预算制度，对取得的国有资本收入及其支出实行预算管理。对国家取得的下列国有资本收入以及这些收入的支出，应当编制国有资本经营预算：一是从国家出资企业分得的利润；二是国有资产转让收入；三是从国家出资企业取得的清算收入；四是其他国有资本收入。

（二）国有资本经营预算的编制

国有资本经营预算按年度单独编制，纳入本级人民政府预算，报本级人大批准。

国有资本经营预算支出按照当年预算收入规模安排，不列赤字。国务院和有关地方人民政府财政部门负责国有资本经营预算草案的编制工作，履行出资人职责的机构向财政部门提出由其履行出资人职责的国有资本经营预算建议草案。国有资本经营预算管理的具体办法和实施步骤，由国务院规定，报全国人大常委会备案。

七、国有资产的监督制度

（一）人大的监督

各级人大常委会通过听取和审议本级人民政府履行出资人职责的情况和国有资产监督管理情况的专项工作报告，组织对《企业国有资产法》实施情况的执法检查等，依法行使监督职权。

（二）政府的监督

国务院和地方人民政府应当对其授权履行出资人职责的机构履行职责的情况进行监督。国务院和地方人民政府审计机关依照《中华人民共和国审计法》的规定，对国有资本经营预算的执行情况和属于审计监督对象的国家出资企业进行审计监督。

（三）社会的监督

国务院和地方人民政府应当依法向社会公布国有资产状况和国有资产监督管理工作情况，接受社会公众的监督。任何单位和个人有权对造成国有资产损失的行为进行检举和控告。

履行出资人职责的机构根据需要，可以委托会计师事务所对国有独资企业、国有独资公司的年度财务会计报告进行审计,或者通过国有资本控股公司的股东会、股东大会决议,由国有资本控股公司聘请会计师事务所对公司的年度财务会计报告进行审计,维护出资人权益。

八、企业国有资产管理的法律责任

(一) 履行出资人职责机构及其工作人员的法律责任

履行出资人职责的机构有下列行为之一的,对其直接负责的主管人员和其他直接责任人员依法给予处分:①不按照法定的任职条件,任命或者建议任命国家出资企业管理者的;②侵占、截留、挪用国家出资企业的资金或者应当上缴的国有资本收入的;③违反法定的权限、程序,决定国家出资企业重大事项,造成国有资产损失的;④有其他不依法履行出资人职责的行为,造成国有资产损失的。

履行出资人职责的机构的工作人员玩忽职守、滥用职权、徇私舞弊,尚不构成犯罪的,依法给予处分。

(二) 国有企业管理人员的法律责任

履行出资人职责的机构委派的股东代表未按照委派机构的指示履行职责,造成国有资产损失的,依法承担赔偿责任;属于国家工作人员的,并依法给予处分。

国家出资企业的董事、监事、高级管理人员有下列行为之一,造成国有资产损失的,依法承担赔偿责任;属于国家工作人员的,并依法给予处分:①利用职权收受贿赂或者取得其他非法收入和不当利益的;②侵占、挪用企业资产的;③在企业改制、财产转让等过程中,违反法律、行政法规和公平交易规则,将企业财产低价转让、低价折股的;④违反《企业国有资产法》规定与本企业进行交易的;⑤不如实向资产评估机构、会计师事务所提供有关情况和资料,或者与资产评估机构、会计师事务所串通出具虚假资产评估报告、审计报告的;⑥违反法律、行政法规和企业章程规定的决策程序,决定企业重大事项的;⑦有其他违反法律、行政法规和企业章程执行职务行为的。国家出资企业的董事、监事、高级管理人员因上述所列行为取得的收入,依法予以追缴或者归国家出资企业所有。履行出资人职责的机构任命或者建议任命的董事、监事、高级管理人员有上述所列行为之一,造成国有资产重大损失的,由履行出资人职责的机构依法予以免职或者提出免职建议。

在涉及关联方交易、国有资产转让等交易活动中,当事人恶意串通,损害国有资产权益的,该交易行为无效。

国有独资企业、国有独资公司、国有资本控股公司的董事、监事、高级管理人员违反《企业国有资产法》规定,造成国有资产重大损失,被免职的,自免职之日起五年内不得担任国有独资企业、国有独资公司、国有资本控股公司的董事、监事、高级管理人员;造成国有资产特别重大损失,或者因贪污、贿赂、侵占财产、挪用财产或者破坏社会主义市场经济秩序被判处刑罚的,终身不得担任国有独资企业、国有独资公司、国有资本控股公司的董事、监事、高级管理人员。

(三) 中介机构的法律责任

接受委托对国家出资企业进行资产评估、财务审计的资产评估机构、会计师事务所违反法律、行政法规的规定和执业准则,出具虚假的资产评估报告或者审计报告的,依照有关法律、行政法规的规定追究法律责任。

九、企业国有资产监督管理制度

(一) 基本制度

为建立适应社会主义市场经济需要的国有资产监督管理体制,进一步搞好国有企业,推动国有经济布局和结构的战略性调整,发展和壮大国有经济,实现国有资产保值增值,国务院于 2003 年 5 月 27 日发布了《企业国有资产监督管理暂行条例》,并于 2011 年 1 月 8 日、2019 年 3 月 2 日进行了两次修订。国有及国有控股企业、国有参股企业中的国有资产的监督管理,适用该条例。金融机构中的国有资产的监督管理,不适用该条例。该条例所称企业国有资产,是指国家对企业各种形式的投资和投资所形成的权益,以及依法认定为国家所有的其他权益。

企业国有资产属于国家所有。国家实行由国务院和地方人民政府分别代表国家履行出资人职责,享有所有者权益,权利、义务和责任相统一,管资产和管人、管事相结合的国有资产管理体制。[1]

国务院代表国家对关系国民经济命脉和国家安全的大型国有及国有控股、

---

[1] 王新红:"论企业国有资产管理体制的完善——兼论国资委的定位调整",载《政治与法律》2015 年第 10 期。

国有参股企业,重要基础设施和重要自然资源等领域的国有及国有控股、国有参股企业,履行出资人职责。国务院履行出资人职责的企业,由国务院确定、公布。

省、自治区、直辖市人民政府和设区的市、自治州级人民政府分别代表国家对由国务院履行出资人职责以外的国有及国有控股、国有参股企业,履行出资人职责。其中,省、自治区、直辖市人民政府履行出资人职责的国有及国有控股、国有参股企业,由省、自治区、直辖市人民政府确定、公布,并报国务院国有资产监督管理机构备案;其他由设区的市、自治州级人民政府履行出资人职责的国有及国有控股、国有参股企业,由设区的市、自治州级人民政府确定、公布,并报省、自治区、直辖市人民政府国有资产监督管理机构备案。

国务院,省、自治区、直辖市人民政府,设区的市、自治州级人民政府履行出资人职责的企业,以下统称所出资企业。

国务院,省、自治区、直辖市人民政府,设区的市、自治州级人民政府,分别设立国有资产监督管理机构。国有资产监督管理机构根据授权,依法履行出资人职责,依法对企业国有资产进行监督管理。企业国有资产较少的设区的市、自治州,经省、自治区、直辖市人民政府批准,可以不单独设立国有资产监督管理机构。

各级人民政府应当严格执行国有资产管理法律、法规,坚持政府的社会公共管理职能与国有资产出资人职能分开,坚持政企分开,实行所有权与经营权分离。国有资产监督管理机构不行使政府的社会公共管理职能,政府其他机构、部门不履行企业国有资产出资人职责。

国有资产监督管理机构应当依照有关法律、行政法规的规定,建立健全内部监督制度,严格执行法律、行政法规。发生战争、严重自然灾害或者其他重大、紧急情况时,国家可以依法统一调用、处置企业国有资产。

所出资企业及其投资设立的企业,享有有关法律、行政法规规定的企业经营自主权。国有资产监督管理机构应当支持企业依法自主经营,除履行出资人职责以外,不得干预企业的生产经营活动。

所出资企业应当努力提高经济效益,对其经营管理的企业国有资产承担保值增值责任。所出资企业应当接受国有资产监督管理机构依法实施的监督管理,不得损害企业国有资产所有者和其他出资人的合法权益。

（二）国有资产监督管理机构

国务院国有资产监督管理机构是代表国务院履行出资人职责、负责监督管理企业国有资产的直属特设机构。省、自治区、直辖市人民政府国有资产监督管理机构，设区的市、自治州级人民政府国有资产监督管理机构是代表本级政府履行出资人职责、负责监督管理企业国有资产的直属特设机构。上级政府国有资产监督管理机构依法对下级政府的国有资产监督管理工作进行指导和监督。

国有资产监督管理机构的主要职责是：①依照《公司法》等法律、法规，对所出资企业履行出资人职责，维护所有者权益；②指导推进国有及国有控股企业的改革和重组；③依照规定向所出资企业委派监事；④依照法定程序对所出资企业的企业负责人进行任免、考核，并根据考核结果对其进行奖惩；⑤通过统计、稽核等方式对企业国有资产的保值增值情况进行监管；⑥履行出资人的其他职责和承办本级政府交办的其他事项。国务院国有资产监督管理机构除前款规定职责外，可以制定企业国有资产监督管理的规章、制度。

国有资产监督管理机构的主要义务是：①推进国有资产合理流动和优化配置，推动国有经济布局和结构的调整；②保持和提高关系国民经济命脉和国家安全领域国有经济的控制力和竞争力，提高国有经济的整体素质；③探索有效的企业国有资产经营体制和方式，加强企业国有资产监督管理工作，促进企业国有资产保值增值，防止企业国有资产流失；④指导和促进国有及国有控股企业建立现代企业制度，完善法人治理结构，推进管理现代化；⑤尊重、维护国有及国有控股企业经营自主权，依法维护企业合法权益，促进企业依法经营管理，增强企业竞争力；⑥指导和协调解决国有及国有控股企业改革与发展中的困难和问题。

国有资产监督管理机构应当向本级政府报告企业国有资产监督管理工作、国有资产保值增值状况和其他重大事项。

（三）企业负责人管理

国有资产监督管理机构应当建立健全适应现代企业制度要求的企业负责人的选用机制和激励约束机制。

国有资产监督管理机构依照有关规定，任免或者建议任免所出资企业的企业负责人：①任免国有独资企业的总经理、副总经理、总会计师及其他企业负责人；②任免国有独资公司的董事长、副董事长、董事，并向其提出总经理、副总经理、总会计师等的任免建议；③依照公司章程，提出向国有控股的公司派出的董事、监事人选，推荐国有控股的公司的董事长、副董事长和监事会主席人选，并向其提出总经理、副总经理、总会计师人选的建议；④依照公司章程，提出向国有参股的公司派出的董事、监事人选。国务院，省、自治区、直辖市人民政府，设区的市、自治州级人民政府，对所出资企业的企业负责人的任免另有规定的，按照有关规定执行。

国有资产监督管理机构应当建立企业负责人经营业绩考核制度，与其任命的企业负责人签订业绩合同，根据业绩合同对企业负责人进行年度考核和任期考核。国有资产监督管理机构应当依照有关规定，确定所出资企业中的国有独资企业、国有独资公司的企业负责人的薪酬；依据考核结果，决定其向所出资企业派出的企业负责人的奖惩。

(四) 企业重大事项管理

国有资产监督管理机构负责指导国有及国有控股企业建立现代企业制度，审核批准其所出资企业中的国有独资企业、国有独资公司的重组、股份制改造方案和所出资企业中的国有独资公司的章程。

国有资产监督管理机构依照法定程序决定其所出资企业中的国有独资企业、国有独资公司的分立、合并、破产、解散、增减资本、发行公司债券等重大事项。其中，重要的国有独资企业、国有独资公司分立、合并、破产、解散的，应当由国有资产监督管理机构审核后，报本级人民政府批准。国有资产监督管理机构依照法定程序审核、决定国防科技工业领域其所出资企业中的国有独资企业、国有独资公司的有关重大事项时，按照国家有关法律、规定执行。

国有资产监督管理机构依照公司法的规定，派出股东代表、董事，参加国有控股的公司、国有参股的公司的股东会、董事会。国有控股的公司、国有参股的公司的股东会、董事会决定公司的分立、合并、破产、解散、增减资本、发行公司债券、任免企业负责人等重大事项时，国有资产监督管理机构派出的股东代表、董事，应当按照国有资产监督管理机构的指示发表意见、行使表决权。国有资产监督管理机构派出的股东代表、董事，应当将其履行职责的有关情况及时向国有资产监督管理机构报告。

国有资产监督管理机构决定其所出资企业的国有股权转让。其中，转让全部国有股权或者转让部分国有股权致使国家不再拥有控股地位的，报本级人民政府批准。所出资企业投资设立的重要子企业的重大事项，需由所出资企业报国有资产监督管理机构批准的，管理办法由国务院国有资产监督管理机构另行制定，报国务院批准。

国有资产监督管理机构依照国家有关规定组织协调所出资企业中的国有独资企业、国有独资公司的兼并破产工作，并配合有关部门做好企业下岗职工安置等工作。国有资产监督管理机构依照国家有关规定拟订所出资企业收入分配制度改革的指导意见，调控所出资企业工资分配的总体水平。

国有资产监督管理机构可以对所出资企业中具备条件的国有独资企业、国有独资公司进行国有资产授权经营。被授权的国有独资企业、国有独资公司对其全资、控股、参股企业中国家投资形成的国有资产依法进行经营、管理和监督。被授权的国有独资企业、国有独资公司应当建立和完善规范的现代企业制度，并承担企业国有资产的保值增值责任。

（五）企业国有资产管理

国有资产监督管理机构依照国家有关规定，负责企业国有资产的产权界定、产权登记、资产评估监管、清产核资、资产统计、综合评价等基础管理工作。国有资产监督管理机构协调其所出资企业之间的企业国有资产产权纠纷。

国有资产监督管理机构应当建立企业国有资产产权交易监督管理制度，加强企业国有资产产权交易的监督管理，促进企业国有资产的合理流动，防止企业国有资产流失。国有资产监督管理机构对其所出资企业的企业国有资产收益依法履行出资人职责；对其所出资企业的重大投融资规划、发展战略和规划，依照国家发展规划和产业政策履行出资人职责。所出资企业中的国有独资企业、国有独资公司的重大资产处置，需由国有资产监督管理机构批准的，依照有关规定执行。

（六）企业国有资产监督

国有资产监督管理机构依法对所出资企业财务进行监督，建立和完善国有资产保值增值指标体系，维护国有资产出资人的权益。国有及国有控股企业应当加强内部监督和风险控制，依照国家有关规定建立健全财务、审计、企业法律顾问和职工民主监督等制度。所出资企业中的国有独资企业、国有独资公司应当按照规定定期向国有资产监督管理机构报告财务状况、生产经营状况和国有资产保值增值状况。

第十八章

国库管理制度

一、国库的概念与基本制度

（一）国库的概念

国库的全称为国家金库，在传统意义上，国库是一个存放具体实物、货币和黄金的库房。但现代意义上的国库，已经不单单是库房，每个国家的国库往往都担负着保管、管理该国财政的资产和负债，以及反映该国预算执行情况的一系列国家财政职能。国库的职能已由传统的"库藏"管理发展成控制政府预算内、外资金，管理政府现金和债务等全面财政管理。[1]

（二）国库的立法

为了统一组织国家财政收支，健全国家金库制度，国务院于1985年7月27日发布了《中华人民共和国国家金库条例》，并于2020年对其进行了修订。

（三）国库的基本制度

国家金库（以下简称"国库"）负责办理国家预算资金的收入和支出。在执行任务中，必须认真贯彻国家的方针、政策和财经制度，发挥国库的促进和监督作用。中国人民银行具体经理国库。组织管理国库工作是人民银行的一项重要职责。

各级国库库款的支配权，按照国家财政体制的规定，分别属于同级财政机关。各级人民政府应加强对同级国库的领导，监督所属部门、单位，不得超越国家规定的范围动用国库库款。

二、国库的组织机构

（一）国库的设立

国库机构按照国家财政管理体制设立，原则上一级财政设立一级国库。

---

[1] 马海涛："现代国库管理制度的国际比较与借鉴"，载《西部财会》2004年第9期。

中央设立总库；省、自治区、直辖市设立分库；省辖市、自治州设立中心支库；县和相当于县的市、区设立支库。支库以下经收处的业务，由专业银行的基层机构代理。

（二）国库领导的确定

各级国库的主任，由各该级人民银行行长兼任，副主任由主管国库工作的副行长兼任。不设人民银行机构的地方，国库业务由人民银行委托当地专业银行办理，工作上受上级国库领导，受委托的专业银行行长兼国库主任。

（三）国库的管理体制

国库业务工作实行垂直领导。各省、自治区、直辖市分库及其所属各级支库，既是中央国库的分支机构，也是地方国库。

各级国库应当设立专门的工作机构办理国库业务。机构设置按照上述规定，四级国库分别为司、处、科、股。人员应当稳定，编制单列。业务量不大的县支库可不设专门机构，但要有专人办理国库业务。

三、国库的职责权限

（一）国库的基本职责

国库的基本职责如下：①办理国家预算收入的收纳、划分和留解；②办理国家预算支出的拨付；③向上级国库和同级财政机关反映预算收支执行情况；④协助财政、税务机关督促企业和其他有经济收入的单位及时向国家缴纳应缴款项，对于屡催不缴的，应依照税法协助扣收入库；⑤组织管理和检查指导下级国库的工作；⑥办理国家交办的同国库有关的其他工作。

（二）国库的主要权限

国库的主要权限如下：①督促检查各经收处和收入机关所收之款是否按规定全部缴入国库，发现违法不缴的，应及时查究处理；②对擅自变更各级财政之间收入划分范围、分成留解比例，以及随意调整库款账户之间存款余额的，国库有权拒绝执行；③对不符合国家规定要求办理退库的，国库有权拒绝办理；④监督财政存款的开户和财政库款的支拨；⑤任何单位和个人强令国库办理违反国家规定的事项，国库有权拒绝执行，并及时向上级报告；⑥对不符合规定的凭证，国库有权拒绝受理。

（三）国库的工作制度与纪律

各级国库应加强会计核算工作，严密核算手续，健全账簿报表，保证各项预算收支数字完整、准确。国库工作人员要忠于职守，热爱本职工作，严格保守国家机密。对坚持执行国家方针、政策和财经制度，敢于同违反财经纪律行为作斗争的，要给予表扬和鼓励；对打击报复国库人员的，要严肃处理。

四、库款的收纳与退付制度

（一）库款的收纳

国家的一切预算收入，应按照规定全部缴入国库，任何单位不得截留、坐支或自行保管。国家各项预算收入，分别由各级财政机关、税务机关和海关负责管理，并监督缴入国库。缴库方式由财政部和中国人民银行总行另行规定。

国库收纳库款以人民币为限。若以金银、外币等缴款，应当向当地银行兑换成人民币后再缴纳。

（二）库款的退付

预算收入的退付，必须在国家统一规定的退库范围内办理。必须从收入中退库的，应严格按照财政管理体制的规定，从各该级预算收入的有关项目中退付。

五、库款的支拨制度

（一）库款支拨的凭证

国家的一切预算支出，一律凭各级财政机关的拨款凭证，经国库统一办理拨付。

（二）库款支拨的方式

中央预算支出，采取实拨资金和限额管理两种方式。中央级行政事业经费，实行限额管理。地方预算支出，采用实拨资金的方式；如果采用限额管理，财政应随限额拨足资金，不由银行垫款。各级国库库款的支拨，必须在同级财政存款余额内支付。只办理转账，不支付现金。

六、国库管理制度改革

2001年3月16日，《财政部、中国人民银行关于印发〈财政国库管理制度改革试点方案〉的通知》拉开了国库管理制度改革的序幕。

(一) 改革现行财政国库管理制度的必要性

我国现行的财政性资金缴库和拨付方式,是通过征收机关和预算单位设立多重账户分散进行的。这种在传统体制下形成的运作方式,越来越不适应社会主义市场经济体制下公共财政的发展要求。主要弊端包括:其一,重复和分散设置账户,导致财政资金活动透明度不高,不利于对其实施有效管理和全面监督;其二,财政收支信息反馈迟缓,难以及时为预算编制、执行分析和宏观经济调控提供准确依据;其三,财政资金入库时间延滞,收入退库不规范,大量资金经常滞留在预算单位,降低了使用效率;其四,财政资金使用缺乏事前监督,截留、挤占、挪用等问题时有发生,甚至出现腐败现象。因此,必须对现行财政国库管理制度进行改革,逐步建立和完善以国库单一账户体系为基础、资金缴拨以国库集中收付为主要形式的财政国库管理制度。[1]

(二) 财政国库管理制度改革的指导思想和原则

财政国库管理制度改革的指导思想是:按照社会主义市场经济体制下公共财政的发展要求,借鉴国际通行做法和成功经验,结合我国具体国情,建立和完善以国库单一账户体系为基础、资金缴拨以国库集中收付为主要形式的财政国库管理制度,进一步加强财政监督,提高资金使用效益,更好地发挥财政在宏观调控中的作用。

根据上述指导思想,财政国库管理制度改革遵循以下原则:

第一,有利于规范操作。合理确定财政部门、征收单位、预算单位、中国人民银行国库和代理银行的管理职责,不改变预算单位的资金使用权限,使所有财政性收支都按规范的程序在国库单一账户体系内运作。

第二,有利于管理监督。增强财政收支活动透明度,基本不改变预算单位财务管理和会计核算权限,使收入缴库和支出拨付的整个过程都处于有效的监督管理之下。

第三,有利于方便用款。减少资金申请和拨付环节,使预算单位用款更加及时和便利。

第四,有利于分步实施。改革方案要体现系统性和前瞻性,使改革目标逐步得到实现。

---

[1] 詹静涛:"现代财政国库管理制度理论与实践",载《财政研究》2006年第4期。

第十八章 国库管理制度

（三）建立国库单一账户体系

按照财政国库管理制度的基本发展要求，建立国库单一账户体系，所有财政性资金都纳入国库单一账户体系管理，收入直接缴入国库或财政专户，支出通过国库单一账户体系支付到商品和劳务供应者或用款单位。

国库单一账户体系的构成如下：财政部门在中国人民银行开设国库单一账户，按收入和支出设置分类账，收入账按预算科目进行明细核算，支出账按资金使用性质设立分账册；财政部门按资金使用性质在商业银行开设零余额账户；在商业银行为预算单位开设零余额账户；财政部门在商业银行开设预算外资金财政专户，按收入和支出设置分类账；财政部门在商业银行为预算单位开设小额现金账户；经国务院和省级人民政府批准或授权财政部门开设特殊过渡性专户（以下简称"特设专户"）。

建立国库单一账户体系后，相应取消各类收入过渡性账户。预算单位的财政性资金逐步全部纳入国库单一账户管理。

国库单一账户体系中各类账户的功能如下：一是国库单一账户为国库存款账户，用于记录、核算和反映纳入预算管理的财政收入和支出活动，并用于与财政部门在商业银行开设的零余额账户进行清算，实现支付；二是财政部门的零余额账户，用于财政直接支付和与国库单一账户支出清算；三是预算单位的零余额账户用于财政授权支付和清算；四是预算外资金财政专户，用于记录、核算和反映预算外资金的收入和支出活动，并用于预算外资金日常收支清算；五是小额现金账户，用于记录、核算和反映预算单位的零星支出活动，并用于与国库单一账户清算；六是特设专户，用于记录、核算和反映预算单位的特殊专项支出活动，并用于与国库单一账户清算。

上述账户和专户要与财政部门及其支付执行机构、中国人民银行国库部门和预算单位的会计核算保持一致性，相互核对有关账务记录。在建立健全现代化银行支付系统和财政管理信息系统的基础上，逐步实现由国库单一账户核算所有财政性资金的收入和支出，并通过各部门在商业银行的零余额账户处理日常支付和清算业务。

（四）规范收入收缴程序

按政府收支分类标准，对财政收入实行分类。适应财政国库管理制度的改革要求，将财政收入的收缴分为直接缴库和集中汇缴。直接缴库是由缴款单位或缴款人按有关法律法规规定，直接将应缴收入缴入国库单一账户或预算外资金财政专户。集中汇缴是由征收机关（有关法定单位）按有关法律法规规定，将所收的应缴收入汇总缴入国库单一账户或预算外资金财政专户。

直接缴库程序如下：直接缴库的税收收入，由纳税人或税务代理人提出纳税申报，经征收机关审核无误后，由纳税人通过开户银行将税款缴入国库单一账户。直接缴库的其他收入，比照上述程序缴入国库单一账户或预算外资金财政专户。

集中汇缴程序如下：小额零散税收和法律另有规定的应缴收入，由征收机关于收缴收入的当日汇总缴入国库单一账户。非税收入中的现金缴款，比照本程序缴入国库单一账户或预算外资金财政专户。

规范收入退库管理。涉及从国库中退库的，依照法律、行政法规有关国库管理的规定执行。

（五）规范支出拨付程序

财政支出总体上分为购买性支出和转移性支出。根据支付管理需要，具体分为：工资支出，即预算单位的工资性支出；购买支出，即预算单位除工资支出、零星支出之外购买服务、货物、工程项目等支出；零星支出，即预算单位购买支出中的日常小额部分，除《政府采购品目分类表》所列品目以外的支出，或列入《政府采购品目分类表》所列品目但未达到规定数额的支出；转移支出，即拨付给预算单位或下级财政部门，未指明具体用途的支出，包括拨付企业补贴和未指明具体用途的资金、中央对地方的一般性转移支付等。

按照不同的支付主体，对不同类型的支出，分别实行财政直接支付和财政授权支付。

在财政直接支付方式下，由财政部门开具支付令，通过国库单一账户体系，直接将财政资金支付到收款人（即商品和劳务供应者，下同）或用款单位账户。实行财政直接支付的支出包括：工资支出、购买支出以及中央对地方的专项转移支付，拨付企业大型工程项目或大型设备采购的资金等，直接支付到收款人；转移支出（中央对地方专项转移支出除外），包括中央对地方的一般性转移支付中的税收返还、原体制补助、过渡期转移支付、结算补助等支出，对企业的补贴和未指明购买内容的某些专项支出等，支付到用款单位（包括下级财政部门和预算单位，下同）。

在财政授权支付方式下，预算单位根据财政授权，自行开具支付令，通过国库单一账户体系将资金支付到收款人账户。实行财政授权支付的支出包括未实行财政直接支付的购买支出和零星支出。

财政直接支付程序如下：预算单位按照批复的部门预算和资金使用计划，向财政国库支付执行机构提出支付申请，财政国库支付执行机构根据批复的部门预算和资金使用计划及相关要求对支付申请审核无误后，向代理银行发出支付令，并通知中国人民银行国库部门，通过代理银行进入全国银行清算系统实时清算，财政资金从国库单一账户划拨到收款人的银行账户。

财政直接支付主要通过转账方式进行，也可以采取"国库支票"支付。财政国库支付执行机构根据预算单位的要求签发支票，并将签发给收款人的支票交给预算单位，由预算单位转给收款人。收款人持支票到其开户银行入账，收款人的开户银行再与代理银行进行清算。每日营业终了前由国库单一账户与代理银行进行清算。

工资性支付涉及的各预算单位人员编制、工资标准、开支数额等，分别由编制部门、人事部门和财政部门核定。

支付对象为预算单位和下级财政部门的支出，由财政部门按照预算执行进度将资金从国库单一账户直接拨付到预算单位或下级财政部门账户。

财政授权支付程序如下：预算单位按照批复的部门预算和资金使用计划，向财政国库支付执行机构申请授权支付的月度用款限额，财政国库支付执行机构将批准后的限额通知代理银行和预算单位，并通知中国人民银行国库部门。预算单位在月度用款限额内，自行开具支付令，通过财政国库支付执行机构转由代理银行向收款人付款，并与国库单一账户清算。

上述财政直接支付和财政授权支付流程，以现代化银行支付系统和财政信息管理系统的国库管理操作系统为基础。在这些系统尚未建立和完善前，财政国库支付执行机构或预算单位的支付令通过人工操作转到代理银行，代理银行通过现行银行清算系统向收款人付款，并在每天轧账前，与国库单一账户进行清算。

七、地方国库现金管理制度改革

（一）基本制度

为深化和完善国库集中收付制度改革，规范地方国库现金管理行为，提高财政资金使用效益，增强财政政策与货币政策协调性，2014年12月10日，财政部、中国人民银行印发《地方国库现金管理试点办法》。

地方国库现金是指地方政府存放在同级国库的财政资金。地方国库现金管理是指在确保国库现金安全和资金支付需要的前提下，为提高财政资金使用效益，运用金融工具有效运作库款的管理活动。

地方国库现金管理遵循三项原则：①安全性、流动性、收益性相统一原则。在确保财政资金安全、财政支出支付流动性需求的基础上，实现财政资金保值、增值。②公开、公平、公正原则。地方国库现金管理应公开、公平、公正地开展操作，确保资金安全。③协调性原则。地方国库现金管理应充分考虑对市场流动性的影响，与货币政策操作保持协调性。[1]

地方国库现金管理操作工具为商业银行定期存款，定期存款期限在1年期以内。商业银行定期存款，是指将暂时闲置的国库现金按一定期限存放在商业银行，商业银行提供足额质押并向地方财政部门支付利息。

地方财政部门会同中国人民银行当地分支机构（以下简称"人民银行分支机构"）共同开展地方国库现金管理。地方财政部门、人民银行分支机构应建立必要的协调机制，包括季度、月度例会制度以及每期操作前进行必要的沟通。地方国库现金管理试点范围为省级（包括省、自治区、直辖市和计划单列市，下同）。地方国库现金管理应报经同级政府批准后实施。

（二）商业银行定期存款操作

商业银行是指国有商业银行、股份制商业银行、城市商业银行、农村商业银行和邮政储蓄银行。商业银行参与地方国库现金管理操作应符合下列条件：①依法开展经营活动，近3年内在经营活动中无重大违法违规记录；②财务稳健，资本充足率、不良贷款率、拨备覆盖率、流动性覆盖率、流动性比例等指标达到监管标准；③内部管理机制健全，具有较强的风险控制能力，近3年内未发生金融风险及重大违约事件。

地方财政部门负责国库现金预测并根据预测结果商人民银行分支机构制定地方国库现金管理分月操作计划。每月25日前应将下月操作计划报财政部、中国人民银行总行备案，财政部、中国人民银行总行可根据宏观调控需要对操作计划提出建议。每次操作前5个工作日将具体操作信息上报财政部、中国人民银行总行备案。执行中有调整的，及时上报更新操作信息。

---

[1] 方铸："地方国库现金管理国际经验比较的研究评述"，载《财政科学》2019年第1期。

地方国库现金管理应采取公开招标方式。地方国库现金管理招标应成立招标小组，小组成员由地方财政部门、人民银行分支机构等部门人员构成。每次招标日前 3 个工作日，通过财政部门网站、人民银行网站公告信息，招标完成当日及时公布经招标小组成员一致确认的结果。

地方国库现金管理商业银行定期存款（以下简称"地方国库定期存款"）利率按操作当日同期限金融机构人民币存款基准利率执行，由商业银行在中国人民银行规定的金融机构存款利率浮动区间内根据商业原则自主确定。

地方国库现金管理应严格控制单一存款银行的存款比例，防范资金风险。单期存款银行一般不得少于 5 家，单家存款银行当期存款金额不得超过当期存款总额的 1/4。单一存款银行的地方国库定期存款余额一般不得超过该银行一般性存款余额的 10%，不得超过地方财政国库定期存款余额的 20%。

（三）定期存款质押和资金划拨

存款银行取得地方国库定期存款，应当以可流通国债为质押，质押的国债面值数额为存款金额的 120%。省级财政部门应在中央国债登记结算有限责任公司开设省级国库现金管理质押账户，登记省级财政部门收到的存款银行质押品质权信息。人民银行分支机构负责办理具体质押操作。

地方财政部门确认存款银行足额质押后，通知人民银行分支机构办理资金划拨。存款银行收款后，应向地方财政部门开具存款单，载明存款银行名称、存款金额、利率以及期限等要素。地方国库定期存款存续期内，地方财政部门负责对存款银行质押品实施管理，确保足额质押。

存款银行应于存款到期日足额汇划存款本息。本金和利息应分别汇划，不得并笔。本息款项入库后，存款银行质押品相应解除。存款银行应设置"国库定期存款"一级负债类科目，科目下按国库级次分设账户，分别核算存入、归还中央和地方财政的国库定期存款。存款银行应将增设"国库定期存款"科目变动情况报人民银行备案。该科目纳入一般存款范围缴纳存款准备金。

中国人民银行应设置"国库现金管理"资产类科目，核算商业银行定期存款操作、到期收回以及余额。该余额纳入国库库存表反映。人民银行分支机构根据国库现金管理资金划拨情况，于次一工作日向同级财政部门提供当期地方国库定期存款资金划出、存款到期本息划回明细表。

人民银行分支机构应按月、按年向同级财政部门报送地方国库定期存款操作、存款到期和余额（分银行）以及利息收入等报表及电子信息，并进行对账。中国人民银行总行按月、按年向财政部提供分省、分银行的地方国库定期存款操作、存款到期和余额以及利息收入等报表及电子信息。

地方国库定期存款利息收入纳入同级财政预算管理，缴入同级国库。地方国库定期存款属于地方政府财政库款。除法律另有规定外，任何单位不得扣划、冻结地方政府财政部门在存款银行的国库定期存款。任何单位和个人不得借开展地方国库现金管理业务干预金融机构正常经营，不得将地方国库现金管理与银行贷款挂钩。存款银行应加强对地方国库定期存款资金运用管理，防范资金风险，不得将地方国库定期存款资金投向国家有关政策限制的领域，不得以地方国库定期存款资金赚取高风险收益。

（四）管理监督和法律责任

存款银行违反存款协议规定，未及时、足额汇划地方国库定期存款本息的，不予解除质押品并按有关规定执行。

存款银行出现以下行为或情形，省级财政部门会同人民银行分支机构视情节轻重，决定暂停以至取消商业银行参与地方国库现金管理活动：①未按规定足额质押或及时汇划到期本息违约两次以上，或涉及金额较大的；②出现重大违法违规，导致财务恶化或引起信用危机的；③存在弄虚作假等严重不正当竞争行为的；④可能危及财政国库资金安全的其他情况。

地方财政部门会同人民银行分支机构对商业银行参与地方国库现金管理活动进行监督管理。财政部会同中国人民银行总行不定期对地方国库现金管理实施情况实施监督检查。省级财政部门、人民银行分支机构应按季向财政部和中国人民银行总行报告地方国库现金管理开展情况，重大问题及时反映。